桥涵施工与管理

主　编　姚党照　张国明
副主编　马秋红　赵广福　腾克营

黄河水利出版社
·郑州·

内 容 提 要

本书共分九章，主要内容包括桥梁施工准备和定位放样、桥梁基础施工、桥梁下部构造施工、桥梁上部结构施工、桥面系及附属工程施工、涵洞施工、桥涵养护、桥涵检测与评估、施工安全文明与质量评定等。

本书是作者结合多年工程一线的施工经验编写而成的，具有很强的实践性。本书可供高等职业院校的道路与桥梁工程等专业的师生使用，也可供相关专业技术人员参考使用。

图书在版编目(CIP)数据

桥涵施工与管理/姚党照，张国明主编. —郑州：黄河水利出版社，2014.6

ISBN 978-7-5509-0822-2

Ⅰ.①桥… Ⅱ.①姚… ②张… Ⅲ.①桥涵工程-工程施工 ②桥涵工程-施工管理 Ⅳ.①U44

中国版本图书馆CIP数据核字(2014)第138270号

策划编辑：贾会珍　电话：0371-66028027　E-mail：110885539@qq.com

出 版 社：黄河水利出版社

地址：河南省郑州市顺河路黄委会综合楼14层　　邮政编码：450003

发行单位：黄河水利出版社

发行部电话：0371-66026940、66020550、66028024、66022620(传真)

E-mail：hhslcbs@126.com

承印单位：河南省承创印务有限公司

开本：787 mm×1 092 mm　1/16

印张：19

字数：440千字　　印数：1—2 000

版次：2014年8月第1版　　印次：2014年8月第1次印刷

定价：39.00元

前　言

近些年来，我国经济飞速发展，桥梁数量也随之迅猛增长，国家对路桥工程建设方面的投资规模逐年加大，对路桥行业的技术人员的需求也更加迫切，而目前的现状是路桥工程技术人员的数量和质量远远满足不了要求，特别是施工现场工程负责人的管理和技术水平都比较低，工程质量、安全状况令人堪忧。为了提高路桥行业技术人员的技术水平，并对桥涵检测与评估等有所认识，我们编写了本书。

本书共分九章，主要内容包括桥梁施工准备和定位放样、桥梁基础施工、桥梁下部构造施工、桥梁上部结构施工、桥面系及附属工程施工、涵洞施工、桥涵养护、桥涵检测与评估、施工安全文明与质量评定等。本书可供高等职业院校的道路与桥梁工程等专业的师生使用，也可供相关专业技术人员参考使用。

本书的所有参编人员都是来自工程一线的技术人员，都拥有丰富的工程实践经验。本书编写人员及编写分工如下：聊城河务局的滕克营编写第一章；黄河建工集团有限公司曹保亚编写第二章第一节；河南省平顶山市湛河区水利局张国明编写第二章第二节和第三章；河南省水利第一工程局姚党照编写第四章；黄河建工集团有限公司孙红涛编写第五章和第九章；黄河建工集团有限公司马秋红编写第六章；黄河建工集团有限公司张永昌编写第七章第一节；黄河建工集团有限公司孟利利编写第七章第二节及第八章第三节和第四节；河南黄河河务局经济发展管理局赵广福编写第八章第一节和第二节。本书由姚党照和张国明负责统稿，并担任主编，由马秋红、赵广福、滕克营担任副主编。

本书在编写过程中参考了许多专家的著作及文献资料，在此一并表示诚挚的谢意。

限于时间紧迫和编者水平，书中难免有错误和不妥之处，敬请读者批评指正。

编　者

2014 年 4 月

目　录

第一章 施工准备和定位放样

第一节 桥梁施工准备

施工准备工作的目的是为施工创造有利条件，使施工工作能够有计划地、连续地、均衡地进行，在确保质量和安全的前提下，降低施工成本，按期交工，尽早使工程投入使用，发挥效益。

施工准备通常包括技术准备、劳动组织准备、物资准备、施工现场准备和施工场外准备等工作。

一、技术准备

技术准备是施工准备的核心。任何技术上的差错都可能造成质量与安全事故，带来巨大的经济损失，甚至危及生命安全，因此必须认真做好技术准备工作。

（一）熟悉设计文件、研究和审查施工图纸

为使从事桥梁施工技术和经营管理的工程技术人员在拟建工程开工之前充分地了解和掌握设计意图、桥梁的结构与构造特点和技术要求，能够按照设计要求顺利地进行施工，建造出符合设计要求的桥梁工程，施工单位在收到拟建工程的设计图纸和有关技术文件后，应尽快组织工程技术人员熟悉、研究所有技术文件和图纸。

1. 主要内容

（1）通过熟悉与研究设计文件，全面领会设计意图。

（2）明确拟建工程的结构型式和特点，审查设计图中工程复杂、施工难度大和技术要求高的分部分项工程或新结构、新材料、新工艺，检查现有施工技术水平和管理水平能否满足工期和质量要求，并采取可行的技术措施加以保证。

（3）检查图纸与设计文件是否齐全、清晰，有无错误，各组成部分之间有无矛盾以及在几何尺寸、坐标、标高、说明等方面是否一致。

（4）审查设计是否符合国家相关工程建设在设计、施工方面的方针和政策。

（5）审查地基处理与基础设计同拟建工程地点的工程水文、地质等条件是否一致，以及拟建工程与地下建筑物或构筑物、管线之间的关系，必要时与现场情况进行核对。

（6）明确工程建设期限以及工程所用的主要材料与设备的数量、规格、来源。

（7）明确业主、设计、监理和施工等单位之间的协作、配合关系，以及根据招标文件业主单位可以提供的施工条件。

2. 主要程序

熟悉、审查设计图纸和有关设计资料的程序通常分为自审、会审和现场签证三个阶段。

1) 自审阶段

施工单位收到拟建工程的设计图和有关技术文件后，组织有关的工程技术人员熟悉和自审，写出自审图纸记录。自审图纸记录应包括对设计图的疑问和对设计的有关建议。

2) 会审阶段

一般由监理单位主持，由业主单位、设计单位和施工单位参加，三方进行图纸的会审。会审时，首先由设计单位的工程主设计师向与会者说明拟建工程的设计依据、意图和功能要求，并对特殊结构、新材料、新工艺和新技术提出设计要求；然后由施工单位根据自审记录以及对设计意图的了解，提出对图纸的疑问和建议；最后在统一认识的基础上，对所探讨的问题逐一地作好记录，形成"图纸会审纪要"，由业主单位正式行文，参加单位共同会签、盖章，作为与设计文件同时使用的技术文件和指导施工的依据，以及业主单位与施工单位进行工程结算的依据。

3) 现场签证阶段

在拟建工程施工的过程中，如果发现施工的条件与设计图的条件不符，或者发现图中仍有错误，或者因为材料的规格、质量不能满足设计要求，或者因为施工单位提出了合理化建议，需要对设计图进行及时修订时，应遵循技术核定和设计变更的签证制度，进行图纸的施工现场签证。在施工现场的图纸修改、技术核定和设计变更资料，都要有正式的文字记录，并归入拟建工程的施工档案，作为指导施工、竣工验收和工程结算的依据。

(二) 原始资料的调查分析

对拟建工程进行实地勘察，进一步获得有关原始数据的第一手资料，这对于正确选择施工方案、制订技术措施、合理安排施工顺序和施工进度计划是非常必要的。

1. 自然条件

1) 地质

在地质方面，应了解的主要内容有地质构造、墩台位处的基岩埋深、岩层状态、岩石性质、覆盖层土质、土的性质和类别、地基土的承载力、土的冻结深度、妨碍基础施工的障碍物、地震级别和烈度等。

2) 水文

在水文方面，应了解的主要内容有河流流量和水质、年水位变化情况、最高洪水位和最低枯水位的时期及持续时间、流速和漂浮物、地下水位的高低变化、含水层的厚度和流向；冰冻地区的河流封冻时间、融冰时间、流冰水位、冰块大小；受潮汐影响河流或水域中潮水的涨落时间、潮水位的变化规律和潮流等情况。

3) 气象

在气象方面，调查的内容一般包括气温、气候、降雨、降雪、冰冻、台风(含龙卷风、雷雨大风等突发性灾害)、风向、风速等变化规律及历年记录；冬、雨季的期限及冬季地层冻结厚度等情况。

4) 施工现场的地形地物

施工现场的地形地物主要包括建设场地的地形地貌，邻近的房屋、桥梁、道路、输变电线路、通信线路，施工现场的地上与地下障碍物状况等，为编制"四通一平"计划及进行施工现场平面布置提供依据。

2. 技术经济条件

技术经济条件主要内容包括地方建筑施工企业的状况、施工现场的征地拆迁状况、当地可利用的地方材料状况、地方能源和交通运输状况、地方劳动力和技术水平状况、当地生活供应和医疗卫生状况、当地消防与治安状况和参加施工单位的技术力量状况。

(三)制订施工方案、进行施工设计

在全面掌握了设计文件和设计图纸,正确理解了设计意图和技术要求,以及进行了以施工为目的的各项调查之后,应根据进一步掌握的情况和资料,对投标时初步拟订的施工方法和技术措施等进行重新评价和深入研究,以制订出详尽的更符合现场实际情况的施工方案。

施工方案一经确定,即可进行各项临时性结构的施工设计,诸如基坑围堰,浮运沉井和钢围堰的制造场地及下水、浮运、就位、下沉等设施,钻孔桩水上工作平台,连续梁桥顶推施工的台座和预制场地,悬浇桥梁的挂篮,导梁或架桥机,模板支架及脚手架,自制起重吊装设备,施工便桥、便道及装卸码头的设计。施工设计应在保证安全的前提下,尽量考虑使用现有材料和设备,因地制宜,使设计出的临时结构经济适用、装拆简便、通用性强。

(四)编制施工组织设计

中标后的施工组织设计是施工准备工作的重要组成部分,也是指导施工现场全部生产活动的技术经济文件。编制施工组织设计的目的在于全面、合理、有计划地组织施工,从而具体实现设计意图,优质、高效地完成施工任务。

(五)编制施工预算

施工预算是根据施工图纸、施工组织设计或施工方案、施工定额等文件进行编制的。施工预算是施工企业内部控制各项成本支出、考核用工、签发施工任务单、限额领料以及基层进行经济核算的依据,也是制订分包合同时确定分包价格的依据。

二、劳动组织准备

(一)建立组织机构

建立组织机构应遵循的原则是:根据工程项目的规模、结构特点和复杂程度,系统进行各职能部门的设置,坚持合理分工与密切协作相结合,使之便于指挥和管理,分工明确,责权具体,权责一致。人员的配备应力求精干,以适应任务的需要。

(二)合理设置施工班组

施工班组的设置应认真考虑专业和工种之间的合理配置,技工和普工的比例要满足合理的劳动组织要求,并符合流水作业方式的要求,同时制订出该工程的劳动力需要量计划。

(三)劳动力进场

集结施工力量,组织劳动力进场。进场后应对工人进行技术、安全操作规程以及消防、文明施工等方面的培训教育,并安排好职工的生活。

(四)施工组织设计、施工计划和施工技术交底

进行施工组织设计、施工计划和施工技术交底的目的是把拟建工程的设计内容、施工计划和施工技术等要求,详尽地向施工班组和工人讲解,交待清楚。以保证工程能严格按照设计图纸、施工工艺、安全技术措施、降低成本措施和施工验收规范的要求进行施工；新技术、新材料、新结构和新工艺的实施方案和保证措施得以落实；有关部位的设计变更和技术措施等事项得以贯彻执行。交底应在单位工程或分部分项工程开工之前，按照管理系统逐级进行，由上而下直到工人班组，其方式有书面形式、口头形式和现场示范形式等。

（五）建立健全各项管理制度

工地的各项管理制度是否建立健全，直接影响其各项施工活动的顺利进行。若有章不循其后果是严重的，而无章可循更是危险的。为此必须建立健全工地的各项管理制度，通常包括以下内容：技术质量责任制度、工程技术档案管理制度、施工图纸学习与会审制度、技术交底制度、技术部门及各级人员的岗位责任制度、工程材料和构件的检查验收制度、工程质量检查与验收制度、材料出入库制度、安全操作制度、机具使用保养制度等。

三、物资准备

材料、机具和设备是保证施工顺利进行的物质基础，这些物资的准备工作必须在工程开工之前完成。根据各种物资的需要量计划，分别落实货源、安排运输和储备，使其满足连续施工的要求。

物资准备工作主要包括工程材料的准备、工程施工设备的准备、构件的加工准备，以及其他各种小型生产工具、小型配件等的准备，其具体内容如下：

(1)根据施工预算、分部(项)工程施工方法和施工进度的安排，拟订材料、施工机具等物资的需要量计划。

(2)根据各种物资需要量计划，组织货源，确定加工、供应地点和供应方式，签订物资供应合同。

(3)根据各种物资的需要量计划和合同，拟订运输计划和运输方案。

(4)按照施工总平面图的要求，组织物资按计划时间进场，在指定地点、按规定方式进行贮存或堆放。

四、施工现场准备

施工现场的准备工作主要是为工程的施工创造有利的施工条件和物资保证，其具体内容如下。

（一）施工控制网测量

按照勘测设计单位提供的桥位总平面图和测图控制网中所设置的基线桩、水准标高以及重要桩志的保护桩等资料，进行三角控制网的复测，并根据桥梁结构的精度要求和施工方案补充加密施工所需要的各种标桩，建立满足施工要求的平面和立面施工测量控制网。

（二）补充钻探

桥梁工程在初步设计时所依据的地质钻探资料往往因钻孔较少、孔位过远而不能满足施工的需要，因此必须对有些地质情况不甚明了的墩位进行补充钻探，以查明墩位处的地质情况和可能的隐蔽物，为基础工程的施工创造有利条件。

（三）搞好“四通一平”

“四通一平”是指水通、电通、通信通、路通和场地平整。为了蒸汽养生的需要以及在寒冷冰冻地区，还要考虑暖气供热的要求。

（四）建造临时设施

按照施工总平面图的布置，建造所有生产、办公、生活、居住和贮存等临时用房，以及临时便道、码头、混凝土拌和站、构件预制场地等。

（五）安装调试施工机具

对所有施工机具都必须在开工之前进行检查和试运转。

（六）材料的试验和贮存堆放

按照材料的需要量计划，应及时提供材料的试验申请计划，如混凝土和砂浆的配合比和强度、钢材的机械性能等试验，并组织材料进场，按规定的地点和指定的方式进行贮存堆放。

（七）新技术项目的试制和试验

按照设计文件和施工组织设计的要求，认真组织新技术项目的试验研究。

（八）冬、雨季施工安排

按照施工组织设计要求，落实冬、雨季施工的临时设施和技术措施，做好施工安排。

（九）消防、保安措施

建立消防、保安等组织机构和有关的规章制度，布置安排好消防、保安等措施。

（十）建立健全施工现场各项管理制度

根据工程特点，制定施工现场必要的各项规章制度。

五、施工场外准备

（一）材料的加工和订货

加强与材料供应单位的联系，签订供货合同，确保材料能得到及时供应，保证施工企业的正常生产。

（二）做好分包工作和签订分包合同

由于施工单位本身的力量所限，有些专业工程的施工、安装和运输等均需要委托外单位完成，因此应依据招标文件、投标文件，根据工程量、完成日期、工程质量和工程造价等内容，选择合适的分包单位，并与其签订分包合同，保证分项工程的按时实施。

（三）向监理单位提交开工申请报告

在做好上述准备工作后，应该及时地填写开工申请报告，并上报业主单位或监理单位批准。

单位工程开工必须具备下列条件：

（1）施工图经过会审，图中存在的问题和错误已得到纠正。

（2）施工组织设计或施工方案已经得到监理工程师的批准并进行交底。

（3）场内外施工便道已经修通，施工用水、用电、排水和通信能满足施工的需要。

（4）材料、成品、半成品等物资能满足连续施工的要求。

（5）附属加工场和职工生活福利设施的建设能满足施工和生活的需要。

(6)施工机械和设备已进场，并经过检验能保证正常运转。

(7)施工力量已经调集，并已经过必要的技术安全和防火教育，安全消防设备已经具备。

(8)已办理好施工许可证。

第二节　桥梁定位放样

一、桥梁定位放样概述

公路桥涵按其多孔跨径总长或单孔跨径可分为特大桥、大桥、中桥、小桥、涵洞五种形式，如表1-1所示。桥涵施工测量的方法及精度要求随跨径、桥长及桥涵结构的情况而定。

表1-1　公路桥涵按跨径分类

桥涵分类	多孔跨径总长 L(m)	单孔跨径长 L(m)
特大桥	$L \geqslant 500$	$L \geqslant 100$
大桥	$100 \leqslant L < 500$	$40 \leqslant L < 100$
中桥	$30 < L < 100$	$20 \leqslant L < 40$
小桥	$8 \leqslant L \leqslant 30$	$5 \leqslant L < 20$
涵洞	$L < 8$	$L < 5$

桥梁工程定位放样的主要任务是根据桥梁的形式、跨径及设计要求的施工精度，确定利用原设计网点加密或重新布设控制网点，补充施工需要的水准点，桥涵轴线、墩台控制桩，将设计图上的工程构造物的平面位置和高程在实地标定出来作为施工、纠正施工偏差和检查验收的依据。桥梁工程定位放样的依据是桥梁工程施工技术规范、测量规范以及工程设计图纸及文件。

测量放样工作应遵循从整体到局部的原则，先进行控制测量，再进行细部定位放样测量。通过控制测量建立起平面控制点和高程控制点与工程构造物特征点之间的平面位置和高程的几何联系。以平面控制点的坐标和高程控制点的高程为依据，利用传统测量仪器进行距离、高程和角度的测量放样，也可利用现代化的全站仪和GPS进行测量放样。

在放样过程中，工程设计图纸是图解控制点和工程构造物特征点之间几何关系的依据；现行的施工技术规范、规程以及测量规范是核查放样结果精度的依据。

(一)桥梁施工测量的主要内容

1.平面控制测量

平面控制测量包括测设与校核桥位中心线控制桩，测设桥梁墩台中心位置，并进行上部结构平面形状的测量放样。

2.高程控制测量

高程控制测量是指布设施工临时水准点网，进行施工高程测量工作。

3. 施工放样测量

施工放样测量包括基础施工放样、墩台施工细部放样和桥梁上部构造安装放样，并应同时测量各部位的高程。

4. 竣工测量

工程竣工以后，应对结构物各部位的平面位置、尺寸、高程等按照设计要求进行测量验收。

（二）桥梁施工测量的基本要求

为满足施工的需要，对放样测量技术人员的基本要求如下：

（1）应熟悉设计图样，理解图样的设计思路，核实图样的有关数据，做好施工测量的数据准备工作。

（2）了解施工工作计划和安排，协调测量和施工进度的关系，落实施工测量方案。

（3）应核查并检测有关的控制点在实地的位置，并与设计资料中的点标记相对照，确认点位的准确可靠。若原控制点点位丢失，应按照原控制等级进行恢复，并应满足精度要求。

（4）了解施工现场的地貌形态和地物分布情况，做好控制点的复测工作。

（5）应加强对测量标志的管理、保护，注意受损测量标志的恢复。测量标志包括控制点标志和放样点标志。

（6）施工过程中，应测定并经常检查桥涵结构浇砌和安装部分的位置和标高，并做出测量记录和结论，如超过允许偏差时，应分析原因，并予以补救和改正。

（7）为防止差错，施工测量必须由两个人相互检查、校核并作出测量和检查核对记录。

二、施工控制测量

桥梁控制测量的目的是为测量桥位地形、施工放样和变形观测提供具有足够精度的控制点。在施工放样前，应对设计单位提供的桥梁工程项目内所有的导线点和水准点进行认真细致的复测，并建立测量控制网。

导线点的复测采用附合导线测量法，即在桥梁工程项目前（后）范围内导线点中选用两点作为测量基准点，在桥梁工程项目后（前）范围内导线点中选取两点作为附合导线点，按照导线测量的要求使用全站仪对桥梁工程项目内导线点进行认真测量，平差后若不能符合规范要求，则报业主调整后重新进行复测，直到满足要求，并报监理工程师认可。

水准点的复测采用附合水准测量法，并按照业主提供的水准点等级进行同级复测。其方法是：在桥梁工程项目后（前）范围内选取一至两个设置牢固的点作基准点（若路线附近有国家级水准点则优先选用），另在桥梁工程项目前（后）范围内选取一水准点作为附合点，对桥梁工程项目内所有提供的水准点进行往返复测，并认真作好记录，平差后若不符合规范要求，则报请业主调整后进行复测，直到满足要求，并报监理工程师认可。

对复测合格的导线点、水准点应采取必要的加固保护措施，并设立可靠标志以利寻找，在施工期间定期进行复测，以保证控制的精度。

桩位复测无误后，应根据现场情况在通视良好地带设置控制网。为满足桥梁工程施工精度的要求，区域内设置三角导线控制网，导线网点同时作为水准网点。

三角网的基线不应少于 2 条,依据当地条件,可设于河流的一岸或两岸。基线一端应与桥轴线连接,并尽量近于垂直。当桥轴线较长时,应尽可能在两岸均设基线,长度一般不小于桥轴线长度的 0.7 倍,困难地段不得小于 0.5 倍。设计单位布设的基线桩精度够用时应予以利用。三角网所有角度宜布设为 30° ~ 120°,困难情况下不应小于 25°,如图 1-1所示。

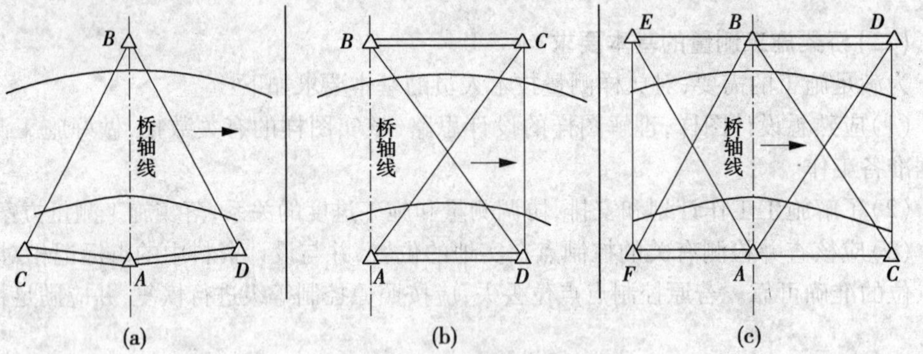

图 1-1　三角控制网

导线点应布设在地基稳定、不受施工及洪水影响的地方。导线点埋设方法是:在地上挖一直径为 40 cm、深 50 ~ 100 cm 的基坑,埋入带有测钉的预制方柱,回填混凝土并用钢锯条在测钉上画上十字线。导线点埋设好以后,根据已有导线点进行加密测量,平差后即可确定坐标。加密导线点测设及计算资料应及时上报测量监理工程师,复验认可后方可使用。

加密导线点应定期进行联测,如发现导线点变位,应废弃不用,或加固后重新测设确定坐标并报验后再用。

施工期间为确定桥梁结构各控制点的垂直位置,需要在桥址附近设立一系列基本水准点和施工水准点,组成桥梁高程控制网。在桥梁建成投入运营之后,高程控制网还要作为沉陷变形观测的依据。

为了获取可靠的高程起算数据,江河两岸的基本水准点应先与桥址附近的国家高级水准点进行联测。然后进行桥位实地水准测量,最后通过过河水准测量将两岸高程联系起来,以此可检验两岸国家水准点有无变动,并从中选取一个稳固可靠、精度较高的国家水准点作为桥梁高程控制网的高程起算点。

对于高程控制网的水准测量等级,2 000 m 以上的特大桥一般为三等,1 000 ~2 000 m 的特大桥为四等,1 000 m 以下的桥梁为五等。

过河水准测量在桥梁高程控制测量中极为重要,应采用精密的方法测定。当水准路线通过宽度为各等级水准测量的标准视线长度 2 倍以下的江河、山谷时,可用一般观测方法进行,但在测站上应变换一次仪器高度,观测 2 次,2 次高差之差应符合规定,取平均值作为结果。当高程视线长度超过各等级水准测量标准视线长度的 2 倍以上时,应按表 1-2 选择观测方法。

表 1-2　跨河高程测量的观测方法及跨越视线长度

观测方法	跨越视线长度(m)	观测方法	跨越视线长度(m)
直接读数法	三等、四等水准测量 ≤300	倾斜螺旋法	≤1 500
	五等水准测量≤500	测距三角高程法	≤3 500
光学测微法	≤500		

所有水准点,包括基本水准点和施工水准点,都应定期进行测量,检验其稳定性,以保证桥梁墩台及其他施工高程放样测量的精度。加密水准点应设置在路线附近安全处,并便于观测。加密水准点做好后,应与原有水准点进行联测,以确定加密水准点高程。根据施工进度情况,应适时将水准点引测到承台及墩柱上,以便测量。

三、直线桥梁墩台中心定位

桥梁墩台的中心定位是根据桥梁设计施工详图上所设计的两桥台及各桥墩中心的里程,以桥梁中心线控制桩、桥梁三角网控制点为基准,按规定精度放样出墩台中心的位置,它是桥梁施工测量中的关键性工作。常用的测设方法有光电测距法(或全站仪)、直接丈量法、方向交会法与极坐标及直角坐标法等。

(一)光电测距法

光电测距仪广泛应用于桥梁的墩台中心定位,因其精度高、操作快、计算简便、通视不受地形限制,成为测定桥轴线比较好的一种仪器。

光电测距时应在气象比较稳定、大气透明度好、附近没有光电信号干扰的情况下进行,且应在不同的时间进行往返观测。观测时间的选择,应注意不要使反光镜面正对太阳的方向。

当照准方向时,待显示读数变化稳定后,测 3 ~ 4 次,取平均值,此平均值即为斜距。为了得到平距,还应读取垂直角,经倾斜改正后,即为单方向的水平距离观测值(如果用的是电子全站仪,可直接得到平距)。如果往返观测值之差在容许范围之内,则取往返观测值的平均值作为该边的距离观测值。

(二)直接丈量法

位于浅水河道、干河或封冻的深水河道上的大中桥,以及河水虽深、但桥台间距在 50 m(钢尺长度)以内时,均可采用直接丈量法测定桥轴线长度。图 1-2 中,A、B 为桥梁中线的定位桩,精确地测定 AB 长度后,即可分别由 A 点、B 点标定出桥台和桥墩的位置。

为了保证施工期间的长度丈量精度和量距精度的一致性,在量距之前应对所用的钢尺进行严格的检定,取得尺长改正数 Δ_l 。

用钢尺量距的方法如下:

(1)对桥梁中线范围内进行 1 次彻底的清理。

(2)在 A 控制桩上设置经纬仪,沿桥轴线 AB 方向用经纬仪定线,定出一系列木桩。地面平坦时,桩顶可与地面平;若地面起伏,应使点位能满足尺段悬空丈量的要求。桩顶中心应加一小钉,其偏离直线最大不得超过 ±1 cm。为了便于丈量,桩间距应小于尺长

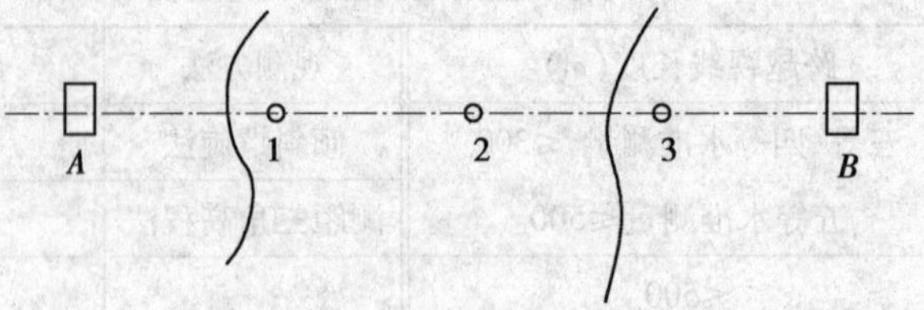

图 1-2　桥轴直接丈量

10 cm 以上。

(3)用水准仪测出相邻桩顶间的高差,为了校核应测 2 次,读至 mm,2 次高差之差应不超过 2 mm。

(4)在丈量每个尺段桩跨时,都应测读钢尺边的温度 1 次,其精度读到 0.5 ℃。

(5)丈量的工作一般由 5 人组成,其中 2 人拉尺,2 人观尺读数,1 人指挥兼顾记录。丈量时应对钢尺施以标准拉力,并将尺边对好桩顶小铁钉,由 2 个观测员在统一的口令下同时读出两端尺数,精确至 0.1 mm,并将其结果记入“精密量距记录计算表”中。每一尺段可连续测量 3 次,每次读数时均应变换钢尺的前后位置,以防差错。各次测得的长度差不得超过 2 mm,若超过则必须重测。

(6)计算桥轴线长度。每一尺段的丈量结果均应加上尺长改正数 Δ_l、温度改正数 Δ_t、倾斜改正数 Δ_h 及垂度改正数 Δ_f 进行修正,即:

$$l_i = l_i' + \Delta_l + \Delta_t + \Delta_h + \Delta_f \tag{1-1}$$

$$\Delta_l = (L_0 - L) \cdot l_i'/L \tag{1-2}$$

$$\Delta_t = l_i'\alpha(t - 20) \tag{1-3}$$

$$\Delta_h = -\frac{h^2}{2l_i'} \tag{1-4}$$

$$\Delta_f = -(d/24)(md/P)^2$$

式中 l_i—— 各尺段经过各项改正后的长度;

l_i'—— 各尺段未经过各项改正的实测长度;

Δ_l—— 尺长改正数;

L_0—— 检定时的标准长度;

L—— 名义长度;

Δ_t—— 温度改正数;

α—— 钢尺线膨胀系数,如不确知时,可用 0.000 011 7/℃;

t—— 测量时的温度;

Δ_h—— 倾斜改正数;

h—— 相邻桩顶高差;

Δ_f—— 垂度改正数;

d—— 量距时钢尺两端支点间的距离;

m—— 钢尺每单位长度的质量;

P—— 测量时的实际拉力。

则桥轴线一次测量的总长为：

$$L_i = l_1 + l_2 + \cdots + l_n \tag{1-5}$$

取各次丈量结果的平均值，即为桥轴线的长度。

(7)评定丈量的精度。各尺段算术平均值的中误差 m_i 为：

$$m_i = \pm \sqrt{\frac{\sum V^2}{n(n-1)}} \tag{1-6}$$

式中　V—— 各次丈量值与平均值之差；

n—— 丈量的次数。

桥轴线中误差 M 为：

$$M = \pm \sqrt{m_1^{\ 2} + m_2^{\ 2} + \cdots + m_n^{\ 2}}$$

桥轴线的相对中误差 M_p 为：

$$M_p = \frac{M}{L} \tag{1-7}$$

式中　L—— 桥轴线的平均长度。

丈量结果的相对中误差应满足估算精度的要求。

桥梁轴线长度测量后，即可采用同样的方法直接丈量墩台位置，但不同的是要在测设前将尺长改正、温度改正、倾斜改正、垂度改正考虑后，将已知长度转化为钢尺丈量长度。桥墩中心线在桥轴线方向上的位置中误差不应大于 ±15 mm。

(三)方向交会法

由于大中型桥梁的桥墩位于水中，采用直接丈量法有困难，或不能保证必要的精度时，它的中心位置可采用已建立的三角网，在 3 个控制点上安置经纬仪，从 3 个方向(其中一个为轴线方向)用间接丈量法测定桥轴线，交会墩台位置。

如图 1-3 所示，AB 为桥轴线，C、D 为桥梁平面控制网中的控制点，把桥轴线 AB 作为三角网的一个边长，测量基线长度 AC、AD，用三角测量的原理测量并解算，即可得出桥轴线的长度 AB。P_i 点为第 i 个桥墩设计的中心位置(待测设的点)，在 A、C、D 三点上各安置一台经纬仪。A 点上的经纬仪瞄准 B 点，定出桥轴线方向；C、D 两点上的经纬仪均先瞄准 A 点，并分别测设根据 P_i 点的设计坐标和控制点坐标计算的 α、β 角，以正倒镜分中法定出交会方向线。

理论上，从 C、A、D 指来的三条方向线是交于一点的，该交点就是要测设的桥墩中心位置；但实际上由于测量误差的存在，三条方向线一般不是交于一点，而是构成误差三角形 $\triangle P_1P_2P_3$。如果误差三角形在桥轴线上的边长(P_1P_3) 在容许范围(对于墩底放样为 2.5 cm，对于墩顶放样为 1.5 cm) 之内，则取 C、D 两点指来的方向线的交点 P_2 在桥轴线上的投影 P_i 作为桥墩放样的中心位置。

在桥墩施工中，随着桥墩的逐渐筑高，中心的放样工作需要重复进行，且要求迅速和准确。为此，在第一次求得正确的桥墩中心位置 P_i 以后，将 CP_i 和 DP_i 方向线延长到对岸，设立固定的瞄准标志 C' 和 D'，如图 1-4 所示。以后每次作方向交会放样时，从 C、D 点直接瞄准 C'、D' 点，即可恢复点的交会方向。

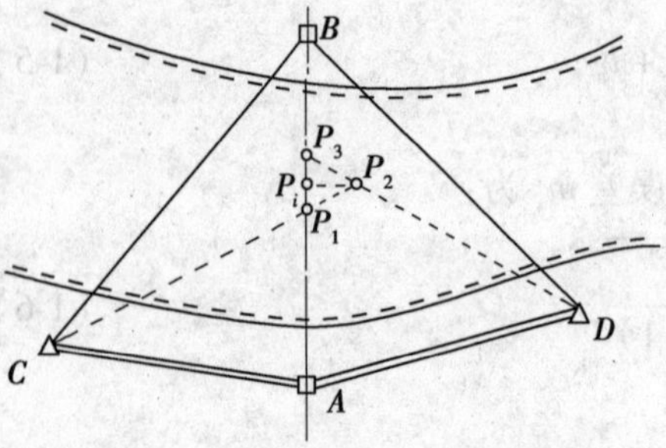

图 1-3　三方向交会法的误差三角形

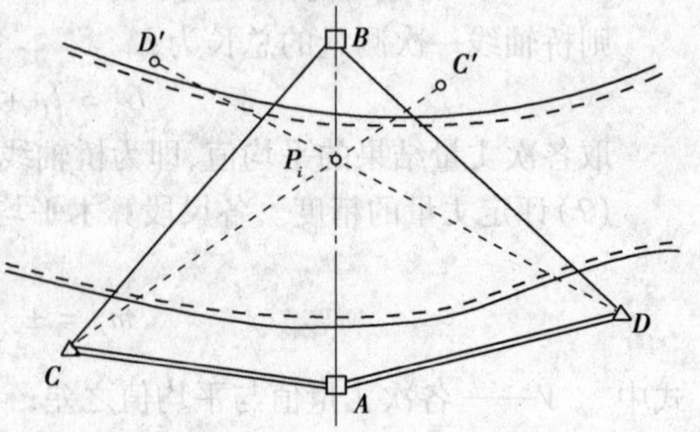

图 1-4　三方向交会法的固定瞄准标志

(四)极坐标及直角坐标法

如果在桥梁设计中,墩台中心坐标(x、y)已设计出,则可用经纬仪加测距仪,或全站仪按极坐标法测设,原则上可将仪器放置在任何一个控制点上,根据墩台坐标和测站点坐标,求算出极坐标放样数据(角度和距离),然后依此测设墩台的中心位置。但是,若测设桥墩中心位置,最好是将仪器安置于桥轴线上的 A 点(或 B 点)处,瞄准轴线上的另一点 B(或 A),定出轴线方向,然后将棱镜安置在该方向上测设 AP_i(BP_i)的距离,即可定出桥墩的中心位置,如图 1-4 所示。

对于全站仪,则还可以根据测站点、后视点及待放点的直角坐标,自动计算出待放点相对于测站点的极坐标数据,再以此测设点位。

四、曲线桥梁的墩台定位

在线路中,有许多桥梁位于各种平面曲线上,需做成曲线桥。其上部结构一般有连续弯梁和简支直梁等形式,但下部一般都是利用墩台中心构成的折线交点而形成弯桥,如图 1-5所示。

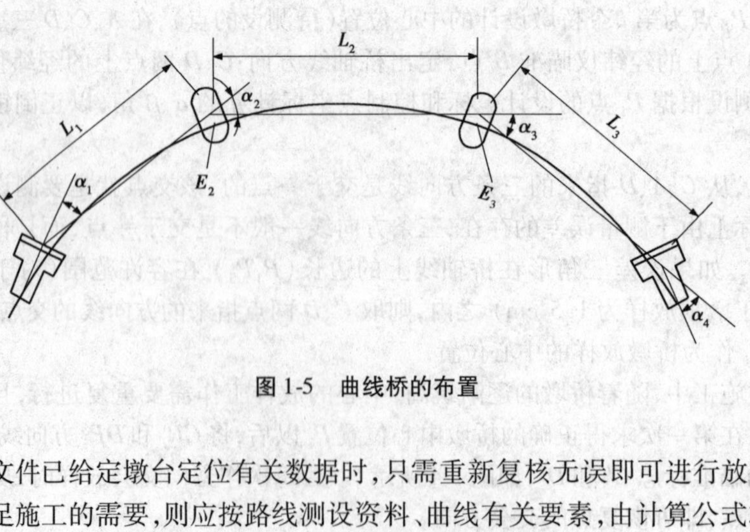

图 1-5　曲线桥的布置

在设计文件已给定墩台定位有关数据时,只需重新复核无误即可进行放样定位。若数据不能满足施工的需要,则应按路线测设资料、曲线有关要素,由计算公式求出以各墩台中心为顶点的直线，再用偏角进行定位。

对于坐标值的计算，一般在直角坐标系中进行较为普遍、简便。可以先建立以墩台中心为原点，切线及法线方向为坐标轴的局部坐标系，在局部坐标系中确立待放点的局部坐标值；再利用墩台中心的路线坐标值将局部坐标值转换至路线坐标中。

墩台定位的方法，根据不同的条件可采用偏角法、长弦偏角法、利用坐标的交会法和坐标法等。基本步骤与直线桥相类似，在此不再详述。

五、桥梁高程放样

在桥梁施工中，河流两岸应建立统一、可靠的高程系统，所以应将高程从河流的一岸传到另一岸。当河宽超过规定的视线长度时，应用跨河水准测量的方法，即用两台水准仪同时作对向观测，两岸测站点和立尺点布置如图 1-6 所示的对称图形，图中，A、B 为立尺点，C、D 为测站点，要求 AD 与 BC 距离基本相等，AC 与 BD 距离基本相等，且 AC 和 BD 不小于 10 m。

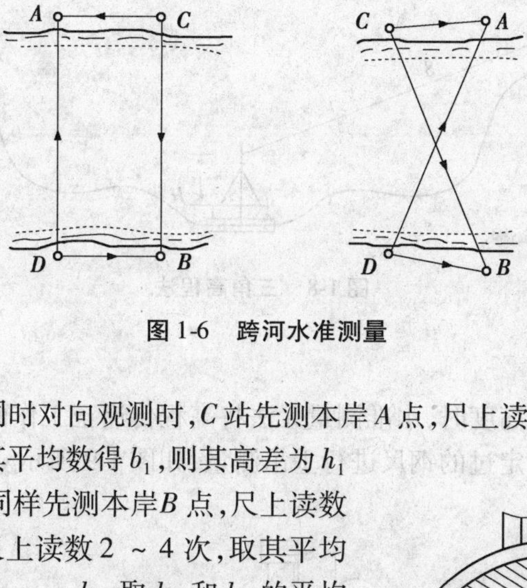

图 1-6　跨河水准测量

用两台水准仪作同时对向观测时，C 站先测本岸 A 点，尺上读数得 a_1，后测对岸 B 点，尺上读数 2 ~ 4 次，取其平均数得 b_1，则其高差为 $h_1 = a_1 - b_1$。在 D 站上，同样先测本岸B 点，尺上读数得 b_2，后测对岸 A 点，尺上读数 2 ~ 4 次，取其平均数得 a_2，其高差为 $h_2 = a_2 - b_2$。取 h_1 和 h_2 的平均数，完成 1 个测回，一般进行 4 个测回。

由于过河观测的视线长，远尺读数困难，可以在水准尺上安装一个能沿尺面上下移动的觇牌，如图 1-7 所示，由观测者指挥立尺者上下移动觇牌，使觇牌的红白交界处与十字横丝重合，由立尺者记下水准尺上的读数。

图 1-7　觇牌

高程放样就是将桥梁各部分的建筑高度控制在设计高度。常规的水准测量操作简单、速度快，但在桥梁施工过程中，由于墩台基础或顶部与桥边水准点的高差较大，用水准测量来传递高程，需多次转换测点，非常不方便。所以，在桥梁施工时，常用到三角高程测量法或垂吊钢尺法等来传递高程。

(一)三角高程法

如图 1-8 所示，在桥墩基础施工时，用三角高程法测量非常方便。假设在某水准点设立测站，在桥墩基础顶面设置反光棱镜，水准点高程为 H_0，仪器高度为 i，棱镜高度为 l，用光电测距仪测得仪器与反光棱镜之间的倾斜距为 S（有些测距仪可直接测得两点之间的高差 Δh），竖直角为 α，则桥墩基础顶面的高程为：

$$H = H_0 - S\sin\alpha + i - l + \frac{l-k}{2R} \cdot S^2 \tag{1-8}$$

式中　R—— 地球平均半径，取 6.371×10^6 m；

k—— 折光系数，可以自己测定。

当 $S < 400$ m 时，两差改正值 $(l-k)$ 可以忽略，即：

$$H = H_0 - S\sin\alpha + i - l \tag{1-9}$$

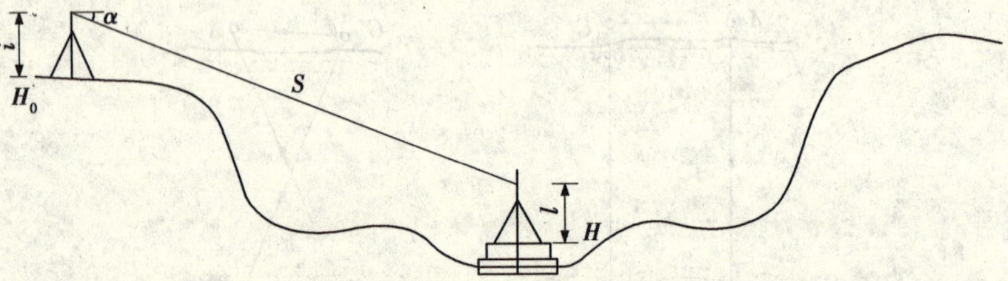

图 1-8　三角高程法

(二)垂吊钢尺法

当桥墩施工至一定高度时，水准测量无法将高程传递至工作面，而工作面上架设棱镜也不方便，这时，可用检定过的钢尺进行垂吊测量，如图 1-9 所示。

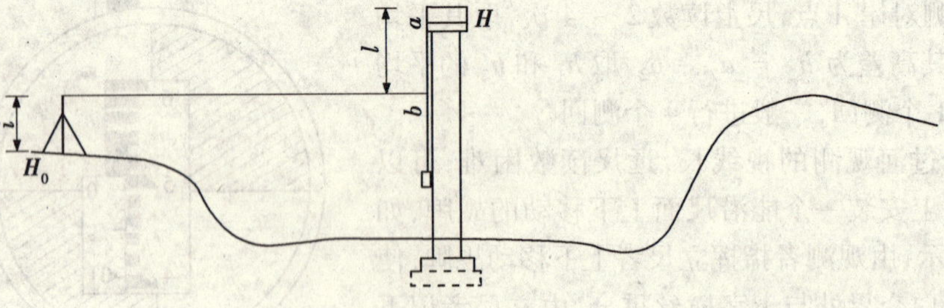

图 1-9　垂吊钢尺法

用钢尺进行垂吊测量时，在工作面边缘用钢尺垂吊一个与标定钢尺时拉力相等的重锤，钢尺的零端读数放在下面，在钢尺静止时，在工作面边缘读取钢尺读数 a；然后在地面上一点安置水准仪一台，按水准测量的方法进行观测，在钢尺上读取中丝读数 b，则改正后钢尺测量长度为：

$$l = [1 + \frac{\Delta_l}{L} + \alpha(t - 20)] \cdot |b - a| \tag{1-10}$$

则工作面边缘的高程为：

$$H = H_0 + i + l \tag{1-11}$$

六、桥梁细部施工放样

(一)墩台纵横轴线的放样及固定

在墩台中心定位之后，还应放样出墩台的纵横轴线，作为墩台细部放样的依据。

在放样后的旱桥桥梁墩台中心位置点位上设置经纬仪，直接用拨角法放样。直线桥的墩台纵轴线与桥轴线相重合，横轴线与纵轴线垂直；曲线桥若墩台中心位于路线中心上，则墩台的纵轴线位于墩台中心处曲线的切线方向上；对于等跨直梁曲线桥，墩台的纵横轴线位于梁的中心线顶点处的分角线上，如图 1-10 所示。

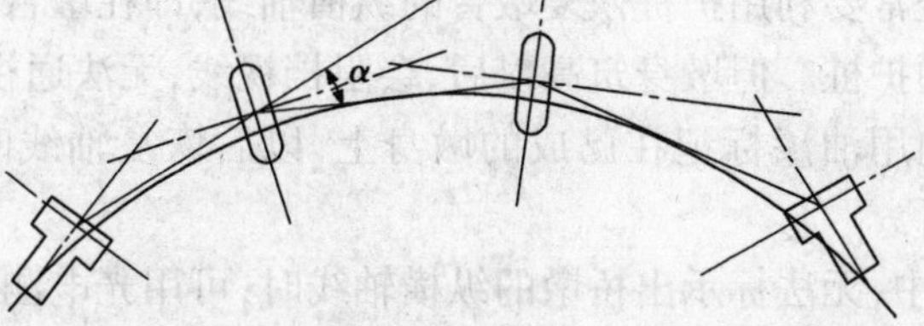

图 1-10　等跨直梁曲线桥纵横轴线

在纵横轴线的每端方向上至少定出 2 个方向桩（护桩），各桩应在基坑开挖线以外 1 ~ 2 m。如果采用筑岛或围堰施工时，可把纵横轴线测设于岛上或围堰上。墩台纵横轴线方向桩是施工过程中随时恢复墩台中心位置和细部放样的基础，应妥善进行保护。如有需要，在使用前应进行必要的复测工作。尤其应注意防止桥梁墩台纵横轴线方向桩被偶发的洪水冲毁，必要时在其四周筑岛或围堰并使用深埋钢筋混凝土桩。

(二)明挖扩大基础放样

若旱地施工，在地基较好、基础不深的情况下，常采用明挖基础。

在基础开挖前，首先应根据施工图样中的基础底面尺寸、开挖深度、合理的放坡等情况计算出原地面开挖边线的尺寸，然后根据墩台中心及其纵横轴线即可放出基坑的边线。当基坑开挖到设计标高以后，应进行基底平整或依据施工图样做必要的地基处理，然后在基础垫层上放出墩台中心及其纵横轴线，作为绑扎钢筋、安装模板、浇筑混凝土基础及墩身的依据。

应注意基坑底部尺寸并根据实际情况比设计需要的尺寸每边增加 50 ~ 100 cm 的余量，为边坡支护、支立模板等操作提供必要的空间。

根据墩台纵横轴线的护桩，将墩台中心位置引测至基坑底部，放出控制桩位置，并用木桩加铁钉标出，然后用钢尺进行量距，以检查基底尺寸。基础轴线偏位不应超过 15

mm，墩台轴线偏位不应超过 10 mm。

模板检查与放样的方法与上述相同，都是根据桥墩中心位置及其纵横轴线进行的。一般模板常采用 3 m 一段，安装后进行检查，看其上下口是否都符合设计的要求。在检查模板上口时，事先要用较重的垂球将标定的纵横轴线移至上口。模板标高、内部尺寸与设计值的差值不应超过规定的允许偏差，否则应进行调整。

（三）桩基放样

根据墩台纵横轴线用钢尺测设出四根边角桩位，并用钢尺复核这四根桩的相对位置无误后（矩形对角线长度相等原理），就可根据这四个点用钢尺测设桥墩的其他桩位。

水中桩位和沉井位置的放样与水中墩位的放样方法相同，在水中平台、围囹或围堰上测设位置，经复测后方可施工。

（四）桥梁墩台的细部放样

墩身和台身的细部放样，也是主要以它的纵横轴线为依据的。在模板的外侧预先画出中心线，然后在纵横轴线的护桩上架设经纬仪，照准该轴线方向上的另一护桩，根据这一方向校正模板的位置，直至模板中心线位于视线的方向上。

在施工过程中，经常要利用护桩恢复墩台的纵横轴线，即在墩台身一侧的护桩上架设经纬仪，照准另一侧的护桩。但墩身筑高以后，会阻挡视线，无法通视，应在墩身尚未阻挡视线以前，将轴线方向用油漆标记在已成的墩身上，以后恢复轴线时可在护桩上架设仪器，照准这个标志即可。

如果桥墩位于水中，无法标示出桥墩的纵横轴线时，可用光电测距仪或交会法恢复墩中心的位置。在用光电测距仪时，墩的横轴线方向是利用桥轴线的控制桩来确定的。在桥轴线一端的控制桩上安置仪器，照准另一端的控制桩，则视线方向即为桥轴线的方向，也是墩的横轴线方向（直线桥）。在此视线方向上，于墩中心附近前后各找出 a_1 点和 a_2 点安置反光镜，测出各点至控制桩的距离 d_1、d_2，然后在两点间用钢尺定出墩中心的位置。

利用交会法测设墩中心时应至少选 3 个以上的方向进行交会。误差三角形最大边要求：在墩的下部不超过 25 mm，在墩的上部不超过 15 mm，取三角形的重心作为墩中心的位置。

在墩台帽模板安装到位后应再一次进行复测，确保墩台帽位置符合设计要求。模板位置中心的偏差不得大于 1 cm，并在模板上标出墩顶标高，以便控制灌注混凝土的标高。当混凝土灌注至墩帽顶部时，在墩的纵横轴线及墩的中心处，可埋设中心标志，在纵轴线两侧的上下游埋设两个水准点，并测定出中心标志的坐标和水准点的高程，作为大致安置支撑垫石的参考依据。

（五）梁体施工时的测量工作

梁体施工是桥梁主体结构施工的最后一道工序。桥梁上部结构较为复杂，要求对墩台方向、距离和高程以较高的精度测定。

桥梁中心线方向测定，在直线部分采用准直法，用经纬仪正倒镜观测，刻画方向线。如果跨距较大（>100 m），应逐墩观测左、右角。在曲线部分，则采用测定偏角或坐标法。

相邻墩中心点间的距离用光电测距仪观测，在已刻画的方向线的大致位置上，适当调整使中心点里程与设计里程完全一致。在中心点架设经纬仪放出里程线，与方向线正交，形成墩台十字中心线。以此精确放出支座底板中心线，并以墨线弹出。

墩台顶面高程用精密水准仪测定，构成水准路线，附合到两岸基本水准点上。

梁体具体施工过程中的测量工作有：

（1）对大跨度钢桁架或连续梁采用悬臂或半悬臂安装架设的桥梁，在拼装架设前，应在梁顶部和底部中点作出标志，架梁时用以测量梁体中心线与桥梁中心线的偏差值。在梁的拼装开始后，应通过不断的测量保证梁体在正确的平面位置上。高程控制一般以大节点挠度和整跨拱度为主要控制。对需要在跨中合龙的桥梁，合龙前的控制重点应放在两端悬臂的相对位置上。

（2）对于预制安装的箱梁、板梁、T形梁等，测量的主要工作在于平面位置的控制上。在架设前，应在梁顶部和底部中点作出标志，架梁时用以测量梁体中心线与支座中心线的偏差值。在梁体安装基本到位后，应通过不断的微调保证梁体在正确的平面位置上。

（3）对于支架现浇的梁体结构，测量的主要工作在于高程的控制。对于支架预压前后的高程应进行连续测量，以测得弹性变形，消除塑性变形；同时，应根据设计保留一定的预拱度。在梁体现浇的过程中，应对支架的变形进行跟踪测量，如果变形过大，则应暂停施工，并采取相应的措施。

（4）对于悬臂施工的梁体结构，测量的主要工作在于高程的控制上。对挂篮预加荷载前后的高程应进行测量，测得弹性变形，消除塑性变形；同时，在不同节段的浇筑前，应根据施工图中不同节段预拱度的设计值，并结合已浇筑的前一节段的高程，调整相应的预拱度，使合龙前两端悬臂的相对位置满足要求，没有积累误差。

（六）桥台锥体护坡放样

锥体护坡及坡脚通常为椭圆形曲线，放样方法很多，如锥坡支距法、纵横等分图解法、坐标值量距法、经纬仪测角法、放射线式放样法，对于斜桥锥坡还应考虑到斜度系数，均应先求出坡脚椭圆形的轨迹线，测设到地面上，然后再按规定的边坡放出样线，以据此施工。

1. 锥坡支距放样法

锥坡支距放样法适用于锥坡不高，底脚地形平坦，桥位中线和水流正交的情况。其具体做法如图1-11所示，将 b 分为 n 等份（一般为10等份或8等份），则可根据下式求得 i 点对应的支距：

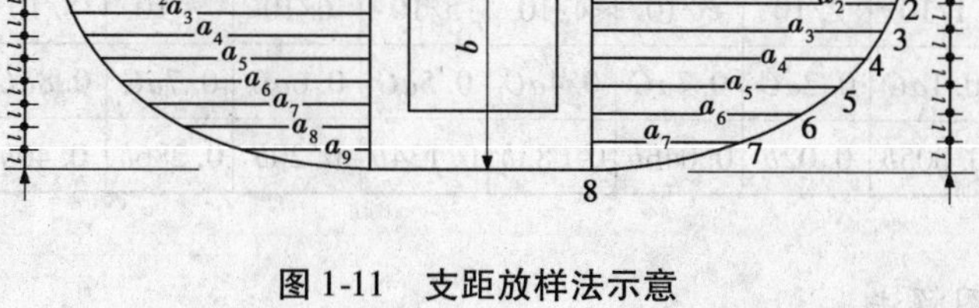

图1-11　支距放样法示意

$$a_i = \frac{a}{b}\sqrt{b^2 - (il)^2} = a\sqrt{1 - \frac{i^2}{n^2}} \tag{1-12}$$

然后根据 i 点在 b 方向的分量(il) 和在 a 方向的分量(a_i),在现场放出 i 点。

当锥坡底面有土石堆积,曲线内侧难以量距时,可改由曲线外侧测量放样,定出椭圆曲线上各点。

如图 1-12 所示,在椭圆曲线外侧,即在 Ox 轴对面平行线 ED 上,采用钢尺沿 ED 找出 $0.1a$、$0.2a$、$0.3a$、… 各点,使用直角尺按平行于椭圆短轴半径 b 的方向,量出各相应的 y 值 $0.005b$、$0.020b$、$0.046b$、…,即可定出 p_1、p_2、p_3、… 各点连成曲线,依此曲线周长上各点 p_1、p_2、p_3、… 与锥坡顶上固定点拉下的坡度放样线砌筑石料,即成锥体护坡。为了校核 ED 线长度和方向是否正确,可用钢尺连接 EF 和 FD 构成直角三角形 $\triangle EFD$ 定出 D 点。

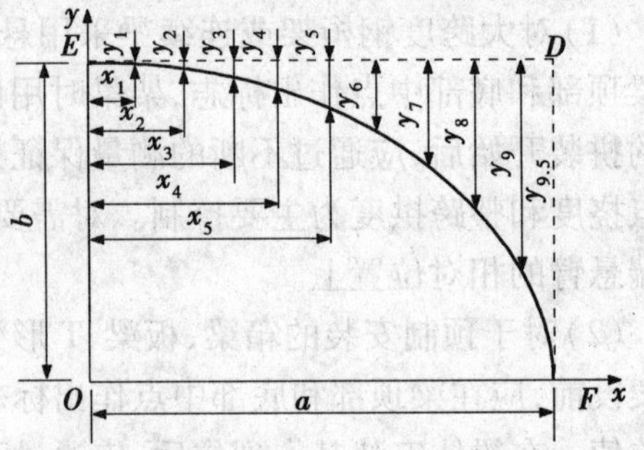

图 1-12 外侧量距示意

对于道路中心与水流方向斜交的桥台椭圆锥坡,必须视斜交角 α 的不同乘以角度系数 C 后按量距法进行放样,如图 1-13 所示。C 的计算公式为:

$$C = \sec\alpha \tag{1-13}$$

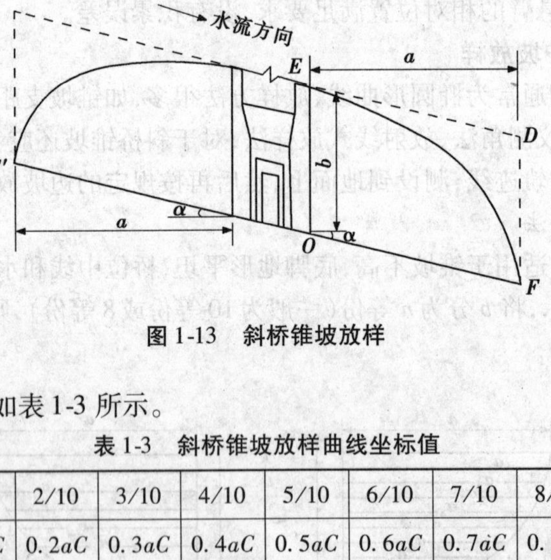

图 1-13 斜桥锥坡放样

各点坐标值计算如表 1-3 所示。

表 1-3 斜桥锥坡放样曲线坐标值

等分点	1/10	2/10	3/10	4/10	5/10	6/10	7/10	8/10	9/10	9.5/10
距 E 点长度 x	$0.1aC$	$0.2aC$	$0.3aC$	$0.4aC$	$0.5aC$	$0.6aC$	$0.7aC$	$0.8aC$	$0.9aC$	$0.95aC$
纵向 y 值	$0.005b$	$0.02b$	$0.046b$	$0.083b$	$0.134b$	$0.20b$	$0.286b$	$0.40b$	$0.564b$	$0.688b$

2. 纵横等分图解法

纵横等分图解法的做法是:如图 1-14 所示,按 a 和 b 的长度引一平行四边形;将 a' 和 b' 均分为 10 等份,并将各点顺序编号;由 b' 之 0 点连 a' 之 1 点,由 b' 之 1 点连 a' 之 2 点 …… 依此类推,最后由 b' 之 9 点连 a' 之 10 点,即形成锥坡之底线。

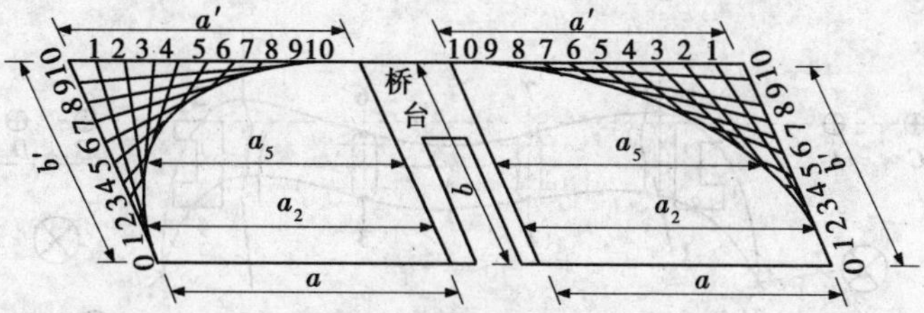

图 1-14　纵横等分图解法

放出样线后，在锥坡挖基、修筑基础以及砌筑坡面时，应悬挂准绳，使铺砌式样尺寸符合标准。在施工过程中应随时防止样线走动或脱开样线铺砌，并进行必要的检查复核工作。

七、桥梁工程竣工测量及沉降与位移观测

(一)桥梁工程竣工测量

全桥的桥墩台竣工后，为了查明墩台的各主要部分的平面位置及高程是否符合设计要求，需要进行竣工测量，为下阶段桥梁上部构造的定位和安装提供可靠的原始数据。桥墩台竣工测量的主要内容为：测定各墩台中心的实际坐标及其间距、进行检查性的水准测量、检查垫石及墩帽各处的高程、丈量墩台各部分的尺寸。

在架梁及桥面系施工完成以后、通车以前，应进行桥梁的竣工测量。桥梁竣工测量的内容有：测定主梁轮廓尺寸、轴线、标高，立柱的垂直度以及各个墩上梁的支点与墩台中心的相对位置，进行工程质量的检查验收。

(二)沉降观测

桥梁墩台在修建和使用期间可能发生沉陷和位移，如果数值较大，将直接影响到桥梁的使用寿命和行车的安全，应及时采取补救措施。为确定其变形的数值，应对桥梁进行周期性的沉降和位移观测，一般在桥梁建成初期，间隔时间较短，而在后期则间隔时间可长些。

为进行沉降观测，必须在桥墩的两边适宜于立尺的地方各埋设一个顶端是球形的水准标志作为观测点，供沉降观测使用。

水准线路可采用闭合水准线路或附合水准线路。如图 1-15 所示，每岸至少埋设 3 个永久性水准点，并使其近似地在同一圆弧上，这样在每天观测时，水准仪可安置在圆弧中心处。若 3 个水准点的三段高差无变更，则说明各水准点是稳固的。有时，往往需与设立在远处的、土质较坚硬地区的水准基点进行联测。

为使观测的沉降数值可靠，每次观测的水准线路要求相同，各次观测最好都使用同一台水准仪。如图 1-15 所示，同一桥墩上的 2 个观测点有时因视线受阻而不通视，这时各墩台观测点要用两条水准线路连接，一条在上游，一条在下游，又因水准仪只能隔一桥墩设一测站，所以每条水准线路实际上必须施测 2 次才能把墩顶上全部观测点与岸上固定水准点连接起来。

根据各时期观测结果，编制出墩台沉降一览表，绘出沉降曲线，直接表明墩台沉降的

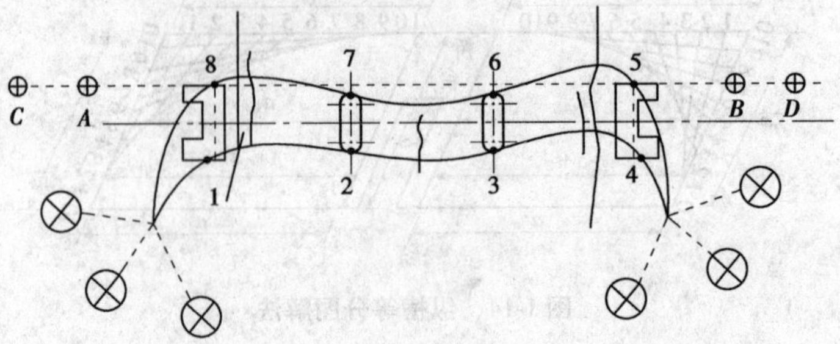

图 1-15　进行桥墩位移和沉降观测时所用标志布设示意

相应数值和速度。

（三）位移观测

由于受各种作用的影响，墩台的平面位置可能会产生一定的位移。桥墩横轴线方向位移的观测可用方向线法。为此，在桥墩上跨越结构的右侧或左侧的同一方向线上设置观测标志，同时在同方向的两岸稳固地方各埋设两个固定标志，使岸上的 4 个标志在一条直线上，如图 1-16 中的虚线所示。观测前先检查 C、A、B、D 是否在同一直线上，即这 4 个固定点本身是否稳固，若有变动，应求出其变动数值，以便用来改正观测结果。

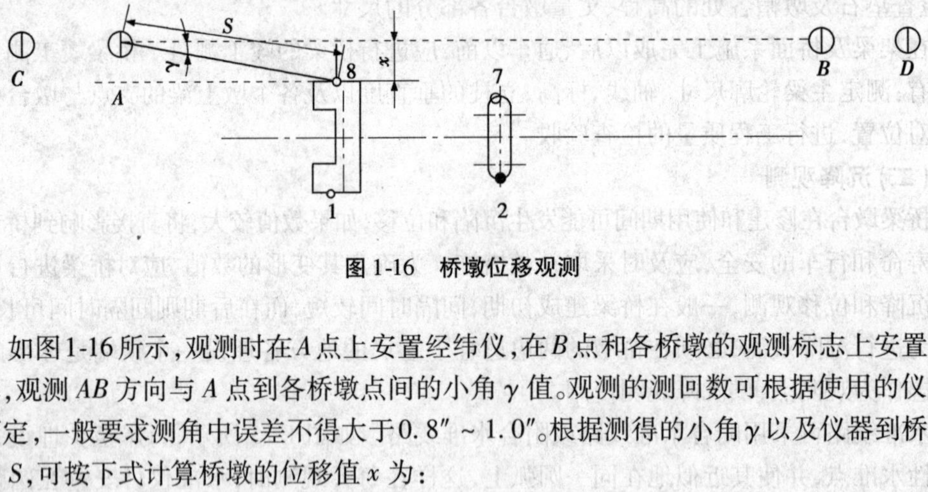

图 1-16　桥墩位移观测

如图1-16所示，观测时在A点上安置经纬仪，在B点和各桥墩的观测标志上安置观测觇牌，观测 AB 方向与 A 点到各桥墩点间的小角 γ 值。观测的测回数可根据使用的仪器精度而定，一般要求测角中误差不得大于0.8″～1.0″。根据测得的小角γ以及仪器到桥墩的距离 S，可按下式计算桥墩的位移值 x 为：

$$x = \frac{S\gamma}{\rho} \tag{1-14}$$

式中　ρ ＝206 265″。

由于x值与S成正比。因此，在A点可由近至远依次观测各桥墩的小角γ。到达桥中部后，将经纬仪迁至B点，觇牌设置在A点，再在B点由远至近依次观测到最近一个桥墩。

除此以外，水平位移观测也可采用前方交会法进行观测。

第二章　桥梁基础施工

桥梁上部所承受的各种荷载均要通过墩台传至基础,再由基础传给地基,故桥梁基础对结构的安全使用具有重要意义。合理选择基础的施工方法与技术,不仅直接关系到施工的难易程度、工程成本、工程工期和对周围环境的影响,而且决定了基础本身的安全可靠性和耐久性,甚至结构物的成败。

第一节　扩大基础施工

刚性扩大基础的施工可采用明挖的方法进行基坑开挖,主要内容包括基础的定位放样、基坑开挖、基坑排水、基底处理及基础结构的砌筑或浇筑等工作。

一、陆地基坑的开挖

基坑开挖前应准确测定基础轴线、边线位置及标高,并根据地质水文资料及现场具体情况决定坑壁开挖坡度或支护方案,做好防水、排水工作。基坑开挖大小应满足基础施工需要,考虑排水布置与模板支设,一般基坑底尺寸比设计平面尺寸各边增宽 0.5 ~ 1.0 m。

如是范围较小的桥梁基础基坑开挖,常用位于坑顶的吊机操纵抓土斗施工;遇到开挖工作量特别大的基坑,还常用铲式挖土机、铲运机、推土机和自卸式汽车等机械。

(一)无围护基坑

当基坑较浅,地下水位较低或渗水量较少,不影响邻近建筑物,能保证坑壁稳定时,可采用不加支撑的无围护基坑,基坑形式如图 2-1 所示。

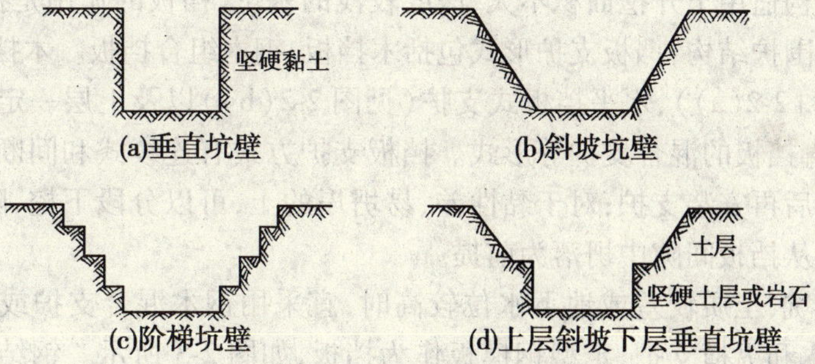

图 2-1　无围护基坑形式

垂直坑壁只适宜在岩石地基或基坑较浅又无地下水的坚硬黏土中采用。在一般土质条件下开挖基坑时,应采用放坡开挖的方法。基坑坑壁坡度应按地质条件、基坑深度、施工方法等情况确定。当为无水基坑且土层构造均匀时,基坑坑壁坡度可按表 2-1 确定。如土的湿度有可能使坑壁不稳定而引起坍塌时，基坑坑壁坡度应缓于该湿度下的天然坡度。

表 2-1　基坑坑壁坡度

坑壁土类	坑壁坡度		
	坡顶无荷载	坡顶有静荷载	坡顶有动荷载
砂类土	1:1	1:1.25	1:1.5
卵石、砾类土	1:0.75	1:1	1:1.25
粉质土、黏质土	1:0.33	1:0.5	1:0.75
极软岩	1:0.25	1:0.33	1:0.67
软质岩	1:0	1:0.1	1:0.25
硬质岩	1:0	1:0	1:0

注：1. 坑壁有不同土层时，基坑坑壁坡度可分层选用，并酌设平台。

2. 坑壁土类按照现行《公路土工试验规程》(JTJ 051—93)划分。

3. 岩石单轴极限强度分别为<5.5 MPa、5.5～30 MPa、>30 MPa时，分别定为极软岩、软质岩、硬质岩。

4. 当基坑深度大于5 m时，基坑坑壁坡度可适当放缓或加设平台。

当基坑有地下水时，地下水位以上部分可以放坡开挖；地下水位以下部分，若土质易坍塌或水位在基坑底以上较高时，应加固开挖。

(二)有围护基坑

当基坑壁坡不易稳定并且有地下水渗入，或放坡开挖场地受到限制，或基坑较深、放坡开挖工程量大，不符合技术经济要求时，可视具体情况，采取合适的加固坑壁的支护措施。常用的坑壁支护结构有挡板支护、板桩墙支护、临时挡土墙支护和混凝土加固等形式。挡板支护有木挡板、钢结构挡板、钢筋混凝土挡板等形式；板桩墙支护有悬臂板桩、锚拉式板桩等。

1. 挡板支护

挡板围护结构适用于开挖面积不大、深度较浅的基坑，挡板的作用是挡土，工作特点是先开挖后设置围护结构，挡板支护形式包括木挡板、钢木组合挡板。木挡板支护有垂直挡板式支护(见图2-2(a))、水平挡板式支护(见图2-2(b))以及上层一定深度采用水平挡板、下层用垂直挡板的混合支护等形式。挡板支护方式有连续式和间断式。一般可以一次开挖到基底后再安装支护；对于黏性差、易坍塌的土，可以分段下挖，随挖随护；间断支护以保证土不从挡板间隙中坍落为前提。

对于大型基坑，土质较差或地下水位较高时，宜采用钢木混合支护或钢结构支护基坑，用型钢作立木和纵横支护、定型钢模板作为挡板，如图2-3所示。钢结构支护的优点是便于安装、拆卸，材料消耗少，有利于标准化、工具化发展。其缺点是刚度较小，施工中应根据土质和荷载情况合理布置千斤顶位置。

2. 板桩墙支护

当基坑面积较大，且深度较深，尤其是基坑底面在地下水位以下超过1 m，涌水量较大不宜用挡板支护时，可以在基坑四周先沉入板桩，然后开挖基坑，必要时加内撑或锚杆。

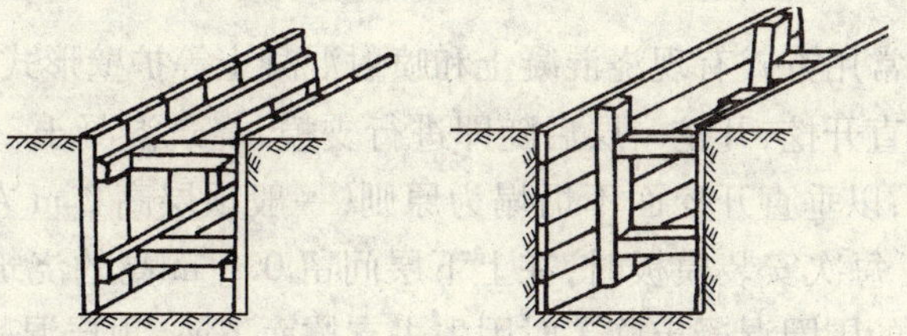

(a)垂直挡板支护　　(b)水平挡板支护

图 2-2　挡板支护

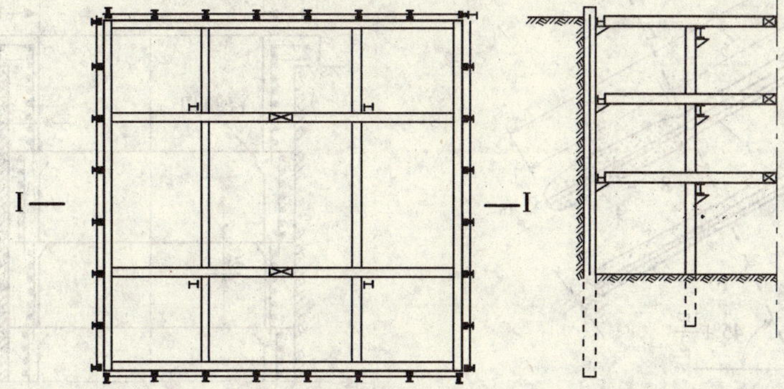

(a)平面　　(b)1/2 I—I

图 2-3　钢结构支护结构示意

这种支护既能挡土，又能挡水。板桩墙支护分为无支撑式、支撑式和拉锚式，如图 2-4 所示。无支撑式只适用于基坑较浅的情况，并且要求板桩有足够的入土深度，以保证板桩的稳定性；支撑式板桩适用于较深基坑的开挖，按照设置支撑的层数可分为单支撑板桩和多支撑板桩。板桩墙按照材料分为木板桩、钢板桩和钢筋混凝土板桩等。钢板桩强度较大、结构轻，能穿过较坚硬的土层，不易漏水，并可以重复使用，在桥梁施工中应用较为广泛。

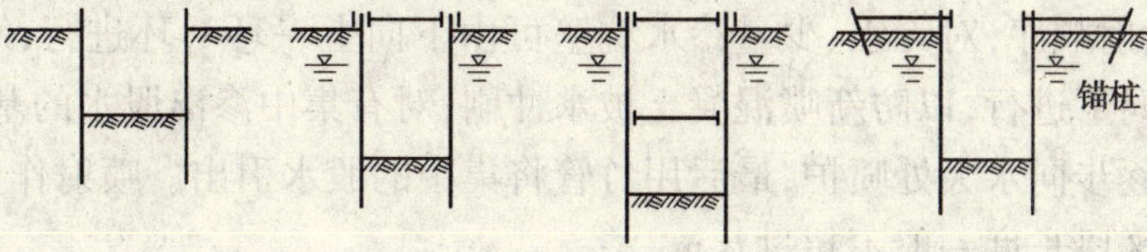

(a)　(b)　(c)　(d)

图 2-4　板桩墙

为了避免内支撑影响基坑施工，工程中采用桩墙—锚杆结构围护基坑，该方法是采用锚杆技术将桩墙（排桩）固定在基坑外侧稳定土体内，如图 2-5 所示。

3. 混凝土加固

混凝土加固的常用方式有现浇混凝土和喷射混凝土等护壁形式。现浇混凝土支护基坑自上而下分层垂直开挖，开挖一层后随即进行支模、浇筑混凝土，分层高度视土质或定型钢模板尺寸而定，以垂直开挖面不坍塌为原则，一般顶层高 2 m 左右，以下每层高 1 ~ 1.5 m（见图 2-6）。每次安装模板时，在上下层间留 0.2 m 高的浇筑口，最后用混凝土堵塞。为防止已浇筑的围圈混凝土施工时因失去支撑而下坠，顶层混凝土应一次整体浇筑，以下各层均间隔开挖和浇筑，并将上下层混凝土纵向接缝错开。开挖面应均匀分布、对称施工，及时浇筑混凝土壁支护，每层坑壁无混凝土壁支护总长度应不大于周长的 1/2。混凝土厚度一般 8.0 ~ 15 cm，强度等级不低于 C15，混凝土要掺早强剂。

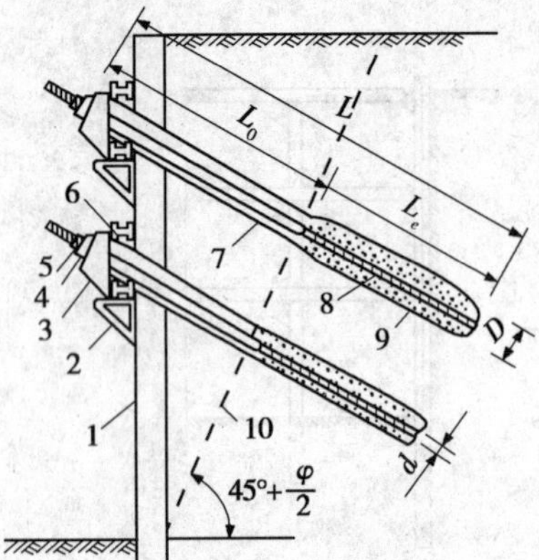

图 2-5 桩墙—锚杆结构示

1—桩墙；2—支撑牛腿；3—垫块；4—承压板；5—锚具；6—围檩；7—自由段；8—锚秆；9—锚固段；10—滑裂面

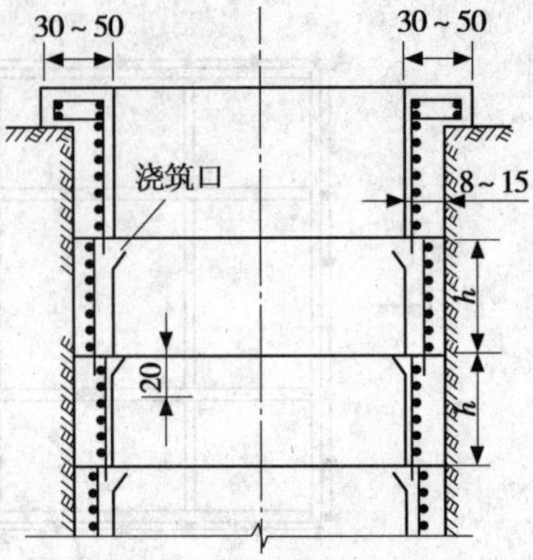

图 2-6 混凝土加固坑壁钢模板示意

喷混凝土支护是以高压空气为动力，用喷混凝土机械将混凝土喷涂于坑壁表面，并在坑壁形成混凝土加固层，对土体起加固和保护作用，防止坑壁风化、雨水冲刷和浅层坍塌剥落。宜用于土质较稳定、渗水量不大、深度小于 10 m，直径为 6 ~ 12 m 的圆形基坑。施工时在基坑口开挖环形沟槽作土模，浇筑混凝土坑口护筒，然后分层开挖喷护混凝土，如图 2-7 所示。根据土质和渗水等情况，坑壁可以选择接近陡立或稍有坡度，每开挖一层喷护一层，每层高度为 1 m 左右，土层不稳定时应酌减，渗水较大时不宜超过 0.5 m。

混凝土的喷射顺序，对无水、少量渗水坑壁可由下向上一环一环进行；对渗水较大坑壁，喷护应由上向下进行，以防新喷混凝土被水冲刷；对有集中渗出股水的基坑，可从无水或水少处开始，逐步向水大处喷护，最后用竹管将集中的股水引出。喷射作业应沿坑周分若干区段进行，区段长度一般不超过 6 m。

喷射混凝土厚度主要取决于地质条件、渗水量大小、基坑直径和基坑深度等因素。根据实践经验，对于不同土层，可取下列数值：一般黏性土、砂土和碎卵石类土层，如无渗水，厚度为 3 ~ 8 cm，如有少量渗水，厚度为 5 ~ 10 cm；对于稳定性较差的土，如淤泥、粉砂等，无渗水时厚度为 10 ~ 15 cm，如有少量渗水，厚度为 15 cm，当有大量渗水时，厚度为 15 ~ 20 cm。

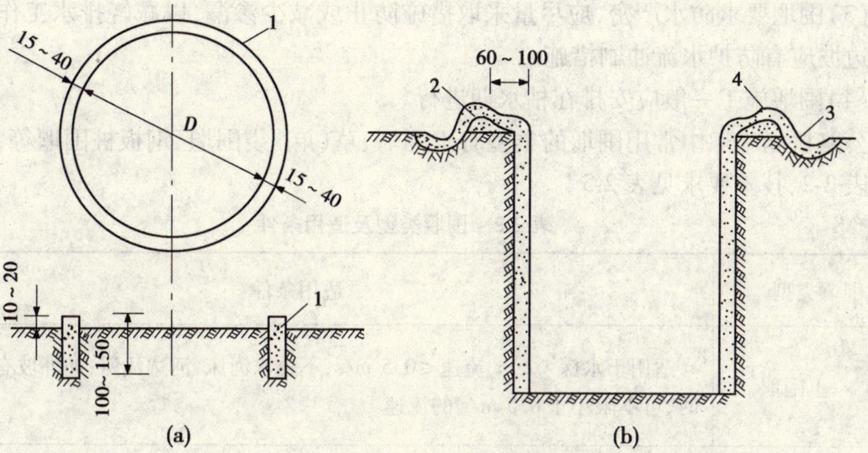

图 2-7 喷混凝土支护示意 （单位：mm）

1—混凝土护筒；2—坑口环圈；3—截水沟；4—喷射混凝土护壁

一次喷射是否能达到规定的厚度主要取决于混凝土与土之间的黏结力和渗水量大小。如一次喷射达不到规定的厚度，则应在混凝土终凝后再补喷，直至达到规定厚度为止。

喷射混凝土应当早强、速凝、有较高的不透水性，且其干料应能顺利通过喷射机。水泥应选用硬化快、早期强度高、保水性能较好的硅酸盐水泥或普通水泥，其强度等级不宜低于 32.5 级；粗骨料最大粒径要严格控制在喷射机允许范围；细骨料宜用中砂，应严格控制其含水量为 4% ~6%。当含水量小于 4% 时，混合料易胶结堵塞管路，或使喷射效果显著降低；当含水量大于 6% 时，混合料容易在喷射过程中离析，从而降低混凝土强度，并产生大量粉尘污染环境，危害工人健康。混凝土水灰比为 0.4 ~0.5，水泥与骨料比为 1:4 ~1:5，速凝剂掺量为水泥用量的 2% ~4%，掺入后停放时间不应超过 20 min。混凝土初凝时间宜大于 5 min，终凝时间不大于 10 min。

二、水中基坑的开挖

在水中修筑桥梁基础时，开挖基坑前需在基坑周围先修筑一道防水围堰，把围堰内水排干后，再开挖基坑修筑基础。如排水较困难，也可在围堰内进行水下挖土，挖至预定标高后先灌注水下封底混凝土，然后再抽干水继续修筑基础。在围堰内不但可以修筑浅基础，也可以修筑桩基础等。

围堰的结构形式和材料要根据水深、流速、地质情况、基础形式以及通航要求等条件进行选择。任何形式和材料的围堰，都应满足下列要求：

（1）围堰顶高宜高出施工期间可能出现的最高水位（包括浪高）0.5 ~0.7 m，用于防御地下水的围堰宜高出水位或地面 20 ~40 cm。

（2）围堰外形应适应水流排泄，大小不应压缩河流断面过多，以免壅水过高危害围堰安全，以及影响通航、导流、防洪等。围堰内平面尺寸应满足基础施工的需要；堰身断面尺寸应保证有足够的强度和稳定性，使基坑开挖后，围堰不致发生破裂、滑动或倾覆。

(3)围堰要求防水严密,应尽量采取措施防止或减少渗漏,以减轻排水工作。对围堰外围边坡应有防护水流冲刷措施。

(4)围堰施工一般应安排在枯水期进行。

公路桥涵施工中常用围堰的类型有土围堰、草(麻)袋围堰、钢板桩围堰等,其适用条件见表2-2,技术要求见表2-3。

表2-2 围堰类型及适用条件

围堰类型		适用条件
土石围堰	土围堰	适用于水深<2 m,流速≤0.5 m/s,不透水河床,河边浅滩;如外坡有防护措施时,可不限小于0.5 m/s的流速
	草(麻)袋围堰	适用于水深3.5 m以内,流速1.0~2.0 m/s,不透水河床
	木桩竹条围堰	适用于水深1.5~7 m,流速≤2.0 m/s,能打桩、不透水河床,盛产竹木地区
	竹篱围堰	适用于水深1.5~7 m,流速≤2.0 m/s,能打桩、不透水河床,盛产竹木地区
	竹笼围堰	适用范围较广,盛产竹木地区
	堆石土围堰	适用于河床不透水,多岩石的河谷,水流速在3 m/s以内
木围堰	木板围堰	适用于水深2 m,流速≤2.0 m/s,较坚实土质河床,盛产木材地区
	杩槎围堰	适用于水深2 m,流速≤2.0 m/s,较坚实土质河床,盛产木材地区
	木笼围堰	适用于深水、急流,或有流冰、深谷、险滩,河床坚硬平坦无覆盖层,盛产木材地区
套箱	木(钢)套箱	适用于深水,流速≤2.0 m/s,无覆盖层、平坦的岩石河床
	钢丝网混凝土套箱	适用于深水,流速≤2.0 m/s,无覆盖层、平坦的岩石河床
板桩围堰	木板桩围堰	单层木板桩适用于水深在2~4 m,能打下木板桩的土质河床;双层木板桩中填亚黏土墙,适用于水深4~6 m
	钢板桩围堰	适用于深水或深基坑,较坚硬的土石河床,防水性能好,整体刚度较强
	钢筋混凝土板桩围堰	适用于深水或深基坑,各种土质河床,可作为基础结构的一部分,亦有采用拔除周转使用的,能节省大量木材

表 2-3　土石围堰的技术要求

分类	填料	顶宽(m)	边坡	
			内侧	外侧
土围堰	渗透性较小的黏土,砂黏土	1 ~ 2	1:1.5 ~ 1:1	1:2 ~ 1:3
草(麻)袋围堰	草(麻)袋内装黏性土,在围堰心墙筑黏土	1 ~ 2.0 2 ~ 2.5	1:0.5 ~ 1:0.2	1:1 ~ 1:0.5
木桩竹条围堰	黏性土	≥水深	1:0	1:0
竹篱围堰	黏性土	≥水深	1:0.2	1:0.2
竹笼围堰	黏性土	≥水深	1:0	1:0.3
堆石土围堰	石块、卵石、黏性土	1 ~ 2	1:0 ~ 1:0.5	1:0.5 ~ 1:1

注:堰内坡脚到基坑边缘距离根据河床土质及基坑深度而定,但不得小于 1.0 m。

(一)土石围堰

在水深较浅,流速缓慢,河床渗水较小的河流中修筑基础可采用土围堰(见图 2-8)或草袋围堰(见图 2-9)。土围堰用黏性土填筑,无黏性土时,也可用砂类土填筑,但须加宽堰身以加大渗流长度,砂土颗粒越大堰身越要加厚。围堰断面一般为梯形,大小应根据使用土质条件、渗水程度及在水压力作用下的稳定性确定。若堰外流速较大时,可在外侧用草袋柴排防护。

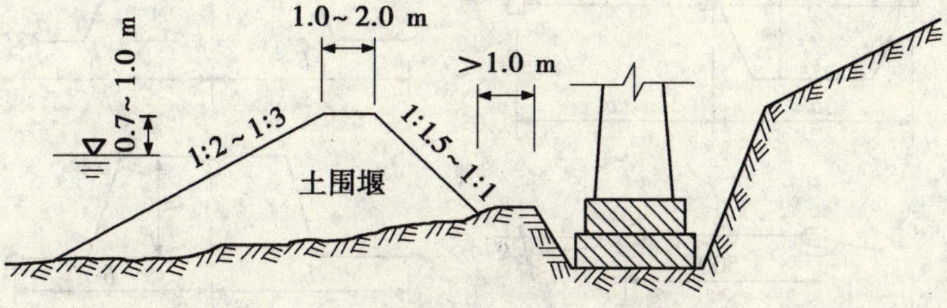

图 2-8　土围堰

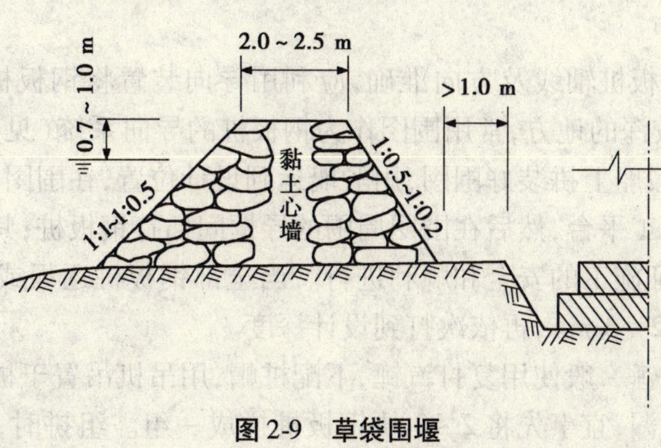

图 2-9　草袋围堰

在岩层裸露河底不能打桩，或流速较大而水深在 1.5～4.0 m 的情况下，可以用木(竹)笼围堰，其结构由内外两层装片石的竹(木)笼中间填黏土心墙组成，黏土心墙厚度不应小于 2 m(见图 2-10)。为避免土石笼对基坑顶部压力过大，并为必要时变更基坑边坡留有余地，片石笼围堰内侧一般应距基坑顶缘 3 m 以上。

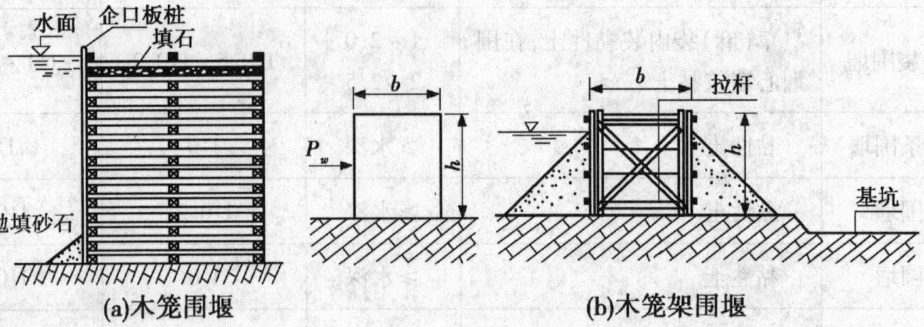

图 2-10　木(竹)笼围堰

(二)钢板桩围堰

钢板桩本身强度高，防水性能好，打入土层时穿透能力强，可适用于砂类土层、半干硬黏性土、碎石类土以及风化岩等地层中修筑 10～30 m 深围堰，堰内抽水最大可达 20 m 左右。钢板桩常用截面形式有 U 形、Z 形和直腹板式，板桩之间用锁口连接，如图 2-11 所示。锁口既能加强连接，又能防渗，还可做适当转动以适应弧形围堰的需要。

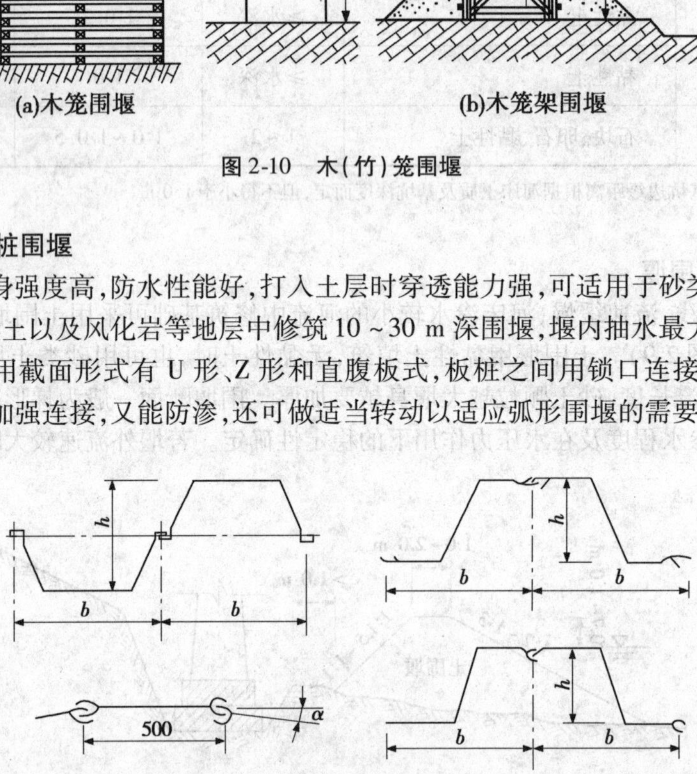

图 2-11　常用钢板桩截面形式

为确保施工后的板桩轴线及方向准确，应利用导向装置将钢板桩打入要求深度(见图 2-12(a))。河水较深的地方，常用围囹作为钢板桩的导向系统(见图 2-12(b))。施工要点是：先在岸上或驳船上拼装好围囹，用驳船运到设计位置，在围囹中打定位桩，将围囹挂在定位桩上作为施工平台，然后在围囹周围的导框间插打钢板桩；其次序应从上游分头插向下游合龙，以保证施工的安全和顺利进行。当全部钢板桩逐根或分组插打到稳定深度后(砂类土一般为 2～3 m)，再依次打到设计深度。

打钢板桩所用桩锤一般使用复打汽锤，下配桩帽，用吊机吊置于桩上锤击。为加速打桩进度并减少锁口渗漏，宜事先将 2～3 块钢板桩拼成一组。组拼时，在锁口内填充防水

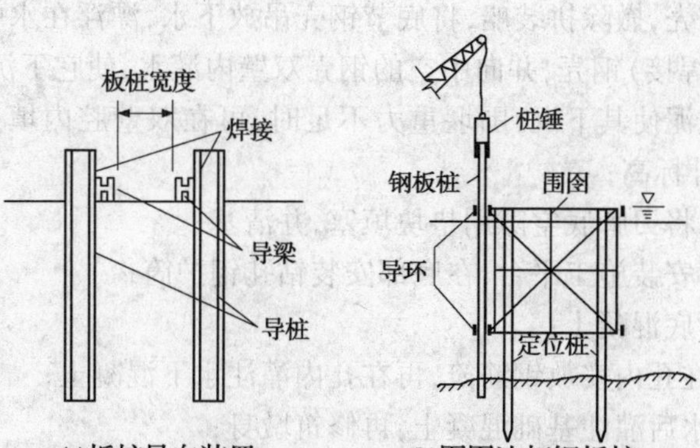

(a)板桩导向装置　(b)围囹法打钢板桩

图 2-12　钢板桩导向装置

混合料,其配合比可为:黄油:沥青:干锯末:干黏土 =2:2:2:1,咬合的锁口再用棉絮、油灰嵌缝严密。与封底混凝土接触的钢板桩面涂防水混合料作为隔离层,以减小后来拔桩时的阻力。组拼时每隔 3 ~6 m,用与围堰弧度相同的夹具夹紧,要求组拼后的钢板桩两端平齐,误差不大于 3 mm,每组上下宽度一致,误差不大于 30 mm。

钢板桩围堰在使用过程中应防止围堰内水位高于围堰外水位,一般可在低于低水位处设置连通管,到围堰内抽水时,再予以封闭。围堰内抽水到各层支撑导梁处,应逐层将导梁与钢板桩之间的缝隙用木楔楔紧,使导梁受力均匀。

围堰内除土一般采用直径 150 ~250 mm 的空气吸泥机进行,吸泥达到预计标高就可清底并灌注水下混凝土封底,然后在围堰内抽水。水抽干后在封底混凝土顶面清除浮浆和污泥后修筑基础及墩身,墩身出水后再拆除钢板桩围堰,继续周转使用。

围堰使用完毕,可用千斤顶、浮式起重机、振动法或双动汽锤倒打法拔出板桩。先将钢板桩与导梁间焊接物切除,然后向围堰内灌水至高出围堰外水位 1 ~1.5 m,使钢板桩较易与水下混凝土脱离;在下游选择一组或一块较易拔除的钢板桩,先略锤击振动或射水稍予松动后,拔高 1 ~2 m,然后依次将所有钢板桩均拔高 1 ~2 m,使其均松动后,再从下游开始分两侧向上游依次拔除。

(三)双壁钢围堰

在深水中修建桥梁基础还可以采用双壁钢围堰。双壁钢围堰一般做成圆形结构,它本身实际上是个浮式钢沉井。井壁钢壳是由有加劲肋的内外壁板和若干层水平钢桁架组成,中空的井壁提供的浮力可使围堰在水中自浮,使双壁钢围堰在漂浮状态下分层接高下沉。在两壁之间设数道竖向隔舱板将圆形井壁等分为若干个互不连通的密封隔舱,利用向隔舱不等高灌水来控制双壁围堰下沉及调整下沉时的倾斜。井壁底部设置刃脚以利于切土下沉。双壁围堰内外壁板间距一般为 1.2 ~1.4 m,这就使围堰刚度很大,围堰内无须设支护系统。双壁围堰根据起重运输条件,可以分节整体制造,也可以分层分块制造。

双壁围堰钻孔基础施工程序为:

(1)在拼装船上拼装底节钢壳;

(2)将拼装船及导向船拖拽到墩位抛锚定位;

(3)吊起底节钢壳，撤除拼装船，将底节钢壳吊放下水，漂浮在水中；

(4)逐层接高(焊接)钢壳，并向中空的钢壳双壁内灌水，使它下沉到河床定位；

(5)在围堰内吸泥使其下沉，围堰重力不足时，可在双壁腔内填充水下混凝土加重，直到刃脚下沉到设计标高；

(6)潜水工下水将刃脚底空隙用垫块填塞，并清基；

(7)在围堰顶部安装施工平台，在底部安装钻孔钢护筒；

(8)灌注水下封底混凝土；

(9)钻孔嵌岩，在孔内安放钢筋笼，再在孔内灌注水下混凝土；

(10)围堰内抽水后灌注基础混凝土，再修筑墩身；

(11)墩身出水后，将河床以上部分的钢壳围堰水下切割并吊走，用于修建下一个桥墩基础。

由于双壁钢围堰刚度较大，强度较高，所以能承受很大的水头差(30 m 以上)，既能承受向内的压力也能承受向外的压力，故能度汛(不怕洪水淹没围堰)。围堰内无支撑体系，工作面开阔，吸泥下沉、清基钻孔、灌注水下混凝土均很方便。由于双壁钢壳在施工中仅起围堰作用，因而部分钢壳可以水下割除回收重复使用。此外，双壁围堰通过若干个大直径钻孔基础与岩盘牢固结合，从而避免了沉井基础水下大面积清基和穿过风化岩层的缺点。它的这些优点给修建深水基础带来很大方便，因而常为一些大型桥梁深水墩基础所采用。

三、基坑排水

基坑坑底多位于地下水位以下，随着基坑的下挖，渗水将不断涌集基坑，为保持基坑的干燥，便于基坑挖土和基础的砌筑与养护，施工过程中必须采取必要的排水措施。目前，常用的基坑排水方法有表面排水法和井点法降低地下水位两种。

(一)表面排水法

基坑较浅，土体较稳定或土层渗水量不大时可用表面排水法，如图 2-13 所示。其施

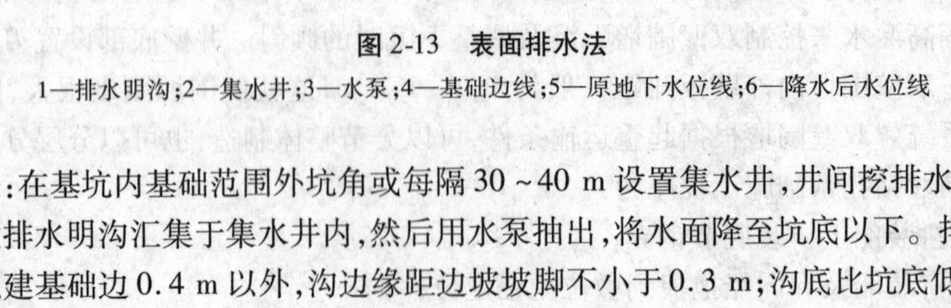

图 2-13 表面排水法

1—排水明沟；2—集水井；3—水泵；4—基础边线；5—原地下水位线；6—降水后水位线

工工序是：在基坑内基础范围外坑角或每隔 30～40 m 设置集水井，井间挖排水沟，使基坑渗水通过排水明沟汇集于集水井内，然后用水泵抽出，将水面降至坑底以下。排水明沟应布置在拟建基础边 0.4 m 以外，沟边缘距边坡坡脚不小于 0.3 m；沟底比坑底低约 0.4 m，

井底低于沟底0.5~1.0 m,并随基坑的挖深而加深;沟、井断面根据排水量确定,井的容积须保证当水泵停止运转10~15 min时,由排水沟流入井内的水量不致漫溢。井壁可用竹、木等简易加固。当基坑挖至设计标高后,井底铺设碎石滤水层,以免在抽水时间较长时将泥沙抽出,并防止井底的土被搅动。

表面排水常用的水泵有潜水泵和离心泵,一般所选水泵的排水量为基坑涌水量的1.5~2.0倍。

(二)井点法降低地下水位

采用表面排水法施工,当基坑土质为细砂土或粉砂土时,随着基坑开挖面的下降,坑底与地下水位的高差越来越大,在地下水的动水压力作用下,坑下的土有时会形成流动状态,并随着地下水流入基坑,这种现象称为流砂现象。出现流砂现象时,土完全丧失承载力,土体边挖边冒流砂,使施工条件恶化,基坑难以挖到设计深度,严重时会引起基坑坑底凸起、边坡塌方,临近建筑因地基被掏空而出现开裂、下沉、倾斜甚至倒塌,具有较大的危害。

采用井点法人工降低地下水位可避免上述现象的发生。其方法是:在基坑开挖前,预先在基坑四周埋设一定数量的滤水管(井),利用抽水设备从中抽水,使地下水位降落到坑底以下,并在基坑施工过程中不间断,使所挖基坑土层始终保持干燥状态,从根本上防止流砂发生,改善工作条件。

根据使用设备的不同,井点法施工的主要类型有轻型井点、喷射井点、管井井点、深井泵以及电渗井点等,可根据土的渗透系数、降低水位的深度、工程特点及设备条件等,参照表2-4进行选择。

表2-4　各种井点法的适用范围

井点类别	土壤渗透系数(m/d)	降低水位深度(m)	井点类别	土壤渗透系数(m/d)	降低水位深度(m)
一级轻型井点法	0.1~80	3~6	电渗井点法	<0.1	5~6
二级轻型井点法	0.1~80	6~9	管井井点法	20~200	3~5
喷射井点法	0.1~50	8~20	深井泵法	10~80	>15
射流泵井点法	0.1~50	<10			

注:1.降低土层中地下水位时,应将滤水管埋设于透水性较大的土层中。

2.井点管的下端滤水长度应考虑渗水土层的厚度,但不得小于1 m。

(三)轻型井点布置与施工

轻型井点法是井点降水施工最常用的方法,是沿基坑的四周将许多直径较细的井点管埋入地下蓄水层内,井点管的上端通过弯联管与总管相连接,利用抽水设备将地下水从井点管内不断抽出,将原有地下水位降至坑底以下,如图2-14所示。

1.轻型井点设备

轻型井点设备由管路系统和抽水设备组成。管路系统包括滤管、井点管、弯联管及总管等。

滤管是井点设备的一个重要部分，其构造是否合理，对抽水效果影响较大。滤管的直径宜为 38 mm 或 51 mm，长度为 1.0 ~ 1.5 m，管壁上钻有直径为 12 ~ 18 mm 的小孔，外包两层滤网（见图 2-15），内层细滤网采用 30 ~ 40 眼/cm 的铜丝布或尼龙丝布，外层粗滤网宜采用 5 ~ 10 眼/cm 的铁丝布或尼龙丝布。常用滤网类型有方织网、斜织网和平织网，一般在细砂中采用平织网，中砂宜采用斜织网，粗砂、砾石中则用方织网。为使水流畅通，避免滤孔淤塞时影响水流进入滤管，在管壁与滤网间用小塑料管（或铁丝）绕成螺旋形隔开。滤网的外面用带孔的薄铁管，或粗铁丝网保护。滤管下端有一锥形铸铁头以利井管插埋。

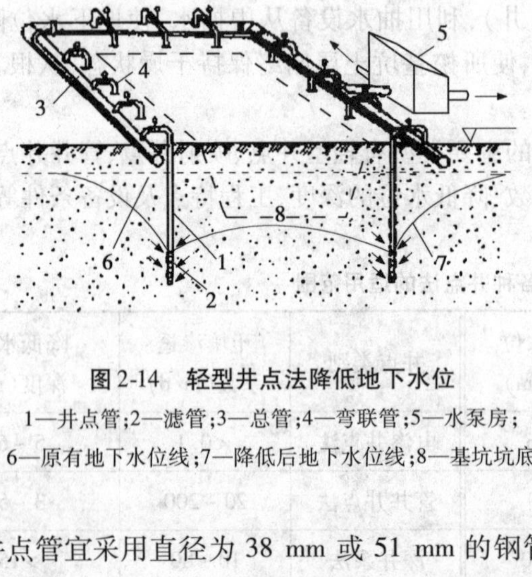

图 2-14　轻型井点法降低地下水位

1—井点管；2—滤管；3—总管；4—弯联管；5—水泵房；
6—原有地下水位线；7—降低后地下水位线；8—基坑坑底

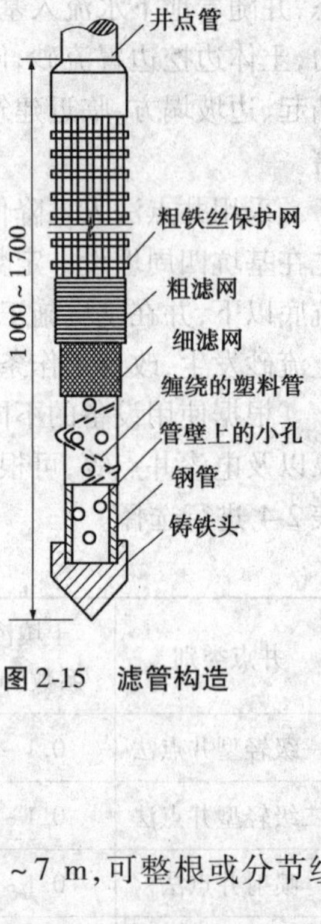

图 2-15　滤管构造

井点管宜采用直径为 38 mm 或 51 mm 的钢管，其长度为 5 ~ 7 m，可整根或分节组成。

井点管的上端用弯联管与总管相连。弯联管用胶皮管、塑料透明管或钢管弯头制成，直径为 38 ~ 55 mm。每个弯联管均宜装有阀门，以便检修井点。

总管宜采用直径为 100 ~ 127 mm 的钢管，总管每节长度为 4 m，其上每隔 0.8 m 或 1.2 m 设有一个与井点管连接的短接头。

早期的抽水设备由真空泵、离心泵和水气分离器等组成，现多使用射流泵井点。射流泵的原理如图 2-16（a）、（b）所示，它采用离心泵驱动工作水运转，当水流通过喷嘴时，由于截面收缩，流速突然增大而在周围产生真空，把地下水吸出，而水箱内的水呈一个大气压的天然状态。射流泵能产生较高真空度，但其排气量小，稍有漏气则真空度易下降，因此其带动的井点管根数较少。它耗电少、重量轻、体积小、机动灵活。

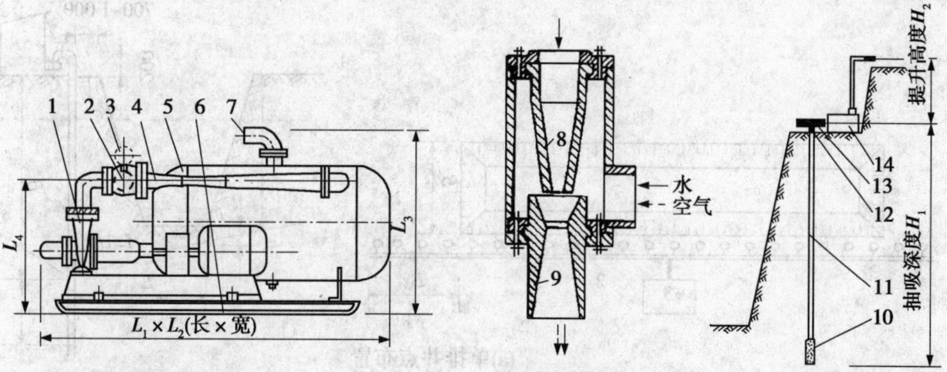

(a)射流泵机组图　　(b)射流器剖面图　　(c)现场布置示意图

图 2-16　射流泵井点系统工作简图

1—离心泵;2—进水口;3—真空表;4—射流器;5—水箱;6—底座;7—出水口;8—喷嘴;9—喉管;10—滤水管;11—井点管;12—软管;13—总管;14—机组

2. 轻型井点布置

轻型井点布置应根据基坑大小与深度、土质、地下水位高低与流向、降水深度要求等确定,包括平面布置与高程布置。

1)平面布置

当基坑或沟槽宽度小于 6 m,且降水深度不超过 5 m 时,可采用单排井点,布置在地下水流的上游一侧,其两端的延伸长度一般以不小于坑(槽)宽为宜(见图 2-17(a))。如基坑宽度大于 6 m 或土质不良,则宜采用双排井点。当基坑面积较大时,宜采用环形井点(见图 2-17(b));有时为了施工需要,也可留出一段(地下水流下游方向)不封闭。井点管距离基坑壁一般不宜小于 0.7 ~ 1.0 m,以防局部发生漏气。

2)高程布置

轻型井点抽吸地下水深度,理论上可达到 10 m,但由于实际使用时会产生真空损失与水头损失,在实际布置井点管时,总管处降水深度以不超过 6 m 为宜。

为了充分利用抽吸能力,总管的布置标高宜接近原有地下水位线(要事先挖槽),水泵轴心标高宜与总管齐平或略低于总管。总管应具有 0.25% ~ 0.5% 坡度,坡向泵房。在降水深度不大,真空泵抽吸能力富裕时,总管与抽水设备也可放在天然地面上。

井点管的埋置深度 H(不包括滤管),可按下式计算:

$$H \geqslant H_1 + h + IL \tag{2-1}$$

式中　H_1——井点管埋置面至基坑底面的距离,m;

h——基坑底面至降低后的地下水位线的距离,一般取 0.5 ~ 1.0 m;

I——水力坡度,环形井点取 1/10,单排井点取 1/4;

L——井点管至基坑中心(环状井点)或基坑对边(单排井点)的水平距离,m。

若计算出的 H 值大于 6 m,则应降低井点管的埋置面,以适应降水深度要求。此外,在确定井点管埋置深度时,还要考虑井点管一般是标准长度,井点管露出地面为 0.2 ~ 0.3 m。在任何情况下,滤管必须埋在透水层内。

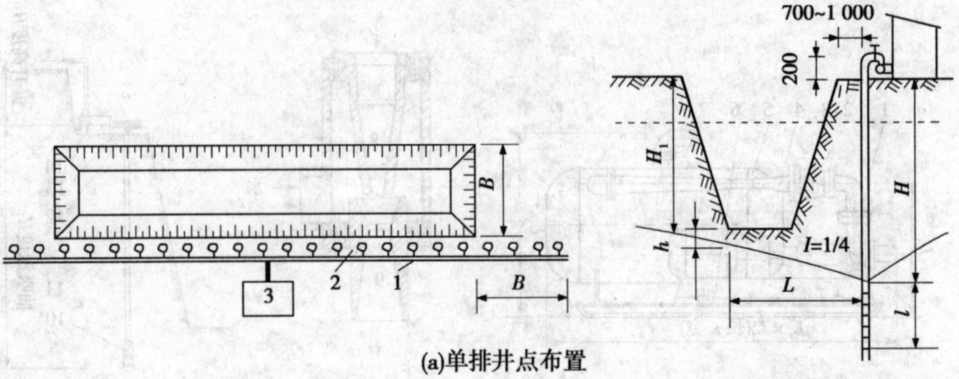

(a)单排井点布置

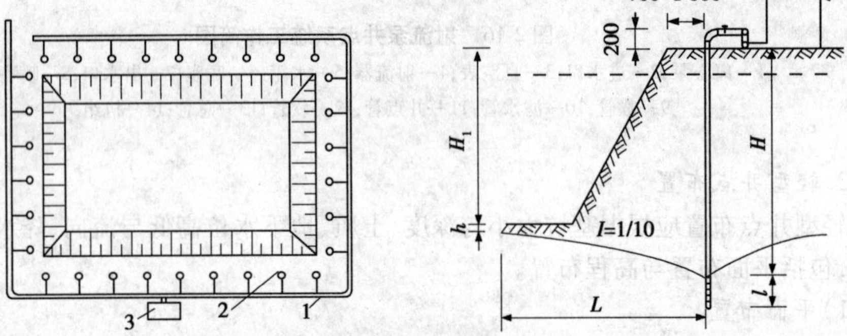

(b)环状井点布

图 2-17　轻型井点布置图　（单位：mm）

1—总管；2—井点管；3—抽水设备

当一级轻型井点达不到降水深度要求时，可视土质情况，先用其他方法排水（如明排水），然后将总管安装在原有地下水位线以下，以增加降水深度，或采用二级轻型井点，即先挖去第一级井点所疏干的土，然后再在其底部装设第二级井点。

3. 轻型井点计算

轻型井点计算的目的是求出基坑要求降低水位深度和基坑涌水量，计算井点管埋深、数量与井距，选择抽水设备等。井点计算由于受水文地质和井点设备等许多因素影响，算出的数值只是近似值。有些单位，常参照过去实践中积累的资料进行布置，并不计算。但对非标准设备的井点、渗透系数大的土中的井点、近河岸的井点及多级井点等，为保证顺利施工，必须进行详细而完整的计算。

1）基坑涌水量计算

水井根据地下水有无压力，分为无压井和承压井。凡抽汲的地下水是无压潜水（即地下水面为自由水面），则该井称为无压井；凡抽汲的地下水是承压层间水（即地下水面承受不透水性土层的压力），则该井称为承压井。水井根据井底是否达到不透水层，又分为完整井与不完整井。凡井底达到不透水层时，称为完整井；否则称为非完整井。如图 2-18所示。

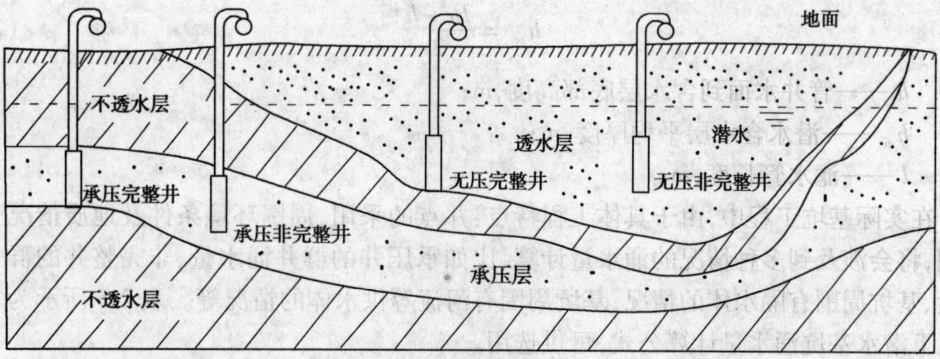

图 2-18　井的类型示意

各类井的涌水量计算方法都不同,其中以完整井的理论较为完善。远离边界无压完整井环形井点系统涌水量(m^3/d)计算如图 2-19(b)所示,计算公式为:

$$Q = 1.366K\frac{(2H - S)S}{\lg R' - \lg r_0} = 1.366K\frac{(2H - S)S}{\lg(1 + R/r_0)} \tag{2-2}$$

式中　H——潜水含水层厚度,m;

R、R'、r_0——抽水影响半径、群井影响半径与抽水井半径,m;

S——基坑水位降深,m;

K——渗透系数,m/d。

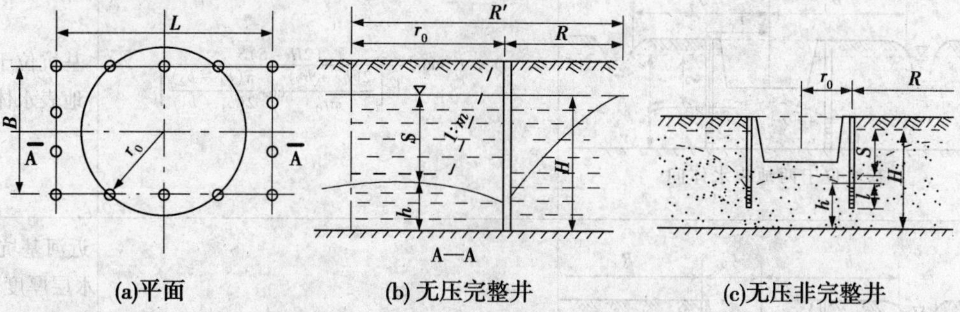

图 2-19　无压井(基坑)的涌水量计算

当矩形基坑长宽比不大于 5 时,环形布置的井点可近似作为圆形井来处理,并用面积相等原则确定,此时将近似圆的半径作为矩形水井的假想半径:

$$r_0 = \sqrt{F/\pi} \tag{2-3}$$

式中　F——井点系统包围的基坑面积,m^2。

无压非完整井环形井点系统涌水量(m^3/d)计算简图如图 2-19(c)所示,计算公式为:

$$Q = 1.366K\frac{H^2 - h_m^2}{\lg(1 + \frac{R}{r_0}) + \frac{h_m - l}{l}\lg(1 + 0.2\frac{h_m}{r_0})} \tag{2-4}$$

$$h_m = \frac{H + h}{2} \tag{2-5}$$

式中　h ——管井水面到含水层底部高度，m；

h_m ——潜水含水层平均厚度，m；

l ——滤水管长度，m。

在实际基坑工程中，由于具体工程特点、井点的采用、周围环境条件及地质情况千差万别，将会涉及到多种情况的涌水量计算，比如承压井的群井涌水量、非完整井的群井涌水量、基坑周围有隔水体的情况，基坑周围有河流等供水体的情况等。表 2-5 所示为常遇情况下潜水基坑涌水量计算公式，可供选用。

表 2-5　潜水基坑涌水量计算公式

图形	计算公式	适用条件
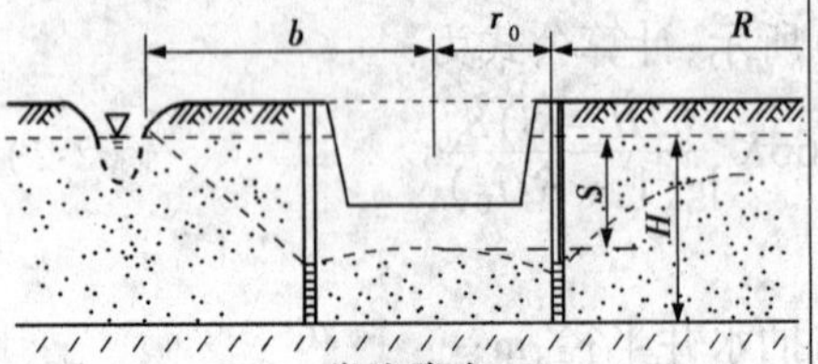 岸边降水	$Q = 1.366K\dfrac{(2H-S)S}{\lg\dfrac{2b}{r_0}}$	岸边降水 $b < 0.5R$
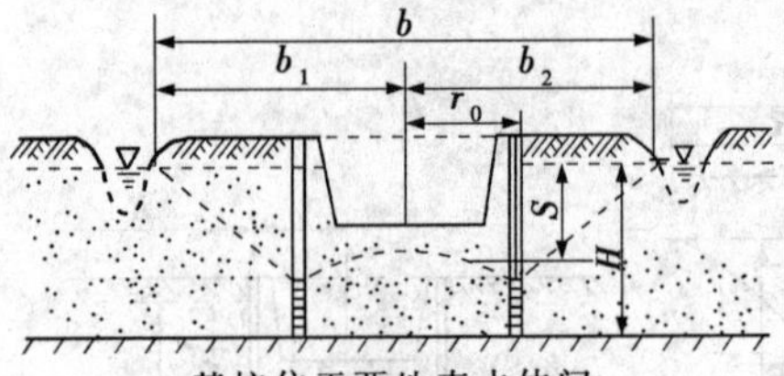 基坑位于两地表水体间	$Q = 1.366K\dfrac{(2H-S)S}{\lg\left[\dfrac{2(b_1+b_2)}{\pi r_0}\cos\dfrac{\pi(b_1-b_2)}{2(b_1+b_2)}\right]}$	基坑位于两地表水体间
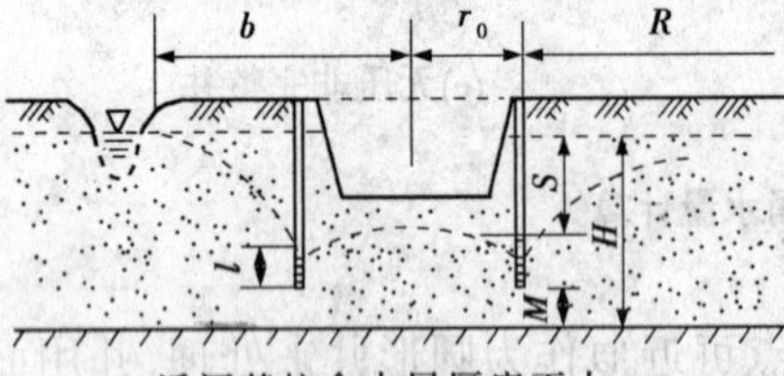 近河基坑含水层厚度不大	$Q = 1.366KS\left[\dfrac{l+S}{\lg\dfrac{2b}{r_0}} + \dfrac{l}{\lg\dfrac{0.66l}{r_0} + 0.25\dfrac{l}{M}\cdot\lg\dfrac{b^2}{M^2-0.14l^2}}\right]$	近河基坑，含水层厚度不大 $b > \dfrac{M}{2}$ （M 为井点管底至含水层底的距离）
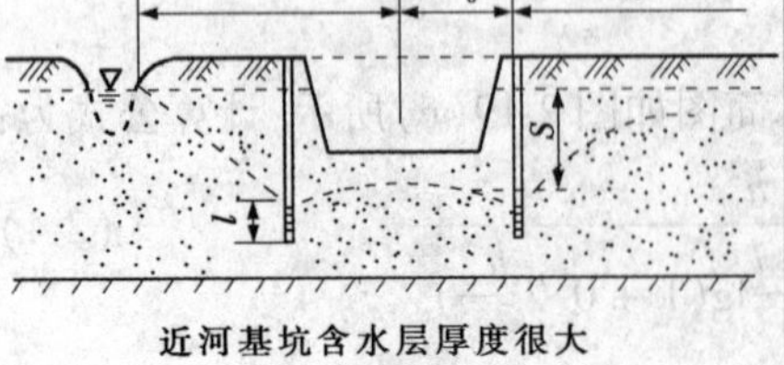 近河基坑含水层厚度很大	$Q = 1.366KS\left[\dfrac{l+S}{\lg\dfrac{2b}{r_0}} + \dfrac{l}{\lg\dfrac{0.66l}{r_0} - 0.22\,\mathrm{arsh}\dfrac{0.44l}{b}}\right]$	近河基坑，含水层厚度很大 $b > l$
	$Q = 1.366KS\left[\dfrac{l+S}{\lg\dfrac{2b}{r_0}} - \dfrac{l}{\lg\dfrac{0.66l}{r_0} - 0.11\dfrac{l}{b}}\right]$	近河基坑，含水层厚度很大 $l > b$

抽水影响半径与土的渗透系数、含水层厚度、水位降低值及抽水时间等因素有关。在抽水 2 ~ 5 d 后，水位降落漏斗基本稳定时，潜水含水层抽水影响半径可采用下式计算：

$$R = 2S\sqrt{KH} \tag{2-6}$$

渗透系数 K 值对计算结果影响较大。K 值的确定可用现场抽水试验或实验室测定，对于重大工程，宜采用现场抽水试验以获得较准确的值。

2）单根井点管出水量计算

单根井点管出水量 q 计算可按下式计算：

$$q = 120\pi rl\sqrt[3]{K} \tag{2-7}$$

式中　r—— 滤管的半径，m；

　　　l—— 滤管的长度，m。

3）井点管数量计算

井点管最少数量 n 由下式确定：

$$n = 1.1Q/q \tag{2-8}$$

式中　1.1——考虑堵塞等因素的井点管备用系数。

4）井点管间距计算

井点管间距 D 按下式计算：

$$D = L/n \tag{2-9}$$

式中　L—— 总管长度。

求出的井点管距应大于 15 倍滤管直径，以防由于井管太密而影响抽水效果，间距一般为 1.2 ~ 2.0 m，并尽可能符合总管接头的间距模数（1.2 m、1.6 m、2.0 m 等）。当计算出的井点管间距与总管接头间距模数值相差较大时，可在施工时采用“跳隔接管、均匀布置”的方法，即间隔几个接头跳空一个（不接井点管），但井点管仍然均匀布置。

5）选择抽水设备

根据基坑涌水量、降水深度，由抽水设备技术性能曲线，确定抽水设备的型号及数量。

【例 2-1】　某基坑工程，深 4 m，平面尺寸为 30 m × 20 m，地下水位在自然地面以下 1 m，土质为含黏土的中砂，不透水层在地面以下 10 m，含水层的渗透系数 K = 15 m/d，基坑边坡系数采用 1∶0.5，要求进行轻型井点系统的设计与布置。

解：（1）平面布置。根据上述条件，由于是矩形基坑，井点系统布置为环状。井点管距坑边距离为 0.5 m，滤管长度取 1.2 m，直径为 38 mm，备有配套抽水设备。另外，由于不透水层在地面下 10 m 处，故此轻型井点系统为无压非完整井。

（2）高程布置。在本例中，$H_1 = 4.0$ m，h 取 0.5 m，I 取 0.1，$L = \frac{20}{2} + 0.5 \times 4.0 + 0.5 = 12.5$（m），代入公式（2-1）得：

$$H \geqslant H_1 + h + IL = 4.0 + 0.5 + 0.1 \times 12.5 = 5.75\text{(m)}$$

考虑井点管露出地面部分，取 0.25 m，因此井点管长度确定为 6 m。

（3）基坑涌水量计算。

①取降水后地下水位位于坑底以下 0.5 m，则基坑中心处要求降低的水位深度 S 为：

$$S = 4 - 1 + 0.5 = 3.5\text{(m)}$$

②含水层厚度 H 及井点管底部到不透水层距离 h 分别为：

$$H = 10 - 1 = 9(\mathrm{m})$$

$$h = 10 - 5.75 = 4.25(\mathrm{m})$$

$$h_m = (9 + 4.25) \div 2 = 6.625(\mathrm{m})$$

③由式(2-6)，基坑降水影响半径 R 为：

$$R = 2S\sqrt{KH} = 2 \times 3.5 \times \sqrt{15 \times 9} = 81.33(\mathrm{m})$$

④计算基坑等效半径 r_0。根据平面布置可知，井点管所围范围在长度方向的尺寸为：$30 + 2 \times (4 \times 0.5 + 0.5) = 35(\mathrm{m})$；宽度方向尺寸为：$20 + 2 \times (4 \times 0.5 + 0.5) = 25(\mathrm{m})$。故由式(2-3)得基坑的等效半径为：

$$r_0 = \sqrt{F/\pi} = \sqrt{(35 \times 25)/3.14} = 16.69(\mathrm{m})$$

⑤由式(2-4)计算基坑涌水量 Q：

$$Q = 1.366K\frac{H^2 - h_m^2}{\lg(1 + \frac{R}{r_0}) + \frac{h_m - l}{l}\lg(1 + 0.2\frac{h_m}{r_0})}$$

$$= 1.366 \times 15 \times \frac{9^2 - 6.625^2}{\lg(1 + \frac{81.33}{16.69}) + \frac{6.625 - 1.2}{1.2}\lg(1 + 0.2 \times \frac{6.625}{16.69})}$$

$$= 827.5(\mathrm{m^3/d})$$

(4)井点管单井出水量计算。由式(2-7)得：

$$q = 120\pi rl\sqrt[3]{K} = 120 \times 3.14 \times 0.019 \times 1.2 \times \sqrt[3]{15} = 21.2(\mathrm{m^3/d})$$

(5)计算井点管最少数量 n。由式(2-8)得：

$$n = 1.1 \times Q/q = 1.1 \times 827.5/21.2 \approx 43(\text{根})$$

(6)计算井点管间距 D。井点管总管长度为：

$$L = 2 \times (25 + 35) = 120(\mathrm{m})$$

则由式(2-9)得：

$$D = L/n = 120/43 = 2.79(\mathrm{m})$$

考虑到井点管间距应符合 0.4 m 的模数，并四角加密，取基坑各边中间部分间距为 2.8 m，各角端适当加密至 2.4 m。

(7)选择抽水设备。选用 JSJ60 型射流泵，降水深度为 6 m 时，其排水量为 25 m³/h，即 $Q' = 600\ \mathrm{m^3/d}$，则抽水设备所需数量 m 为：

$m = Q \div Q' = 827.5 \div 600 = 1.38$(台)，实际可采用 2 台射流泵。

具体布置如图 2-20 所示。

4. 轻型井点施工

轻型井点系统的施工主要包括施工准备、井点系统安装与使用、井点拆除等。

准备工作包括井点设备、动力、水源及必要材料的准备，开挖排水沟，观测附近建筑物标高以及实施防止附近建筑物沉降的措施等。

井点管埋设一般用水冲法，分为冲孔与埋管填料两个过程。冲孔时，先用起重设备将冲管吊起并插在井点的位置上，然后开动高压水泵，将土冲松，边冲边沉。冲孔直径一般

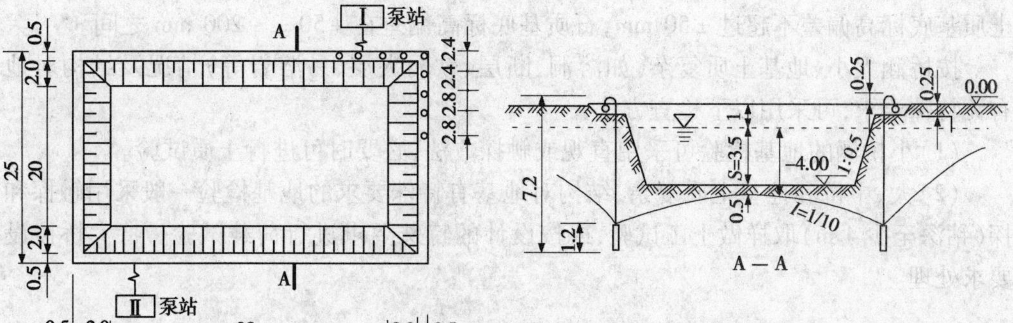

图 2-20　基坑井点降水布置图　（单位：m）

为 300 mm，以保证井管四周有一定厚度的砂滤层，冲孔深度宜比滤管底深 0.5 m 左右，以防冲管拔出时，部分土颗粒沉于底部而触及滤管底部。

井孔冲成后，立即拔出冲管，插入井点管，并在井点管与孔壁之间迅速填灌砂滤层，以防孔壁塌土。砂滤层的填灌质量是保证轻型井点顺利抽水的关键，一般宜选用干净粗砂，填灌均匀，并填至滤管顶上 1 ~ 1.5 m，以保证水流畅通。井点填砂后，在地面以下 0.5 ~ 1.0 m 范围内须用黏土封口，以防漏气。

井点管埋设完毕，应接通总管与抽水设备进行试抽水，检查有无漏水、漏气，出水是否正常、有无淤塞等现象。如有异常情况，应检修好后方可使用。

井点管使用时，应保证连续不断地抽水，并准备双电源，按照正常出水规律操作。抽水时需要经常观测真空度以判断井点系统工作是否正常。真空度一般应不低于 55.3 ~ 66.7 kPa，并检查观测井中水位下降情况。如果有较多井点管发生堵塞，影响降水效果时，应逐根用高压水反向冲洗或拔出重埋。

基础工程施工完毕且基坑已回填土后，方可拆除井点系统。井点管所留井孔必须用砂砾或黏土填实。

四、基坑开挖与基底检查

开挖工作应尽量在枯水或少雨季节进行，且不宜间断。基坑挖至基底设计标高应立即对基底土质及坑底情况进行检验，验收合格后应尽快修筑基础，不得将基坑暴露过久。基坑可用机械或人工开挖。采用机械挖土时，由于不能准确地挖至设计标高，往往会使基土遭受破坏，因此接近基底设计标高应预留 200 ~ 300 mm 土层，在下一道施工工序前由人工铲除，以免破坏基底土的结构。

应避免超挖。如超挖，应将松动部分清除，其处理方案应报监理、设计单位批准。挖至标高的土质基坑不得长期暴露、扰动或浸泡，应尽快进行地基检验和基础施工。

地基检验的主要内容有：施工记录及有关试验资料是否完整并符合有关要求；基底处理和排水情况是否符合要求；基底平面位置、尺寸大小、基底标高是否在允许偏差范围内；

基底地质情况和承载力是否与设计资料相符。一般要求平面周线位置不小于设计要求，土质基底标高偏差不超过 ±50 mm，石质基底标高偏差在 +50 ~ -200 mm 之间。

按桥涵大小、地基土质复杂（如溶洞、断层、软弱夹层、易溶岩等）情况及结构对地基有无特殊要求，可采用以下检查方法：

(1) 小桥涵的地基检验可采用直观或触探方法，必要时可进行土质试验。

(2) 大、中桥和地基土质复杂、结构对地基有特殊要求的地基检验一般采用触探和钻探（钻深至少 4 m）取样做土工试验，或按设计的特殊要求进行荷载试验。特大桥按设计要求处理。

五、基础施工

明挖基坑中的基础施工可分为无水浇（砌）筑、排水浇砌及水下浇筑三种情况。为了方便施工和保证施工质量，应尽可能使基底处于无水的情况下浇筑基础。基础施工的用料通常应在挖基完成前准备好，以保证及时浇砌基础，避免基底土质变差。

（一）排水基础施工

排水浇（砌）筑基础施工要点是：确保在无水状态下砌筑圬工；禁止带水作业及用混凝土将水赶出模板外的灌注方法；基础边缘部分应严密隔水；水下部分圬工必须待水泥砂浆或混凝土终凝后才允许浸水。

对于混凝土基础施工，当基底为非黏性土或干土时，应将其夯实、润湿；基面为岩石时，应加以润湿，铺一层厚 20 ~ 30 mm 的水泥砂浆，然后于水泥砂浆凝结前浇筑第一层混凝土。对于砌筑基础，在砌第一层砌块时，如基底为岩层或混凝土基础，应先将基底表面清洗、湿润，再坐浆砌筑；如基底为土质，可直接坐浆砌筑。

（二）水下灌注混凝土

水下灌注混凝土一般在排水困难时才采用。基础圬工的水下灌注分为水下封底和水下直接灌注基础两种。前者封底后仍要排水再砌筑基础，封底只是起封闭渗水的作用，其混凝土只作为地基而不作为基础本身，适用于板桩围堰开挖的基坑。

现今桥梁基础施工中水下混凝土的灌注方法广泛采用的是垂直移动导管法。其具体方法见灌注桩施工部分。当封底面积较大时，宜用多根导管同时或逐根灌注，按先低处后高处、先周围后中部的次序，并保持大致相同的标高进行，以保证混凝土充满基底全部范围。导管的根数及在平面上的布置，可根据封底面积、障碍物情况、导管作用半径等因素确定。导管的有效作用半径则因混凝土的坍落度大小和导管下口超压力大小而异。水下混凝土的流动半径要综合考虑到对混凝土质量的要求、水头的大小、浇筑面积的大小、基底有无障碍物以及混凝土拌和机的生产能力等因素来决定。通常，流动半径在 3 ~ 4 m 范围内是能够保证封底混凝土的表面不会有较大的高差，并具有可靠的防水性的。

对于大体积的封底混凝土，可分层分段逐次灌注。对于强度要求不高的围堰封底水下混凝土，也可以一次由一端逐渐灌注到另一端。

在正常情况下，所灌注的水下混凝土仅其表面与水接触，其他部分的灌注状态与空气中灌注无异，从而保证了水下混凝土的质量。至于与水接触的表层混凝土，可在排干水而外露时予以凿除。

浇筑基础时，应做好与墩台身的接缝联结，其一般要求为：

(1)混凝土基础与混凝土墩台身的接缝周边应预埋直径不小于16 mm的钢筋或其他铁件，埋入与露出的长度不应小于钢筋直径的30倍，间距不大于钢筋直径的20倍。

(2)混凝土或浆砌片石基础与浆砌片石墩台身的接缝，应预埋片石作榫，片石厚度不应小于15 cm，片石的强度要求不低于基础或墩台身混凝土或砌体的强度。

第二节　桩基础施工

当建筑物荷载较大，地基上部土层软弱，浅埋扩大基础不能满足安全、稳定与变形要求时，常采用桩基础。按承载性状，桩基础可分为摩擦桩和端承桩，按施工方法可分为沉入桩、灌注桩和钻孔埋置桩等。目前，我国桥梁工程中常用的是灌注桩施工，主要是钻孔灌注桩与挖孔灌注桩。

一、钻孔灌注桩的施工

(一)施工准备

1. 场地准备

为安装钻架进行钻孔，施工前应平整场地。对于无水岸滩，应整平夯实，清除杂物，挖换软土；场地有浅水时，宜采用土或草袋围堰筑岛，筑岛面积应按钻孔方法、机具大小等要求决定，高度应高于最高施工水位0.5～1.0 m；当场地为深水或陡坡时，可用钢筋混凝土板桩、钢管桩或钢护筒、双壁钢围堰等搭设固定式施工平台。在水流较平稳的深水中，也可采用将施工平台架设在浮船上的浮式施工平台。

同时，应在施工现场设置桩基轴线定位点和水准点，根据桩位平面布置施工图，定出每根桩的位置，并作好标志。按施工平面布置图的要求做好施工现场的施工道路、供水供电、泥浆循环系统、施工设施放置、材料堆场及生活设施就位等有关布设和具体安排工作。

2. 埋置护筒

钻孔前应在桩位处埋置护筒。其主要作用是：

(1)固定桩位，并作钻孔导向；

(2)保护孔口，防止孔口土层坍塌；

(3)隔离孔内外表层水，并保持钻孔内水位高出施工水位以稳固孔壁。

因此，要求护筒坚固耐用、不易变形、不漏水、能重复使用，一般用钢板或钢筋混凝土制作，内径比钻头直径稍大，旋转钻须增大0.1～0.2 m，冲击钻或冲抓钻增大0.2～0.4 m。护筒顶面高度宜高出地下水位和施工最高水位1.0～2.0 m，当钻孔内有承压水时，应高出稳定后的承压水位2.0 m以上；无水地层钻孔因护筒顶部设有溢浆口，筒顶也应高出地面0.2～0.3 m。

护筒埋设采用下埋式(适用于旱地埋置，见图2-21(a))、上埋式(适用于旱地或浅水筑岛埋置，见图2-21(b)、(c))和下沉埋设(适用于深水基础，见图2-21(d))。旱地、筑岛处采用挖坑埋设护筒时，应先以桩位中心为圆心，根据护筒半径在土上定出护筒位置，坑的直径比护筒外径大0.6～1.0 m，在黏土中其埋设深度不宜小于1 m，在砂土中不宜小于

1.5 m;对位后在护筒外侧填入黏土,并分层夯实;护筒底应埋置在稳固的黏土层中,否则也应换填黏土并夯密实,其厚度一般为0.5 m。在埋入过程中应检查护筒是否垂直,若发现偏斜,应及时纠正。护筒中心与桩位中心线偏差不应大于50 mm,竖直线倾斜不大于1%。深水下沉埋设的护筒应沿导向架借自重、射水、振动、锤击并辅以筒内除土等方法将护筒下沉至稳定深度,入土深度黏性土应达到0.5~1 m,砂性土应达到为3~4 m;有冲刷影响的河床,应沉入局部冲刷线以下不小于1.0~1.5 m。

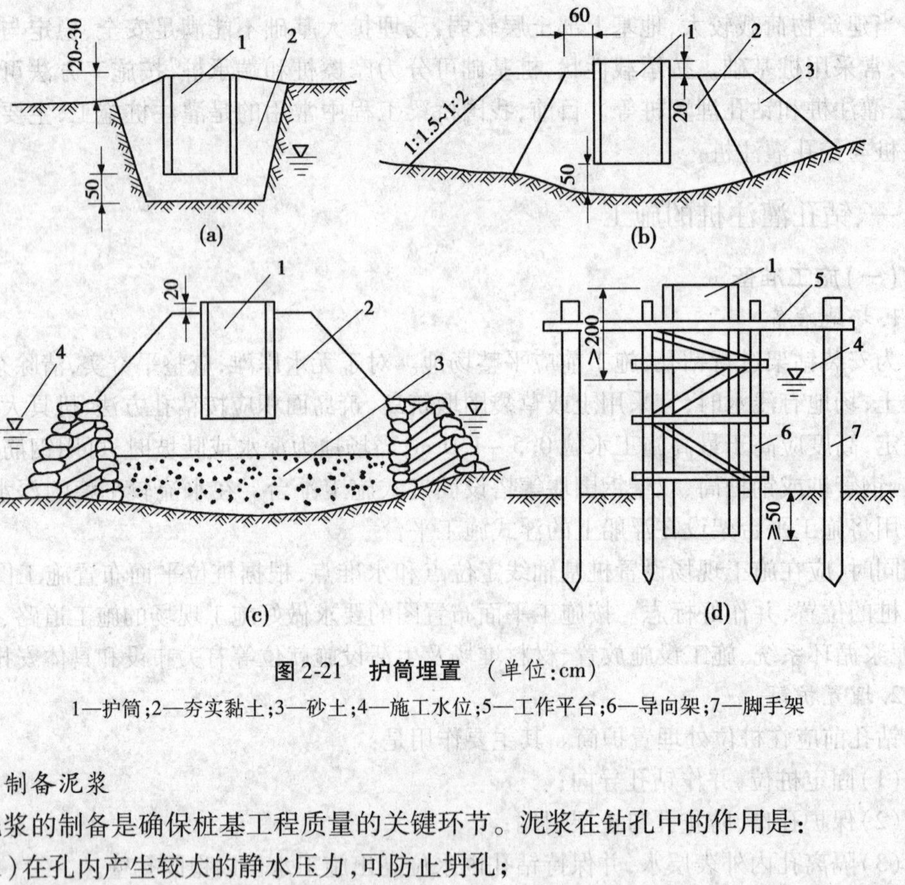

图 2-21　护筒埋置　(单位:cm)

1—护筒;2—夯实黏土;3—砂土;4—施工水位;5—工作平台;6—导向架;7—脚手架

3. 制备泥浆

泥浆的制备是确保桩基工程质量的关键环节。泥浆在钻孔中的作用是:

(1)在孔内产生较大的静水压力,可防止坍孔;

(2)泥浆向孔外土层渗漏,在钻进过程中,由于钻头的活动,孔壁表面形成一层胶泥,具有护壁作用,同时将孔内外水流切断,能稳定孔内水位;

(3)泥浆相对密度大,具有挟带钻渣的作用,利于钻渣的排出。

此外,还有冷却机具和切土润滑作用,降低钻具磨损和发热程度。

钻孔泥浆一般由水、黏土(或膨润土)和添加剂按适当配合比配制而成,其性能指标可参照表2-6选用。在钻孔灌注桩的施工中,如果泥浆质量差,则形成不了护壁泥膜或形成的泥皮黏附力差,易于脱落,导致孔壁稳定性差,易产生坍孔或缩颈;泥浆稠度大、比重大、含砂率高,形成的泥皮质量差、厚度大,大大降低桩的侧摩阻力;稠浆在钢筋笼上沉积黏附,导致钢筋与混凝土握裹力降低;泥浆比重过大,使得混凝土水下灌注阻力增大,降低混凝土的流动半径,使混凝土骨料大部分堆积在桩心部位,而钢筋笼外几乎无骨料,不仅桩身质量不好而且桩的侧摩阻力也难以发挥。因此,在施工中必须按规范要求严格控制泥浆的质量。

表2-6 泥浆性能指标选择

钻孔方法	地层情况	泥浆性能指标							
		相对密度	黏度(Pa·s)	含砂率(%)	胶体率(%)	失水率[mL/(30 min)]	泥皮厚[mm/(30 min)]	静切力(Pa)	酸碱度(pH)
正循环	一般地层	1.05~1.20	16~22	8~4	≥96	≤25	≤2	1.0~2.25	8~10
	易坍地层	1.20~1.45	19~28	8~4	≥96	≤15	≤2	3~5	8~10
反循环	一般地层	1.02~1.06	16~20	≤4	≥95	≤20	≤3	1~2.5	8~10
	易坍地层	1.06~1.10	18~28	≤4	≥95	≤20	≤3	1~2.5	8~10
	卵石土	1.10~1.15	20~35	≤4	≥95	≤20	≤3	1~2.5	8~10
推钻冲抓	一般地层	1.10~1.20	18~24	≤4	≥95	≤20	≤3	1~2.5	8~11
冲击	易坍地层	1.20~1.40	22~30	≤4	≥95	≤20	≤3	3~5	8~11

注:1. 地下水位高或其流速大时,指标取高限,反之取低限。

2. 地质状态较好,孔径或孔深较小的取低限,反之取高限。

3. 在不易坍塌的黏质土层中,使用推钻、冲抓、反循环回转钻进时,可用清水提高水头(≥2 m)维护孔壁。

直径大于2.5 m的大直径钻孔灌注桩对泥浆的要求较高,泥浆的选择应根据钻孔的工程地质情况、孔位、钻机性能、泥浆材料条件等确定。在地质复杂、覆盖层较厚、护筒下沉不到岩层的情况下,宜使用丙烯酰胺即PHP泥浆,此泥浆的特点是不分散、低固相、高黏度。

4. 安装钻机或钻架

钻架是钻孔、吊放钢筋笼、灌注混凝土的支架。在钻孔过程中,成孔中心必须对准桩位中心,钻机(架)必须保持平稳,不发生位移、倾斜和沉陷。钻机(架)安装就位时,应详细测量,底座应用枕木垫实塞紧,顶端应用缆风绳固定平稳,并在钻进过程中经常检查。

(二)钻孔施工

1. 钻孔方法与机具

1)旋转钻进成孔

旋转钻进成孔是国内灌注桩施工中最常用的方法之一。利用钻具的旋转切削土体钻进,并同时采用循环泥浆的方法护壁排渣。按泥浆循环方式不同分为正循环和反循环两种。

所谓正循环是由钻机回转装置带动钻杆和钻头回转切削破碎岩土,由泥浆泵通过钻杆中心往钻孔压入泥浆,钻头喷出的泥浆挟带钻渣沿钻孔壁上升,从孔口溢浆孔溢出,流入泥浆池,经沉淀处理后再循环使用,如图2-22(a)所示。

正循环成孔设备简单、操作方便、工艺成熟,当孔深不太深、孔径小于800 mm时,钻进效率高。桩径较大时,钻杆与孔壁间的环形断面较大,泥浆的上返速度低,挟带土粒直径小,排渣能力差,岩土重复破碎现象严重。其适用于填土、淤泥、黏土、粉土、砂土等地层,对于卵砾石含量不大于15%、粒径小于10 mm的部分砂卵砾石层和软质基岩及较硬基岩也可使用。桩孔直径不宜大于1 000 mm,钻孔深度不宜超过40 m。

反循环成孔(见图2-22(b))是通过泵吸,或射流抽吸,或送入压缩空气,使钻杆内腔形成负压或形成充气液柱产生压差,使经过钻杆与孔壁间的环空间隙流向孔底的泥浆,挟带钻头切削下来的钻渣由钻杆内腔高速返回地面泥浆池。由于泥浆上返速度快,排渣能力强,孔底水力流场合理,钻头始终处于新鲜土层或岩层面上切削破碎,成孔效率高,对孔壁的冲刷作用小,在孔壁上形成的泥皮相对较薄,成孔质量好。但在接长钻杆时装卸较麻烦,如钻渣粒径超过钻杆内径(一般为120 mm)易堵塞管路,则不宜采用。

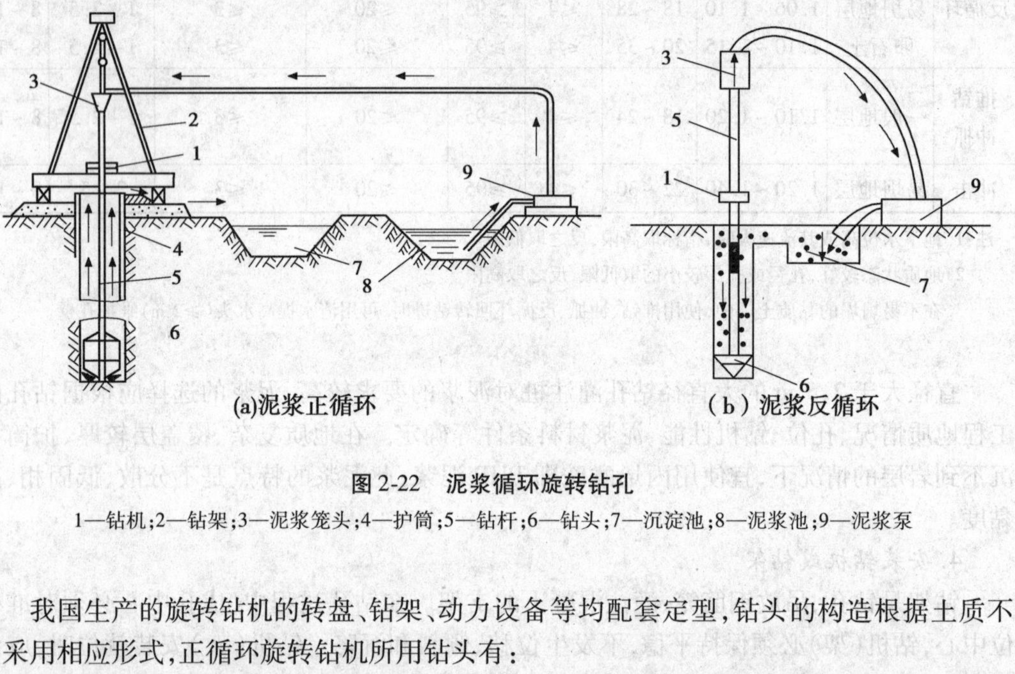

图2-22 泥浆循环旋转钻孔

1—钻机;2—钻架;3—泥浆笼头;4—护筒;5—钻杆;6—钻头;7—沉淀池;8—泥浆池;9—泥浆泵

我国生产的旋转钻机的转盘、钻架、动力设备等均配套定型,钻头的构造根据土质不同采用相应形式,正循环旋转钻机所用钻头有:

(1)鱼尾钻头。鱼尾钻头是用厚50 mm的钢板制成,钢板中部切割成宽度同圆杆相等的缺口,将钻杆接头嵌进缺口并连接在一起。鱼尾两道侧棱镶焊合金钢刀齿。如图2-23(a)所示。此种钻头在砂卵石或风化岩石中有较好的钻进效果,但在黏土层中容易包钻,不宜使用,且导向性差。

(2)笼式钻头。笼式钻头是由导向框、刀架、中心管及小鱼尾式超前钻头等部分组成,如图2-23(b)所示。其上下部各有一道导向圈,钻进平稳,导向性良好,扩孔率小。此种钻头适用于黏土、砂土和砂黏土土层钻进。

(3)刺猬钻头。钻头外形为圆锥体,周围如刺猬,用钢管、钢板焊成,如图2-23(c)所示。锥顶直径等于设计所要求的钻孔直径,锥尖夹角约40°,锥头高度为直径的1.2倍。该钻头阻力较大,只适用于孔深50 m以内黏性土、砂类土和夹有粒径在25 mm以下砾石的土层。

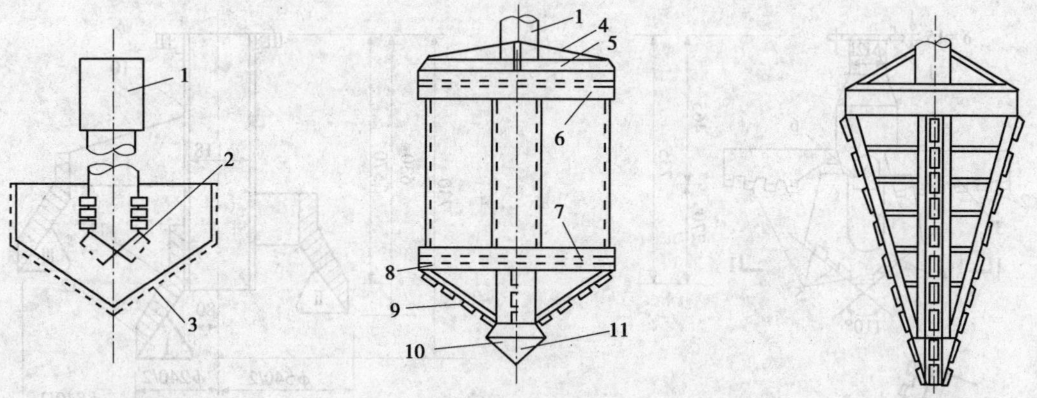

(a)鱼尾钻头　　(b)笼式钻头　　(c)刺猬钻头

图 2-23　正循环旋转钻头

1—钻杆;2—出浆口;3—刀刃;4—斜撑;5—斜挡板;6—上腰围;7—下腰围;
8—耐磨合金钢;9—刮板;10—超前钻;11—出浆口

常用的反循环钻头有:

(1)三翼空心单尖钻锥,简称三翼钻锥。适用于较松黏土、砂土及中粗砂地层。采用钢管和 30 mm 厚的钢板焊制,上端有法兰同钻杆连接,下端呈剑尖形,中心角约 110°,并有若干齿刀,中间挖空作为吸渣口,带齿的三个翼板是回转切土的主要部分,刀片与水平线夹角以 30°为宜。齿片上均镶焊合金钢,提高耐磨性,如图 2-24(a)所示。

(2)牙轮钻头。牙轮钻头适用于砂卵石和风化页岩地层。在直径为 127 mm 的无缝钢管上焊设牙轮架,然后把直径为 160 mm 的 9 个锥形牙轮分三层安装于牙轮架上,每层三个牙轮的平面方位均相隔 120°,如图 2-24(b)所示。

旋转钻孔还可采用更轻便、高效的潜水电钻,钻头的旋转电动机及变速装置均经密封后安装在钻头与钻杆之间,钻孔时钻头旋转刀刃切土,并在端部喷出高速水流冲刷土体,以水力排渣。

由于旋转钻进成孔的施工方法受到机具和动力的限制,适用于较细、软的土层,如各种塑性状态的黏性土、砂土、夹少量粒径小于 100 ~ 200 mm 的砂卵石土层,在软岩中也可使用。

旋转钻进的施工应根据不同的土层及所选用的泥浆循环方式、钻头形式合理选择钻压、转速、钻进速度、泥浆排量等参数。对于正循环,泵排量的选择原则是尽量满足泥浆上返挟带钻渣、岩屑的需要,同时尽可能减少对孔壁的冲刷。采用合金钻头及牙轮、滚刀钻头钻进,泵量为:

$$Q = 3\,600 \times \frac{\pi}{4}(D^2 - d^2)u \qquad (2\text{-}10)$$

式中　Q——泵排量,m^3/h;

D、d——桩孔直径、钻杆内径,m;

u——泥浆上返流速,m/s,见表 2-7。

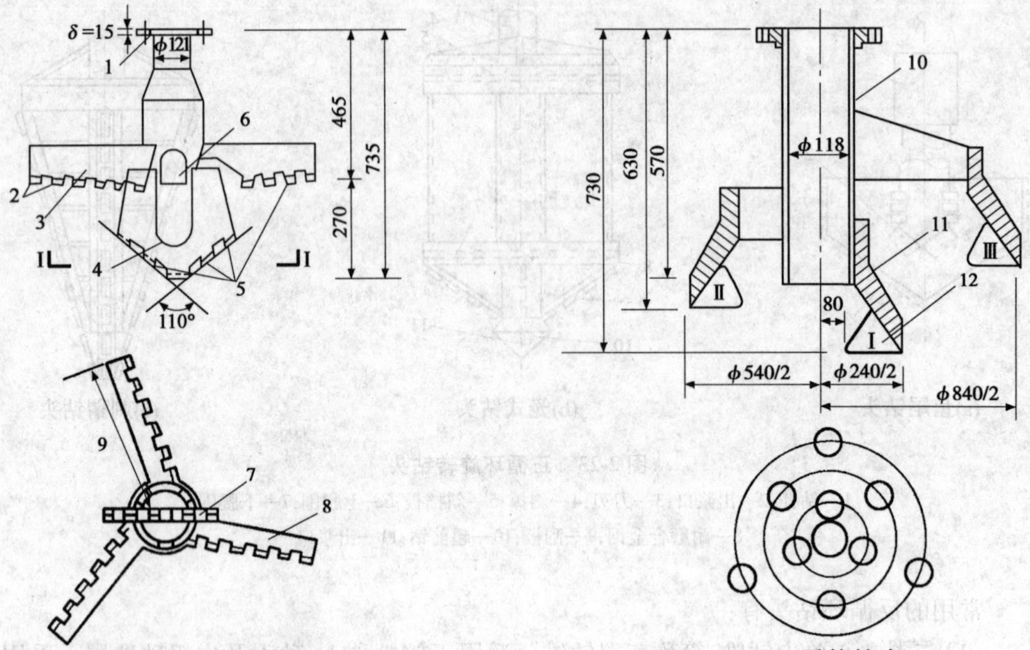

(a)三翼空心单尖钻锥　　(b)牙轮钻头

图 2-24　反循环旋转钻孔　（单位：mm）

1—法兰接头；2—合金钢刀头；3—翼板；4—剑尖；5—合金钢刀头尖；6—排渣孔；7—剑尖；8—翼板；9—孔径；10—无缝钢管；11—牙轮架；12—牙轮

表 2-7　泥浆上返流速　（单位：m/s）

钻头	冲洗液		
	黏性土、基岩		砂性土
	清水	泥浆	泥浆
合金	≥0.35	≥0.30	≥0.25
牙轮滚刀	≥0.45	≥0.40	≥0.35

泵吸反循环砂石泵排量可按下式计算：

$$Q = 3\,600 \times \frac{\pi}{4} d^2 u \tag{2-11}$$

式中　d——钻杆内径，m；

u——泥浆上返流速，m/s，一般取 $u = 2 \sim 3$ m/s。

由于泥浆在孔内沿断面下流时可能因流速过大造成对孔壁的冲刷破坏，为避免这种情况，一般应控制下流速度不超过 10 m/min。

若采用气举反循环，则混合冲洗液最小流量 Q_a 应根据钻杆内腔混合冲洗液上返流速来确定。其计算式为：

$$Q_a = 2\ 828d^2 \cdot u_0 \tag{2-12}$$

式中 Q_a ——钻杆内混合冲洗液流量，m^3/h；

d ——钻杆内径，m；

u_0 ——混合冲洗液上返流速，m/s。

$$u_0 = 1.73k\frac{gd_a}{\gamma_m}(\gamma_s - \gamma_m) \tag{2-13}$$

式中 k—— 混合冲洗液在钻杆内的流动系数，一般取 $k = 1.2$；

g ——重力加速度；

d_a ——钻渣最大粒径（可筛选确定），cm；

γ_s ——钻渣密度，g/cm^3；

γ_m ——混合冲洗液密度（可实测），g/cm^3。

2）冲击钻进成孔

冲击钻进成孔是利用钻锥（重为 10～35 kN）不断地提锥、落锥反复冲击孔底土层，把土层中泥沙、石块挤向四壁或打成碎渣，钻渣悬浮于泥浆中，利用掏渣筒取出，重复上述过程冲击钻进成孔，如图 2-25 所示。

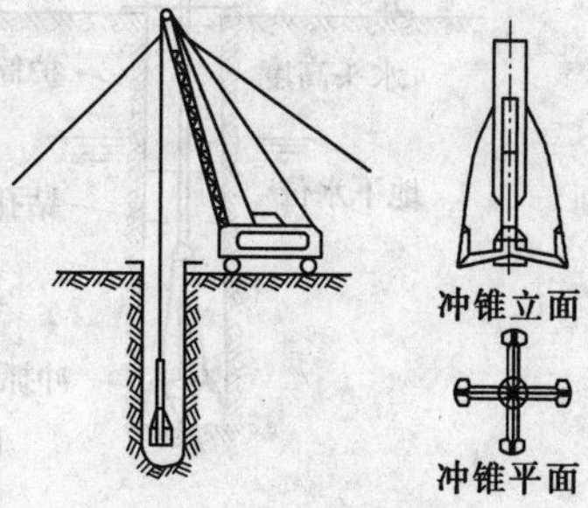

图 2-25 冲击钻成孔

冲击时钻头应有足够的重量、适当的冲程和冲击频率，以使它有足够的能量将岩块打碎。锥体一般为圆柱形，用钢材制成，锥头呈十字形。冲锥每冲击一次旋转一个角度，才能得到圆形的钻孔，因此在锥头和提升钢丝绳连接处应有转向装置，常用的有合金套或转向环，以保证冲锥的转动，也避免了钢丝绳打结扭断。

冲击成孔施工具有设备简单、操作方便、动力消耗少、机械故障少等优点，适宜在杂填土、黏土，粉土、砂土、卵砾石、漂石、孤石、基岩等地层施工。冲击成孔施工的缺点是钻进效率较低，清孔难度较大，桩孔不规则，容易发生孔斜及掉钻头、卡钻等孔内事故。

冲击成孔施工的桩孔直径通常为 500～1 800 mm，最大可达 2 500 mm，桩孔深度一般在 40 m 左右，深度增加，钻进效率显著下降。

3）冲抓钻进成孔

用兼有冲击和抓土作用的抓土瓣，通过钻架，由带离合器的卷扬机操纵，锥头对准桩孔中心，放开制动，锥头靠自重（重为 10～20 kN）下落，使土瓣锥尖张开插入土层，然后由卷扬机提升锥头收拢抓土瓣将土提升至孔外。等锥体提升至孔口以上时，工人及时在井口放置一块钢盖板，将手推车或其他运输工具放于其上。打开锥头控制栓，使锥头张开，土体落入运输车中运走。移走钢板，即进行下一轮冲抓作业，如此循环钻进。钻锥常采用四瓣或六瓣冲抓锥，其构造如图 2-26 所示。当收紧外套钢丝绳、放松内套钢丝绳时，内套在自重作用下相对外套下坠，使锥瓣张开插入土中。

冲抓钻进成孔适用于黏性土、砂性土及夹有碎卵石的砂砾土层，成孔深度宜小于 30 m。

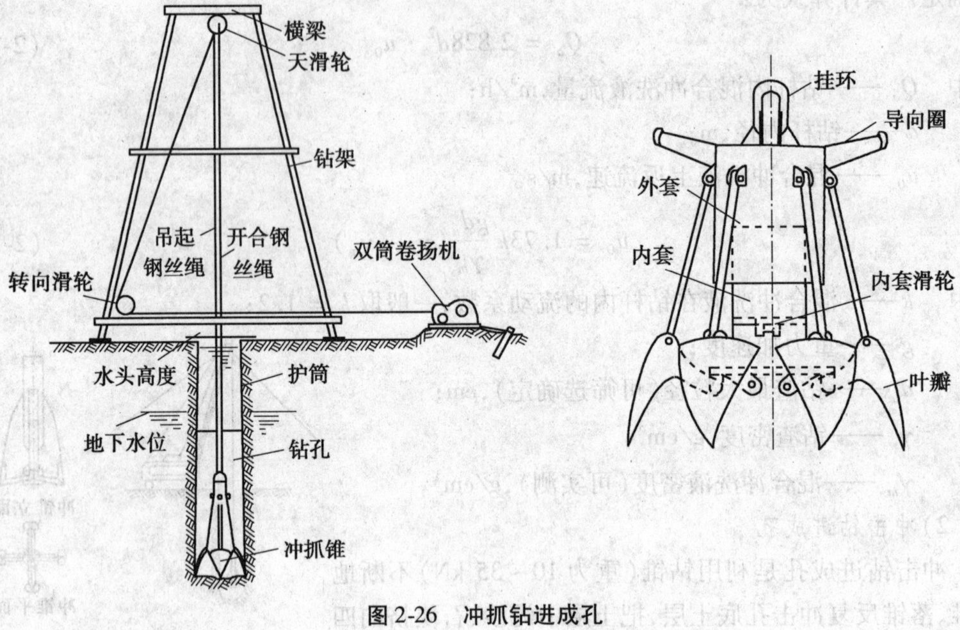

图 2-26　冲抓钻进成孔

各种钻孔方法的适用范围可参考表 2-8。

表 2-8　钻孔机具选用参考

编号	钻孔机具（方法）	适用范围			
		土层	孔径（cm）	孔深（m）	泥浆作用
1	长、短螺旋钻机	地下水位以上的细粒土、砂类土、砾类土、极软岩	长螺旋钻 30～80，短螺旋钻 50	26～70	干作业不需泥浆
2	机动推钻（钻斗钻）	细粒土、砂类土、卵石粒径小于 10 cm，含量少于 30% 的卵石土	80～200	30～60	护壁
3	正循环回转钻机	细粒土、砂类土、卵石粒径小于 2 cm，含量少于 20% 的卵石土、软岩	80～300	40～100	悬浮钻渣并护壁
4	反循环回转钻机	细粒土、砂类土、卵石粒径小于钻杆内径的 2/3，含量少于 20% 的卵石土、软岩	80～250	泵吸＜40 气举 150	护壁
5	正循环潜水钻机	淤泥、细粒土、砂类土、卵石粒径小于 10 cm，含量少于 20% 的卵石土	80～200	50～80	悬浮钻渣并护壁
6	反循环潜水钻机	细粒土、砂类土、卵石粒径小于钻杆内径的 2/3，含量少于 20% 的卵石土、软岩	80～200	100（泵吸＜气举）	护壁

续表 2-8

编号	钻孔机具（方法）	适用范围			
		土层	孔径(cm)	孔深(m)	泥浆作用
7	全护筒冲抓和冲击钻机	各类土层	80～200	30～60	不需泥浆
8	冲抓锥	淤泥、细粒土、砂类土、砾类土、卵石土	80～200	30～50	护壁
9	冲击实心锥	各类土层	80～200	100	短程浮渣并护壁
10	冲击管锥	细粒土、砂类土、砾类土、松散卵石土	60～150	100	短程浮渣并护壁

2. 钻孔施工要点

(1)钻孔作业应分班连续进行，填写钻孔施工记录，交接班时应交待钻进情况及下一班应注意事项。应经常对钻孔泥浆进行检测和试验，不符合要求时应随时改正。应经常注意地层变化，在地层变化处均应捞取渣样，判明后记入记录表中并与地质剖面图核对。

(2)正循环钻机开孔时，应先启动泥浆泵和转盘，待泥浆进入钻孔一定数量后方可开始钻进，进尺应适当控制。在黏质土中，宜用尖底鱼尾式或圆笼式钻锥，以中等转速、大泵量、稀泥浆钻进；在砂类土中，宜用平底圆笼式钻锥，以轻压、低挡慢速、大泵量、稠泥浆钻进；在较硬的卵石土中，宜用低挡慢速、优质泥浆、慢进尺钻进。必要时可分两级钻进，第一级先钻进孔中心面积的1/2，至适当深度后再扩孔，按设计孔径钻进。

孔内如遇有较大卵石、漂石或其他障碍物，引起钻具跳动、憋车(泵)、钻孔偏斜时，要及时控制钻进速度，降低转速，加大泵量，来回轻扫。必要时，要对孔内障碍物专门打捞清除；或增加导向装置，以防孔斜。

加接钻杆时，应先将钻具提离孔底，待泥浆循环3～5 min后，再拆卸加接钻杆；清孔时应经常移动排渣管(出水管)在孔底的位置，以便使孔底边缘处沉渣吸出。下好钢筋笼后，应进行二次清孔，确保孔底沉渣符合规定要求。

(3)用泵吸式反循环钻进时，各处管线和钻杆应连接可靠，不漏气、不堵塞。起动砂石泵，待反循环正常后，才能开动钻机慢速回转下放钻头至孔底；开始钻进时，应先轻压慢转；待钻头正常工作后，逐渐加大转速，调整压力，并使钻头吸口不产生堵水。

在硬黏质土中，宜低速钻进，自由进尺；在一般黏质土中，宜用中、高速钻进，自由进尺；在砂类土和砾类土中，宜中、低速钻，控制进尺，为防止钻渣过多，卵砾石堵塞管路，可采用间断钻进、间断回转的方法来控制钻进速度。钻进时应认真仔细观察进尺和砂石泵排水出渣的情况；排量减少或出水中含钻渣量较多时，应控制钻进速度，防止因循环液比重太大而中断反循环。

接长钻杆时，应暂停钻进，将钻锥提离孔底0.1 m，维持泥浆循环1～2 min，待孔底清洗干净，钻杆内钻渣排净后，再停泵加接钻杆。反循环钻进时，必须连续补充护筒内水量

(泥浆),维持应有的水头,不得使孔壁坍塌。

钻进时如孔内出现坍孔、涌砂等异常情况,应立即将钻具提离孔底,控制泵量,保持冲洗液循环,吸除坍落物和涌砂;同时向孔内输送性能符合要求的泥浆,保持水头压力以抵制继续涌砂和坍孔,恢复钻进后,泵排量不宜过大以防吸坍孔壁。

钻进至设计孔深位置停钻后,将钻头提离孔底100 ~150 mm,继续维持泥浆循环,必要时,可低速回转钻头,同时向孔内送入干净泥浆或清水,如此反循环清孔15 ~20 min,使返出孔内的泥浆含砂量达到规定要求为止。

(4)用气举式反循环钻进时,必须先换成正循环开孔或用泵吸式反循环开孔,待钻杆能埋入护筒内泥浆中达5 ~6 m后,才可送入压缩空气扬水排渣。

气举式反循环在各种地层中的钻进转速、进尺控制等要素的要求与泵吸式反循环相同。

(5)用全护筒法钻进时,如采用冲抓钻机在软弱及粉质土地层中钻进时,护筒应深于抓土平面1 ~1.5 m;在中等硬度地层中钻进时,护筒应深于抓土平面0.3 m左右;在紧密的砾石土层或卵石土层中钻进时,抓锥应预掘到护筒底端以下0.2 ~0.3 m后,再下压护筒,继续钻进。

在硬层(漂石土或风化岩石层)钻进时,应换用十字形冲击锥进行冲击,使硬层破碎,再以抓瓣抓渣,如硬层较薄必须穿过时,可预掘1 ~1.5 m,再下压护筒,继续钻进;在黏质土层与软岩层中钻进时,如不塌方,可不下压护筒;护筒压入地面总深度应根据土层紧密情况和上拔护筒功率而定。

(6)用顶护筒冲抓锥钻进时,在开孔或护筒内冲抓,应采用1 ~1.5 m的小冲程,稳而准地开孔,待钻锥全部进入护筒后再进行正常冲抓。提锥应缓慢,落锥高度可增大至1.5 ~2.5 m。

在黏质土中可采用中冲程冲抓;若土质较为松软,宜用小冲程;当土质较密实时,可采用2 ~3 m的大冲程;当全孔均为紧密黏质土时,可不用泥浆,只用清水水头护壁;在砂类土中应采用0.5 ~1.0 m低冲程冲抓,并投入适量黏质土和水,保持泥浆相对密度和护筒内水头;在疏松的砾、卵石土中可采用与在砂类土中类似的方法冲抓,当砾、卵石土层较密实时可加大冲程,并可采用连续冲击再收瓣抓土的方法,泥浆相对密度可采用1.1左右;在漂石土中冲程不宜太大,宜连续多次低冲程。

冲抓和冲击钻锥起吊进出钻孔口时,严禁孔口附近站人,防止发生人身事故。

(7)用冲击锥造孔时,应采用1 ~1.5 m小冲程开孔,使孔壁坚实、竖直、圆顺,起导向作用。一般可先用60 ~80 cm的细锥头钻进,然后再用大锥头扩孔至设计孔径。这样,一来可以保证孔壁稳定,防止坍孔,二来可以提高功效。当钻锥穿过护筒底3 m以后,可根据地层情况加大冲程。冲击操作时应防止打空锤和大松绳。钻进冲程中应及时排除钻渣,并添加黏土造浆,防止坍孔和沉积,使钻锥经常冲击新鲜地层。

在黏质土、风化泥岩地层冲击时,宜向孔内送入清水,自然造浆,选用十字小刃角形冲锥,以中、小冲程0.6 ~1.0 m钻进。在黏性很大的黏质土中,应边冲边投入适量的粗砂,并在抽筒捞渣的同时向孔内泵入清水。

在砾类土层中冲击时,宜使用黏度较高、相对密度适中的泥浆并保持足够的水头,在冲击时向孔内投入黏质土。当遇到砂类土层时,应停钻向孔内投放足量的掺入片石或碎石的黏质土,改用小冲程冲击,孔内泥浆相对密度宜保持在1.3左右。

在卵石土、漂石土中冲击时,宜选用带侧刃的大刃脚一字形冲锥,重力要大。冲击时冲程应高但不得大于4~6 m,并投入黏质土,注意保持孔内水头。当发现冲孔倾斜时,应暂停冲击,提起冲锥向孔内倾斜段填满黏质土掺石块,再用低冲程冲击,控制钢丝绳放绳量。若仍不能纠正钻孔倾斜,宜改用回转钻进法穿越斜孔段。

在裂隙岩溶地层冲孔时,冲击锥操作应平稳,尽量不碰撞孔壁,选圆形钻锥,冲程宜小,钻锥重力宜大。当遇到裂隙时,可边投入黏质土边冲击,直到穿过裂隙。当遇到深洞时,可边冲边向孔内投放片石或碎石,稳定填充物。

遇起伏不平的岩面和溶洞底板时,应投入黏质土掺石块,将孔底填平后,用十字形冲锥以小冲程反复冲击,慢慢穿过,防止出现偏孔、斜孔。

3.钻孔故障及处理方法

1)坍孔

坍孔的特征是孔内水位突然下降又回升,孔口冒细密水泡,出渣量显著增加而不见进尺,钻机负荷显著增加等。坍孔多由泥浆性能不符合要求、孔内水头未能保证、机具碰撞孔壁等原因造成。应查明坍孔位置后进行处理,坍孔不严重时,可回填土到坍孔位以上,并采取改善泥浆性能、加高水头、深埋护筒等措施,继续钻进;坍孔严重时,应立即将钻孔全部用砂类土或砾石土回填,无上述土类时可采用黏质土并掺入5%~8%的水泥砂浆,应等待数日方可采取改善措施后重钻。坍孔部位不深时,可采取深埋护筒法,将护筒填土夯实,重新钻孔。

2)钻孔偏斜、弯曲

钻孔偏斜、弯曲常由地质松软不均、岩面倾斜、钻架位移、安装未平或遇探头石等原因造成。一般可在偏斜处吊住钻锥反复扫孔,使钻孔正直。偏斜严重时,应回填黏质土到偏斜处顶面,待沉积密实后重新钻孔。

3)扩孔与缩孔

扩孔多是孔壁小坍塌或钻锥摆动过大造成的,应针对原因采取防治措施。钻锥缩孔常由地层中含遇水能膨胀的软塑土或泥质页岩造成;钻锥磨损过于严重,亦能使孔径缩小。前者应采用失水率小的优质泥浆护壁,后者应及时焊补钻锥。缩孔已发生时可用钻锥上下反复扫孔,扩大孔径。

4)钻孔漏浆

遇护筒内水头不能保持时,宜采取护筒周围回填土夯筑密实、增加护筒沉埋深度、适当减小护筒内水头高度、增加泥浆相对密度和黏度、倒入黏土使钻锥慢速转动、增加孔壁黏质土层厚度等措施,用冲击法钻孔时,可填入片石、卵石,反复冲击,增加护壁。

5)梅花孔(或十字孔)

梅花孔常由冲击钻锥的自动转向装置失灵、泥浆相对密度和黏度太大、冲程太小等原因造成。应针对上述原因采取改善措施,已发生的梅花孔,应采用片石或卵石土掺黏质土混合回填孔内,重新冲击钻孔。

6）糊钻、埋钻

糊钻、埋钻多是正循环（含潜水钻机）回转钻进时，遇软塑黏质土层，泥浆相对密度和黏度过大，进尺快、钻渣量大，钻杆内径过小，出浆口堵塞而造成的。应改善泥浆性能，对钻杆内径、钻渣进出口和排渣设备的性能参数进行检查计算，并控制适当进尺。若已严重糊钻，应停钻提出钻锥，清除钻渣。

冲击钻锥糊锥时，应减小冲程，降低泥浆相对密度和黏度，并在黏土层回填部分砂类土和砾类土。遇到塌方或其他原因造成埋钻时，应使用空气吸泥机吸走埋锥的泥沙，提出钻锥。

7）卡钻

卡钻常发生在冲击钻孔，多因先形成了梅花孔，或钻锥磨损未及时焊补、钻孔直径变小，而新钻锥又过大，冲锥倾倒，遇到探头石，或孔内掉入物件卡住等。卡钻后不宜强提，可用小锥冲击或用冲、吸的方法将钻锥周围的钻渣松动后再提出。

8）掉落钻物

掉落钻物时宜迅速用打捞叉、钩、绳套等工具打捞。若落体已被泥沙埋住时，宜按前述各条，先清泥沙，使打捞工具能接触落体后再打捞。

在任何情况下，严禁施工人员进入没有护筒或无其他防护设施的钻孔中处理故障。当必须下入护筒或其他防护设施的钻孔时，应在检查孔内无有害气体，并备齐防毒、防溺、防坍埋等安全设施后方可进行。

（三）清孔

当钻孔达到设计要求深度并经检查合格后，应立即进行清孔，目的是清除钻渣与孔底沉淀层，以减少桩基的沉降量，提高承载能力，同时为水下灌注混凝土创造良好条件，确保桩基质量。清孔方法有换浆、抽浆、掏渣、空压机喷射、砂浆置换等，可根据具体情况选择使用。不论采用何种清孔方法，在清孔排渣时，必须注意保持孔内水头，防止坍孔；不得用加深钻孔深度的方式代替清孔。

1. 换浆清孔法

换浆清孔法适用于正循环回转钻孔，在完成钻孔深度后，提升钻锥至距孔底钻渣面 0.1 ~ 0.3 m，以大泵量泵入符合清孔后性能指标的新泥浆，维持正循环 4 h 以上，直到清除孔底沉渣、减薄孔壁泥皮、泥浆性能指标符合要求为止。本法清孔进度慢，对于大直径、深孔可将正循环机具迅速拆除，改用抽浆法。

2. 抽浆清孔法

抽浆清孔法清孔较彻底迅速，适用于各种方法的钻孔，对于反循环回转钻孔完成后，可停止钻具回转，将钻锥提离孔底钻渣面 10 ~ 30 cm，维持泥浆的反循环，并向孔中注入清水。应经常测量孔底沉渣厚度和孔中泥浆性能指标，满足要求后立即停止清孔。对于大直径、深孔可配合气举法清孔。

3. 掏渣清孔法

掏渣清孔法是用抽渣筒、大锅锥或冲抓锥清掏孔底粗钻渣，适用于机动推钻孔、冲抓钻孔和冲击钻孔的初步清孔。掏渣前可投入 1 ~ 2 袋水泥，再以冲锥冲成钻渣和水泥的混合物，提高掏渣工效。当要求清孔质量较高时，可用高压水管插入孔底射水，降低泥浆的相对密度。对于大直径、深孔应在掏渣清孔后，再用气举抽浆法清孔。

4. 喷射清孔法

喷射清孔法只宜配合换浆法或抽浆法清孔后使用，该法是在灌注水下混凝土前，对孔底进行高压射水或射风数分钟，使孔底剩余少量沉淀物漂浮后，立即灌注水下混凝土。

5. 砂浆置换清孔法

砂浆置换清孔法适宜于掏渣清孔后使用。该法按下述工序进行：①用掏渣筒尽量清除钻渣；②以高压水管插入孔底射水，降低泥浆相对密度；③以活底箱在孔底灌注 0.6 m 厚的以粉煤灰与水泥加水拌和并掺入缓凝剂的特殊砂浆，常用配合比为：水泥∶粉煤灰∶砂∶加气剂 = 1∶0.4∶1.4∶0.007（质量比），砂浆初凝时间应延长到 6 ~ 12 h；④插入比孔径稍小的搅拌器，慢速旋转，将孔底残渣搅入砂浆中；⑤吊出搅拌器，吊入钢筋骨架，灌注水下混凝土，搅入残渣的砂浆被混凝土置换后，一直被顶托在混凝土面以上而被推到桩顶后，再予以清除。

无论采用何种方法清孔，清孔后应从孔底提出泥浆试样，进行性能指标试验，要求清孔后泥浆相对密度为 1.03 ~ 1.10；黏度为 17 ~ 20 Pa · s；含砂率 < 2%；胶体率 > 98%；在浇筑混凝土前，孔底沉渣允许厚度符合标准规定，即端承桩≤50 mm，直径≤1.5 m 的摩擦桩应≤300 mm，对桩径 > 1.5 m、桩长 > 40 m 或土质较差的摩擦桩应≤500 mm。

（四）吊放钢筋笼

混凝土灌注桩钢筋笼普遍刚度不足，很易变形。由制作时的水平状态至安放时的垂直状态，如何能加快安放速度以避免坍孔等事故发生，防止钢筋笼变形刮孔壁坍孔，钢筋笼吊放工作是个关键性问题。

如钢筋笼过长，应分段制作，分段长度应根据吊装条件确定，应确保不变形，接头应错开。吊放钢筋笼入孔时再分段焊接或机械连接。钢筋笼在运输和吊放过程中，每隔2.0 ~ 2.5 m 设置加强箍一道，并在钢筋笼内每隔 3 ~ 4 m 装一个可拆卸的十字形临时加劲架，在钢筋笼吊放入孔后拆除。在钢筋笼周围主筋上每隔一定间距设置控制混凝土保护层厚度的垫块，其间距竖向为 2 m，横向圆周不得少于 4 处。钢筋笼应垂直缓慢放入孔内，防止碰撞孔壁。钢筋笼放入孔内后，要采取措施固定好位置，并进行隐蔽工程验收，合格后应立即浇筑水下混凝土。

（五）水下浇筑混凝土

目前，水下浇筑混凝土的方法主要有直升导管法、液压阀法、填石压浆法、吊斗法及袋装法等，我国桩基施工多采用直升导管法。

1. 灌注方法及有关设备

导管法的施工过程如图 2-27 所示。将导管居中插入到离孔底 0.30 ~ 0.40 m（不能插入孔底沉积的泥浆中），导管上口接漏斗或储料斗，在接口处设隔水栓，以隔绝混凝土与导管内水的接触。在储料斗中存备足够数量的混凝土后，放开隔水栓使储料斗中存备的混凝土连同隔水栓向孔底猛落，将导管内水挤出，混凝土沿导管下落至孔底堆积，并使导管埋在混凝土内，此后向导管连续灌注混凝土。导管下口埋入孔内混凝土中 1 ~ 1.5 m 深，以保证钻孔内的水不能重新流入导管。随着混凝土不断灌入，钻孔内初期灌注的混凝土及其上面的水或泥浆不断被顶托升高，相应地不断提升导管和拆除导管，直至灌注混凝土完毕。

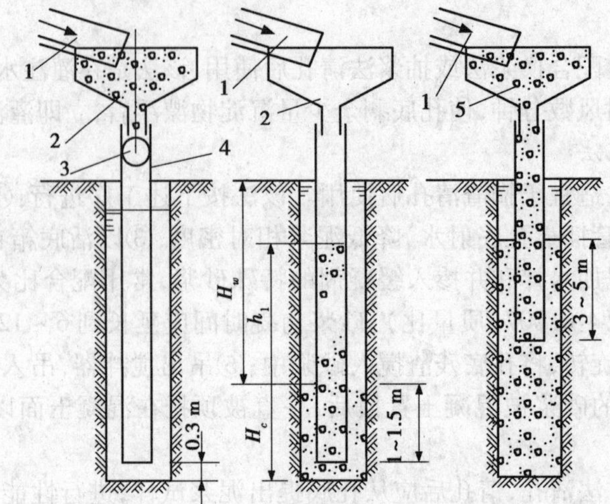

(a)灌注准备　(b) 首批混凝土灌注　(c)正常灌注

图 2-27　直升导管法灌注水下混凝土

1—混凝土运输设备;2—储料斗;3—隔水栓;4—导管;5—漏斗

导管是内径为 0.20 ~0.40 m 的钢管,壁厚为 4 ~6 mm,每节长度为 1 ~2 m,最下面一节导管应较长,一般为 3 ~4 m。导管两端用法兰盘、丝扣或卡口相连接,并垫橡皮圈以保证接头不漏水。导管使用前应进行水密承压和接头抗拉试验,严禁用压气试压。进行水密试验的水压不应小于孔内水深 1.3 倍的压力,也不应小于导管壁和焊缝可能承受灌注混凝土时最大内压力 P 的 1.3 倍。

隔水栓常用直径较导管内径小 20 ~30 mm 的木球,或混凝土球、砂袋等,以粗铁丝悬挂在导管上口或近导管内水面处,要求隔水球能在导管内滑动自如不致卡管。目前,也有采用在漏斗与导管接头处设置活门来代替隔水球,它是利用混凝土下落排出导管内的水,施工较简单但需有丰富的操作经验。

首批灌注的混凝土数量要保证将导管内的水全部压出,并能将导管初次埋入 1 ~1.5 m深。按照这个要求计算第一斗连续浇灌混凝土的最小用量,从而确定漏斗及储料槽的大小。所需首批混凝土数量计算公式为(参见图 2-27):

$$V \geqslant \frac{\pi D^2}{4} \times H_c + \frac{\pi d^2}{4} \times h_1 \tag{2-14}$$

$$h_1 = H_w \gamma_w / \gamma_c \tag{2-15}$$

式中　V——灌注首批混凝土所需数量,m^3;

D——桩孔直径,m;

H_c——导管初次埋置深度及桩孔底至导管底端间距(一般为 0.4 m,孔底有沉淀时适当增加)之和,m;

d——导管内径,m;

h_1——桩孔内混凝土达到要求的埋置深度时,导管内混凝土柱平衡导管外水(或

泥浆)压力所需的高度,m;

H_w ——桩孔内水面与混凝土要求的初次埋置面间距,m;

γ_w ——孔内水或泥浆的容重,kN/m^3;

γ_c ——所灌注混凝土拌和物的容重,kN/m^3。

【例 2-2】 某钻孔灌注桩直径为 1.2 m,采用内径为 0.23 m 的导管水下灌注混凝土,钻孔孔内水面以下深度为 60 m,泥浆的容重为 11 kN/m^3,所灌注的混凝土拌和物的重度为 24 kN/m^3,孔底沉淀层厚度为 0.1 m,求首批混凝土最小储备量。

解:因孔底有沉淀层,孔底至导管底间距取为 0.5 m,导管初次埋入深度取为 1 m,则:

$$H_c = 1 + 0.5 = 1.5(\text{m})$$

$$H_w = 60 - 1.5 = 58.5(\text{m})$$

$$h_1 = H_w \gamma_w / \gamma_c = 58.5 \times 11 \div 24 = 26.81(\text{m})$$

$$\begin{aligned} V &= \pi \times D^2 \times H_c \div 4 + \pi \times d^2 \times h_1 \div 4 \\ &= 3.14 \div 4 \times (1.2^2 \times 1.5 + 0.23^2 \times 26.81) \\ &= 2.81(\text{m}^3) \end{aligned}$$

漏斗顶端至少应高出桩顶(桩顶在水面以下时应比水面高)3 m,以保证在灌注最后部分混凝土时,管内混凝土能满足顶托管外混凝土及其上面的水或泥浆重力的需要。

2. 对混凝土材料的要求

为保证水下混凝土的质量,设计混凝土配合比时,要将混凝土强度等级提高 20%;混凝土应有必要的流动性,较小的泌水率,良好的抗离析能力和流动性保持能力。坍落度宜为 180 ~ 220 mm,砂率宜采用 0.4 ~ 0.5,水灰比宜用 0.5 ~ 0.6;为了改善混凝土的和易性,可在其中掺入减水剂和粉煤灰掺和物。为防止卡管,粗骨料宜优先选用卵石,如采用碎石宜适当增加混凝土配合比的含砂率。骨料的最大粒径不应大于导管内径的 1/6 ~ 1/8和钢筋最小净距的 1/4,同时不应大于 40 mm。可采用火山灰质水泥、粉煤灰水泥、普通硅酸盐水泥或硅酸盐水泥,使用矿渣水泥时应采取防离析措施。水泥的初凝时间不宜早于 2.5 h,水泥的强度等级不宜低于 42.5。每立方米混凝土的水泥用量不小于 350 kg,当掺有适宜数量的减水缓凝剂或粉煤灰时,可不少于 300 kg。

3. 灌注水下混凝土的注意事项

灌注水下混凝土是钻孔灌注桩施工最后一道关键性的工序,其施工质量将直接影响到成桩质量,施工中应注意以下几点:

(1)灌注水下混凝土的设备的生产能力应能满足桩孔在规定时间内灌注完毕。灌注时间不得长于首批混凝土初凝时间,若估计灌注时间长于首批混凝土初凝时间,则应掺入缓凝剂。

混凝土拌和必须均匀,尽可能缩短运输距离和减小颠簸,防止混凝土离析而发生卡管事故。混凝土拌和物运至灌注地点时,应检查其均匀性和坍落度等,如不符合要求,应进行第二次拌和,二次拌和后仍不符合要求时,不得使用。

(2)首批混凝土拌和物下落后,混凝土必须连续灌注,一气呵成,避免任何原因的中断,因此混凝土的搅拌和运输设备应满足连续作业的要求,孔内混凝土上升到接近钢筋笼架底处时应防止钢筋笼架被混凝土顶起。

(3)在灌注过程中，要随时测量和记录孔内混凝土灌注标高和导管入孔长度，提管时保证导管埋入混凝土面内3～5 m的深度。防止导管提升过猛、管底提离混凝土面或埋入过浅，而使导管内进水造成断桩夹泥。但也要防止导管埋入过深，而造成导管内混凝土压不出或导管被混凝土埋住凝结，不能提升，导致终止灌注而成断桩。

(4)为防止钢筋骨架上浮，当灌注的混凝土顶面距钢筋骨架底部1 m左右时，应降低混凝土的灌注速度。当混凝土拌和物上升到骨架底口4 m以上时，提升导管，使其底口高于骨架底部2 m以上，即可恢复正常灌注速度。

(5)灌注的桩顶标高应比设计值预加一定高度，此范围的浮浆和混凝土应凿除，残余桩头应无松散层，以确保桩顶混凝土的质量。预加高度一般为0.5～1.0 m，深桩应酌量增加。

在灌注将近结束时，应核对混凝土的灌入数量，以确定所测混凝土的灌注高度是否正确。

待桩身混凝土达到设计强度，按规定检验后方可灌注系梁或承台。

4.常见故障及其处理

1)初灌导管进水

首批混凝土拌和物下落后，导管进水，应将已灌注的拌和物用吸泥机(可用导管作吸泥管)全部吸出，再针对进水的原因，改正操作工艺或增加首批拌和物储量，重新灌注。

2)中期导管进水

中期导管进水多在提升导管且底口超出已灌混凝土拌和物表面时发生。遇到该种故障时，可依次将导管拔出，用吸泥机或潜水泥浆泵将原灌混凝土拌和物表面的沉淀土全部吸出，将装有底塞的导管压重插入原混凝土拌和物表面下2.5 m深处，然后在无水导管中继续灌注，将导管提升0.5 m，继续灌注的拌和物即可冲开导管底塞流出。

3)初灌导管堵塞

初灌导管堵塞多因隔水硬球栓或硬柱塞不符合要求被卡住而产生。可采用长杆冲捣，或用附着于导管外侧的振动器振动导管，或提升导管迅速下落振冲，或在钻杆上加配重冲击导管内混凝土。若上述方法无效，应提出导管，取出障碍物，重新改用其他隔水设施灌注。

4)中期导管堵塞

中期导管堵塞多因灌注时间过长，表层混凝土拌和物已初凝产生；或因某种故障，拌和物在导管内停留过久而发生堵塞。处理方法是将导管连同堵塞物一齐拔出，若原灌混凝土表层尚未初凝，可用新导管插入原灌拌和物内2 m深，用潜水泥浆泵下入导管孔底，将底部水泵出，再用圆杆接长的小掏渣桶下入管底，升降多次将残余渣土掏除干净，然后在新导管内继续灌注，但灌注结束后，此桩应作为断桩予以补强。

5)灌注坍孔

大的坍孔的特征与钻孔期间近似，可用测深仪或测锤探测，如探头达不到混凝土面高程时即可证实发生坍孔。其产生的原因是：①护筒底脚漏水；②潮汐区未保持所需水头；③地下水压超过原承压力；④孔内泥浆相对密度、黏度过低；⑤孔口周围堆放重物或机械振动。如坍塌数量不大，采取措施后可用吸泥机吸出混凝土表面坍塌的泥土，如不继续坍孔,可恢复正常灌注。如坍孔仍不停止,且有扩大之势,应将导管和钢筋骨架拔出,将孔内用黏土或掺入5%~8%的水泥填满,待数日后孔位周围地层已稳定时,再钻孔施工。

6)埋管

灌注过程中导管提升不动,或灌注完毕导管拔不出,统称为埋管,其常因导管埋置过深所致。若已成埋管故障,宜插入一直径稍小的护筒至已灌混凝土中,用吸泥机吸出混凝土表面上的泥渣,派潜水工下至混凝土表面,在水下将导管齐混凝土面切断,拔出安全护筒,重新下导管灌注,此桩灌注完成后,上下断层间应予以补强。

若桩径过小,潜水工无法下去工作,可在吸出混凝土表面上的泥渣后,采用输送管直径为100~150 mm且水下连接一段钢管的混凝土泵,泵送余下的混凝土桩身。

7)夹层断桩

夹层断桩多为以上各种事故的次生结果。有些是在灌注完成后,钻取桩身混凝土岩心或无破损检测法检验时发现混凝土中夹泥沙层的情况,称为夹层断桩事故。其多因首批混凝土隔离层上升(或第二、三批)已接近初凝,流动性降低,在导管埋深较小时,续灌混凝土拌和物顶破隔离层上升,将原灌混凝土表面的沉淀土覆盖在混凝土拌和物下面造成。夹层断桩在灌注中不易发觉,多是在桩身质量检验时才发现的。

8)混凝土严重离析

混凝土严重离析多由导管漏水引起水浸、地下水渗流等造成。预防方法除应使灌注的混凝土拌和物符合规定要求,灌注前应严格检验导管的水密性,灌注中应注意防止导管内发生高压气囊,在承压地下水地区应测验地下水的压力高度和渗流速度,当其速度超过12 m/min时,应注意在此地区进行钻孔灌注的施工措施。

(六)灌注桩的补强方法和技术要求

钻孔灌注桩经桩身质量检测后,如发现有夹层断桩、混凝土严重离析、空洞等事故时,应经设计代表及监理工程师的同意后进行补强处理,一般可采用压入水泥浆法,具体步骤为:

(1)先在桩身钻两个小孔,分别作压浆和出浆用,深度应达补强处以下1 m,对于柱桩应达基岩。

(2)用高压水泵向孔内压入清水,使夹层泥渣从出浆孔冲洗出来。

(3)用压浆泵先压入水灰比为0.8的纯水泥浆,进浆口应用麻絮填堵在铁管周围,待孔内原有清水从另一孔全部压出来之后,再用水灰比为0.5的浓水泥浆(宜用52.5级水泥)压入。浓浆压入时应使其充分扩散,当浓浆从出浆口冒出时停止压浆,用碎石将出浆口封填,并以麻袋堵实。最后再用水灰比为0.4的水泥浆压入,压力增大到0.7~0.8 MPa时关闭进浆阀,稳压压浆20~25 min,压浆补强工作结束。

(4)待水泥浆硬化后,应再钻孔取心检查补强效果。

(七)钻孔灌注桩后压浆技术

钻孔灌注桩后压浆技术是在已施工完成的钻孔桩桩底和桩侧进行压浆,以达到消除桩底软弱垫层(沉渣),改善桩土界面的工况,提高单桩承载力的目的,分为桩底压浆与桩侧压浆。如图2-28所示。

桩底压浆就是将高压水泥浆送进预埋的压浆管,并通过压浆管底部的单向阀(逆止阀)对土层产生渗入、劈裂作用而使水泥浆注入桩底一定范围的土体中,同时还有一部分浆液从桩底沿桩土界面向上渗流扩展到桩底以上 10 ~ 20 m,甚至更高的范围;桩侧压浆则是将高压水泥浆送入预先设置在钢筋笼外侧的带单向阀的加筋 PVC 管或黑铁管,根据土层、桩长情况在管上设几个压浆断面;浆液从管上的浆孔喷出,对桩周土产生挤密、渗入作用,同时顺着桩土界面向上和向下渗透,在桩土界面处形成一道水泥浆与土的胶结层,使桩与土的接触面及桩周土的摩阻得到改善和提高。后压浆桩具有单桩承载能力大,可消除钻孔桩桩底沉渣与桩侧泥皮的缺陷,成桩质量好,节约工程造价,缩短工期等优点,适用于各类土层及风化基岩,具有良好的应用前景。

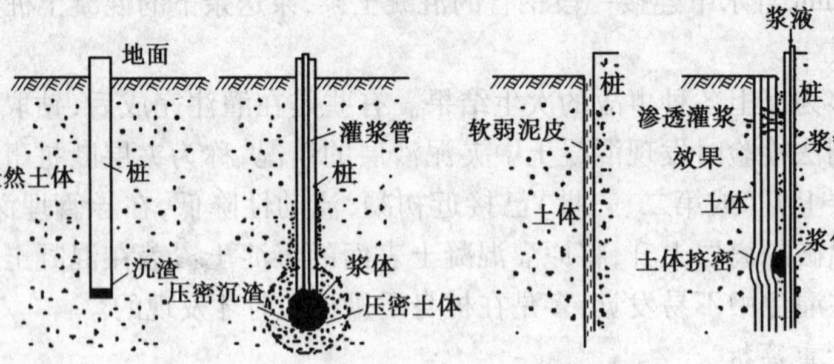

图 2-28　灌注桩压浆示意

1. 压浆专用工具

1) 单向阀(逆止阀)

单向阀的结构如图 2-29 所示,注浆时高压浆液冲开球阀,顺球阀与球阀内通孔的环状间隙,经阀座板上的出浆孔流出;停止注浆时,浆液被球阀封密在下端注浆部位而无法回流,达到注浆的目的。

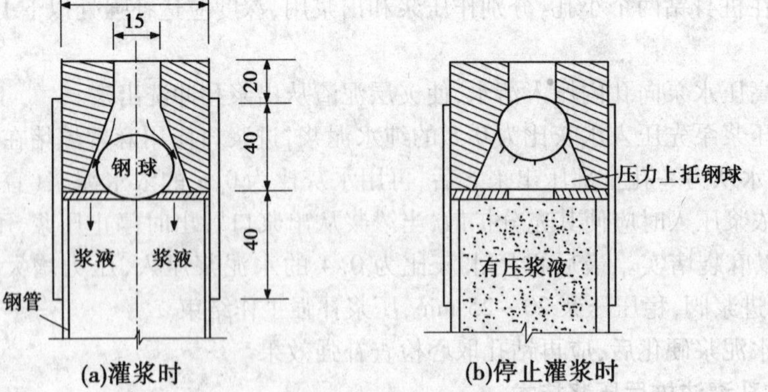

图 2-29　单向阀结构示意

2) 压浆管

压浆管采用 25 ~ 55 mm 钢管,或加筋 PVC 管。压浆管也可用做声测管,声测结束即可用于压浆。桩底压浆管底端500 ~ 600 mm一段加工成花管喷头形式,喷头底口封死,侧部钻4排孔,每排10 ~ 12个,孔间距50 ~ 60 mm,孔径8 mm。

2. 施工要点

1)浆材选用与水灰比

注浆水泥一般选用普通硅酸盐水泥,强度等级为32.5,水灰比一般为0.5 ~ 0.55,根据需要掺入外加剂。

2)桩底压浆管布置

桩底压浆管应固定在钢筋笼内侧,下入桩孔内时,花管喷头应压入桩底持力土层一定深度,花管外部可用胶皮包住,用防水胶带缠牢,避免将出浆孔堵死。

3)桩侧注浆层与注浆孔布置

桩侧注浆需选择适宜压浆的土层及选取桩身适当部位,注浆段不宜小于3 ~ 4层,注浆孔在桩底一般布置2 ~ 3个,桩侧沿桩身截面周长方向布置,同一截面一般布置4个。桩侧压浆管固定在钢筋笼外侧,压浆管按不同的注浆段,分别加工500 ~ 600 mm长的花管段,为防止花管孔眼堵死,入孔前应将花管段包牢。

4)压浆管下放

下入钢筋笼前,应先检测孔径和垂直度变化情况,发现有缩径、超径过大、孔斜超标及沉渣等情况时,应对桩孔进行修整,调整注浆层位,使之符合要求后方可下笼。压浆管接头焊接要牢固、密封,焊接后注清水检查是否有漏水泄压情况;接头连接可采用密封螺纹连接;压浆管顶部宜高出地面300 ~ 400 mm,并用堵头堵严,防止泥浆杂物进入。

5)注浆设计

注浆设计的重点是浆液扩散半径、注浆量和注浆压力的确定;掌握最佳注浆时间,一般宜在桩孔灌注混凝土后1 ~ 3周内进行。

6)压浆准备

压浆前要检查压浆设备是否正常运转,用测锤检查压浆管内有无堵塞现象,检查拌制的水泥浆的稠度或流动度及初、终凝时间,配制的水泥浆量是否满足注浆需要。

应根据土的饱和度和渗透性确定浆液水灰比。对于饱和土宜为0.5 ~ 0.7,对于非饱和土宜为0.7 ~ 0.9(松散碎石土、砂砾宜为0.5 ~ 0.6);低水灰比浆液宜掺加减水剂;地下水流动时,应掺入速凝剂。

桩底、桩侧注浆顺序,对于桩端持力层密实或桩不太长(≤30 mm)的情况下,为避免桩底注浆沿桩侧面上溢而无法实现预期的桩底压浆,宜先进行桩侧压浆,1周左右后再进行桩底压浆。

7)压浆作业

压浆管线入孔操作须小心谨慎,避免损坏,提高注浆均匀度和有效性;注浆压力宜低不宜高,注浆流量宜小不宜大,不宜超过75 L/min。注浆速度宜慢不宜快,大面积桩群宜先注外围桩后注内部桩。

桩端压浆终止压力应根据土层性质、压浆点深度确定。对于风化岩、非饱和黏性土、粉土,宜为5.0 ~ 10.0 MPa;对于饱和土宜为1.5 ~ 6.0 MPa;软土取低值,密实土取高值。持荷时间为5 min。

单桩压浆量设计时，主要应考虑桩径、桩长、桩端与桩侧土层性质、单桩承载力增幅诸因素确定，可用下面的公式计算：

$$G_c = \alpha_p d \quad (2\text{-}16)$$

式中 G_c ——单桩注浆量，t；

α_p ——压浆系数，取值范围如表 2-9 所示；

d ——桩径，m。

表 2-9 压浆量经验系数 α_p

持力层	黏性土、粉土	粉砂	细砂	中砂	粗砂	砾砂	碎石土
取值范围	2.1～2.5	2.5～3.2	2.4～2.7	2.3～2.7	3.1～3.8	3.1～3.8	2.3～2.8

8）注意事项

压浆时认真作好施工记录，如压浆参数、时间、位置等。压浆结束，及时清洗地面管线及压浆泵、储浆容器等，用堵头将压浆管口堵死。

二、沉管灌注桩施工

沉管灌注桩又叫套管成孔灌注桩，是利用锤击打桩法或振动沉桩法，将带有活瓣式桩尖或带有钢筋混凝土桩靴的钢套管沉入土中形成桩孔，放入钢筋笼，然后边拔管边灌注混凝土，利用拔管的振动力将混凝土捣实，形成所需的灌注桩，如图 2-30 所示。在施工中要考虑沉管桩对周围环境的噪声、振动、挤压等影响。

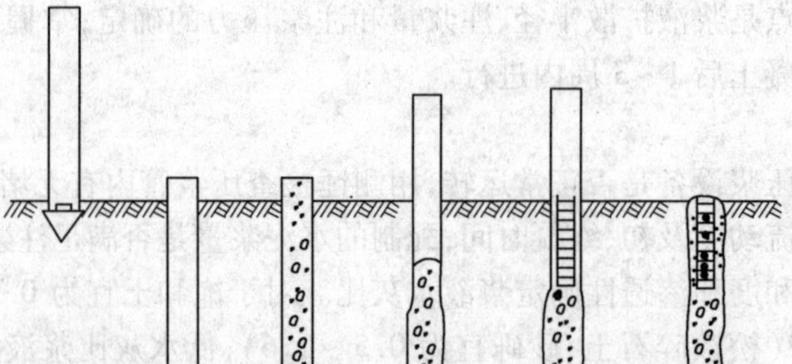

图 2-30 沉管灌注桩施工过程

(a)就位；(b)沉管；(c)灌注混凝土；(d)拔管振动；(e)下钢筋笼；(f)灌注成桩

沉管灌注桩利用套管保护孔壁，能沉能拔，施工速度快。其适用于黏性土、粉土、淤泥质土、砂土及填土；在厚度较大、灵敏度较高的淤泥和流塑状态的黏性土等软弱土层中采用时，应制订可靠的质量保证措施。

沉管下端有两种构造：一种是开口，在沉管时套以钢筋混凝土预制桩尖，拔管时，桩尖留在桩底土中；另一种是管端带有活瓣桩尖，沉管时，桩尖活瓣合拢，灌注混凝土后拔管时活瓣打开。

1. 锤击沉管灌注桩

锤击沉管灌注桩施工程序包括沉管、清孔、吊放钢筋笼、浇筑混凝土(拔管)。

1)沉管

在打入套管时,当桩距小于4倍的桩径时,应采取保证相邻桩桩身质量的技术措施,防止因挤土而使已浇筑的桩发生桩身断裂。如采用跳打方法,中间空出的桩须待邻桩混凝土达到设计强度的50%以后方可施打。沉管前,要检查套管与桩锤是否在同一垂直线上,套管偏斜不大于0.5%,锤沉套管时先用低锤轻击,观察无偏移后,才可正常施打,直至符合设计要求的贯入度或沉入标高,并作好打桩记录。

2)清孔

沉管施工时,套管与桩靴连接处要垫以麻、草绳,以防止地下水渗入管内。沉管结束后,要检查桩靴有无破坏、管内有无泥沙或水进入,保证清孔质量。

3)吊放钢筋笼、浇筑混凝土(拔管)

清孔后即可吊放钢筋笼、浇筑混凝土。套管内混凝土应尽量灌满,然后开始拔管。拔管要均匀,对一般土层以1 m/min为宜,在软弱土层和软硬土层交界处,宜控制在0.8 m/min以内。不宜拔管过高,要保证管内有不小于2 m高度的混凝土,第一次拔管高度应控制在能容纳第二次所需要灌入的混凝土量为限,拔管时应保持连续密锤低击不停,使混凝土得到振实。

为了提高桩的质量和承载能力,还可采用复打法。在第一次灌注桩施工完毕,拔出套管后,清除管外壁上的污泥和桩孔周围地面的浮土,立即在原桩位再埋设预制桩靴第二次复打套管,使未凝固的混凝土向四周挤压扩大桩径,然后第二次灌注混凝土。拔管方法与初打时相同。施工时前后两次沉管的轴线应复合,复打施工必须在第一次灌注的混凝土初凝之前进行,也有采用内夯管进行夯扩的施工方法。复打法第一次灌注混凝土前不能放置钢筋笼,如配有钢筋,应在第二次灌注混凝土前放置。

2. 振动沉管灌注桩

振动沉管灌注桩采用振动锤或振动—冲击锤沉管。与锤击沉管灌注桩相比,振动沉管灌注桩更适合于在稍密及中密的碎石土地基上施工。

振动、振动—冲击沉管灌注桩的施工有单打法、复打法、反插法等。单打法适用于含水量较小的土层,并宜采用预制桩尖;复打法及反插法适用于饱和土层。

单打法施工时,桩管内灌满混凝土后,先振动5~10 s,再开始拔管,应边振边拔,每拔0.5~1 m后,停拔并振动5~10 s,如此反复,直至桩管全部拔出。在一般土层内,拔管速度宜为1.2~1.5 m/min,在软弱土层中,宜控制在0.8 m/min以内。

反插法施工时,在套管内灌满混凝土后,先振动再开始拔管,每次拔管高度为0.5~1 m,向下反插深度0.3~0.5 m。如此反复进行并始终保持振动,直至套管全部拔出地面。反插法能使桩的截面增大,从而提高桩的承载力。

三、挖孔灌注桩施工

人工挖孔灌注桩是指桩孔采用人工挖掘方法进行成孔,然后安放钢筋笼,浇筑混凝土而成的桩。其适用于无水或少水的较密实的各类土层中,或缺乏钻孔设备,或不用钻机以节省造价。桩的直径(或边长)不宜小于1.2 m,孔深一般不宜超过20 m。

人工挖孔灌注桩绝大多数情况下无需浇筑水下混凝土,施工质量可靠,桩底无沉淀浮泥,易于扩大桩尖,提高桩身支撑力,具有单桩承载能力高,受力性能好,既能承受垂直荷载,又能承受水平荷载,机具设备简单,施工操作方便,占用施工场地小,无噪声,无振动,不污染环境,对周围建筑物影响小,可全面展开施工,工期缩短,造价低等优点,因此得到广泛应用。

(一)开挖桩孔

开挖桩孔一般采用人工开挖,开挖之前应清除现场四周及山坡上悬石、浮土等,排除一切不安全因素,备好孔口四周临时围护和排水设备,并安排好排土提升设备,布置好弃土通道,必要时孔口应搭雨棚。

采取分段开挖,每段高度决定于土壁保持直立状态的能力,一般以0.8~1.2 m为一施工段。挖土过程中要随时检查桩孔尺寸和平面位置,防止误差。注意施工安全,下孔人员必须佩戴安全帽和安全绳,提取土渣的机具必须经常检查。孔深超过10 m时,应经常检查孔内二氧化碳浓度,如超过0.3%应增加通风措施。挖土由人工从上到下逐段用镐、锹进行,遇坚硬土层用锤、钎破碎。同一段内挖土次序为先中间后周边。扩底部分采取先挖桩身圆柱体,再按扩底尺寸从上到下削土修成扩底形。孔内如用爆破施工,应采用浅眼爆破法,且在炮眼附近要加强支护,以防止震坍孔壁。桩孔较深,应采用电引爆,爆破后应通风排烟。经检查,孔内无毒后施工人员方可下孔。应根据孔内渗水情况,做好孔内排水工作。

(二)护壁和支撑

挖孔桩开挖过程中,为确保人工挖孔桩施工过程的安全,开挖和护壁两个工序必须连续作业,以确保孔壁不坍塌。应根据地质、水文条件、材料来源等情况因地制宜选择现浇混凝土护圈、喷射混凝土护圈、钢套管护圈等支撑和护壁方法。

1.现浇混凝土护圈

当桩孔较深,土质相对较差,出水量较大或遇流砂等情况时,宜采用就地灌注混凝土围圈护壁,每下挖1.2 m灌注一次,随挖随支。第一节应高出地面20 cm,以便于挡水和定位。护圈的结构形式为斜阶形,分为外齿式和内齿式两种,如图2-31所示。外齿式作为施工用的衬体,抗坍孔的作用较好,便于人工用钢钎等捣实混凝土,并能增大桩侧摩阻力。分段现浇混凝土护壁厚度,一般由地下最深段护壁所承受的土压力及地下水的侧压力确定,一般上端口厚约170 mm,下端口厚约100 mm,必要时可配置少量的钢筋,混凝土强度等级为C15或C20,采用拼装式弧形模板。有时也可在架立钢筋网后直接锚喷砂浆形成护圈来代替现浇混凝土护圈,这样可以节省模板。

2.沉井护圈

先在桩位上制作钢筋混凝土井筒,然后在井筒内挖土,井筒靠自重或附加荷载克服井壁与土之间的摩阻力,使其下沉至设计标高,再在井内吊装钢筋骨架及灌注桩身混凝土。

3.钢套管护圈

钢套管护圈是在桩位处先用桩锤将钢套管强行打入土层中,再在钢套管的保护下,将管内土挖出,吊放钢筋笼,浇筑桩基混凝土。待浇筑混凝土完毕,用振动锤和人字拔杆将

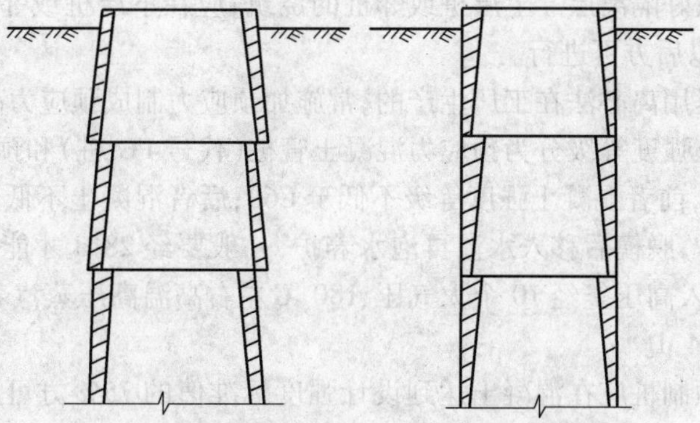

图 2-31　混凝土护圈形式

钢管立即强行拔出并移至下一桩位使用。这种方法适用于地下水丰富的强透水地层或承压水地层,可避免产生流砂和管涌现象,能确保施工安全。

如土质较松散而渗水量不大时,可考虑用木料作框架式支撑或在木框后面铺木板作支撑。木框架或木框架与木板间应用扒钉钉牢,木板后面也应与土面塞紧。如土质尚好,渗水不大时也可用荆条、竹笆作护壁,随挖随护壁,以保证挖土安全进行。

(三)吊装钢筋骨架及灌注桩身混凝土

挖孔到达设计深度,清除孔壁、孔底浮土,经检查孔底土质及桩孔尺寸符合设计要求后,即可吊装钢筋笼架,排除孔底积水,灌注桩身混凝土。混凝土应连续分层灌注,每层灌注高度不得超过 1.5 m,用串筒或导管下料,垂直灌入桩孔,避免混凝土斜向冲击孔壁。若需要灌注水下混凝土时,同钻孔灌注桩水下混凝土灌注施工。

四、预制桩施工

预制桩主要有钢筋混凝土方桩、钢筋混凝土管桩、钢管或型钢钢桩等,预制桩能承受较大的荷载、坚固耐久、施工速度快,是广泛应用的桩型之一,常用的为钢筋混凝土实心方桩和空心管桩。桩的最大长度取决于打桩架的高度,如在工厂制作,为便于运输,长度不宜超过 12 m;若在现场制作,一般不超过 30 m;当打设 30 m 以上的桩时,在打桩过程中需要逐节接桩。预制桩的沉设方法主要有锤击法、振动法与静压法。

(一)钢筋混凝土预制桩的制作、运输和堆放

预制混凝土桩的混凝土强度等级不宜低于 C30(静压法沉桩时不宜低于 C20),粗骨料宜采用碎石。每根或每节桩的混凝土必须连续浇筑,不得中断,不得留施工缝。为防止桩顶被击碎,桩顶一定范围内的箍筋应加密及加设钢筋网片,浇筑预制桩的混凝土时,宜从桩顶向桩尖浇筑。接桩的接头处要平整,使上下桩能相互贴合对准。桩的混凝土浇筑完毕后,应在桩上标明编号、灌制日期和吊点位置,填写制桩记录,并及时养护。

现场预制桩时,场地必须平整夯实,不应产生浸水湿陷和不均匀沉降。为节约场地,可采用重叠法间隔制作。叠浇预制桩的层数一般不宜超过 4 层,上下层之间、邻桩之间、桩与模板之间应做好隔离层。上层桩或邻桩的浇筑,应在下层桩或邻桩混凝土达到设计强度等级的 30% 以后方可进行。

混凝土管桩是用离心法在工厂生产的,常施加预应力制成预应力高强度混凝土管桩。管桩按桩身混凝土强度等级分为预应力混凝土管桩(代号 PC 桩)和预应力高强混凝土管桩(代号 PHC 桩),前者混凝土强度等级不低于 C60;后者混凝土不低于 C80。PC 桩一般采用常压蒸汽养护,脱模后移入水池再泡水养护,一般要经 28 d 才能使用。PHC 桩一般在成型脱模后,送入高压釜经 10 个大气压、180 ℃左右高温高压蒸汽养护,从成型到使用的最短时间为 3 ~4 d。

钢筋混凝土预制桩应在混凝土达到设计强度标准值的 75% 方可起吊,达到 100% 方能运输和打桩。如需提前起吊,必须作强度和抗裂验算,并采取必要的防护措施。起吊时,吊点位置应符合设计规定,如设计未作规定时,应符合起吊弯矩最小的原则,其合理吊点位置如图 2-32 所示。起吊时应平稳提升,吊点同时离地,保证桩不受损坏。

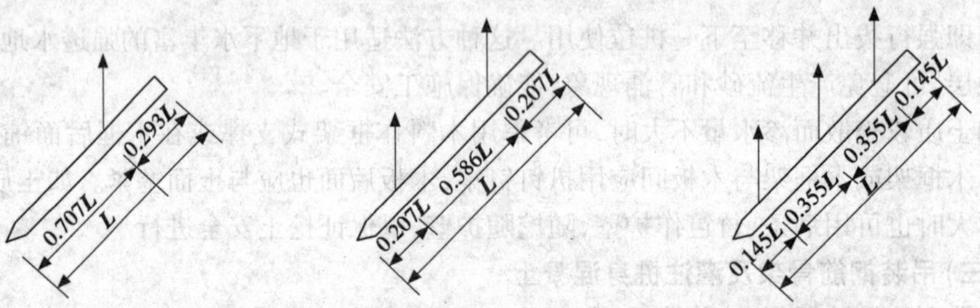

(a)一点起吊, $L\leqslant16$ m　(b)二点起吊, 16 m$<L<$25 m　(c)三点起吊, $L\geqslant25$ m

图 2-32　桩的合理吊点位置

桩堆放时场地应平整,坚实,排水良好,桩应按规格、桩号分层叠置,桩尖应朝向一端,支撑点应设在吊点或近旁处,上下垫木应在同一直线上,并支撑平稳;堆放层数不宜超过 4 层。

(二)打桩机具

打桩用的机具主要包括桩锤、桩架及动力装置三部分。

1. 桩锤

桩锤是打桩的主要机具,其作用是对桩施加冲击力,将桩打入土中。其主要有落锤、汽锤、柴油锤、液压锤。

1)落锤

落锤一般由生铁铸成,重 0.5 ~1.5 t,构造简单,使用方便,提升高度可随意调整,一般用卷扬机拉升施打。但其打桩速度慢(6 ~20 次/min),效率低,适用于在黏土和含砾石较多的土中打桩。

2)汽锤

汽锤是利用蒸汽或压缩空气的压力将桩锤上举,然后下落冲击桩顶沉桩,根据其工作情况又可分为单动式汽锤与双动式汽锤。单动式汽锤的冲击体在上升时耗用动力,下降靠自重，打桩速度较落锤快（60～80 次/min），锤重 1.5～15 t，适用于各类桩在各类土层中施工。双动式汽锤的冲击体升降均耗用动力，冲击力更大、频率更快（100～120 次/min），锤重 0.6～6 t，还可用于打钢板桩、水下桩、斜桩和拔桩。

3）柴油锤

柴油锤是利用燃油爆炸产生的力推动活塞上下往复运动进行沉桩的。其冲击部分是沿导杆或缸体上下活动的活塞，当活塞下落时，汽缸中的空气被压缩，温度剧增，使得喷入汽缸中的柴油点燃爆炸，其作用力将活塞上抛，同时以反作用力将桩击入土中。柴油锤冲击部分重为 0.1 t、0.2 t、0.6 t、1 t、1.2 t、1.8 t、2.5 t、4 t、6 t 等，每分钟锤击 40～80 次。柴油锤本身附有桩架、动力设备，易搬运转移，不需外部能源，应用较为广泛；但施工中有噪声、污染和振动等影响。另外，当土很松软时，桩的下沉阻力小，致使活塞向上顶起的距离（与桩下沉中所受阻力的大小成正比）很小，当再次下落时，不能保证将气缸中的气体压缩到点燃爆炸的程度，则会造成柴油锤熄火而中断施工；而当土很坚硬时，桩的下沉阻力大，致使活塞向上顶起的距离很大，再次下落时，则冲击力过大，易损坏桩头、桩锤。

4）液压锤

液压锤是一种新型打桩设备。它的冲击缸体通过液压油提升与降落。冲击缸体下部充满氮气，当冲击缸下落时，首先是冲击头对桩施加压力，接着是通过可压缩的氮气对桩施加压力，使冲击缸体对桩施加压力的过程延长，因此每一击能获得更大的贯入度。液压锤不排出任何废气，无噪声，冲击频率高，并适合水下打桩，是理想的冲击式打桩设备，但构造复杂、造价高。

2. 桩架

桩架是吊桩就位，悬吊桩锤，打桩时引导桩身方向并保证桩锤能沿着所要求方向冲击的打桩设备。要求其具有较好的稳定性、机动性和灵活性，保证锤击落点准确，并可调整垂直度。常见的桩架形式有：

（1）滚筒式桩架。行走靠两根钢滚筒在垫木上滚动，它的优点是结构比较简单，制作容易，但在平面转弯、调头方面不够灵活，操作人员较多。其适用于预制桩和灌注桩施工，如图 2-33所示。

（2）多功能桩架。如图 2-34 所示，多功能桩架由立柱、斜撑、回转平台、底盘及传动机构等组成。它沿轨道行走移动，机动性和适应性较大，在水平方向可做 360°回转，立柱可伸缩和前后倾斜。其底盘下装有铁轮，可在轨道上行走。这种桩架可用于各种预制桩和灌注桩施工。其缺点是机构较庞大，现场组装、拆卸和转运较困难。

（3）履带式桩架。如图 2-35 所示，履带式桩架以履带式起重机为底盘，增加了立柱、斜撑、导杆，用于打桩。其行走、回转、起升的机动性好，使用方便，适用范围广，可适用于各种预制桩和灌注桩施工。

3. 桩锤与桩架的选择

选择合适的锤型和锤级必须先对柱的形状、尺寸、重量、埋入长度、结构形式以及土质、气象进行综合分析，再按照桩锤的特性进行选定，有时几种锤配合使用往往更为有效。但是无论如何都必须使用锤击力能充分超过沉桩阻力的桩锤。桩的打入阻力包括桩尖阻力，桩的侧面摩阻力，桩的弹性位移所产生的能量损失等。桩重与锤重必须相适应，桩锤

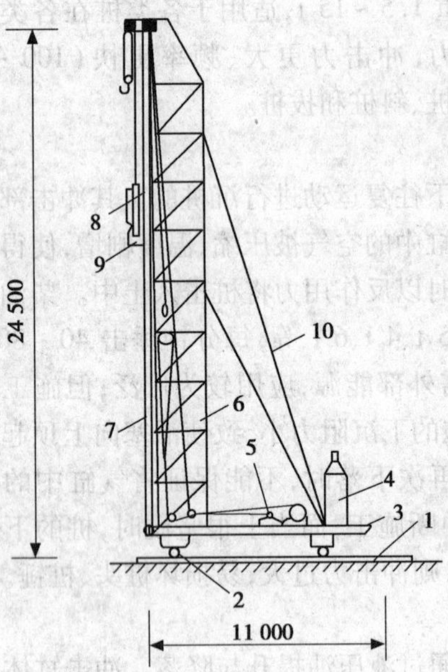

图 2-33　滚筒式桩架

1—垫木；2—滚筒；3—底座；4—锅炉；5—卷扬机；
6—桩架；7—龙门；8—蒸汽锤；9—桩帽；10—缆绳

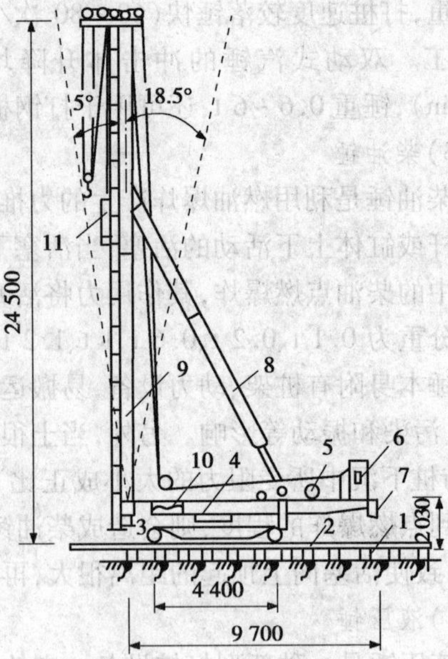

图 2-34　多功能桩架

1—枕木；2—钢轨；3—底盘；4—回转平台；5—卷扬机；
6—司机室；7—平衡重；8—撑杆；9—挺杆；
10—水平调整装置；11—桩锤与桩帽

和桩重的比值变化会产生不同的打桩效率。如果锤重不足，则沉桩困难，并易引起桩的头部破损。但当用大型锤打击小断面的桩时，也会使桩产生纵向压曲或局部破坏。一般情况下，相对于桩重，锤重越大，打击效率越高，但应同时考虑工程环境施工进度及费用。

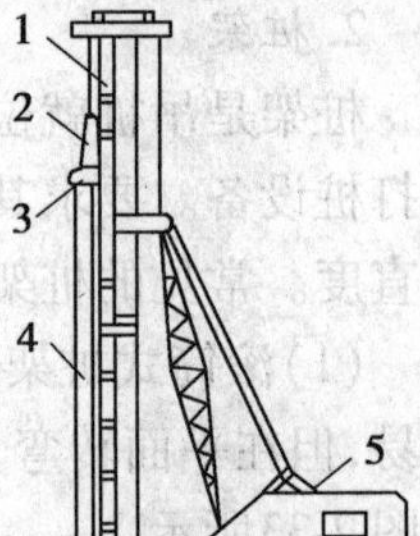

图 2-35　履带式桩架

1—导架；2—桩锤；3—桩帽；
4—桩；5—吊车

1）选择桩锤的一般原则

选择桩锤应遵循以下一般原则：

(1)保证桩能打穿较厚的土层(包括硬夹层)，进入持力层，达到设计预定的深度。

(2)桩的锤击应力应小于桩材的容许强度，保证桩不致遭受破坏。钢筋混凝土桩的锤击压应力不宜大于混凝土的标准强度，锤击拉应力不宜大于混凝土的抗拉强度。预应力桩的锤击拉应力不宜大于混凝土的抗拉强度与桩的预应力值之和。

(3)打桩时的总锤击数和全部锤击时间应适当控制，以避免桩的疲劳和破坏或降低桩锤效率和施工生产率。

(4)桩的贯入度不宜过小。柴油锤沉桩的贯入度不宜小于 1 ~ 2 mm/击，蒸汽锤不宜小于 2 ~ 3 mm /击，以免损坏桩锤和打桩机。

(5)按照桩锤的动力特性，对于不同的土质条件、桩材强度、沉桩阻力，选用工效高、能顺利打入至预定深度的桩锤。

2）常用的选锤方法

常用的选锤方法有以下两种：

（1）按桩重选用桩锤。锤重一般应大于桩重，落锤施工中锤重以相当于桩重的1.5～2.5倍为佳，落锤高度通常为1～3 m，以重锤低落距打桩为好。如采用轻锤，即使落距再大，常难以奏效，且易击碎桩头。并因回弹损失较多的能量而减弱打入效果。故宜在保证桩锤落距在3 m内能将桩打入的情况下，选定桩锤的重量。

（2）按桩锤冲击力选用桩锤。桩的总贯入阻力 P_0 的大小与土质、桩型、桩长等因素有关。只有当所选用的桩锤的冲击力 P_k 大于桩的总贯入阻力 P_u 时，桩才能穿透土层打入到预定的深度。但桩锤的冲击力过大将会使桩产生过大的锤击应力而引起桩的破损。

闭口桩选用的桩锤冲击力 P_k 值应满足下式要求：

$$P_k > K(SR_d + U_0 l_{fi} f_0) \tag{2-17}$$

式中 K——桩身阻力系数，闭口桩可取为1.2～1.3；

S——桩尖截面积，cm^2；

R_d——桩尖处土体的强度，kPa；

U_0——桩的外周长，cm；

l_{fi}——桩侧摩阻力集中区的高度，cm，一般可取7～8倍的桩径；

f_0——土的动力强度，kPa，取值见表2-10。

表2-10　土体的动力强度

土质	灰亚黏土 $N=7\sim10$	灰亚黏土 $N=20\sim25$	粉砂 $N=30\sim50$
f_i（kPa）	250	250～300	350
R_d（kPa）	3 000～4 000	4 000～5 000	6 000～8 000

注：N 为标准贯入击数。

必要时，也可通过现场试沉桩来验证所选择锤型的正确性。

选择桩架时，应考虑桩锤的类型、桩的长度和施工条件等因素。桩架的高度由施打桩节长度、桩锤高度、桩帽厚度、滑轮组高、起锤移位高度决定；此外，还应留有0.5～1 m的富裕量。

4. 桩帽与衬垫

桩帽是套在桩头上，起传递锤击力、固定和保护桩头的作用的，所以桩帽结构要牢固，耐打性要好，尤其桩帽顶板，要有一定的厚度，能经受长期锤击而不变形。

桩帽上部与桩锤之间的衬垫称锤垫，锤垫也起保护桩头的作用。锤垫太薄，锤击时有效作用时间短，锤击应力过大，桩头易被击碎。锤垫过厚，锤击能量损失大，桩不下沉或仅回弹。锤垫厚度宜取150～200 mm，可用竖纹硬木或盘圆层叠的旧铁芯钢丝绳。

桩帽与桩头之间也应设置弹性衬垫，称桩垫，可采用麻袋、硬纸板、水泥纸袋、胶合板等材料制作，软硬要适度，厚度要平均且经锤击压实后保持在120～150 mm为宜，在打桩期间应经常检查，及时更换或补充，这是一种行之有效的防止桩头被击碎、提高预制桩贯入能力的打桩技术措施。

5. 动力装置

打桩机构的动力装置及辅助设备主要根据选定的桩锤种类而定。落锤以电源为动力，需配置电动卷扬机等设备；蒸汽锤以高压饱和蒸汽为驱动力，配置蒸汽锅炉等设备；气锤以压缩空气为动力源，需配置空气压缩机等设备；柴油锤以柴油为能源，桩锤本身有燃烧室，不需外部动力设备。

（三）打桩施工

施工前还应做好定位放线。桩基轴线的定位点及水准点，应设置在不受打桩影响的区域，水准点设置不少于两个，在施工过程中可据此检查桩位的偏差以及桩的入土深度。

1. 打桩顺序

由于锤击沉桩是挤土法成孔，桩入土后对周围土体产生挤压作用。一方面先打入的桩会受到后打入的桩的推挤而发生水平位移或上拔；另一方面由于土被挤紧使后打入的桩不易达到设计深度或造成土体隆起。为了保证打桩工程质量，打桩前应根据场地的土质、桩的密集程度、桩的规格、桩的长短和桩架的移动方便等因素来正确选择打桩顺序。

当桩较密集时（桩中心距小于或等于 4 倍桩边长或桩径），应由中间向两侧对称施打或由中间向四周施打，如图 2-36（a）、（b）所示。这样，打桩时土体由中间向两侧或四周均匀挤压，易于保证施工质量。当桩数较多时，也可采用分区段施打。

当桩较稀疏时（桩中心距大于 4 倍桩边长或桩径），可采用上述两种打桩顺序，也可采用由一侧向另一侧单一方向施打（即逐排施打），如图 2-36（c）所示。这种方式桩架单方向移动，施工方便，打桩效率较高。当场地一侧有构筑物或地下管线等，应由邻近构筑物或地下管线一侧向另一方向施打或由两侧同时向中间施打（见图 2-36（d）），以防止土体挤压破坏构筑物或管线。

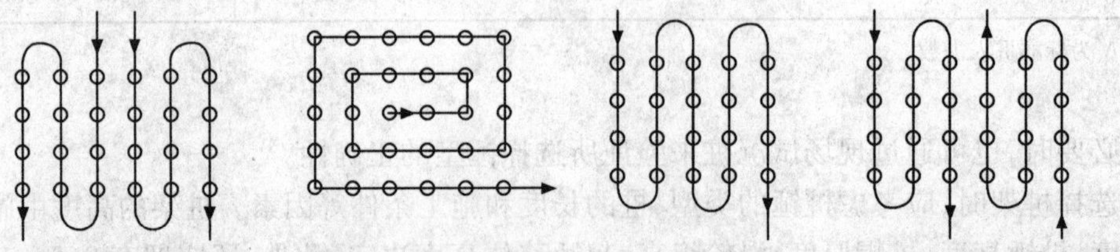

图 2-36 打桩顺序

当桩规格、埋深、长度不同时，宜按“先大后小，先深后浅，先长后短”的原则进行施打，以免打桩时因土的挤压而使邻桩移位或上拔。

在实际施工过程中，不仅要考虑打桩顺序，还要考虑桩架的移动是否方便。在打完桩后，当桩顶高于桩架底面高度时，桩架不能向前移动到下一个桩位继续打桩，只能后退打桩；当桩顶标高低于桩架底面高度时，桩架可以向前移动来打桩。

2. 沉桩施工

桩机设备进场后，进行安装和调试，然后移机至起点桩位处就位。桩架安装就位后应垂直平稳。在打桩前,应用2台经纬仪对打桩机进行垂直度调正,使导杆垂直;并应在打桩期间经常校核检查,随时保持导杆的垂直度或设计角度。

在做好打桩前的施工准备工作后,就可按确定好的施工顺序在每一个桩位上打桩。打桩的主要工序有吊桩、插桩、打桩、接桩、送桩、截桩头。

1)吊桩

吊桩时,要严格遵守安全技术操作规程,防止打桩机倾斜、钢丝绳从桩上脱落或破断、桩和打桩机导管撞击及其他人身事故的发生。

2)插桩

桩提升为直立状态后,对准桩位中心,缓缓放下插入土中,桩插入时垂直度偏差不得超过0.5%。插桩后,应调正桩锤、桩帽、桩垫及打桩机导杆,使之与打入方向成一直线,可使用两个方向(互成90°)的经纬仪(直桩)和角度计(斜桩)测定垂直度和角度。经纬仪应设置在不受打桩机移动及打桩作业影响处。在桩的自重和锤重的压力下,桩便会沉入一定深度,等桩下沉到稳定状态后,再一次复查其平面位置和垂直度,若有偏差应及时纠正,必要时要拔出重打。校正符合要求后,即可进行打桩。

3)打桩

桩的打入初期要徐徐试打,直至桩进入地层一定深度,在确认桩的中心位置及角度无误后,再转为正式连续施打,使桩均匀下沉。一般在工程中宜用重锤低击,获得的动量大,桩锤对桩顶的冲击小,其回弹也小,桩头不易损坏,大部分能量都用以克服桩周边土壤的摩阻力而使桩下沉,对于较密实的土层,如砂土或黏土也能容易穿过。

4)接桩

当设计的桩较长,但由于打桩机高度有限或预制、运输等因素,只能采用分段预制、分段打入的方法,需在桩打入过程中将桩接长。接长预制钢筋混凝土桩的方法有焊接法和浆锚法,目前以焊接法应用最多。

5)送桩

如桩顶标高低于自然土面,则需用送桩管将桩送入土中。桩与送桩管的纵轴线应在同一直线上,拔出送桩管后,桩孔应及时回填或加盖。

6)截桩头

如桩底到达了设计深度,而配桩长度大于桩顶设计标高时需要截去桩头。截桩头宜用锯桩器截割,或用手锤人工凿除混凝土,钢筋用气割割齐。严禁用大锤横向敲击或强行扳拉截桩。

3. 打桩控制

在打桩过程中,必须作好打桩记录,以作为工程验收的重要依据;并应详细记录每打入1 m的锤击数和时间、桩位置的偏斜、贯入度(每10击的平均入土深度)和最后贯入度(最后3阵,每阵10击的平均入土深度)、总锤击数等。

沉桩时,以控制桩尖设计标高为主。当桩尖已达设计标高,而贯入度仍较大时,应继续锤击,使贯入度接近控制贯入度。

贯入度已达到控制贯入度,而桩端标高未达到设计标高时,应继续锤击100 mm左右(或锤击30~50击),如无异常变化时,即可停锤。若桩尖标高比设计标高高得多时,应与设计单位和监理研究确定。

(四)振动法沉桩

振动法沉桩是采用振动锤进行沉桩的施工方法。在桩上设置以电、气、水或液压驱动的振动锤,使振动锤中的偏心重锤相互逆旋转,其横向偏心力相互抵消,而垂直离心力则叠加,使桩产生垂直的上下振动,造成桩及桩周土体处于强迫振动状态,从而使桩周土体强度显著降低,破坏了桩与土体间的黏结力和弹性力,桩周土体对桩的摩阻力和桩尖处土体抗力大大减小,桩在自重和振动力的作用下克服惯性阻力而逐渐沉入土中。

振动法沉桩主要适用于砂石、黄土、软土和亚黏土,在含水砂层中的效果更为显著,一般不适用于硬黏土和砂砾土地基。

振动沉桩的施工方法与锤击沉桩相同。沉桩宜连续进行,以防停歇过久而难于沉入。振动沉桩过程中,如发现下沉速度突然减小,此时可能遇上硬土层,应停止下沉而将桩略为提升0.6~1.0 m,重新快速振动冲下,可较易打穿硬土层而顺利下沉。沉桩时如发现有中密以上的细砂、粉砂、重黏砂等硬夹层,且其厚度在1 m以上时,可能沉入时间过长或难以穿透,继续沉入将易损坏桩头和桩机,并影响施工质量,此时宜会同有关部门共同研究采取措施。

(五)静力压桩施工

静力压桩是利用无振动、无噪声的静压力将预制桩压入土中的沉桩方法。静力压桩的方法较多,有锚杆静压、液压千斤顶加压、绳索系统加压等,凡非冲击力沉桩均按静力压桩考虑。

静力压桩适用于软土、淤泥质土,沉桩截面小于400 mm×400 mm,桩长一般为30~35 m的钢筋混凝土实心桩或空心桩。与普通打桩相比,可以减少挤土、振动对地基和邻近建筑物的影响,桩顶不易损坏,不易产生偏心沉桩,节约制桩材料和降低工程成本,且能在沉桩施工中测定沉桩阻力,为设计、施工提供参数,并预估和验证桩的承载能力。

静力压桩施工中,一般是采用分段预制、分段压入、逐段接长(可用焊接、硫化胶泥接桩)的方法。

五、水中桩施工

根据水中桩基础施工方法的不同,其施工场地分为两种类型:一类是用围堰筑岛法修筑的水域岛或长堤,称为围堰筑岛施工场地;另一类是用船或支架拼装建造的施工平台,称为水域工作平台。水域工作平台依据其建造材料和定位的不同可分为船式、支架式和沉浮式等多种类型。水中支架的结构强度、刚度和船只的浮力、稳定都应事前进行验算。

因地制宜的水中桩基础施工方法有多种,常用的基本方法分浅水施工和深水施工,简要介绍如下。

(一)浅水中桩基础施工

对位于浅水或临近河岸的桩基,其施工方法类同于浅水浅基础常采用的围堰修筑法,即先筑围堰施工场地,然后可抽水挖基坑或水中吸泥挖坑再抽水,最后进行桩基施工。

在浅水中建桥,常在桥位旁设置施工临时便桥。在这种情况下,可利用便桥和相应的脚手架搭设水域工作平台,进行围堰和基桩施工。这样在整个桩基础施工中可不必动用浮运打桩设备,同时也是解决料具、人员运输的好办法。

(二)深水中桩基础施工

在宽大的江河深水中施工桩基础时,常采用笼架围堰、吊箱和套箱等施工方法。

1. 围堰法

在深水中低桩承台桩基础或墩身有相当长度需在水下施工时,常采用围笼(围囹)修筑钢板桩围堰进行桩基础施工。钢板桩围堰桩基础施工的方法与步骤如下:

(1)在导向船上拼制围笼,拖运至墩位,将围笼下沉、接高、沉至设计标高,用锚船(定位船)抛锚定位;

(2)在围笼内插打定位桩(可以是基础的基桩也可以是临时桩或护筒),并将围笼固定在定位桩上,退出导向船;

(3)在围笼上搭设工作平台,安置钻机或打桩设备,沿围笼插打钢板桩,组成防水围堰;

(4)完成全部基桩的施工(钻孔灌注桩或打入桩);

(5)吸泥,开挖基坑;

(6)基坑经检验后,灌注水下混凝土封底;

(7)待封底混凝土达到规定强度后,抽水、修筑承台和墩身直至出水面;

(8)拆除围笼,拔除钢板桩。

在施工中也有采用先完成全部基桩施工后,再进行钢板桩围堰的施工步骤。是先筑围堰还是先打基桩,应根据现场水文地质条件、施工条件、航运情况和所选择的基桩类型等情况而确定。

2. 吊箱法和套箱法

在深水中修筑高桩承台桩基础时,由于承台位置较高不需坐落到河底,一般采用吊箱方法修筑桩基础,或在已完成的基桩上安置套箱的方法修筑高桩承台。

1)吊箱法

吊箱是悬吊在水中的箱形围堰,基桩施工时用做导向定位,基桩完成后封底抽水,灌注混凝土承台。

吊箱一般由围笼、底盘、侧面围堰板等部分组成。吊箱围笼平面尺寸与承台相应,分层拼装,最下一节将埋入封底混凝土内,以上部分可拆除周转使用;顶部设有起吊的横梁和工作平台,并留有导向孔。底盘用槽钢作纵、横梁,梁上铺以木板作封底混凝土的底板,并留有导向孔(大于桩径 50 mm)以控制桩位。侧面围堰板由钢板形成,整块吊装。

吊箱法的施工方法与步骤如下:

(1)在岸上或岸边驳船 1 上拼制吊箱围堰,浮运至墩位,吊箱 2 下沉至设计标高(见图 2-37(a));

(2)插打围堰外定位桩 3,并将吊箱围堰固定于定位桩上(见图 2-37(b));

(3)基桩 5 施工(见图 2-37(b)、(c)),4 为送桩;

(4)填塞底板缝隙,灌注水下混凝土;

(5)抽水,将桩顶钢筋伸入承台,铺设承台钢筋,灌注承台及墩身混凝土;

(6)拆除吊箱围堰连接螺栓外框,吊出围笼。

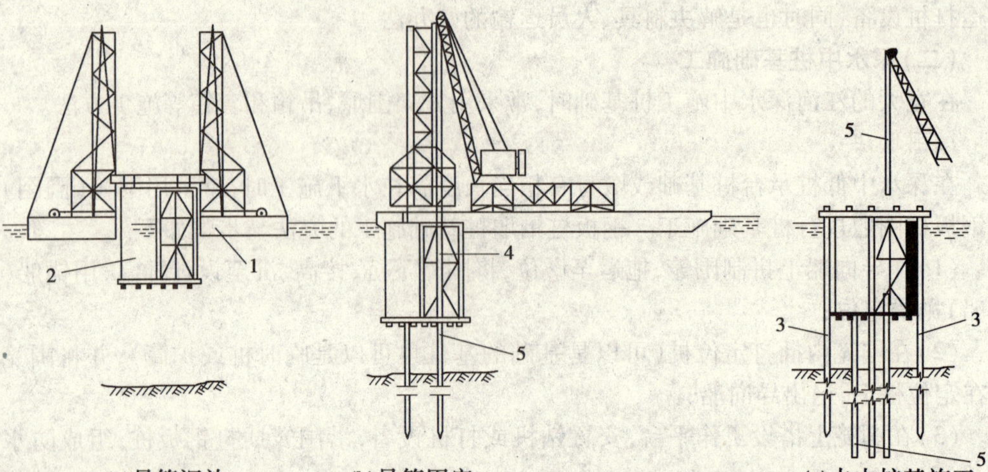

图 2-37　吊箱围堰修建水中桩基

1—驳船;2—吊箱;3—定位桩;4—送桩;5—基桩

2)套箱法

套箱法是先完成全部基桩施工,然后修筑高桩承台基础的水中承台的一种方法。

套箱可预制成与承台尺寸相应的钢套箱或钢筋混凝土套箱,箱底板按基桩平面位置留有桩孔。基桩施工完成后,吊放套箱围堰,将基桩顶端套入套箱围堰内(基桩顶端伸入套箱的长度按基桩与承台的构造要求确定),并将套箱固定在定位桩(可直接用基础的基桩)上,然后浇筑水下混凝土封底,待达到规定强度后即可抽水,继而施工承台和墩身结构。

施工中应注意:水中直接打桩及浮运箱形围堰吊装的正确定位一般均采用交会法控制,在大河中有时还需搭临时观测平台;在吊箱中插打基桩,由于桩的自由长度大,应细心把握吊沉方位;在浇灌水下混凝土前应将箱底桩侧缝隙堵塞好。

3. 沉井结合法

当河床基岩裸露或因卵石、漂石土层钢板围堰无法插打时,或在水深流急的河道上为使钻孔灌注桩在静水中施工时,还可以采用浮运钢筋混凝土沉井或薄壁沉井作桩基施工时的挡水、挡土结构(相当于围堰),在沉井顶设工作平台。沉井既可作为桩基础的施工设施,又可作为桩基础的一部分(即承台)。薄壁沉井多用于钻孔灌注桩的施工,除能保持在静水状态施工外,还可将几个桩孔一起圈在沉井内代替单个安设护筒并可周转重复使用。

(三)水中钻孔桩施工的注意事项

1. 护筒的埋设

围堰筑岛施工场地的护筒的埋设方法与旱地施工时基本相同。施工场地是工作平台的可采用钢制或钢筋混凝土护筒。为防止水流将护筒冲歪,应在工作平台的孔口部位,架设护筒导向架;下沉好的护筒,应固定在工作平台上或护筒导向架上,以防万一发生坍孔时,护筒下跑或倾斜。在风浪流速较大的深水中,可在护筒或导向架四周抛锚加固定位。

2. 配备安全设施，抓好安全作业

严格保持船体和平台不致有任何位移。船体和平台的位移，将导致孔口护筒偏斜、倾倒等一系列恶性事故，因此每一桩孔从开孔到灌注成桩都要严格控制。在工作平台四周设坚固的防护栏，配备足够的救生设备和防火器材，还要按规定悬挂信号灯等。

第三章　桥梁下部构造施工

桥梁下部构造施工方法通常分为两大类:一类是现场就地浇筑与砌筑;另一类是拼装预制的混凝土砌块、钢筋混凝土或预应力混凝土构件。多数工程是采用前者,其优点是工序简便,机具较少,技术操作难度较小;但是施工期限较长,需耗费较多的劳力与物力。近年来,交通建设迅速发展,施工机械(起重机械、混凝土泵送机械及运输机械)也随之有了很大进步,采用预制装配构件建造桥梁墩台的施工方法有新的进展,其特点是既可确保施工质量、减轻工人劳动强度,又可加快工程进度、提高工程效益,对施工场地狭窄,尤其对缺少砂石的地区或干旱缺水地区等建造墩台更有着重要的意义。

第一节　混凝土墩台、石砌墩台施工

一、混凝土墩台的施工

就地浇筑的混凝土墩台施工有两个主要工序:一是制作与安装墩台模板,二是混凝土浇筑。

(一)墩台模板

模板一般采用木材、钢材或其他符合设计要求的材料制成。木模重量轻,便于加工成结构物所需要的尺寸和形状,但装拆时易损坏,重复使用少。对于大量或定型的混凝土结构物,则多采用钢模板。钢模板造价较高,但可重复多次使用,且拼装拆卸方便。

常用的模板类型有以下几种。

1. 拼装式模板

拼装式模板是用各种尺寸的标准模板利用销钉连接,并与拉杆、加劲构件等组成墩台所需形状的模板。将墩台表面划分为若干小块,尽量使每部分板扇尺寸相同,以便于周转使用。板扇高度通常与墩台分节灌注高度相同,一般可为3~6 m,宽度可为1~2 m,具体视墩台尺寸和起吊条件而定。拼装式模板由于在工厂加工制造,因此板面平整、尺寸准确、体积小、重量轻,拆装容易、快速,运输方便,故得到广泛应用。

2. 整体吊装模板

将墩台模板水平分成若干段,每段模板组成一个整体,在地面拼装后吊装就位。分段高度可视起吊能力而定,一般为2~4 m。整体吊装模板的优点:安装时间短,无需设施工接缝,加快了施工进度,提高了施工质量;将拼装模板的高空作业改为平地操作,有利于施工安全;模板刚度大,可少设拉筋或不设拉筋,节约钢材;可利用模板外框架作简易脚手架,不需另搭设施工脚手架;结构简单,装拆方便,对建造较高的桥墩较为经济。

3. 组合型钢模板

以各种长度、宽度及转角标准构件,用定型的连接件将钢模拼成结构用模板,具有体积小、重量轻、运输方便、装拆简单、接缝紧密等优点,适用于在地面拼装,整体吊装的结构上。

4. 滑动钢模板

滑动钢模板适用于各种类型的桥墩。

各种模板在工程上的应用,可根据墩台高度、墩台型式、机具设备、施工期限等条件,因地制宜,合理选用。模板安装前应对模板尺寸进行检查;安装时要坚实牢固,以免振捣混凝土时引起跑模漏浆,安装位置要符合结构设计要求。

(二)混凝土浇筑施工要点

墩台身混凝土施工前,应将基础顶面冲洗干净,凿除表面浮浆,整修连接钢筋。灌注混凝土时,应经常检查模板、钢筋及预埋件的位置和保护层的尺寸,确保位置正确,不发生变形。混凝土施工中,应切实保证混凝土的配合比、水灰比和坍落度等技术性能指标满足规范要求。

1. 混凝土的运送

墩台混凝土运送采用水平运输与垂直运输相互配合的方式。如混凝土数量大,浇筑振捣速度快时,可采用混凝土皮带运输机或混凝土输送泵。运输带速度应不大于1.0~1.2 m/s,其最大倾斜角:当混凝土坍落度小于40 mm时,向上传送为18°,向下传送为12°;当坍落度为40~80 mm时,向上、向下则分别为15°与10°。

2. 混凝土的灌注速度

为保证灌注质量,混凝土的配制、输送及灌注的速度应满足:

$$v \geqslant Sh/t \tag{3-1}$$

式中 v——混凝土配料、输送及灌注的容许最小速度,m^3/h;

S——灌注的面积,m^2;

h——灌注层的厚度,m;

t——所用水泥的初凝时间,h。

如混凝土的配制、输送及灌注需时较长,则应采用下式计算:

$$v \geqslant Sh/(t - t_0) \tag{3-2}$$

式中 t_0——混凝土配制、输送及灌注所消耗的时间,h;

h——混凝土灌注层的厚度,m,可根据使用捣固方法按规定数值采用。

3. 混凝土浇筑

当浇筑的平面面积过大,不能在前层混凝土初凝或能重塑前浇筑完成次层混凝土时,为保证结构的整体性,宜分块浇筑。分块时应注意:各分块面积不得小于50 m^2;每块高度不宜超过2 m;块与块间的竖向接缝面应与墩台身或基础平截面短边平行,与平截面长边垂直;上、下邻层间的竖向接缝应错开位置做成企口,并应按施工接缝处理。

墩台身钢筋的绑扎应和混凝土的灌注配合进行。在配置第一层垂直钢筋时,应有不同的长度,同一断面的钢筋接头应符合施工规范的规定。水平钢筋的接头也应内外、上下互相错开。钢筋保护层的净厚度应符合设计要求。如无设计要求时,则可取墩台身受力钢筋的净保护层不小于 30 mm,承台基础受力钢筋的净保护层不小于 40 mm。墩台身混凝土宜一次连续灌注,否则应按桥涵施工规范的要求处理好连接缝。墩台身混凝土未达到终凝前,不得泡水。

二、石砌墩台的施工

石砌墩台具有就地取材和经久耐用等优点,在石料丰富地区建造墩台时,在施工期限许可的条件下,为节约水泥,应优先考虑石砌墩台方案。

(一)石料、砂浆与脚手架

石砌墩台是用片石、块石及粗料石以水泥砂浆砌筑的,石料与砂浆的规格要符合有关规定。浆砌片石一般适用于高度小于 6 m 的墩台身、基础、镶面以及各种墩台身填料;浆砌块石一般用于高度大于 6 m 的墩台身、镶面或应力要求大于浆砌片石砌体强度的墩台;浆砌粗料石则用于磨耗及冲击严重的分水体及破冰体的镶面工程以及有整齐美观要求的桥墩台身等。

将石料吊运并安砌到正确位置是砌石工程中比较困难的工序。当重量小或距地面不高时,可用简单的马凳跳板直接运送;当重量较大或距地面较高时,可采用固定式动臂吊机或桅杆式吊机或井式吊机,将材料运到墩台上,然后再分运到安砌地点。用于砌石的脚手架应环绕墩台搭设,用以堆放材料,并支撑施工人员砌镶面定位行列及勾缝。脚手架一般常用固定式轻型脚手架(适用于 6 m 以下的墩台)、简易活动脚手架(能用在 25 m 以下的墩台)以及悬吊式脚手架(用于较高的墩台)。

(二)墩台砌筑施工要点

在砌筑前应按设计图放出实样,挂线砌筑。砌筑基础的第一层砌块时,如基底为土质,只在已砌石块的侧面铺上砂浆即可,不需坐浆;如基底为石质,应将其表面清洗、润湿后,先坐浆再砌石。砌筑斜面墩台时,斜面应逐层放坡,以保证规定的坡度。砌块间用砂浆黏结并保持一定的缝厚,所有砌缝要求砂浆饱满。形状比较复杂的工程应先作出配料设计图,如图 3-1 所示,注明块石尺寸;形状比较简单的工程也要根据砌体高度、尺寸、错缝等,先行放样配好料石再砌。

砌筑方法:同一层石料及水平灰缝的厚度要均匀一致,每层按水平砌筑,丁顺相间,砌石灰缝互相垂直。

砌石顺序为先角石,再镶面,后填腹。填腹石的分层高度应与镶面相同;圆端、尖端及转角形砌体的砌石顺序,应自顶点开始,按丁顺排列接砌镶面石。砌筑图例如图 3-2 所示,圆端形桥墩的圆端顶点不得有垂直灰缝,砌石应从顶端开始先砌石块①,如图 3-2(a)所示。然后依丁顺相间排列,接着砌四周镶面石;尖端形桥墩的尖端及转角处不得有垂直灰缝,砌石应从两端开始,先砌石块①,如图 3-2(b)所示。再砌侧面转角②,然后丁顺相间排列,接砌四周的镶面石。

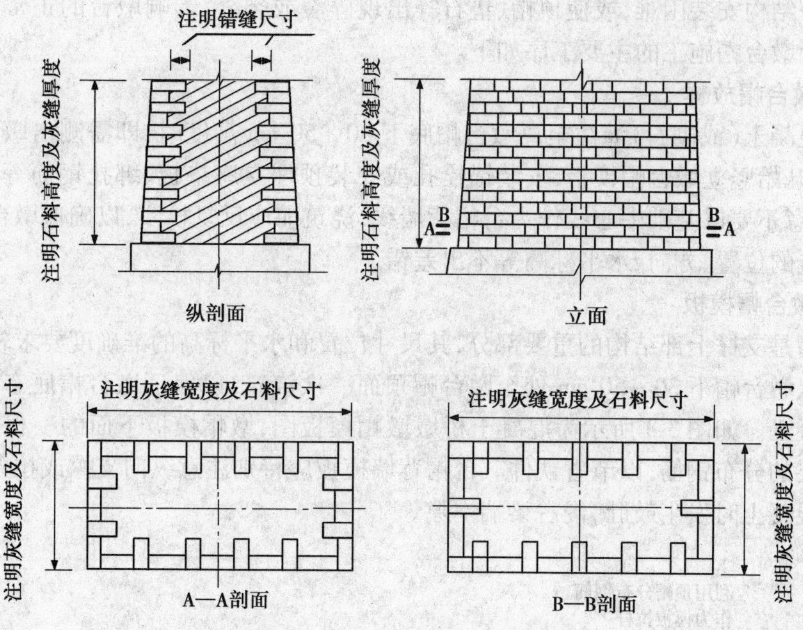

图 3-1　桥墩配料大样图

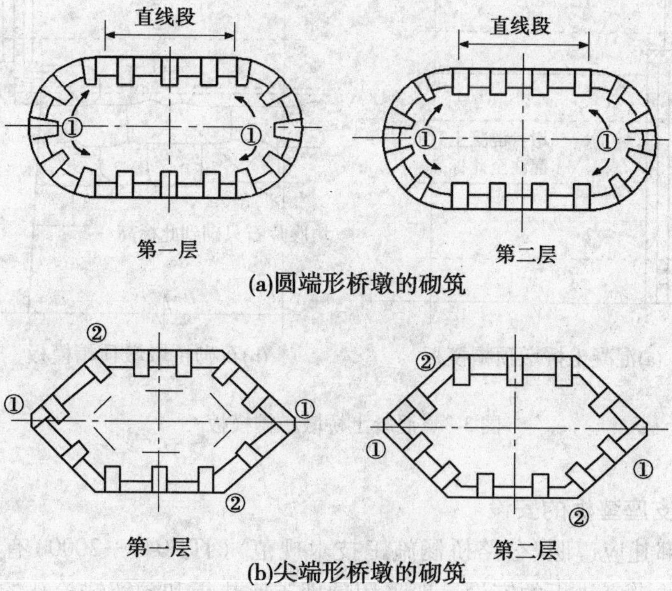

图 3-2　桥墩的砌筑

三、墩台帽施工

用以支撑桥跨结构的墩台帽，其位置、高程及垫石表面平整度等，均应符合设计要求，以避免桥跨结构安装困难，或使顶帽、垫石等出现碎裂或裂缝，影响墩台的正常使用功能与耐久性。墩台帽施工的主要工序如下。

（一）墩台帽放样

墩台混凝土（或砌石）灌注至离墩台帽底下 30 ~ 50 cm 高度时，即需测出墩台纵横中心轴线，并开始竖立墩台帽模板，安装锚栓孔或安装预埋支座垫板、绑扎钢筋等。台帽放样时，应注意不要以基础中心线作为台帽背墙线，浇筑前应反复核实，以确保墩台帽、支座垫石等构造的位置、方向、水平标高等不出差错。

（二）墩台帽模板

墩台帽是支撑上部结构的重要部分，其尺寸位置和水平标高的准确度要求较严，浇筑混凝土应从墩台帽下 30 ~ 50 cm 处至墩台帽顶面一次浇筑，以保证墩台帽底有足够厚度的紧密混凝土。如图 3-3 所示为混凝土桥墩墩帽模板图，墩帽模板下面的一根拉杆可利用墩帽下层的分布钢筋，以节省铁件。台帽背墙模板应特别注意纵向支撑或拉条的刚度，防止浇筑混凝土时发生鼓肚，侵占梁端空隙。

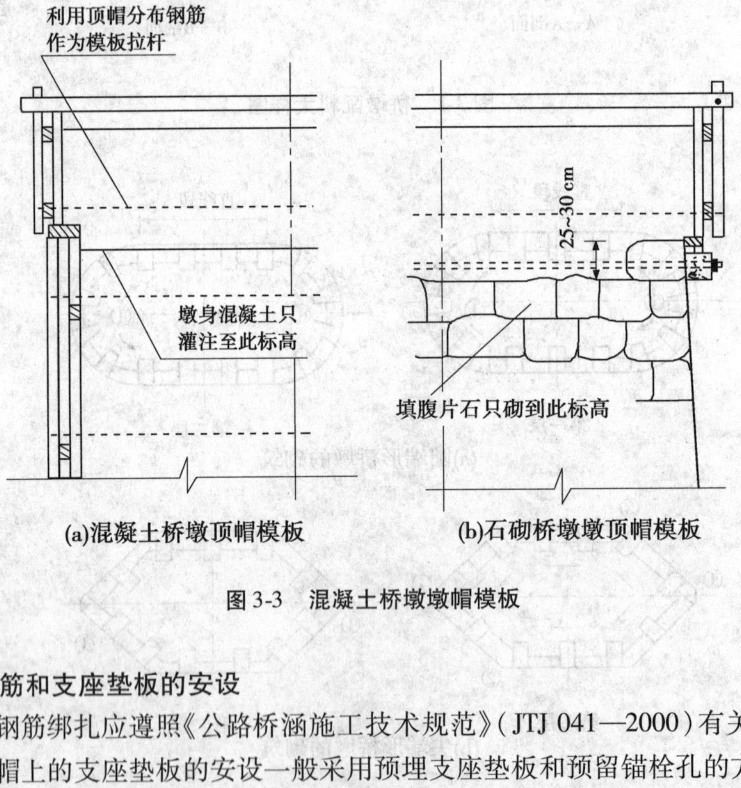

图 3-3　混凝土桥墩墩帽模板

（三）钢筋和支座垫板的安设

墩台帽钢筋绑扎应遵照《公路桥涵施工技术规范》（JTJ 041—2000）有关钢筋工程的规定。墩台帽上的支座垫板的安设一般采用预埋支座垫板和预留锚栓孔的方法。前者须在绑扎墩台帽和支座垫石钢筋时，将焊有锚固钢筋的钢垫板安设在支座的准确位置上，即将锚固钢筋和墩台帽骨架钢筋焊接固定，同时将钢垫板作一木架，固定在墩台帽模板上。此法在施工时垫板位置不易准确，应经常检查与校正。后者须在安装墩台帽模板时，安装好预留孔模板，在绑扎钢筋时注意将锚接孔位置留出。此法安装支座施工方便，支座垫板位置准确。

第二节　装配式墩台施工

装配式墩台适用于山谷架桥、跨越平缓无漂流物的河沟、河滩等的桥梁，特别是在工地干扰多、施工场地狭窄，缺水与砂石供应困难地区，其效果更为显著。装配式墩台的优点是：结构形式轻便，建桥速度快，圬工省，预制构件质量有保证等。目前，经常采用的有砌块式、柱式和管节式或环圈式墩台等。

一、砌块式墩台施工

砌块式墩台的施工大体上与石砌墩台相同，只是预制砌块的形式因墩台形状不同而有很多变化。例如，1975 年建成的兰溪大桥，主桥墩身是采用预制的素混凝土壳块分层砌筑而成的。壳块按平面形状分为Ⅱ型和Ⅰ型两大类，再按其砌筑位置和具体尺寸又分为 5 种型号，每种块件等高，均为 35 cm，块件单元重量为 900 ~ 1 200 N，每砌三层为一段落。该桥采用预制砌块建造桥墩，不仅节约混凝土数量约 26%，节省木材 50 m^3 和大量铁件，而且砌缝整齐，外形美观，更主要的是加快了施工速度，避免了洪水对施工的威胁。如图 3-4所示为预制块件与空腹墩施工示意。

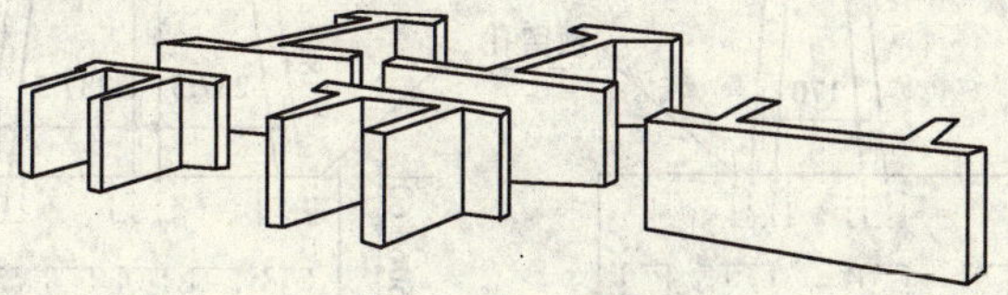

(a)空腹墩壳块

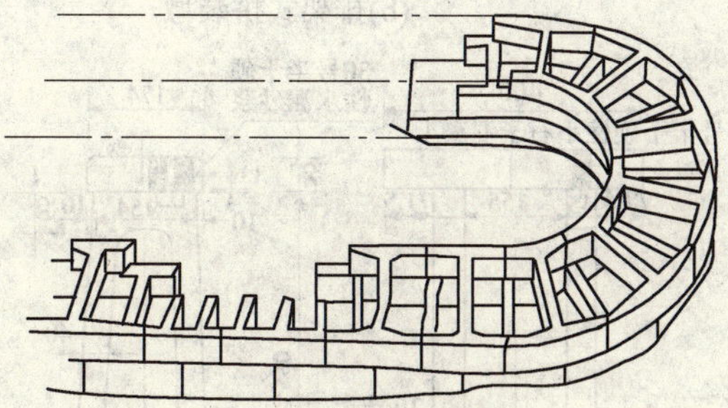

(b)空腹墩砌筑过程

图 3-4　兰溪大桥预制砌块墩身施工示意

二、柱式墩台施工

装配式柱式墩台是将桥墩台分解成若干轻型部件，在工厂或工地集中预制，再运送到现场装配成桥梁。其形式有双柱式、排架式、板凳式和刚架式等。如图 3-5 所示为各种柱式墩构造示意。

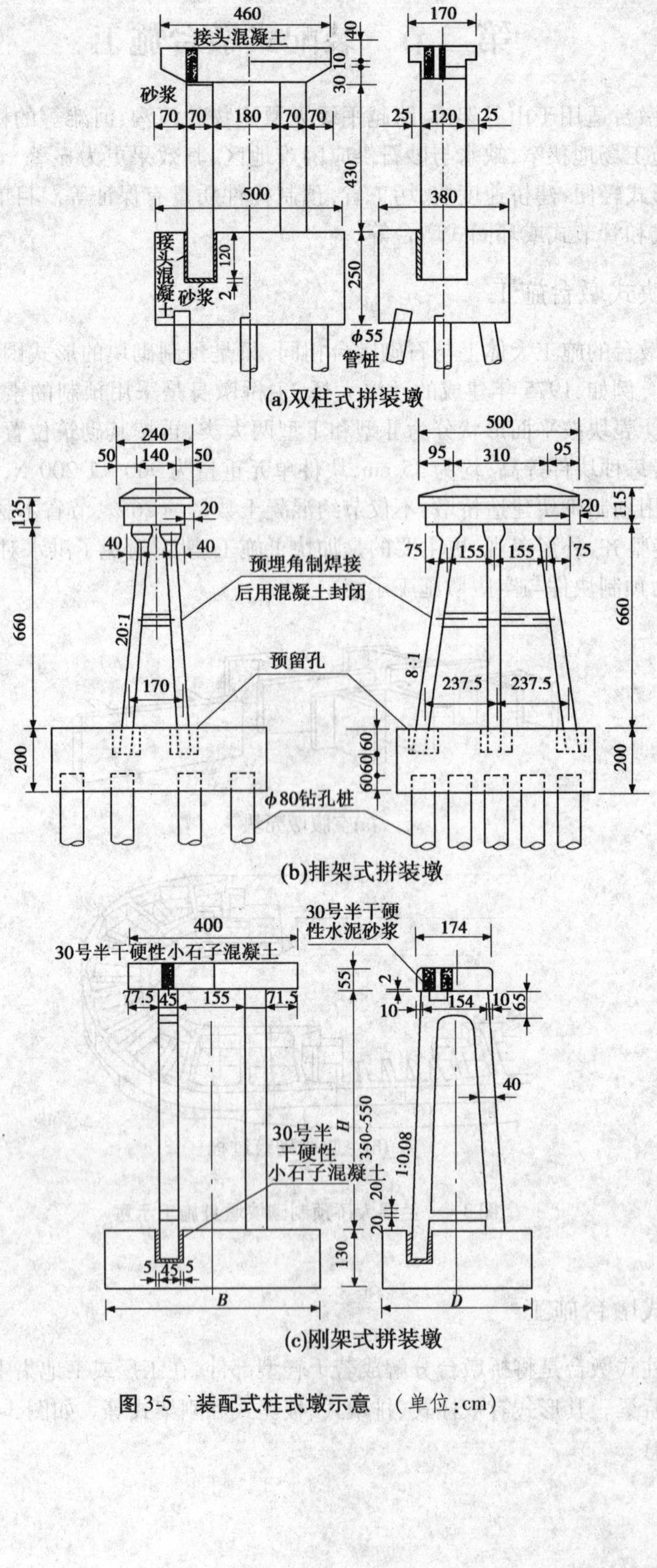

图 3-5　装配式柱式墩示意　(单位:cm)

装配式柱式墩施工工序为预制构件、安装连接与混凝土填缝养护等。其中，拼装接头是关键工序，既要牢固、安全，又要结构简单，便于施工。常用的拼装接头有以下几种。

（一）承插式接头

将预制构件插入相应的预留孔内，插入长度一般为1.2～1.5倍的构件宽度，底部铺设2 cm厚砂浆，四周以半干硬性混凝土填充，常用于立柱与基础的接头连接。

（二）钢筋锚固接头

构件上预留钢筋或型钢，插入另一构件的预留槽内，或将钢筋互相焊接，再灌注半干硬性混凝土，多用于立柱与顶帽处的连接。

（三）焊接接头

将预埋在构件中的铁件与另一构件的预埋铁件用电焊连接，外部再用混凝土封闭。这种接头易于调整误差，多用于水平连接杆与主柱的连接。

（四）扣环式接头

相互连接的构件按预定位置预埋环式钢筋，安装时柱脚先坐落在承台的柱心上，上、下环式钢筋互相错接，扣环间插入U形短钢筋焊牢，四周再绑扎钢筋一圈，立模浇筑外围接头混凝土。要求上、下扣环预埋位置正确，施工较为复杂。

（五）法兰盘接头

在相连接构件两端安装法兰盘，连接时用法兰盘连接，要求法兰盘预埋位置必须与构件垂直。接头处可不用混凝土封闭。

装配式柱式墩台应注意以下几点：

(1)墩台柱构件与基础顶面预留杯形基座应编号，并检查各个墩台高度和基座标高是否符合设计要求；基杯口四周与柱边的空隙不得小于2 cm。

(2)墩台柱吊入基杯内就位时，应在纵横方向测量，使柱身竖直度或倾斜度以及平面位置均符合设计要求；对重大、细长的墩柱，需用风缆或撑木固定，方可摘除吊钩。

(3)在墩台柱顶安装盖梁前，应先检查盖梁口预留槽眼位置是否符合设计要求，否则应先修凿。

(4)柱身与盖梁（顶帽）安装完毕并检查符合要求后，可在基杯空隙与盖梁槽眼处灌注稀砂浆，待其硬化后，撤除楔子、支撑或风缆，再在楔子孔中灌填砂浆。

在基础或承台上安装预制混凝土管节、环圈做墩台的外模时，为使混凝土基础与墩台联结牢固，应由基础或承台中伸出钢筋插入管节、环圈中间的现浇混凝土内，插入钢筋的数量和锚固长度应按设计规定或通过计算确定。管节或环圈的安装、管节或环圈内的钢筋绑扎和混凝土浇筑应按《公路桥涵施工技术规范》（JTJ 041—2000）有关章节的规定执行。

三、后张法预应力混凝土装配墩施工

装配式预应力钢筋混凝土墩分为基础、实体墩身和装配墩身三大部分。装配墩身由基本构件、隔板、顶板及顶帽四种不同形状的构件组成，用高强钢丝穿入预留的上下贯通的孔道内，张拉锚固而成，如图3-6所示。实体墩身是装配墩身与基础的连接段，其作用是锚固预应力钢筋，调节装配墩身高度及抵御洪水时漂流物的冲击等。

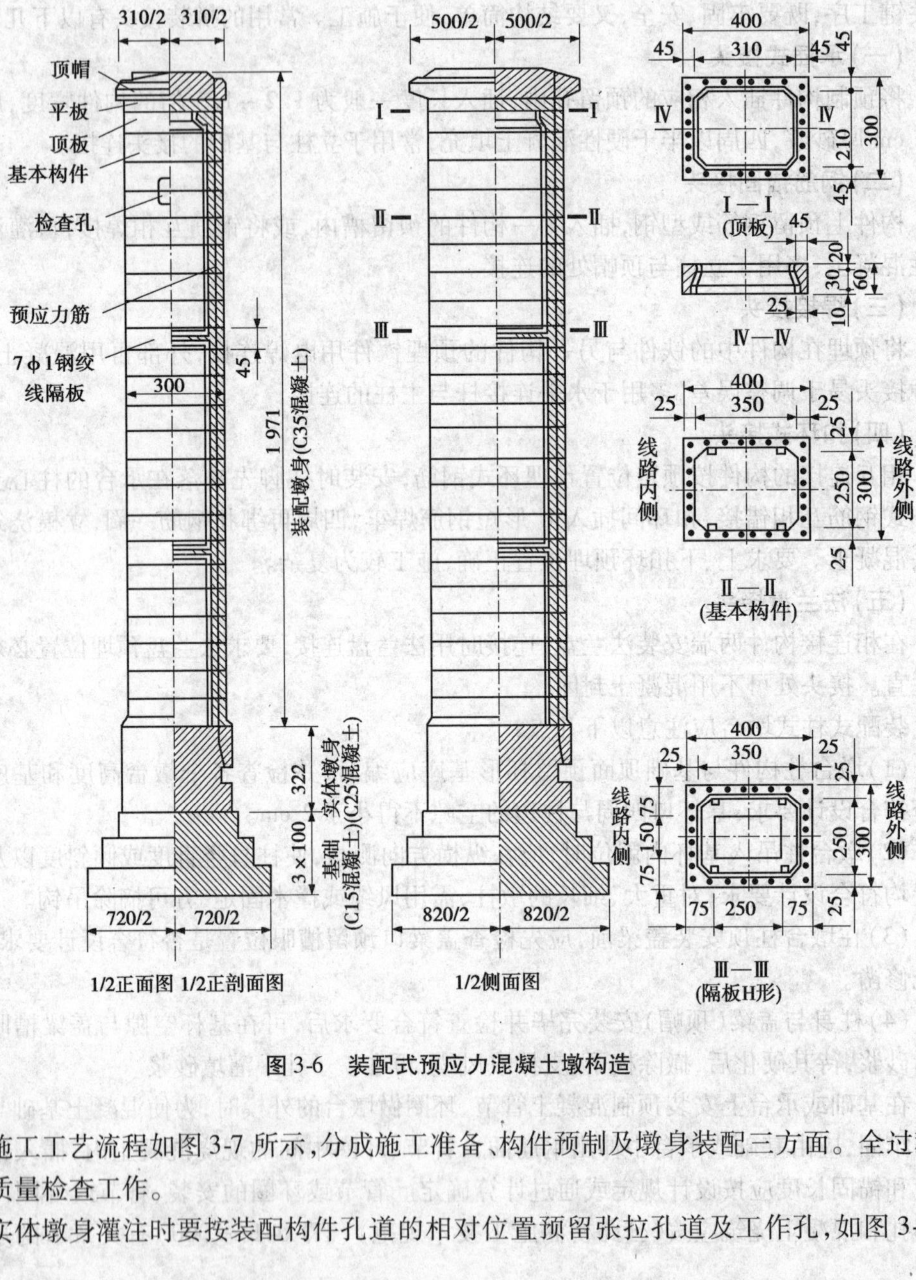

图 3-6　装配式预应力混凝土墩构造

施工工艺流程如图 3-7 所示，分成施工准备、构件预制及墩身装配三方面。全过程贯穿着质量检查工作。

实体墩身灌注时要按装配构件孔道的相对位置预留张拉孔道及工作孔，如图 3-8 所示。

构件装配的水平拼装缝采用 M5 水泥砂浆，砂浆厚度为 15 mm，以便于调整构件水平标高，不使误差积累。安装构件的操作要领是：平、稳、准、实、通五个关键，即起吊平、构件顶面平、内外壁砂浆接缝要抹平；起吊、降落、松钩要稳；构件尺寸准、孔道位置准、中线准及预埋配件位置准；接缝砂浆要密实；构件孔道要畅通。张拉预应力的钢丝束分两种：一种是直径为 5 mm 的高强度钢丝，用 18ϕ5 锥形锚；另一种用 7ϕ4 钢绞，用 JMl2 - 6 型锚具，采用一次张拉工艺。

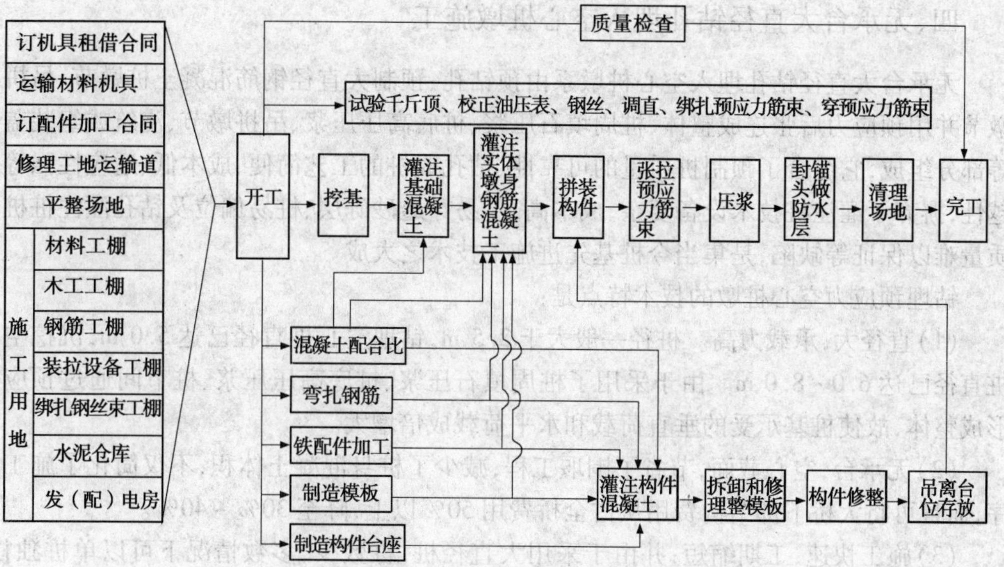

图 3-7　装配式预应力混凝土墩工艺流程

张拉顺序如图 3-9 所示。张拉位置可以在顶帽上张拉，亦可在实体墩下张拉，两者各有自己的特点。一般多在顶帽上张拉。孔道压浆前先用高压水冲洗。采用纯水泥浆，为了减少水泥浆的收缩及泌水性能，可掺入占水泥重量 0.8/10 000～1.0/10 000 的铝粉。压浆最好由下而上压注。压浆分初压与复压，初压后，约停 1 h，待砂浆初凝即进行复压，复压压力可取为 0.8～1.0 MPa，初压压力可小一点。压浆时，构件上的砂浆接缝全部湿润，说明接缝砂浆空隙中压入了水泥浆，起到了密实接缝的作用。实体墩身的封锚采用与墩身同标号的混凝土，同时要采用防水措施。顶帽上的封锚采用钢筋网罩焊在垫板上，单个或多个连在一起，然后用混凝土封锚。

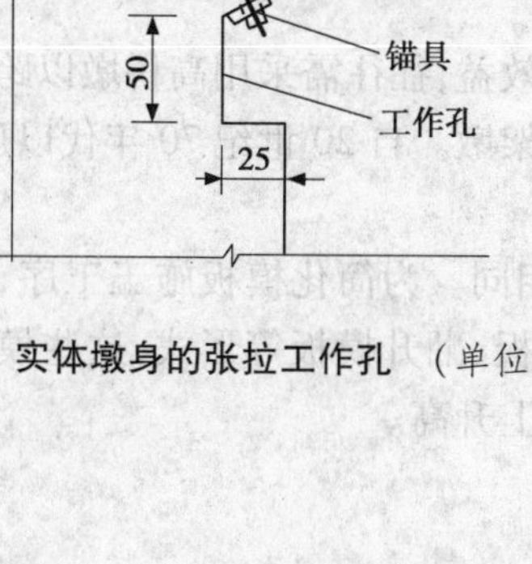

图 3-8　实体墩身的张拉工作孔　（单位：cm）

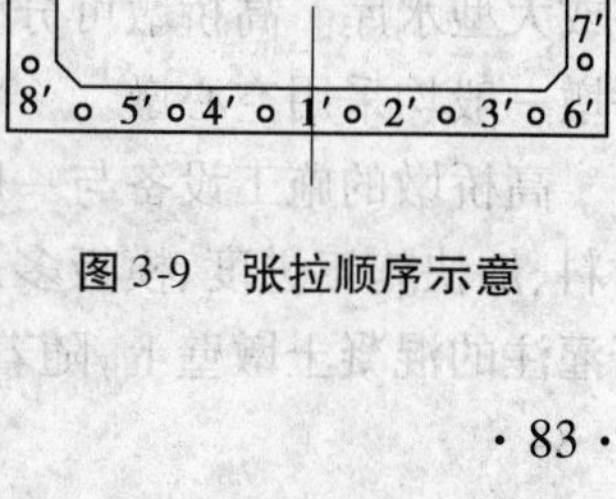

图 3-9　张拉顺序示意

四、无承台大直径钻孔埋入空心桩墩施工

无承台大直径钻孔埋入空心桩墩系由预钻孔、预制大直径钢筋混凝土桩墩节、吊拼桩墩节并用预应力后张连成整体、桩周填石压浆、桩底高压压浆、吊拼墩节、浇筑或组装盖梁等部分组成,它综合了预制桩质量的可靠性、钻孔成桩的工艺简便、成本低、适应性强等优越性,摒弃了灌注桩技术设备复杂、成本高、不易穿透砂砾层、桩易偏位及钻孔灌注桩桩身质量难以保证等缺陷,是集当今桩基先进施工技术之大成。

钻埋预应力空心桩墩的技术特点是:

(1)直径大,承载力高。桩径一般大于2.5 m,钻埋空心桩直径已达5.0 m,沉挖空心桩直径已达6.0~8.0 m。由于采用了桩周填石压浆、桩底高压压浆、桩节间通过预应力形成整体,故使桩基承受的垂直荷载和水平荷载成倍增大。

(2)无承台,空心截面,节省了围堰工程,减少了桩身混凝土体积,不仅简化了施工工序,而且可将大桥下部结构费用从占全桥费用50%以上,降至30%~40%。

(3)施工快速,工期缩短,并由于采用大直径桩,桩数少,多数情况下可以单桩独柱,加上钻机设备的先进与完善,一个枯水季节可完成基础工程;预制桩节、墩节与钻孔平行作业,大大加速了工程进度。

(4)钻埋空心桩墩适用于土质地基,沉挖空心桩适用于松散的砂、砾、漂石和风化岩层,且环保效果好,施工少振动、低噪声,城镇区施工对居民干扰少。

(5)桩节、墩节预制,桩周、桩底压浆,节间用高强预应力筋连成整体,各项作业技术含量高,桩墩质量完全能得到保证。

图3-10为钻埋空心桩墩工序流程示意图。

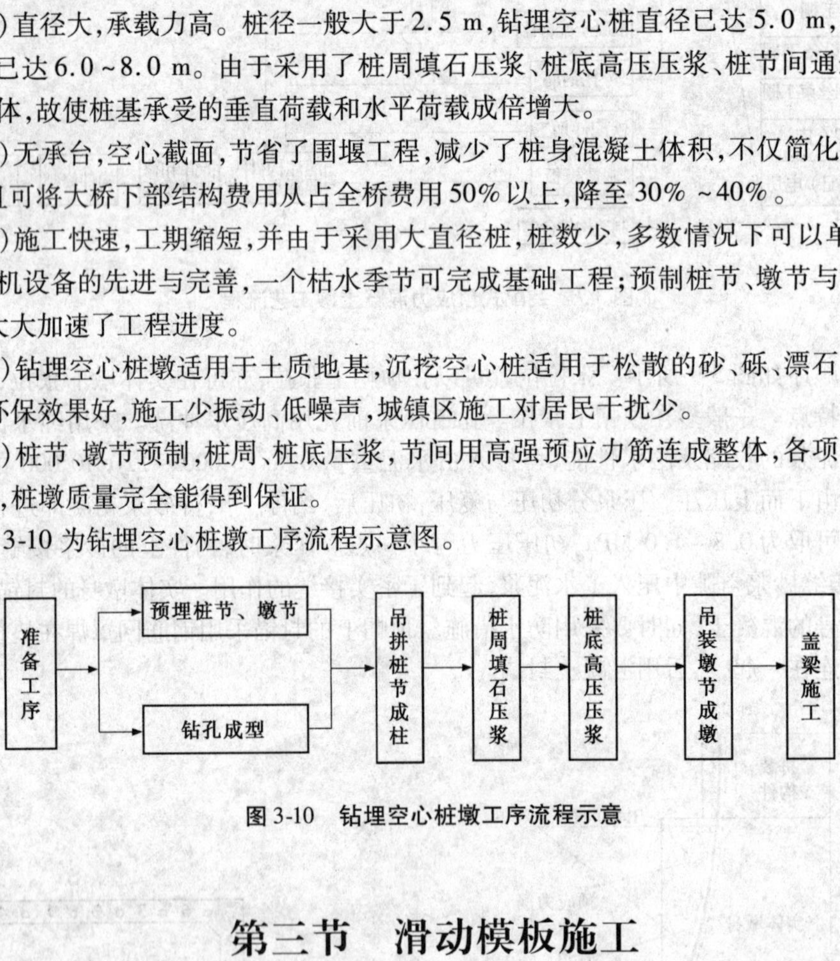

图3-10　钻埋空心桩墩工序流程示意

第三节　滑动模板施工

道路建设中,为缩短线路,节省造价,提高营运效益,往往需采用高桥墩以跨越深沟宽谷或大型水库。高桥墩可分为实体墩、空心墩与刚架墩。自20世纪70年代以后,较高的桥墩一般均采用空心墩。

高桥墩的施工设备与一般桥墩所用设备大体相同。为简化模板施工工序、节省模板材料、加快施工进度、模板多采用滑动模板、爬升模板、翻升模板等形式,这些模板都依附于灌注的混凝土墩壁上,随着墩身的逐步加高而向上升高。

滑动模板(简称滑模)施工的主要优点如下:

(1)施工速度快。滑模施工模板组装一次成型,减少了模板装拆工序,连续作业,使竖向结构的施工速度大大加快,在一般气温下,每昼夜平均进度可达 5 ~6 m。

(2)机械化程度高,劳动强度低。在施工过程中在地面预先组装好模板系统,其后整套滑模采用机械提升,整个施工过程实现机械化操作,减轻了劳动强度。

(3)结构整体性好,施工质量高。滑模系统的装置都是事先组装的,在混凝土的施工过程中只进行模板的持续提升和混凝土的连续浇筑,减少了施工接缝,施工简单,并可提高墩台质量。

(4)经济效益显著。滑模系统的施工节约模板和脚手架,减少了周转材料的大量占用,现场也不需要大量场地堆放周转材料。若有良好的施工组织作保证,可以大大缩短工期,减少施工成本。

(5)施工安全可靠。模板本身附带有内外吊篮、平台与拉杆等,以墩身为支架,墩身混凝土的浇筑随模板缓慢滑升而连续不断地进行,不受风力及建筑物高度的影响,故而安全可靠。

滑动模板可用于直坡墩身,也可用于斜坡墩身,以下将重点介绍滑动模板施工方法。

一、滑动模板构造

滑模的装置由操作平台系统、模板系统和提升系统以及施工精度控制系统等组成,如图 3-11 所示。

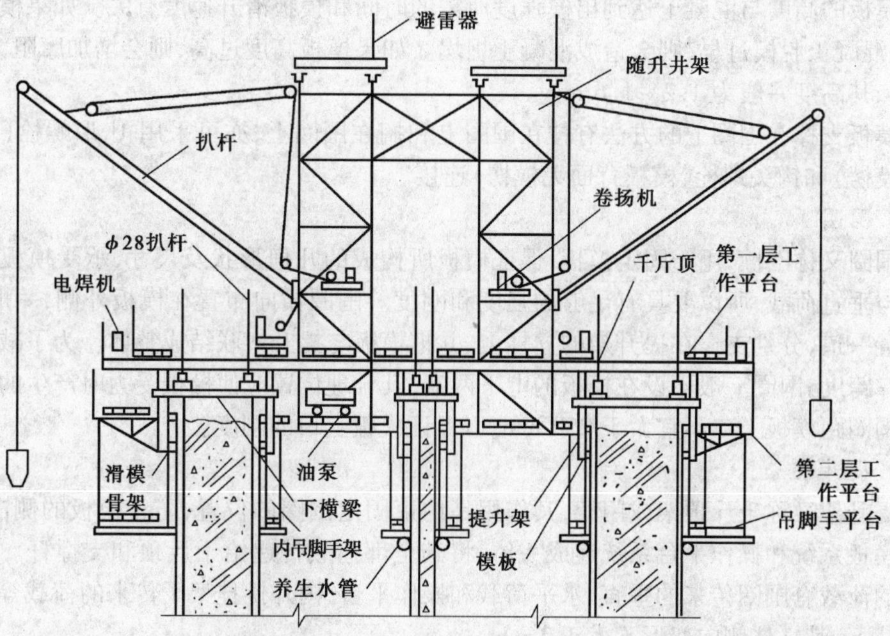

图 3-11 滑动模板构造示意

(一)操作平台系统

操作平台系统主要包括操作平台,外挑脚手架,内、外吊脚手架,如果施工需要,还可设置辅助平台,以供材料、工具、设备的堆放。

(1)操作平台。操作平台又称工作平台,既是绑扎钢筋、浇筑混凝土的操作场所,也是油路、控制系统的安置台,有时还利用操作平台架设起重设备。操作平台所受的荷载比较大,必须有足够的强度和刚度。操作平台一般由钢桁架或梁及铺板构成。

(2)外挑脚手架、吊脚手架。外挑脚手架一般由三角挑架、楞木、铺板等组成,其外挑宽度为 0.8 ~1.0 m,外侧一般需设安全护栏。

吊脚手架是供绑扎钢筋、混凝土脱模后检查混凝土质量并进行修饰、养护等操作之用。吊脚手架要求装卸灵活、安全可靠。外吊脚手架悬挂在提升架外侧立柱和三角挑架上,内吊脚手架悬挂在提升架内侧立柱和操作平台的桁架上。

(二)模板系统

模板系统由模板、围圈、提升架及其附属配件组成。其作用是根据滑模工程的结构特点组成成型结构,使混凝土能按照设计的几何形状及尺寸准确成型,并保证表面质量符合要求;其在滑升施工过程中,主要承受浇筑混凝土时的侧压力以及滑动时的摩阻力和模板滑空、纠偏等情况下的外加荷载。

1.模板

模板又称围板,可用钢材、木材或钢木混合以及其他材料制成,目前使用钢模板居多。常用的钢模板制作有薄钢板冷弯成型和用薄钢板加焊角钢、扁钢组合成型两种。如采用定型组合钢模板时,则需在边框增加与围圈固定相适应的连接孔。

模板的高度与混凝土达到出模强度所需的时间和模板滑升速度有关。如果模板高度不够,混凝土脱模过早,则会造成混凝土坍塌。如果模板高度过高,则会增加摩阻力,影响滑升。其高度一般为 1.2 ~1.6 m。

模板支撑在围圈上的方法有挂在围圈上和搁在围圈上,亦可采用 U 形螺栓(模板背面有模楞)和钩头螺栓(模板背面无模楞)连接。

2.围圈

围圈又称围檩,用于固定模板,保证模板所构成的几何形状及尺寸,承受模板传来的水平与垂直荷载,所以要具有足够的强度和刚度。围圈横向布置在模板外侧,一般上、下各布置一道,分别支撑在提升架的立柱上,并把模板与提升架联结成整体。为了减少模板的支撑跨度,围圈一般不设在模板的上下两端,其合理位置应使模板受力时产生的变形最小。围圈距模板上口不宜大于 250 mm,以保证模板上口的刚度。

3.提升架

提升架又称千斤顶架或门架,其作用是约束固定围圈的位置,防止模板的侧向变形,并将模板系统和操作平台系统连成一体,将其全部荷载传递给千斤顶和支撑杆。提升架承受的荷载有围圈传来的垂直、水平荷载和操作平台、内外挑挂架子传来的荷载等。在使用荷载下,其立柱侧向变形不大于 2 mm。

(三)提升系统

提升系统由支撑杆和提升设备组成。提升设备多采用液压千斤顶,包括液压控制系统和油路等，是液压滑模系统的重要组成部分，也是整套滑模施工装置中的提升动力和荷载传递系统。

1. 千斤顶

液压滑动模板施工所用的千斤顶为专用穿心式千斤顶，按其卡头形式的不同可分为钢珠式和楔块式两种，其工作重量分别为 3 t、3.5 t 和 10 t，其中 3.5 t 应用较广。

2. 支撑杆

支撑杆又称爬杆，它既是千斤顶向上爬升的轨道，又是滑动模板装置的承重支柱，承受着施工过程中的全部荷载。支撑杆一般采用直径为 25 mm 的圆钢筋，其连接方法有丝扣连接、榫接、焊接三种，也可以用 25 ~ 28 mm 的螺纹钢筋。支撑杆的长度一般为 3 ~ 5 m，当支撑杆接长时，其相邻的接头要互相错开，使同一断面上的接头根数不超过总根数的 25%。

3. 提升原理

提升系统的工作原理是由电动机带动高压油泵，将高压油液通过电磁换向阀、分油器、截止阀及管路输送到液压千斤顶，液压千斤顶在油压作用下带动滑升模板和操作平台沿着支撑杆向上爬升；当控制台使电磁换向阀换向回油时，油液由千斤顶排出并回入到油泵的油箱内。在不断供油、回流的过程中，使千斤顶活塞不断地压缩、复位，将全部滑升模板装置向上提升到需要的高度。

（四）施工精度控制系统

滑模施工的精度控制系统由水平度、垂直度观测与控制装置以及通信联络设施组成，主要起控制滑模施工的水平度和垂直度的作用。

1. 滑模施工水平度控制

在模板滑升过程中，由于千斤顶的不同步，数值的累积会使模板系统产生很大的升差，如不及时加以控制，不仅桥墩的垂直度难以保证，也会使模板结构产生变形，影响工程质量。水平度的观测，可采用水准仪、自动安平激光测量仪等设备，精度不应低于 1/10 000。对千斤顶升差的控制，可以根据不同的控制方法选择不同的水平度控制系统。常用的方法有用激光控制仪控制的自动调平控制法、用限位仪控制的限位调平法、限位阀控制法、截止阀控制法等。

2. 滑模施工垂直度控制

在滑模施工中，影响垂直度的因素很多，如千斤顶的升差、滑模装置变形、操作平台荷载、混凝土的浇筑方向以及风力、日照的影响等。为了解决上述问题，除采取一些有针对性的预防措施，在施工中还应经常加强观测，并及时采取纠偏、纠扭措施，以使桥墩的垂直度始终得到控制。

垂直度的观测主要采用经纬仪、激光铅直仪和导电线锤等设备来进行。垂直度调整控制方法主要有平台倾斜法、顶轮纠偏控制法、双千斤顶法、变位纠偏器纠正法等。常用的垂直度控制系统有顶轮纠偏装置、变位纠偏器等。

二、滑动模板施工

滑动模板施工包括滑模设备的组装、钢筋绑扎、混凝土浇捣、模板滑升、模板设备的拆除等。

(一)滑模组装

在墩位上就地进行组装时,安装步骤为:

(1)在基础顶面搭枕木垛,定出桥墩中心线。

(2)在枕木垛上先安装提升架与围圈,并准确定位,再依次安装操作平台、千斤顶、模板等。

(3)提升整个装置,撤去枕木垛,再将模板落下就位,随后安装余下的设施;内外吊架待模板滑升至一定高度,及时安装;模板在安装前,表面需涂润滑剂,以减少滑升时的摩阻力;组装完毕后,必须按设计要求及组装质量标准进行全面检查,并及时纠正偏差。

(二)浇筑混凝土

滑模宜浇筑低流动度或半干硬性混凝土,浇筑时应分层、分段、对称地进行,分层厚度以20~30 cm为宜,表面应在同一水平面上,浇筑后混凝土表面距模板上缘宜有不小于10~15 cm的距离。各层浇筑的间隔时间应不大于混凝土的凝结时间,当间隔时间超过凝结时间时,对接茬处应按施工缝的要求处理。

混凝土入模时要均匀分布,一般从中间部分开始。各层浇筑方向要交错进行,并经常交换方向,防止模板产生扭转和结构倾斜。

混凝土振捣应采用插入式振动器捣固,振捣时应避免触及钢筋及模板,振动器插入下一层混凝土的深度不得超过5 cm;混凝土的出模强度,一般宜控制在0.2~0.5 MPa,此时混凝土对模板的摩阻力小,出模的混凝土表面易于抹光,后期强度损失小,并能承受上部混凝土的自重,不坍塌、开裂或变形。可根据气温、水泥强度等级经试验后掺入一定量的早强剂,以加速提升;脱模后8 h左右开始养生,用吊在下吊架上的环绕墩身的带小孔的水管来进行。养生水管一般设在距模板下缘1.8~2.0 m处效果较好。

(三)提升与收坡

整个桥墩浇筑过程可分为初次滑升、正常滑升和最后滑升三个阶段。

1. 初次滑升阶段

从开始浇筑混凝土到模板首次试升为初次滑升阶段。初浇混凝土的高度一般为60~70 cm,分三次浇筑,在底层混凝土强度达到0.2~0.4 MPa时即可试升。将所有千斤顶同时缓慢起升5 cm,以观察底层混凝土的凝固情况。现场鉴定可用手指按刚脱模的混凝土表面,基本按不动,但留有指痕,砂浆不沾手,用指甲划过有痕,滑升时能耳闻“沙沙”的摩擦声,这表明混凝土已具有0.2~0.5 MPa的脱模强度,可以再缓慢提升20 cm左右。

2. 正常滑升阶段

初次滑升后,经全面检查无误,即进入正常滑升阶段。即每浇筑一层混凝土,滑模提升一次,使每次浇筑的厚度与每次提升的高度基本一致。在正常气温条件下,提升时间不宜超过1 h。在滑升中,要求三班连续作业,不得随意停工,同时要严格按计划的滑升速度执行,保证提升垂直、均衡一致,并随时检查模板、支撑杆、液压泵、千斤顶等各部分的情况,如有异常,应及时加以调整、修理或加固。

随着模板的提升,应转动收坡螺杆,调整墩壁曲面的半径,使之符合设计要求的收坡坡度。

3. 最后滑升阶段

最后滑升阶段是指混凝土已经浇筑到需要的高度,不再继续浇筑,但模板尚需继续滑升的阶段。浇完最后一层混凝土后,每隔 1 ~2 h 将模板提升 5 ~10 cm,滑动 2 ~3 次后即可避免混凝土模板黏结。

4. 停滑

如因气候、施工需要或其他原因而不能连续滑升时,应采取可靠的停滑措施。停滑前,混凝土应浇筑到同一水平面上;停滑过程中,模板应每隔 0.5 ~1 h 提升一个千斤顶行程,确保模板与混凝土不黏结;当支撑杆的套管不带锥度时,应于次日将千斤顶顶升一个行程;对于因停滑造成的水平施工缝,应认真处理混凝土表面,保证后浇混凝土与已硬化的混凝土之间能黏结良好;继续施工前,应对液压系统进行全面检查。

(四)接长支撑杆、绑扎钢筋

模板每提升至一定高度后,就需要穿插进行接长支撑杆、绑扎钢筋等工作。为了不影响提升时间,钢筋接头均应事先配好,并注意将接头错开。对预埋件及预埋的接头钢筋,滑模滑离后,要及时清理,使之外露。

三、爬升模板施工

爬升模板施工与滑动模板施工相似,不同的是支架通过千斤顶支撑于预埋在墩壁中的预埋件上,待浇筑好的墩身混凝土达到一定强度后,将模板松开,千斤顶上顶,把支架连同模板升到新的位置,模板就位后,再继续浇筑墩身混凝土。如此往复循环,逐节爬升,每次升高约 2 m。

爬升模板施工是采用一种特殊钢模板,一般由三层模板组成一个基本单元,并配置有随模板升高的混凝土接料工作平台。当浇筑完上层模板的混凝土后,将最下层模板拆除,翻上来拼装成第四层模板,以此类推,循环施工。爬升模板也能够用于有坡度的桥墩施工。图 3-12 为侯月线子沟大桥高桥墩施工的爬升模板。

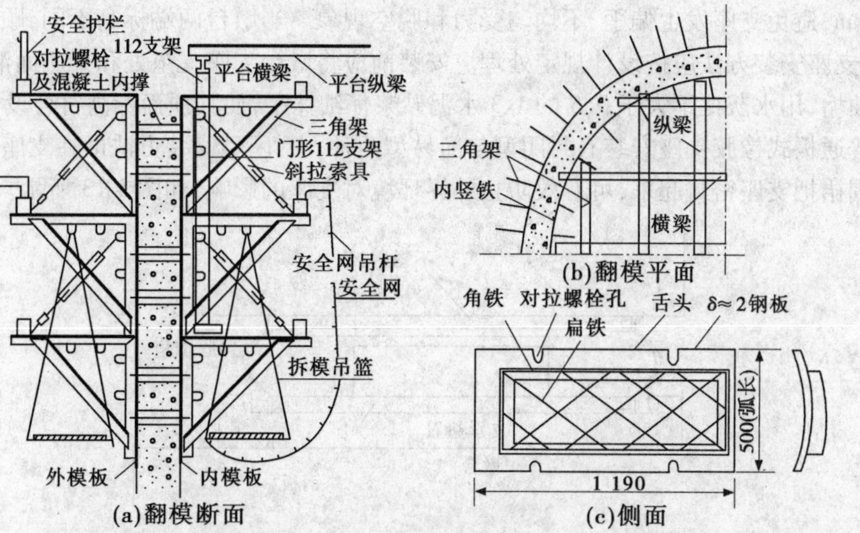

图 3-12　侯月线子沟大桥翻升模板构造　(单位:mm)

第四节　支座安装与墩台附属工程施工

一、支座安装

国内桥梁目前使用较多的是橡胶支座，包括板式橡胶支座和盆式橡胶支座两种。前一种用于反力较小的中、小跨径桥梁，后一种用于反力较大的大跨径桥梁。

（一）支座安装的一般要求

（1）支座安装前，应检查产品合格证书中有关技术性能指标，如不符合设计要求时，不得使用。

（2）梁底支座安装部位、支撑垫石、墩台顶面支座安装部位的混凝土要平整、干净。支撑垫石顶面的高程要准确，垫石的高度应考虑支座养护、检查的方便，并应考虑更换支座时顶升梁体的可能性。

（3）支座安装时，应尽量选择气温为年平均气温时进行，同时必须按照设计图样标明的支座中心位置正确就位，并保证支座与上、下部结构之间紧密接触，不得出现脱空。

（4）在同一根梁上，横向设置支座个数不得多于 2 个，也不允许把不同规格的支座并排安装，且施工时要确保每个支座均匀受力。

（5）上、下部结构支座安装部位预埋钢板的位置、尺寸及平整度必须符合要求。

（二）板式橡胶支座的安装

先在支撑垫石上按设计标出支座位置中心线，同时在橡胶支座上也标上中心线，将橡胶支座准确安放在支撑垫石上，要求支座中心线同支撑垫石中心线相重合。注意矩形支座短边应平行于顺桥向，圆形支座无须考虑方向性。

支座下设置的支撑垫石、混凝土强度应符合设计要求，顶面要求标高准确、表面平整，在平坡情况下同一片梁两端支撑垫石水平面应尽量处于同一平面内，其相对误差不得超过 3 mm，避免支座发生偏歪、不均匀受力和脱空现象。当墩台两端标高不同，顺桥向有纵坡时，支座安装方法应按设计规定处理。安装前应将墩台支座支垫处和梁底面清洗干净，除去油垢，用水灰比不大于 0.5 的 1:3 水泥砂浆仔细抹平，使其顶面标高符合设计要求。

普通板式橡胶支座安装有封闭型与简易型两种。封闭型安装方法即在支座外围采用橡胶围裙把支座密封起来，可有效防止外界环境对支座的影响，如图 3-13 所示。

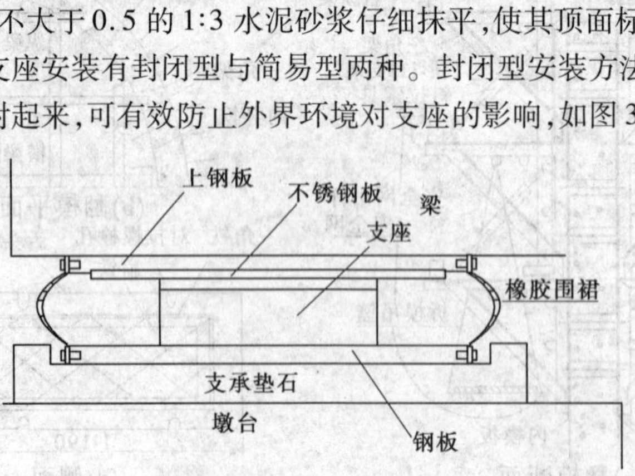

图 3-13　封闭形四氟板式橡胶支座安装示意

(1)现浇梁橡胶支座的安装。在浇筑混凝土梁体前，在橡胶支座位置上加设一块比支座平面稍大的支撑钢板，钢板上焊锚固钢筋与梁体相连接。将支撑钢板作为现浇梁底模的一部分，为防止漏浆，可在支撑钢板与模板之间四周空隙处用棉纱、油灰或软木板填塞。按以上方法施工，可使支座上、下表面同梁底钢板、支撑垫石密贴。

(2)为使预制梁橡胶支座的安装落梁准确，可把支座中心线分别延伸到桥梁墩台和梁端立面上，落梁时使两者相吻合，就能较好地控制落梁的准确性。梁板安装必须细致稳妥，使梁板就位准确，与支座密贴，并防止支座产生剪切变形。支座就位不准时，应将梁板重新吊起或用千斤顶顶起后调整，不得用撬杠移动梁板。

(三)盆式橡胶支座的安装

盆式橡胶支座顶、底面积大，支座下埋设在桥墩顶的钢垫板面积亦较大，浇筑墩顶混凝土时，必须有特殊设施，使垫板下混凝土能浇筑密实。

盆式橡胶支座主要部分是聚四氟乙烯板与不锈钢板的滑动面，以及密封在钢盆内的橡胶垫块，两者都不能有污物和损伤，否则容易降低使用寿命，增大摩阻系数。

盆式橡胶支座各部件的组装要求是：在支座底面和顶面（埋置于墩顶和梁底面）的钢垫板必须埋置牢固，垫板与支座间平整密贴，支座四周探测不得有0.3 mm以上的缝隙；支座中心线、支座平面水平及平整度偏差不大于2 mm；活动支座的聚四氟乙烯板不得有刮伤、撞伤；氯丁橡胶板块密封在钢盆内，安装时应排除空气、保持密封；支座组拼要保持清洁。

活动支座安装前用丙酮或酒精仔细擦洗各相对滑移面，擦净后在四氟滑板的储油槽内注满硅脂类润滑剂，并注意硅脂保洁；坡道桥注硅脂时应注意防滑。

公路桥梁盆式橡胶支座与上、下部结构的连接，可采用地脚螺栓连接或焊接连接两种方法。

(1)地脚螺栓连接。盆式橡胶支座下面建议设置支撑垫石，同时按支座底板地脚螺栓间距及规格预留地脚螺栓孔，预留孔的直径应大于等于地脚螺栓直径的3倍，深度为地脚螺栓长度+50 mm，其外露螺杆的高度不得大于螺母的厚度。

在预留螺栓孔内注入环氧树脂砂浆，在初凝前，按中心线安放盆式橡胶支座并保证支座四角高差不大于2 mm，同时从支座的地脚螺栓孔中插入拧上螺母的地脚螺栓，待完全凝固后拧紧螺母。

(2)焊接连接。GPZ系列盆式橡胶支座采用焊接连接时，可在支座顶板和底板相应位置处预埋钢板，支座就位后用对称间断方式焊接，以避免焊接时局部温度过高而使支座或预埋钢板变形。焊接时注意防止温度过高对橡胶及聚四氟乙烯板的影响。焊接后要在焊接部位做防锈处理。

安装注意事项：

(1)现浇梁的支座安装时，一般将支座整体吊装，固定在设计位置上。

(2)预制梁的支座安装时，支座的上、下座板分先后进行连接，通常是先将支座上座板连接在大梁上，而后根据其位置确定底盆（下座板）在墩台上的位置，最后予以固定。

(3)顶推法连续梁安装时，应先将下座板固定在墩台上，墩台上还应设置临时支座，当主梁顶推完毕，且校正位置后，拆除临时支座，让梁落在支座上。

(4)支座顺桥向的中心线必须与主梁的中心线重合或平行。对于活动支座的安装,一定要注意支座安装时的滑移方向与设计方向一致。对于只允许在一个方向活动的支座,其上、下支座板的导向挡块必须保持平行,其交叉角不得大于5°,否则将影响其位移性能。

另外,桥梁施工期间,混凝土将由于预应力和温差引起弹性压缩、徐变和伸缩而产生位移量,因此现浇梁底部预埋的钢板或滑板应根据浇筑时的温度、预应力张拉、混凝土收缩与徐变对梁长的影响,设置相对于设计支撑中心的预偏值,使桥梁建成后的支座位置能符合设计要求。

(四)其他支座安设

对于跨径较小(10 m左右)的钢筋混凝土梁(板)桥,可采用油毡、石棉垫或铅板支座。安设这类支座时,应先检查墩台支撑面的平整度和横向坡度是否符合设计要求,否则应修凿平整并以水泥砂浆抹平,再铺垫油毡、石棉垫或铅板。梁(板)就位后,梁(板)与支撑间不得有空隙和翘动现象,否则将发生局部应力集中,使梁(板)受损,也不利于梁(板)的伸缩与滑动。

支座安装检查项目及偏差应符合表3-1的规定。

表3-1 支座安装规定值或允许偏差

检查项目		规定值或允许偏差
支座中心与主梁中线(mm)		应重合,最大偏差<2
高程		符合设计要求
支座四角高差(mm)	承压力≤5 000 kN	<1
	承压力>5 000 kN	<2
支座上下各部件纵轴线		必须对正
活动支座	顺桥向最大位移(mm)	±250
	双向活动支座横桥向最大位移(mm)	±25
	横轴线错位距离(mm)	根据安装时的温度与年平均最高、最低温差计算确定
	支座上、下挡块最大偏差的交叉角	必须平行<5°

二、桥台锥坡施工要点

桥台锥坡是连接桥台和路堤的构筑物,其作用是稳固桥头填土边坡,防止水流冲刷路堤。锥坡一般由填土、锥坡基础、砂砾垫层和坡面护砌组成,其施工要点如下:

(1)石砌锥坡、护坡和河床铺砌层等工程,必须在坡面或基面夯实、整平后,方可开始铺砌,以保证护坡稳定。

(2)锥坡填土应与台背填土同时进行,填土应按标高及坡度填足。桥涵台背、锥坡、护坡及拱上等各项填土,宜采用透水性土,不得采用含有泥草、腐殖物或冻土块的土。填土应在接近最佳含水量的情况下分层填筑和夯实,每层厚度不得超过0.30 m,密实度应达到路基规范的要求。

(3)护坡基础与坡角的连接面应与护坡坡度垂直,以防坡角滑走。片石护坡的外露面和坡顶、边口应选用较大、较平整并略加修凿的块石铺砌。

(4)砌石时拉线要张紧,砌面要平顺,护坡下应按规定做砂砾或碎石垫层,护坡片石背后应按规定做碎石倒滤层,防止锥体土方被水冲蚀变形。地面施工时,垫层可与砌石坡面配合铺筑,随铺随砌,但要保证垫层的密实。护坡与路肩或地面的连接必须平顺,以利于排水,并避免背后冲刷或渗透坍塌。

(5)浆砌砌体,应砂浆饱满,及时覆盖养护,在砂浆初凝后,覆盖养生7~14 d。养护期间应避免碰撞、振动或承重。砌体勾缝除设计有规定,一般可采用凸缝或平缝,且宜待坡体土方稳定后进行,以减少灰缝开裂。

(6)根据设计要求,在坡面设置泄水孔。

三、台后填土施工要点

(1)台后填土应与桥台砌筑协调进行。填土应尽量选用渗水土,土的含水量要适量,在北方冰冻地区要防止冻胀。填筑台后路堤材料有困难时,至少应选用透水性良好的砂性土,或掺用40% ~70%的砂石料,分层厚度20~30 cm,压实度不小于95%。如遇软土地基,为增大土抗力,台后适当长度内的填土可采用石灰土(掺5%石灰)。

(2)填土应分层夯实,并应测定密实度。靠近墙后部位(1.5 m宽)可用小型打夯机,也可填筑块片石及级配砂砾石,用振动器振实。当打夯较困难时,可用木棍、拍板打紧捣实。填土与路基搭接处宜挖成台阶形。

(3)石砌圬工桥台台背与土接触面应涂抹两道热沥青或用石灰三合土、水泥砂浆胶泥作为台后防水处理。

(4)对于梁式桥的轻型桥台台后填土,应在桥面完成后,在两侧平衡地进行。

(5)台背填土顺路线方向长度,一般应自台身起,底面不小于桥台高度+2 m,顶面不小于2 m。

(6)台背填筑前应在土基上或某一合适高度设置泄水管或盲沟,并注意将泄水管或盲沟引出路基之外。

(7)为解决台后错台跳车,往往设置台后搭板,其效果与搭板之下的路堤压缩程度和搭板长度有密切关系。搭板纵坡 i_1 与路线纵坡 i_2 之差应为10% ~15%,以保证在台后长度方向上的沉降分布较均匀,并逐渐减小。搭板末端顶面应与路基平齐,搭板前端顶面应留有路面面层的厚度。

四、台后泄水盲沟施工要点

地下水较多时,泄水盲沟以片石、碎石或卵石等透水材料砌筑,并按要求坡度设置,沟底用黏土夯实。盲沟应建在下游方向，出口处应高出一般水位 0.2 m，平时无水的干河应高出地面 0.3 m。

如桥台在挖方内，横向无法排水时，泄水盲沟在平面上可在下游方向的锥体填土内折向桥台前端排出，在平面上呈 L 形。

盲沟施工时应注意以下事项：

(1)盲沟所用各种填料应洁净、无杂质，含泥量应小于 2%；

(2)各层的填料要求层次分明，填筑密实；

(3)盲沟应分段施工，当日下管填料应一次完成；

(4)盲沟滤管一般采用无砂混凝土管或有砂混凝土管，也可用短节混凝土管，但应在接头处留 1 ~ 2 cm 间隙，供地下水渗入；

(5)盲沟滤管基底应用混凝土浇筑，并与滤管密贴，纵坡应均匀，无反向坡；管节应逐节检查，不合格者不得使用；

(6)管道安装完毕后，应将管内砂浆残渣、杂物清除干净。

五、导流建筑物施工要点

导流建筑物施工要点如下：

(1)导流建筑物应和路基、桥涵工程综合考虑施工，以避免在导流建筑物范围内取土、弃土破坏排水系统。

(2)砌筑用石料的抗压强度不得低于 20 MPa；砌筑用砂浆标号在温和及寒冷地区不得低于 M5，在严寒地区不得低于 M7.5。

(3)导流建筑物的填土应达到最佳密度 90% 以上，坡面砌石按照锥体护坡要求办理。若使用漂石时，应采用栽砌法铺砌；若采用混凝土板护面，板间砌缝为 10 ~ 20 mm，并用沥青麻筋填塞。

(4)抛石防护宜在枯水季节施工。石块应按大小不同规格掺杂抛投，但底部及迎水面宜用较大石块。水下边坡不宜陡于 1∶1.5。顶面可预留 10% ~20% 的沉落量。

(5)石笼防护基底应铺设垫层，使其大致平整。石笼外层应用较大石块填充，内层则可用较小石块码砌密实，装满石块后，用铁丝封口。石笼间应用铁丝连成整体。在水中安置石笼，可用脚手架或船只顺序投放，铺放整齐，笼与笼间的空隙应用石块填满。石笼的构造、形状及尺寸应根据水流及河床的实际情况确定。

第四章　桥梁上部结构施工

第一节　梁桥施工

梁桥的施工方法按施工是否分段可分为整体施工法与节段施工法，按施工工艺可分为就地浇筑法与预制装配法，按具体工艺又可分为就地浇筑法、预制安装法、整孔架设法、移动模架法、悬臂施工法、顶推施工法、转体施工法等。应根据设计要求、施工条件等因素合理选择最佳的施工方法。

一、梁桥就地浇筑施工

就地浇筑施工是在桥孔位置搭设支架，在支架上安装模板，绑扎及安装钢筋骨架，预留孔道，并在现场浇筑混凝土与施加预应力的施工方法。这种施工方法的桥梁整体性好，施工平稳、可靠，不需大型起重设备，施工中无体系转换；但由于施工多为现场作业，需用大量的模板支架，工期长、费用高，需要有较大的施工场地，影响因素多，施工管理复杂。故多在小跨径桥、变宽的异形桥、弯桥或交通不便的边远地区采用。

就地浇筑混凝土梁桥的上部结构，首先应在桥孔位置搭设支架，以支撑各种施工荷载。支架安装应安全稳定，按要求设置预拱度，必要时进行预压。

模板、钢筋等工序完成并经检查合格，混凝土拌制、运输等准备工作完善后，即可浇筑梁桥混凝土。

无论对简支梁桥，还是悬臂梁或连续梁桥，在考虑主梁混凝土的浇筑顺序时，都应尽量减小模板和支架产生的平移、扭转、下沉等变形。为了使混凝土振捣密实，应采用相应的分层浇筑。当在斜面或曲面上浇筑混凝土时，一般应从低处开始。

（一）简支梁混凝土的浇筑

1. 水平分层浇筑

对于跨径不大的简支梁桥，可将梁和板沿一跨全长内水平分层浇筑，在跨中合龙。分层的厚度视振捣器的能力而定，一般为 0.15 ~ 0.3 m。为避免支架不均匀沉陷的影响，浇筑工作应尽量快速进行，以便在混凝土失去塑性以前完成。

2. 斜层浇筑

跨径不大的简支梁桥混凝土的浇筑，还可用斜层法从主梁两端对称向跨中进行，并在跨中合龙。T 形梁和箱梁采用斜层浇筑的顺序如图 4-1(a)所示。当采用梁式支架、支点不设在跨中时，应在支架下沉量大的位置先浇混凝土，使应该发生的支架变形及早完成。其浇筑顺序如图 4-1(b)所示。采用斜层浇筑时，混凝土的倾斜角一般为 20° ~ 25°，与混凝土的流动性有关。

较大跨径的简支梁桥可用水平分层或斜层法先浇筑纵横梁，待纵横梁浇筑完毕后，再

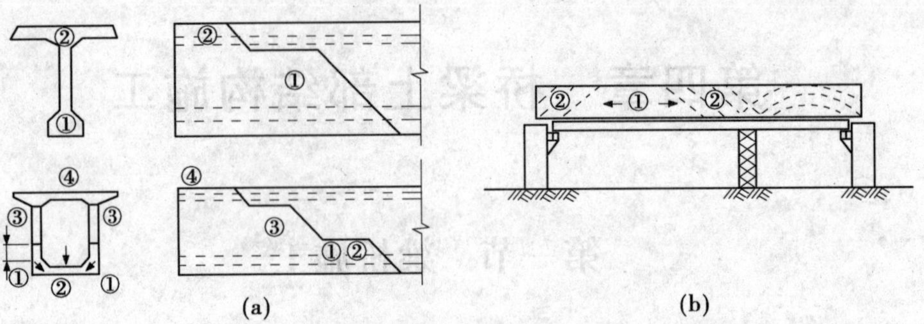

图 4-1　简支梁桥在支架上的浇筑顺序

沿桥的全宽浇筑桥面板混凝土。桥面板与纵横梁间应按工作缝处理。

3. 单元浇筑法

当桥面较宽且混凝土数量较多时，可分成若干纵向单元分别浇筑。每个单元的纵横梁可沿其长度方向水平分层浇筑或用斜层法浇筑，在纵梁间的横梁上设置工作缝，并在纵横梁浇筑完成后填缝连接。之后，桥面板可沿桥全宽一次浇筑完成，不设工作缝。桥面板与纵横梁间设置水平工作缝。

(二) 悬臂梁、连续梁混凝土的浇筑

在支架上浇筑悬臂梁、连续梁混凝土时，由于桥墩台为刚性支撑，桥跨下的支架为弹性支撑，在浇筑上部结构的混凝土时，桥墩台和支架将产生不均匀沉降。为了防止上部结构在桥墩处产生裂缝，在浇筑悬臂梁及连续梁混凝土时，可在桥墩上设置临时工作缝，待梁体混凝土浇筑完毕、支架沉降稳定、上部结构沉降停止后，再浇筑墩顶处接缝混凝土。工作缝的强度一般小于梁的整体强度，因此工作缝应设在主梁拉应力和剪应力最小处，一般设在桥墩顶部、支架顶部或附近。当支架采用较大跨径梁式支架时，在梁的两端支点上也应设置临时工作缝。图 4-2(a) 为某孔跨径为 33 m 的单悬臂梁工作缝设置的示例。

梁段间工作缝宽一般为 0.8 ~ 1.0 m，两端用木板与梁体隔开，并留出分布加强钢筋通过的孔洞。由主梁底一直隔到桥面板顶部，木板外侧用垂直木条钉牢。工作缝两端穿过隔板设置长 0.65 m、直径 8 ~ 12 mm 的分布钢筋，上下间距 0.1 m，其布置如图 4-2(b)、(c) 所示。

为避免不均匀沉降引起梁体混凝土开裂，还可采取预压支架的方法，即预先对支架施加与梁体相同重力的荷重，根据预压及测量结果，消除塑性变形，测出弹性变形，使支架预先完成变形。

1. 空心板梁浇筑顺序

小跨径的连续梁(板)桥，一般采用从一端向另一端分层、分段的浇筑程序，先梁身、后支点依次进行。图 4-3 所示为一座五跨一联钢筋混凝土连续空心板桥的混凝土浇筑顺序。该桥桥跨为 5 × 14.68 m，板厚 0.8 m，桥宽 11.65 m，板内有 9 个直径为 550 mm 的圆孔。板分两层浇筑，并在墩顶设工作缝。图中数字为混凝土浇筑顺序，箭头所指示为浇筑的方向。

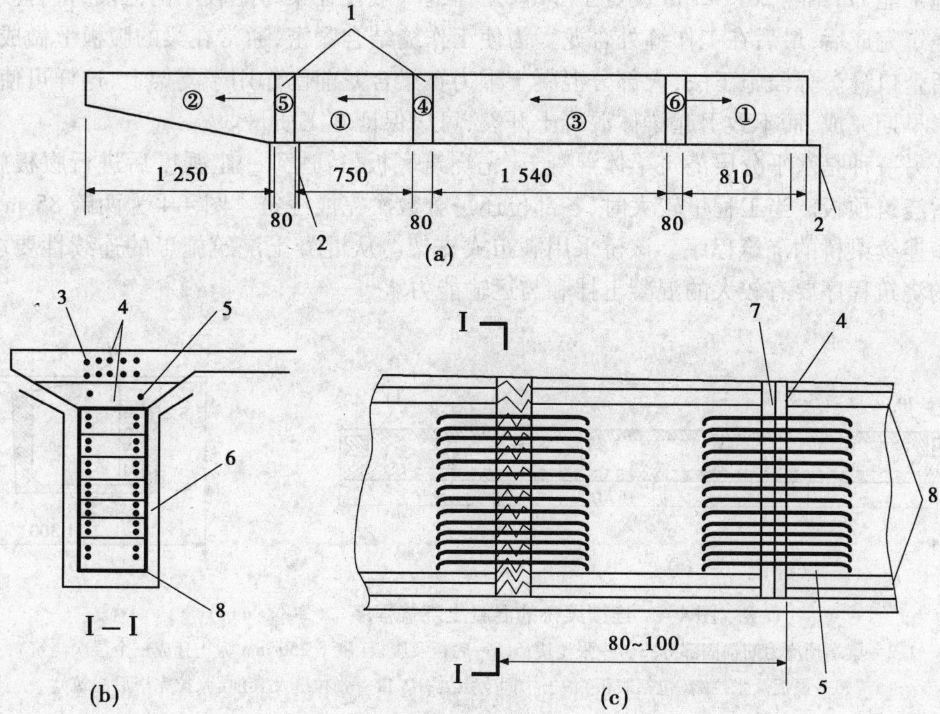

图 4-2　悬臂梁工作缝的位置与构造　（单位：cm）

1—工作缝；2—桥墩；3—主梁钢筋；4—隔板；5—分布钢筋；6—主梁模板；
7—垂直木条；8—穿过隔板的主钢筋

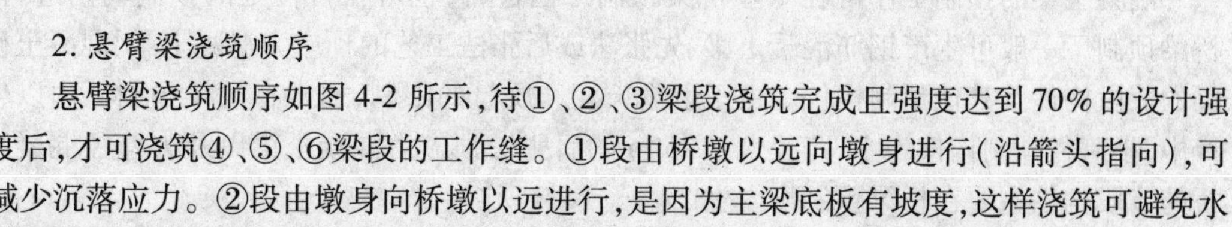

图 4-3　五跨一联空心板梁桥的混凝土浇筑顺序

2. 悬臂梁浇筑顺序

悬臂梁浇筑顺序如图 4-2 所示，待①、②、③梁段浇筑完成且强度达到 70% 的设计强度后，才可浇筑④、⑤、⑥梁段的工作缝。①段由桥墩以远向墩身进行（沿箭头指向），可减少沉落应力。②段由墩身向桥墩以远进行，是因为主梁底板有坡度，这样浇筑可避免水泥浆流失。③段从⑥段开始浇筑，因为浇③段时，⑥段右边的①段已经终凝，不会因使用振捣器而影响①段的凝结。悬臂梁桥孔中的挂梁也采用就地浇筑时，需待悬臂梁混凝土浇筑完毕且强度达到 70% 后才可进行。

3. 大跨径箱梁浇筑顺序

大跨径预应力混凝土连续梁桥常采用箱形截面，浇筑梁体混凝土要分多段进行。根据施工能力，每隔 20～45 m 设置工作缝，工作缝一般设在梁弯矩较小的区段，待各段混凝土浇筑完成后，最后在工作缝处合龙。为使工作缝结合紧密，通常在梁的腹板上做成齿形或留企口缝。分段施工法，大部分混凝土重力在梁合龙前已作用于支架上，这样可使支架变形早期完成，而不致引起梁体混凝土开裂，可以保证施工质量。

另一种是水平分层浇筑梁体混凝土，先浇筑底板，待达到一定强度后进行腹板施工，最后浇筑顶板。当工程量较大时，各部位还可分数次完成浇筑。图 4-4 为两跨 85 m 单箱单室连续梁桥的浇筑程序。该桥采用满布式支架。从混凝土浇筑施工的连续性要求，这样的浇筑程序要有较大的混凝土拌和与运输能力。

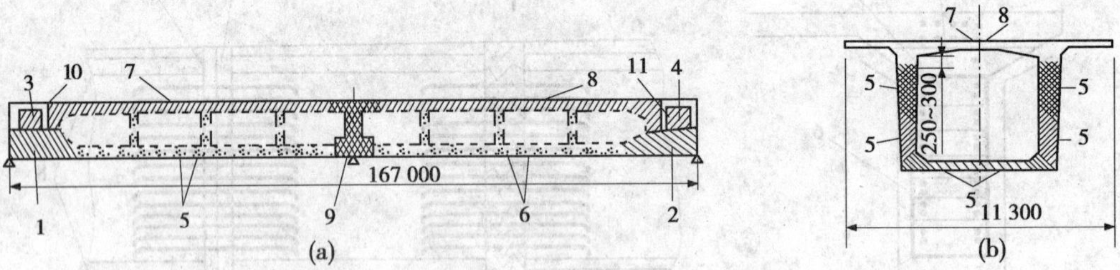

图 4-4　连续梁桥的混凝土浇筑程序　（单位：mm）

1、2—梁端预应力筋锚固部分；3、4—张拉块；5、6—底板及腹板（腋下 250 mm 为止分成三个层次浇筑）；7、8—顶板及张拉端（包括腹板）；9—中间支点处；10、11—张拉缝及其他（张拉完毕后浇筑）

二、装配式梁桥的施工

梁桥采用装配式施工，可使桥梁上、下部结构同时施工，以加快施工速度、缩短工期，大大减少施工现场的模板与支架，节省施工成本。同时，装配式梁桥一般在预制场内进行主要构件的生产制作，使生产作业工厂化，改善了生产作业条件，利于生产的标准化、机械化与自动化，能够提高梁体质量的保证率。但装配式梁桥上部结构的施工需要一定的运输和吊装设备，以进行预制构件的运输和安装工作，并需要通过接头或接缝把预制构件拼装成整体。近年来，随着吊运能力的不断提高、预应力工艺的日益完善，装配式梁桥施工方法在国内外获得了广泛应用。

装配式梁桥上部结构的施工可分为构件预制、运输、安装和集整四个施工过程。

混凝土梁的预制工作可在专业桥梁预制厂内进行，也可在桥位处的预制场内进行。桥梁预制厂一般可生产钢筋混凝土梁、先张法或后张法工艺的预应力混凝土梁、混凝土桥梁的节段构件及其他预制构件。由于运输长度和质量的限制，通常在桥梁预制厂内以生产中、小跨径预制构件为主，跨径大于 25 m 的后张法预应力混凝土梁以及大跨径混凝土桥的节段构件主要在桥梁预制场内生产。

在预制场或施工现场，可用固定式底座生产钢筋混凝土和预应力混凝土梁。预制构件在固定台位上完成各工序，直到构件完全可以移动后再进行下一个构件的制作。

在预制场内，也可采用在流水台车上预制。在场内设置运输轨道，将预制梁的底模设置在活动台车上。流水台车的构造有轨道轮、底板、加劲肋、底模和底模振捣装置。流水台车生产时，预制梁在台上生产，而安装模板、绑扎钢筋、预应力筋组束、浇筑混凝土以及张拉等工序安排在固定车间内,通过台车流动组织生产。它的主要优点在于可组织工厂采用流水台车生产多种规格的后张拉预应力混凝土简支梁;但它需要较大的生产车间和堆放场地,宜在生产量大的大型桥梁预制厂采用。流水台车均为钢质,流水台车和生产线的数量根据预制厂的生产能力确定。

(一)模板工程

桥梁预制生产常采用钢模板(见图4-5)和钢木组合模板(见图4-6)及充气橡胶胎模。木模板常在没有定型设计的构件或小跨径预制梁上使用,这种模板的制作很容易,但木料消耗量大、成本高。在木模靠混凝土的一面钉上0.3~0.5 mm厚的铁皮,使用时表面涂油,可以提高木模板周转使用次数,脱模方便,并获得光滑的混凝土表面。

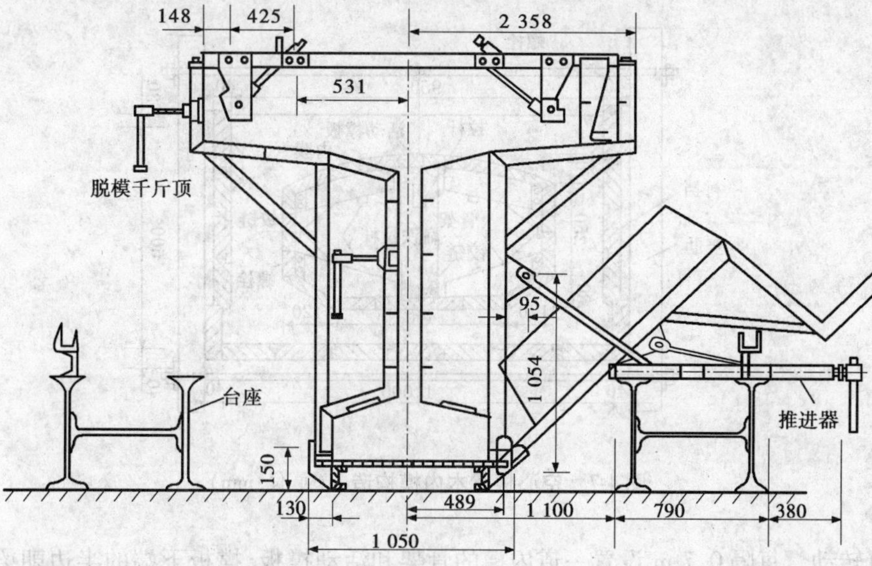

图4-5 钢模板构造 (单位:mm)

模板有底模、侧模、端模和内模。底模支撑在底座上或设置在流水台车上,可使用12~16 mm钢板制成。在预制梁时,底模不必拆除,仅在第二次周转使用前进行整平和校准。底模在构造上应注意设置底模与侧模、底模与端模以及底模接长的联系构件,底模还应具有在其下布置振捣器的构造措施(目前已较少用)。预应力混凝土预制梁底模两端在构造上应予以加强,因为在张拉时,整个梁体重力集中支撑在底模两端。此外,还应在底模与台座间设置减振橡皮垫。

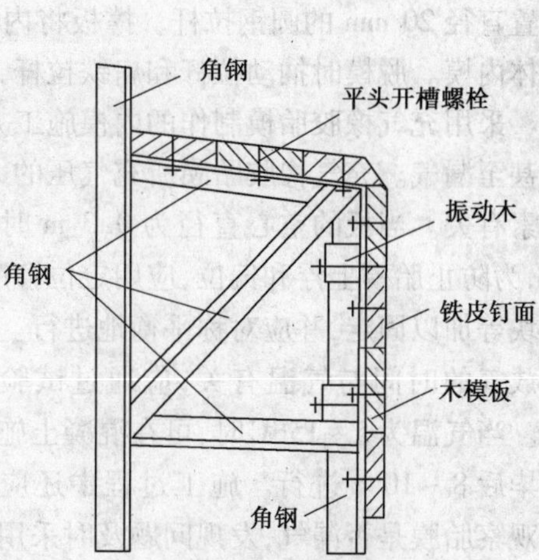

图4-6 钢木组合模板的构造

侧模沿梁长置于预制构件的两侧。小跨径梁可用整体侧模,通常考虑起吊重力和简化构造，模板单元长度取 4 ~ 5 m，可在横隔梁处分割。当横隔梁间距较大时，可再细划分。侧模由侧板、水平加劲筋、竖向斜撑等构件组成。钢侧模板一般选用 4 ~ 8 mm 钢板，加劲角钢常取 5 ~ 10 mm，加劲方木取 80 ~ 100 mm。侧模板在构造上应考虑可悬挂侧模振捣器，要加强侧模间的连接构造，并设拆卸模板的装置。

端模设置在梁的两端，安装时连接在侧模上，用于形成梁端形状，控制预应力束的孔道位置，一般用 4 ~ 8 mm 钢板加工而成。

空心截面梁预制的关键是应考虑内模的立模和拆模方便，又不损坏内模，可以重复使用。在空心板梁中，目前常用四合式活动模板，每根梁使用两节内模，以便搬运装拆。沿纵向又分成两部分，其构造见图 4-7。内模可采用 30 mm 厚木板，侧面装置铁铰链，使壳

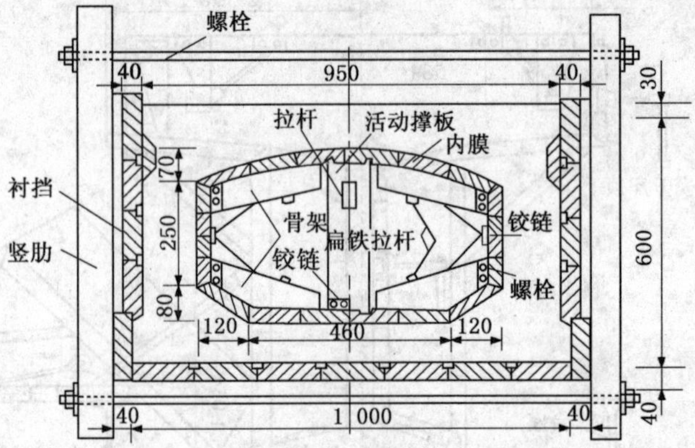

图 4-7　空心板梁木内模构造　（单位：mm）

板可以转动。每隔 0.7 m 设置一道内模的骨架和活动撑板，撑板下端的半边朝梁端一侧用铁链与壳板连接，另半边及上端均做成榫头，顶紧壳板纵面上、下斜接缝，并在撑板上方设置直径 20 mm 的圆钢拉杆。撑板将内壳板撑实后，在模壳外用铅丝捆扎，既成定型的整体内模。脱模时抽动拉杆和扁铁拉杆，即可拆除内模板。

采用充气橡胶胎模制作的内模施工方便、容易拆除。其缺点是胎模易上浮和偏位，有时甚至漏气。充气橡胶胎膜所充气压的大小与胎膜的直径、新浇筑混凝土的压力、气温等因素有关。当板的空心直径为 0.3 m 时，一般采用气压 39.2 ~ 49 kN/m^2。浇筑混凝土时，为防止胎模上浮和偏位，应用定位箍筋、压块等加以固定，并应对称平衡地进行。胎模放气的时间与气温有关，应通过试验确定。当气温为 5 ~ 15 ℃时，可在混凝土施工完毕后 8 ~ 10 h 进行。施工过程中还应经常观察胎膜是否漏气，发现问题及时采用补救措施。图 4-8 为由充气胶囊构成的空心板梁内模。

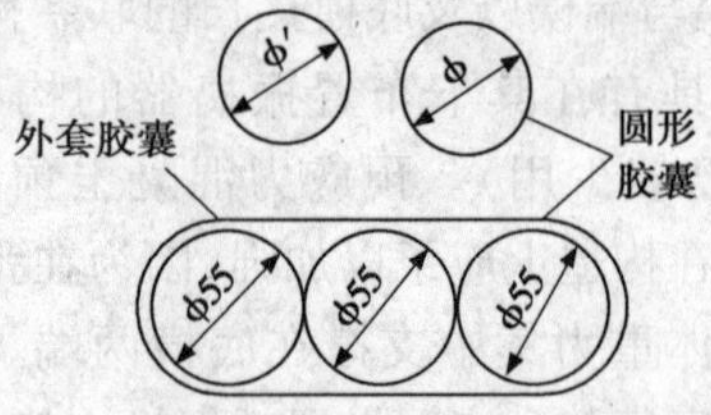

图 4-8　空心板梁充气胶囊内模　（单位：mm）

此外,内模还可采用不抽拔的心模,如用混凝土管、纸管、钢丝网管、竹笼心模等。箱梁的内模可采用钢模、木模或滑动模板。

(二)先张法施工

先张法是在浇筑混凝土前铺设、张拉预应力筋,并将张拉后的预应力筋临时锚固在台座或钢模上,然后浇筑混凝土,待混凝土养护达到不低于75%设计强度后,保证预应力筋与混凝土有足够的黏结,放松预应力筋,借助混凝土与预应力筋的黏结,对混凝土施加预应力的施工工艺,如图4-9所示。先张法一般仅适用于生产中小型预制构件,多在固定的预制厂生产,也可在施工现场生产。

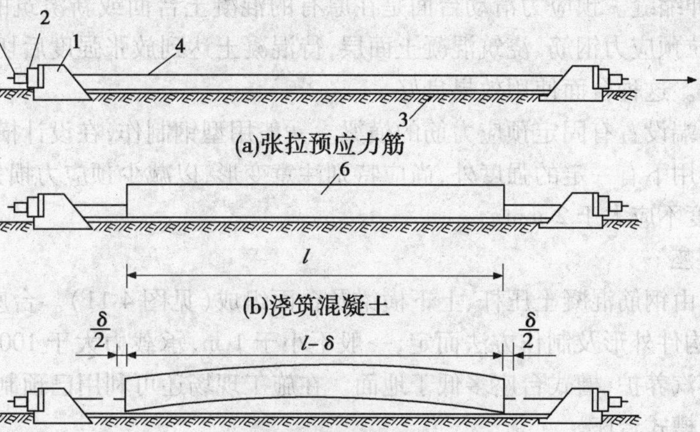

图4-9　先张法施工工艺示意

1—台座;2—横梁;3—台在;4—预应力筋;5—夹具;6—混凝土构件

先张法生产构件可采用长线台座法,一般台座长度为100~150 m,或在钢模中机组流水法生产构件。

1. 台座

台座是先张法施工中主要的设备之一,它必须有足够的强度、刚度和稳定性,避免因台座的变形、倾覆和滑移而引起预应力值的损失,以确保先张法生产构件的质量。

台座按构造型式的不同可分为墩式台座和槽式台座两类。

1)墩式台座

墩式台座由承力台墩、台面与横梁三部分组成,其长度宜为50~150 m(见图4-10)。目前,常用的是台墩与台面共同受力的墩式台座。台座的宽度主要取决于构件的布筋宽度、张拉与浇筑混凝土是否方便,一般不大于2 m。在台座的端部应留出张拉操作用地和通道,两侧要有构件运输和堆放的场地。台座的强度应根据构件张拉力的大小,可按台座每米宽的承载力为200~500 kN设计台座。

承力台墩一般埋置在地下,由现浇钢筋混凝土做成。台座的稳定性验算包括抗倾覆验算和抗滑移验算。

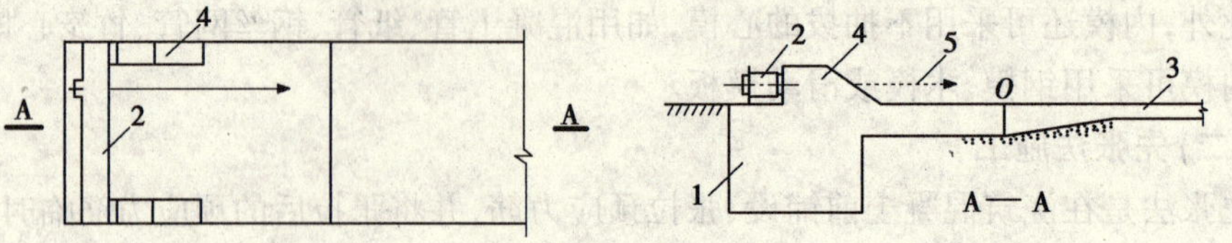

图 4-10　墩式台座

1—混凝土墩式台座;2—横梁;3—混凝土台面;4—牛腿;5—预应力筋

台面一般是在夯实的碎石垫层上浇筑一层厚度为 60 ~ 100 mm 的混凝土而成的。台面伸缩缝可根据当地温差和经验设置,约为每 10 m 设置一道,也可采用预应力混凝土滑动台面,不留伸缩缝。预应力滑动台面是在原有的混凝土台面或新浇筑的混凝土基层上刷隔离剂,张拉预应力钢筋、浇筑混凝土面层,待混凝土达到放张强度后切断预应力筋,台面就发生滑动。这种台面使用效果良好。

台座的两端设置有固定预应力筋的横梁。一般用型钢制作,在设计横梁时,除应考虑在张拉力的作用下有一定的强度外,尚应特别注意变形,以减少预应力损失。一般要求横梁受力后,挠度不应大于 2 mm。

2)槽式台座

槽式台座由钢筋混凝土压杆、上下横梁及台面组成(见图 4-11)。台座的长度不大于 50 m,宽度随构件外形及制作方法而定,一般不小于 1 m,承载力大于 100 kN。为便于混凝土浇筑和蒸汽养护,槽式台座多低于地面。在施工现场还可利用已预制好的柱、桩等构件装配成简易槽式台座。

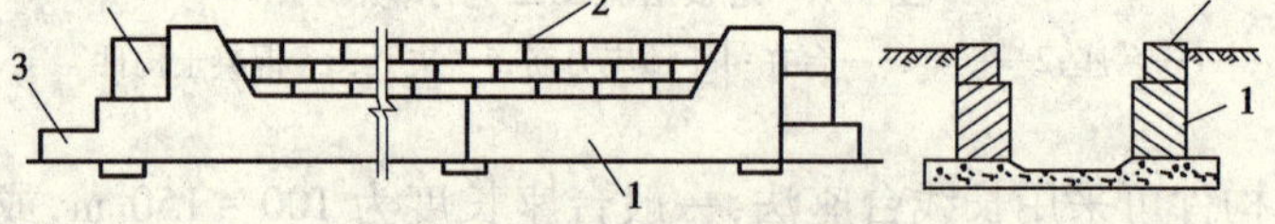

图 4-11　槽式台座

1—压杆;2—砖墙;3—下横梁;4—上横梁

2. 张拉机具和夹具

先张法生产的构件中,常采用的预应力筋有钢丝和钢筋线两种。张拉预应力钢丝时,一般直接采用卷扬机或电动螺杆张拉机。张拉预应力钢筋线时,在槽式台座中常采用四横梁式成组张拉装置,用千斤顶张拉,如图 4-12 所示。

预应力筋张拉后用锚固夹具直接锚固于横梁上,锚固夹具可以重复使用。要求锚固夹具工作可靠、加工方便、成本低并能多次周转使用。预应力筋采用螺丝端杆锚固。

3. 先张法施工工艺

用先张法在台座上生产预应力混凝土构件时,其工艺流程一般如图 4-13 所示。

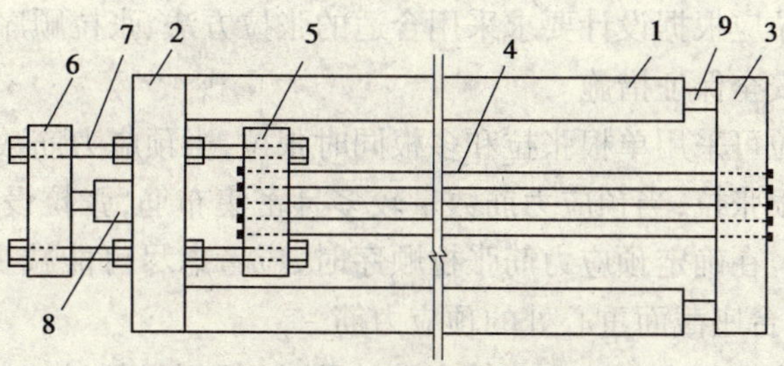

图 4-12　四横梁式成组张拉装置

1—台座;2、3—前、后横梁;4—钢筋;5、6—拉力架;7—螺丝杆;8—千斤顶;9—放张装置

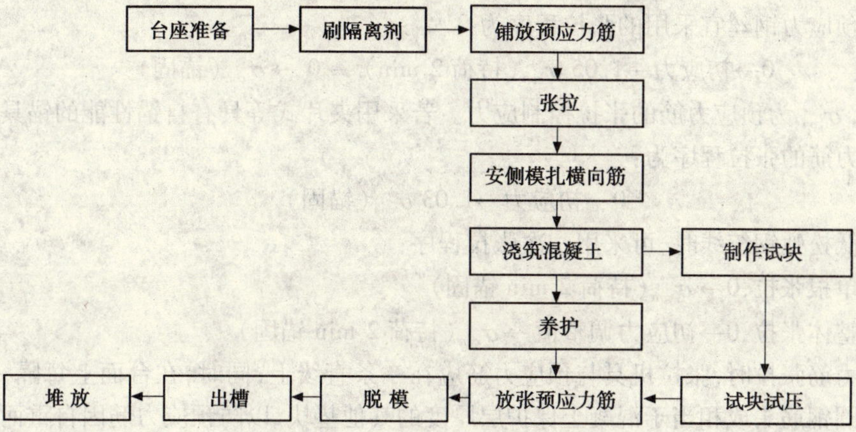

图 4-13　先张法工艺流程

预应力混凝土先张法施工工艺的特点是:预应力筋在浇筑混凝土前张拉,预应力的传递主要依靠预应力筋与混凝土之间的黏结力,为了获得质量良好的构件,在整个生产过程中,除确保混凝土质量,还必须确保预应力筋与混凝土之间的良好黏结,使预应力混凝土构件获得符合设计要求的预应力值。

碳素钢丝强度很高,但表面光滑,与混凝土黏结力差,必要时可采取刻痕和压波措施,以提高钢丝与混凝土的黏结力。

4. 预应力筋的铺设

预应力筋应采用砂轮锯或切断机切断,不得采用电弧切割。为便于脱模,长线台座(或胎模)在铺放预应力前应先刷隔离剂,但需采取措施,防止隔离剂污损预应力筋,影响其与混凝土的黏结。如果预应力筋遭受污染,应使用适宜的溶剂加以清洗干净。预应力钢丝宜用牵引车铺设。如遇钢丝需要接长时,可借助于钢丝拼接器用 20 ~ 22 号铁丝密排绑扎。

5. 预应力筋的张拉

预应力筋的张拉应根据设计要求采用合适的张拉方法、张拉顺序和张拉程序进行，并应有可靠的质量和安全保证措施。

预应力筋的张拉可采用单根张拉和多根同时张拉，当预应力筋数量不多、张拉设备拉力有限时常采用单根张拉；当预应力筋数量较多且密集布筋，张拉设备拉力较大时，则可采用多根同时张拉。在确定预应力筋张拉顺序时，应考虑尽可能减少台座的倾覆力矩和偏心力，先张拉靠近台座截面重心处的预应力筋。

预应力筋的张拉控制应力 σ_{con} 应符合设计要求，但不得超过控制力限值。施工中预应力筋需要超张拉时，其最大张拉控制应力符合规定。同时，张拉多根预应力筋时，应调整其初应力，使相互之间的应力一致；张拉过程中，应使活动横梁与固定横梁始终保持平行，并应抽查预应力筋的预应力值，其偏差的绝对值不得超过一个构件全部预应力筋预应力总值的5%。

一般预应力钢丝宜采用的张拉程序为：

$$0\rightarrow \text{初应力} \rightarrow 1.05\,\sigma_{con}(\text{持荷 2 min}) \rightarrow 0 \rightarrow \sigma_{con}(\text{锚固})$$

其中，σ_{con} 为预应力筋的张拉控制应力。若采用夹片式等具有自锚性能的锚具，对于普通松弛力筋的张拉程序为：

$$0\rightarrow \text{初应力} \rightarrow 1.03\,\sigma_{con}(\text{锚固})$$

采用低松弛钢绞线时，可采用一次张拉程序：

对于单根张拉，$0\rightarrow \sigma_{con}$（持荷 2 min 锚固）

对于整体张拉，0→初应力调整值→ σ_{con}（持荷 2 min 锚固）

预应力筋张拉时，张拉机具与预应力筋应在一条直线上；同时，在台面上每隔一定距离放一根圆钢筋头或相当于混凝土保护层厚度的其他垫块，以防预应力筋因自重而下垂。张拉过程中应避免预应力筋断裂或滑脱；先张法预应力构件，在浇筑混凝土前发生断裂或滑脱的预应力筋必须予以更换。预应力筋张拉锚固后，对设计位置的偏差不得大于5 mm，且不大于构件截面最短边长的4%。张拉过程中，应按混凝土结构工程施工质量验收规范要求填写预应力张拉记录表，以便检查。

施工中应注意安全。台座两端应有防护措施，张拉时，正对钢筋两端禁止站人，也不准进入台座。敲击锚具的锥塞或楔块时，不应用力过猛，以免损伤预应力筋而断裂伤人，但又要锚固可靠。冬期张拉预应力筋时，其温度不宜低于 -15 ℃，且应考虑预应力筋容易脆断的危险。

6. 预应力筋的放张

预应力筋的放张过程是预应力值的建立过程，是先张法构件能否获得良好质量的一个重要环节，应根据放张要求，确定合适的放张方法、放张顺序及相应的技术措施。

1）放张要求

预应力筋放张时，混凝土强度应符合设计要求，当设计无具体要求时，不应低于设计强度等级的75%。放张过早会由于混凝土强度不足，产生较大的混凝土弹性回缩或滑丝而引起较大的预应力损失。

2)放张方法

放张过程中，应使预应力构件自由压缩。放张工作应缓慢进行，避免过大的冲击与偏心。

当预应力筋为钢丝时，若钢丝数量不多，可采用剪切、锯割或氧－乙炔焰预热熔断的方法进行放张。放张时，应从靠近生产线中间处剪(熔)断钢丝，这样比靠近台座一端剪(熔)断时回弹要小，且有利于脱模。钢丝数量较多时，所有钢丝应同时放张，不允许采用逐根放张的方法，否则最后的几根钢丝将可能由于承受过大的应力而突然断裂，从而导致构件应力传递长度骤增，或使构件端部开裂。放张可采用放张横梁来实现，横梁可用千斤顶或预先设置在横梁支点处的放张装置(砂箱或楔块等)来放张。采用湿热养护的预应力混凝土构件宜热态放张，不宜降温后放张。

3)放张顺序

预应力筋的放张顺序应符合设计要求，当设计无特殊要求时，应遵循下列规定：

(1)对承受轴心预压力的构件(如压杆、桩等)，所有预应力筋应同时放张；

(2)对承受偏心预压力的构件，应先同时放张预压力较小区域的预应力筋，再同时放张预压力较大区域的预应力筋；

(3)当不能按上述规定放张时，应分阶段、对称、相互交错地放张，以防止在放张过程中，构件产生弯曲、裂纹及预应力筋断裂等现象。

(4)放张后预应力筋切断宜由放张端开始，逐次切向另一端。

(三)后张法施工

后张法是先制作构件结构，待混凝土达到一定强度后，再张拉预应力筋的方法。后张法预应力施工，不需要台座设备，灵活性大，广泛用于施工现场生产大型预制预应力混凝土构件和现场浇筑的预应力混凝土结构。后张法预应力施工，又可分为有黏结预应力施工和无黏结预应力施工两类。后张法预应力施工示意如图 4-14 所示。

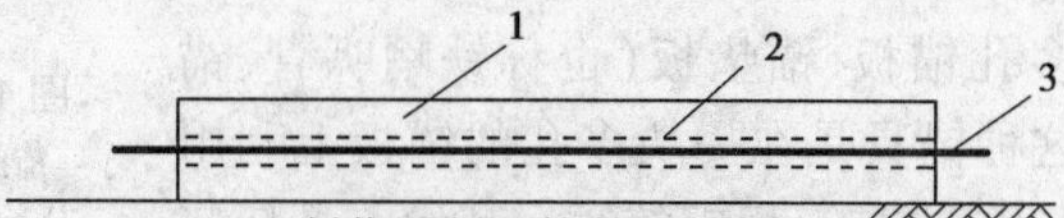

(a)制作混凝土构件或结构

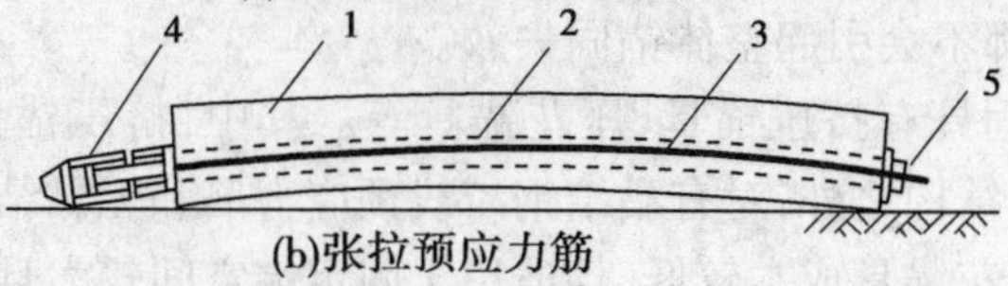

(b)张拉预应力筋

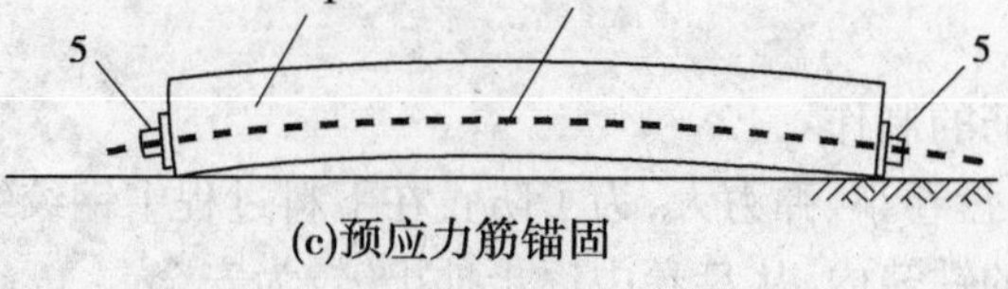

(c)预应力筋锚固

图 4-14　后张法预应力施工示意

1—混凝土构件或结构；2—预留孔道；3—预应力筋；4—千斤顶；5—锚具

后张法预应力施工的特点是直接在构件或结构上张拉预应力筋,混凝土在张拉过程中受到预应力而完成弹性压缩,因此混凝土的弹性压缩不直接影响预应力筋有效预应力值的建立。

后张法预应力的传递主要依靠预应力筋两端的锚具,锚具作为预应力筋的组成部分永远留置在构件上,不能重复使用。因此,后张法预应力施工需要耗用的钢材较多,锚具加工要求高,费用昂贵。另外,后张法工艺本身要预留孔道、穿筋、张拉、灌浆等,故施工工艺比较复杂,整体成本也比较高。

1. 预应力筋及锚具

锚具是后张法预应力混凝土构件或结构为保持预应力筋的拉力并将其传递到混凝土上所用的永久性锚固装置。

目前,我国后张法预应力施工中采用的预应力钢材主要有钢绞线、钢丝和精轧螺纹钢筋等,下面分别叙述其制作和配套使用的锚具。

1) 钢绞线预应力筋及锚具

钢绞线预应力筋是由多根钢丝在绞线机上成螺旋形绞合,并经消除应力回火处理而成。钢绞线的整根承载力大,柔韧性好,施工方便。钢绞线按捻制结构不同可分为 1 × 2 钢绞线、1 × 3 钢绞线和 1 × 7 钢绞线等。1 × 7 钢绞线是由 6 根外层钢丝围绕着一根中心钢丝(直径加大 2.5%)绞成,用途广泛。

a. 锚具

钢绞线锚具可分为单孔和多孔。单孔夹片锚固由锚环和夹片组成(见图 4-15)。当预应力筋受 P 力时(张拉后回缩力),由于夹片内孔有齿咬合预应力筋,而带动夹片(不得产生滑移)进入锚环锥孔内。由于楔形原理,故越楔越紧。

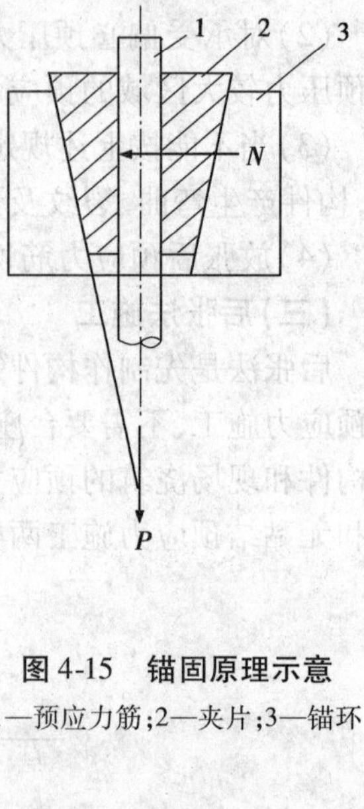

图 4-15 锚固原理示意

1—预应力筋;2—夹片;3—锚环

多孔夹片锚具有多孔锚板、锚垫板(也称铁喇叭管、锚座)、螺旋筋等组成。这种锚具是在一块多孔的锚板上利用每一个锥形孔装一副夹片,夹持一根钢绞线。其优点是任何一根钢绞线锚固失效都不会引起整体锚固失效。

钢绞线固定端锚固具有挤压锚具、压花锚具等。其中,挤压锚具可埋在混凝土结构内,也可安装在混凝土结构之外,对有黏结钢绞线预应力筋和无黏结钢绞线预应力筋都适用,应用范围较广。压花锚具成本较低,仅适用于固定端空间较大且有足够的黏结长度的情况。

b. 钢绞线预应力筋的制作

钢绞线的质量大、盘卷小、弹力大,为了防止在下料过程中钢绞线紊乱并弹出伤人,事先应制作在一个简易的铁笼内,从盘卷中逐步抽出,较为安全。

钢绞线下料宜用砂轮锯或切断机切断,不得采用电弧切割。钢绞线编束宜用 20 号铁丝绑扎,间距 2 ~ 3 m。编束时应先将钢绞线理顺,并尽量使各根钢绞线松紧一致。如钢绞线单根穿入孔道,则不编束。

采用夹片锚具，以穿心式千斤顶在构件上张拉时，钢绞线束的下料长度 L 按图 4-16计算。

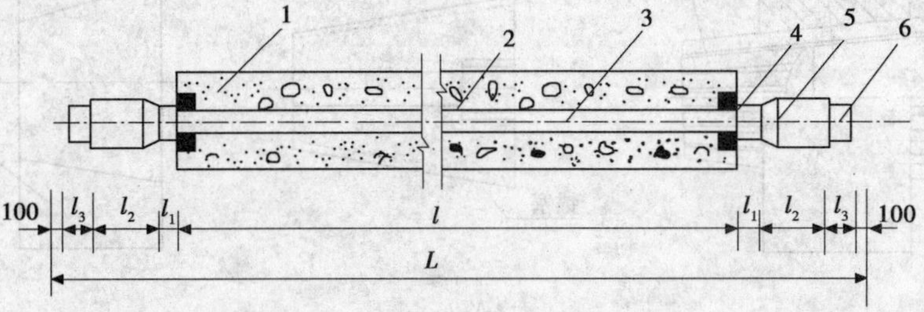

图 4-16　钢绞线下料长度计算示意

1—混凝土构件；2—孔道；3—钢绞线；4、6—夹片式工作锚具；5—穿心式千斤顶

两端张拉：

$$L = l + 2(l_1 + l_2 + l_3 + 100) \tag{4-1}$$

一端张拉：

$$L = l + 2(l_1 + 100) + l_2 + l_3 \tag{4-2}$$

式中　l——构件的孔道长度；

l_1——夹片式工作锚厚度；

l_2——穿心式千斤顶长度；

l_3——夹片式工具锚厚度。

2）钢丝束预应力筋及锚固

用做预应力筋的钢丝为碳素钢丝，用优质高碳钢盘条经索式体处理、酸洗、镀铜或磷化后冷拔而成。碳素钢丝的品种有冷拔钢丝、消除应力钢丝、刻痕钢丝、低松弛钢丝和镀锌钢丝等。

a. 锚具

钢丝束预应力筋的常用锚具有钢质锥形锚具、镦头锚具和锥形螺杆锚具。

（1）钢质锥形锚具。钢质锥形锚具（又称弗式锚）由锚环和锚塞组成（见图 4-17）。它适用锚固 6～30ϕ^P5 和 12～24ϕ^P7 钢丝束。

锚环和锚塞均用 45 号钢制作。锚环不得有裂纹，经调质热处理后，硬度为 HB220～250，锚塞表面加工成螺纹状小齿，以保证钢丝与锚塞的啮合，由于碳素钢丝表面硬度为 HRC40～50，所以锚塞热处理后的硬度应达 HRC55～58。

（2）镦头锚具。钢丝束镦头锚具是利用钢丝本身的镦头而锚固钢丝的一种锚具，可以锚固任意根数的 ϕ^P5 和 ϕ^P7 钢丝束，张拉时，需配置工具式螺杆。

这种锚具加工简单，锚固性能好，张拉操作方便，成本较低，适用性广，但对钢丝下料的等长要求较严。镦头锚具有张拉端和固定端两种形式。张拉端用锚环式镦头锚具（见图 4-18），由锚环和螺母组成。固定端用锚板式镦头锚具（见图 4-19），它比张拉端用的锚环式镦头锚具成本低廉。

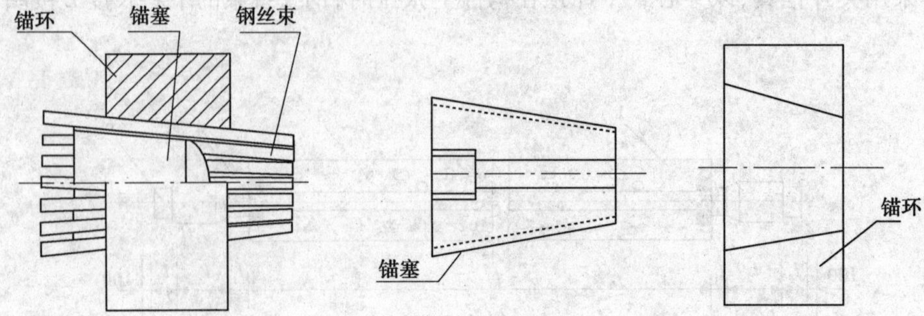

(a)装配图　　(b)锚塞　　(c)锚环

图 4-17　钢质锥型锚具

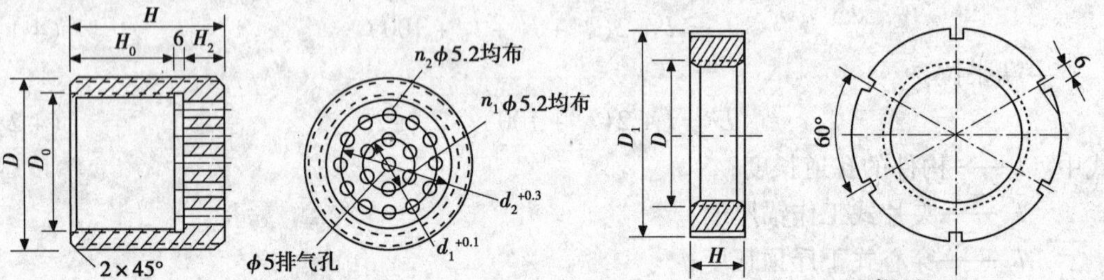

(a)锚环　　(b)螺母

图 4-18　墩头锚具

b. 钢丝束预应力筋的制作

钢丝束预应力筋的制作一般需经过下料、编束和组装锚具等工作。消除应力钢丝放开后是直的，可直接下料。采用镦头锚具时，钢丝的等长要求较严。为了达到这一要求，钢丝下料可用钢管限位法或用牵引在拉紧状态下进行。

当钢丝束采用钢质锥形锚具时，预应力钢丝的下料长度计算基本上与钢绞线预应力筋相同。

当用镦头锚具以拉杆式或穿心式千斤顶在构件上张拉时，钢丝束预应力筋的下料长度 L 可参照图 4-19 按下式计算：

$$L = l + 2(h + \delta) - K(H - H_1) - \Delta L - C \tag{4-3}$$

式中　l ——孔道长度，按实际丈量；

h ——锚环底部厚度或锚板厚度；

δ ——钢丝墩头留量(取钢丝直径的 2 倍)；

K ——系数，一端张拉时取 0.5，两端张拉时取 1.0；

H ——锚环高度；

H_1 ——螺母高度；

ΔL ——钢丝束张拉伸长值；

C ——张拉时构件混凝土的弹性压缩值。

为保证钢丝束两端钢丝的排列顺序一致，穿束和张拉时不致紊乱，每束钢丝都必须进行编束。随所用锚具的不同，编束方法也有差异。

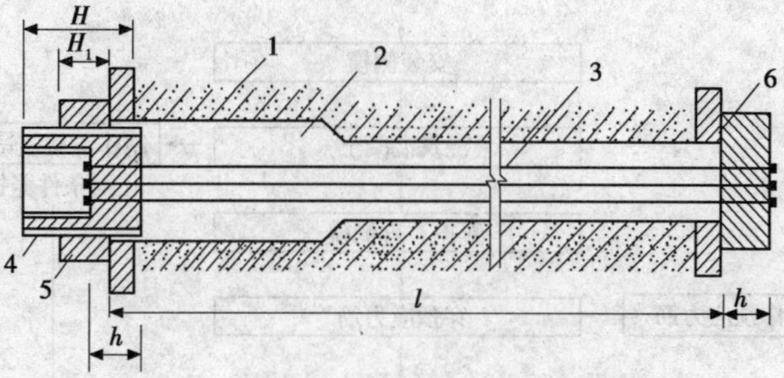

图 4-19　采用墩头锚具时下料长度计算示意

1—混凝土构件；2—孔道；3—钢丝束；4—锚环；5—螺母；6—锚板

2. 张拉机具和设备

预应力筋的张拉工作必须配置成套的张拉机具设备。后张法预应力施工所用的张拉设备由液压千斤顶、高压油泵和外接油管等组成。张拉设备应装有测力仪器，以准确建立预应力值。张拉设备应有专人使用和保管，并定期维护和校验。

1) 千斤顶

预应力液压千斤顶按机型不同可以分为拉杆式千斤顶、穿心式千斤顶、锥锚式千斤顶等几种。

a. 拉杆式千斤顶

拉杆式千斤顶是利用单活塞杆张拉预应力筋的单作用千斤顶，只能张拉吨位不大(600 kN)的支撑式锚具，多年来已逐步被多功能的穿心式千斤顶代替。

b. 穿心式千斤顶

穿心式千斤顶是一种具有穿心孔，利用双液缸张拉预应力筋和顶压锚固预应力筋的双作用千斤顶。

c. 锥锚式千斤顶

锥锚式千斤顶是一种具有张拉、顶锚和退楔功能的三作用千斤顶，仅用于带钢质锥形锚具的钢丝束。

2) 高压油泵

高压油泵主要与各类千斤顶配套使用，提高高压的油液。高压油泵的类型比较多，性能不一，如 ZB4/500 型高压油泵，它由泵体、控制阀、油压表、车体和管路等部件组成。

3. 后张法施工工艺

图 4-20 为后张法有黏结预应力筋施工工艺流程。

1) 孔道留设

孔道留设是后张法有黏结预应力筋施工中的关键工作之一。预留孔道的规格、数量、

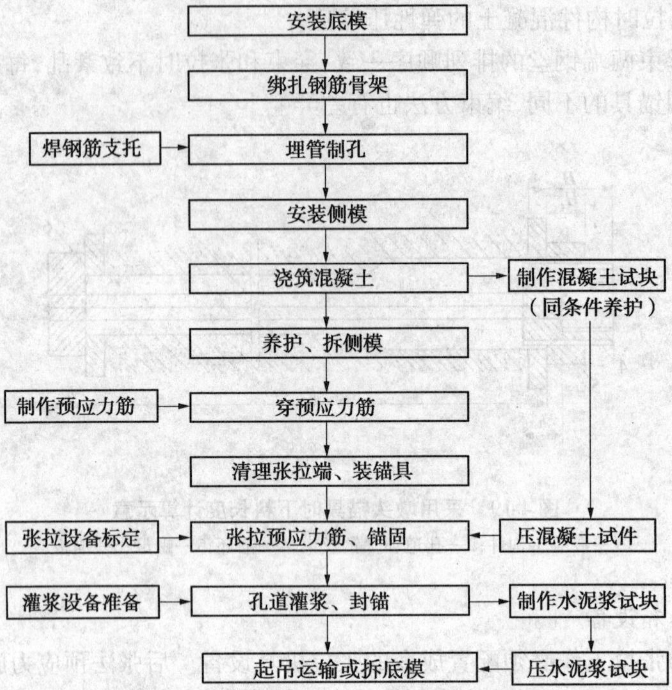

图 4-20　后张法有黏结预应力筋施工工艺流程

位置和形状应符合设计要求；预留孔道的定位应牢固，浇筑混凝土时不应出现位移和变形；孔道应平顺，短端部的预埋锚垫板应垂直于孔道中心线。

a. 预埋波纹管法

预埋波纹管成孔时，波纹管直接埋在构件或结构中不再取出，这种方法特别适用于留设曲线孔道。按材料不同，波纹管分为金属波纹管和塑料波纹管。

金属波纹管又称螺旋管，是用冷轧钢带或镀锌钢带在卷管机上压波后螺旋咬合而成。按照截面形状可分为圆形和扁形两种；按照钢带表面状况可分为镀锌和不镀锌两种。预应力混凝土用金属波纹管应满足径向刚度、抗渗漏、外观等要求。

金属波纹管的连接采用大一号的同型波纹管。接头管的长度为 200 ~ 300 mm，其两端用密封胶带或塑料热缩管封裹。

波纹管的安装应事先按设计图中预应力筋的曲线坐标在箍筋上定出曲线位置。波纹管的固定应采用钢筋支托，支托钢筋间距为 0.18 ~ 1.2 m。支托钢筋应焊在箍筋上，箍筋底部应垫实。波纹管固定后，必须用钢丝扎牢，以防止浇筑混凝土时波纹管上浮而引起严重的质量事故。

塑料波纹管用于预应力筋孔道时具有以下优点：

(1) 提高预应力筋的防腐保护，可防止氯离子侵入而产生的电腐蚀；

(2) 不导电，可防止杂散电流腐蚀；

(3) 密封性好，保护预应力筋不生锈；

（4）强度高，刚度大，不怕踩压，不宜被振动棒凿破；

（5）减小张拉过程中的孔道摩阻损失；

（6）提高预应力筋的耐疲劳能力。

安装时，塑料波纹管的钢筋支托间距不大于0.8～1.0 m。塑料波纹管接长采用熔焊法或高密度聚乙烯塑料套管。塑料波纹管与锚垫板连接，采用高密度聚乙烯套管。

b. 钢管抽心法

钢管抽心法是制作后张法预应力混凝土构件时，在预应力筋位置预先埋设钢管，待混凝土初凝后再将钢管旋转抽出的留孔方法。为防止在浇筑混凝土时钢管产生位移，每隔1.0 m用钢筋井字架固定牢固。钢管接头处可用长度为300～400 mm的铁皮套管连接。在混凝土浇筑后，每隔一定时间慢慢同向转动钢管，使之不与混凝土黏结；待混凝土初凝后、终凝前抽出钢管，即形成孔道。钢管抽心法仅适用于留设直线孔道。

c. 胶管抽心法

胶管抽心法是制作后张法预应力混凝土构件时，在预应力筋的位置处预先埋设胶管，待混凝土结硬后再将胶管抽出的留孔方法。为防止在浇筑混凝土时产生位移，直线段每隔600 mm用钢筋井字架固定牢靠，曲线段应适当加密。胶管两端应有密封装置。在浇筑混凝土前，胶管内充入压力为0.6～0.8 MPa的压缩空气或压力水，管径增大约3 mm，待浇筑的混凝土初凝后，放出压缩气或压力水，管径缩小，混凝土脱开，随即拔出胶管。胶管抽心法适用于留设直线与曲线孔道。

在预应力筋孔道两端，应设置灌浆孔和排气孔。灌浆孔可设置在锚垫板上或利用灌浆管引至构件外，其间距对抽心成型孔道不宜大于12 m，孔径应能保证浆液畅通，一般不宜小于20 mm，曲线孔道的曲线波峰部位应设置排气兼泌水管，必要时可在最低点设置排水孔，泌水管伸出构件顶面的高度不宜小于0.5 m。

灌浆孔的做法，对于一般预制构件，可采用木塞留孔。木塞应抵紧钢管、胶管或螺旋管，并应固定，严防混凝土振捣时脱开。现浇预应力结构金属螺旋管留孔做法如图4-21所示，是在螺旋管上开口，用带嘴的塑料弧形压板与海棉垫片覆盖并用铁丝扎牢，再接增强塑料管（外径200 mm，内径16 mm）。为保证留孔质量，金属螺旋管上可先不开孔，在外接塑料管内插一根钢筋，待孔道灌浆前，再用钢筋打穿螺旋管。

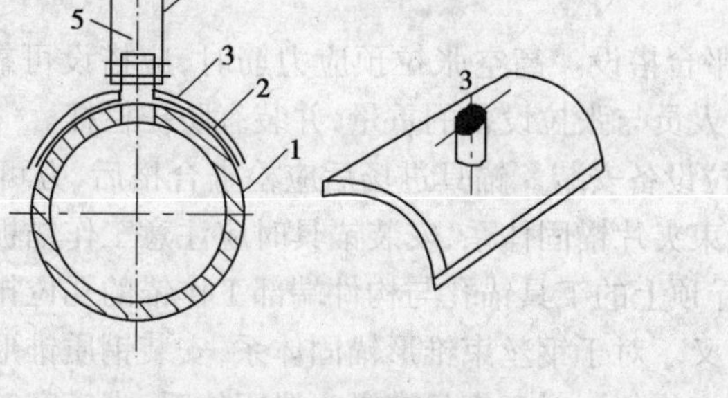

图4-21　波纹管上留灌浆孔

1—波纹管；2—海绵垫；3—塑料弧形压板；4—塑料管；5—铁丝扎紧

d. 预应力筋穿入孔道

预应力筋穿入孔道,简称穿筋。根据穿筋与浇筑混凝土之间的先后关系,可分为先穿筋和后穿筋两种。

先穿筋法即在浇筑混凝土之前穿筋。此法穿筋省力,但穿筋占用工期,预应力筋的自重引起的波纹管摆动会增大摩阻损失,预应力筋端保护不当易生锈。

后穿筋法即在浇筑混凝土之后穿筋。此法可在混凝土养护期内进行,不占工期,便于用通孔器或高压水通孔,穿筋后即行张拉,易于防锈,但穿筋较为费力。

穿筋根据一次穿入数量,可分为整束穿和单根穿。钢丝束应整束穿;钢绞线宜采用整束穿,也可用单根穿。穿筋工作可由人工、卷扬机和穿筋机进行。

人工穿筋可利用人工或起重设备将预应力筋吊起,工人站在脚手架上逐步穿入孔内。预应力筋的前端应扎紧并裹胶布,以便顺利通过孔道。对多波曲线预应力筋,宜采用特制的牵引头,工人在前头牵引,后头推送,用对讲机保持前后两端同时出现。对于长度不大于60 m的曲线预应力筋,人工穿筋方便。

预应力筋长60 ~80 m时,也可采用人工先穿筋,但在梁的中部留设约3 m长的穿筋助力段。助力段的波纹管应加大一号,在穿筋前套接在原波纹管上留出穿筋空间,待钢绞线穿入后再将助力段波纹管旋出接通,该范围内的箍筋暂缓绑扎。

对于长度大于80 m的预应力筋,宜采用卷扬机穿筋。钢绞线与钢丝绳间用特制的牵引头连接。每次牵引2 ~3 根钢绞线,穿筋速度快。

用穿筋机穿筋适用于大型桥梁与构筑物单根穿钢绞线的情况。穿筋机有两种类型:一是由油泵驱动链板夹持钢绞线传送,速度可任意调节,穿筋可进可退,使用方便;二是由电动机经减速箱减速后由两对滚轮夹持钢绞线传送,进退由电动机正反转控制。穿筋时,钢绞线前头应套上一个子弹头形壳帽。

2)预应力筋的张拉

a. 准备工作

预应力筋的张拉应做好以下准备工作:

(1)混凝土强度检验。预应力筋张拉时,混凝土强度应符合设计要求;当设计无具体要求时,不应低于设计混凝土强度等级的75%。

(2)构件端头清理。构件端部预埋钢板与锚具接触处的焊渣、毛刺、混凝土残渣等应清除干净。

(3)张拉操作平台搭设。高空张拉预应力筋时,应搭设可靠的操作平台。张拉操作平台应能承受操作人员与张拉设备的重量,并装有防护栏杆。

(4)锚具与张拉设备安装。锚具进场后应检查合格后,方可使用;张拉设备应事先配套校验。对钢绞线束夹片锚固体系,安装锚具时应注意工作锚板或锚环对中,夹片均匀打紧并外露一致;千斤顶上的工具锚孔与构件端部工作锚的孔位排列要一致,以防钢绞线在千斤顶穿心孔内打叉。对于钢丝束锥形锚固体系,安装钢质锥形锚具时必须严格对中,钢丝在锚环周边应分布均匀。对于钢丝束镦头锚固体系,由于穿筋关系,其中一端锚具要后装并进行镦头。安装张拉设备时,对于直线预应力筋,应使张拉力作用线与孔道中心线重合;对于曲线预应力筋,应使张拉力作用线与孔道中心线末端的切线重合。

b. 预应力筋张拉方式

根据预应力混凝土结构特点、预应力筋形状与长度以及方法的不同，预应力筋张拉方式有以下几种：

(1)一端张拉。张拉设备放置在预应力筋的一端进行张拉，适用于长度不大于 25 m 的直线预应力筋。如设计人员认可，同意放宽上述限制条件，也可采用两端张拉，但张拉端宜分别设置在构件的两端。

(2)两端张拉。张拉设备放置在预应力筋两端进行张拉，适用于长度大于 25 m 的直线预应力筋与曲线预应力筋。预应力筋采用两端张拉时，可先在一端张拉锚固后，再在另一端补足预应力值进行锚固。

(3)分批张拉。应使用能张拉多根钢绞线或钢丝的千斤顶对每一钢束中的全部预应力筋施加应力，但对扁平管中不多于 4 根的钢绞线除外。对配有多束预应力筋的构件或结构可分批进行张拉。后批预应力筋张拉所产生的混凝土弹性压缩会对前批张拉的预应力筋造成预应力损失，所以前批张拉的预应力筋张拉力应加上该弹性压缩损失值，使分批张拉后，每根预应力筋的张拉力基本相等。若为两批张拉，则第一批张拉的预应力筋的张拉控制应力 σ'_{con} 应为：

$$\sigma''_{con} = \sigma'_{con} + \alpha_E \sigma_{PC} \tag{4-4}$$

式中 σ'_{con} ——第一批张拉的预应力筋的张拉控制应力；

σ''_{con} ——设计控制应力，即第二批张拉的预应力筋的张拉控制应力；

α_E ——钢筋与混凝土的弹性模量比；

σ_{PC} ——第二批预应力筋张拉时，在已张拉预应力筋重心处产生的混凝土法向应力。

c. 预应力筋张拉顺序

预应力的张拉顺序应使梁上、下边缘混凝土应力不超过容许值，构件不扭转与侧弯、结构不变位等，应对称于预制梁截面的竖直轴线。同时，还应考虑到尽量减少张拉设备的移动次数。

两端同时张拉时，两端千斤顶的升降压、画记号、测伸长、插垫等工作均应一致。

d. 张拉程序

预应力筋的张拉操作程序，主要根据构件类型、张拉锚固体系、松驰损失等因素确定。后张预应力筋的张拉应符合设计要求，设计无规定时，其张拉程序可参照表 4-1 进行。

超张拉并持荷 2 min 的目的是加快预应力筋松驰损失的早期发展。以上各种张拉操作程序均可分级加载。对于曲线预应力束，一般以(0.1 ~ 0.15)σ_{con} 为测量伸长值的起点，分 3 级加载(0.2σ_{con}、0.6σ_{con}、1.0σ_{con})或 4 级加载(0.25σ_{con}、0.50σ_{con}、0.75σ_{con} 及 1.0σ_{con})。

当预应力筋长度较大，千斤顶张拉行程不够时，应分级张拉、分级锚固。第二级初始油压为第一级最终油压。预应力筋张拉到规定油压后，持荷校核伸长值，实际伸长值与理论伸长值的差值应符合设计要求，设计无规定时，实际伸长值与理论伸长值的差值应控制在 6% 以内，合格后进行锚固；否则应暂停张拉，待查明原因并采取措施予以调整后，方可继续张拉。

表 4-1　后张法预应力筋张拉程序

预应力筋		张拉程序
钢筋、钢筋束		$0 \to$ 初应力 $\to 1.05\sigma_{con}$（持荷 2 min）$\to \sigma_{con}$（锚固）
钢绞线束	对于夹片式等具有自锚性能的锚具	普通松弛力筋 $0 \to$ 初应力 $\to 1.03\sigma_{con}$（锚固） 低松弛力筋 $0 \to$ 初应力 $\to \sigma_{con}$（持荷 2 min 锚固）
	其他锚具	$0 \to$ 初应力 $\to 1.05\sigma_{con}$（持荷 2 min）$\to \sigma_{con}$（锚固）
钢丝束	对于夹片式等具有自锚性能的锚具	普通松弛力筋 $0 \to$ 初应力 $\to 1.03\sigma_{con}$（锚固） 低松弛力筋 $0 \to$ 初应力 $\to \sigma_{con}$（持荷 2 min 锚固）
	其他锚具	$0 \to$ 初应力 $\to 1.05\sigma_{con}$（持荷 2 min）$\to 0 \to \sigma_{con}$（锚固）
精轧螺纹钢筋	直线配筋时	$0 \to$ 初应力 $\to \sigma_{con}$（持荷 2 min 锚固）
	曲线配筋时	$0 \to \sigma_{con}$（持荷 2 min）$\to 0$（上述程序可反复几次）$\to$ 初应力 $\to \sigma_{con}$（持荷 2 min 锚固）

注：1. 表中 σ_{con} 为张拉时的控制应力，包括预应力损失值。

2. 超张拉数值超过规定的最大超张拉应力限值时，应按规定的限值进行张拉。

3. 梁的竖向预应力筋可一次张拉到控制应力，然后于持荷 5 min 后测伸长和锚固。

e. 伸长值计算与量测

预应力筋的理论伸长值 ΔL（mm）可按下式计算：

$$\Delta L = \frac{P_P L}{A_P E_P} \tag{4-5}$$

$$P_P = [P(1 - e^{-(kx+\mu\theta)})]/(kx + \mu\theta) \tag{4-6}$$

式中　L——预应力筋的长度，mm；

A_P——预应力筋的截面面积，mm^2；

E_P——预应力筋的弹性模量，N/mm^2；

P_P——预应力筋的平均张拉力，N，直线筋取张拉端的拉力，两端张拉的曲线筋；

P——预应力筋张拉端的张拉力，N；

μ——预应力筋与管道壁的摩阻系数，可按表 4-2 采用；

θ——从张拉端至计算截面曲线管道部分切线的夹角之和，rad；

k——管道每米局部偏差对摩阻的影响系数，可按表 4-2 采用；

x——从张拉端至计算截面的管道长度，可近似取该段管道在构件纵轴上的投影长度，m。

表 4-2　系数 k 和 μ 值

管道成型方式	k	μ	
		钢绞线、钢丝束	精轧螺纹钢筋
预埋金属波纹管	0.001 5	0.20 ~ 0.25	0.50
预埋塑料波纹管	0.001 5	0.14 ~ 0.17	—
预埋铁皮管	0.003 0	0.35	0.40
预埋钢管	0.001 0	0.25	—
抽心成型	0.001 5	0.55	0.60

弹性模量 E_P 是决定计算值的重要因素，一般取 $1.95\times10^5 \sim 2.05\times10^5\ \text{N/mm}^2$，对于大桥等重要的预应力混凝土结构，最好进行试验测定。对于由多曲线段或直线段与曲线段组成的曲线筋的张拉伸长量应分段计算，然后叠加。在计算时，应将每段两端扣除孔道的摩阻损失后的拉力求出，然后再计算每段的张拉伸长值。

预应力筋张拉时，应先调整到初应力 σ_0，该初应力宜为张拉控制应力 σ_{con} 的 10% ~ 15%，伸长值应从初应力时开始量测。预应力筋的实际伸长值除量测的伸长值外，必须加上初应力以下的推算伸长值。对于后张法构件，在张拉过程中产生的弹性压缩值一般可省略。

预应力筋张拉的实际伸长值 ΔL（mm），可按下式计算：

$$\Delta L = \Delta L_l + \Delta L_2$$

式中　ΔL_1——从初应力至最大张拉应力间的实测伸长值，mm；

ΔL_2——初应力以下的推算伸长值，mm，可采用相邻级的伸长值（如初应力为 σ_{con} 的10%，则相邻级的伸长值为张拉控制应力在（10% ~ 20%）σ_{con} 的预应力筋伸长值）。

【例 4-1】　如图 4-22 所示的半联连续梁，预应力筋采用一束 $12\phi^s15.24$ 的钢绞线束，张拉控制力 $P = 2\ 346.3\ \text{kN}$，$A_y = 1\ 680\ \text{mm}^2$，$E_P = 1.95\times10^5\ \text{N/mm}^2$，孔道采用预埋波纹管成型，$\mu = 0.20$，$k = 0.001\ 5$，按两端张拉，计算预应力筋的理论伸长量。

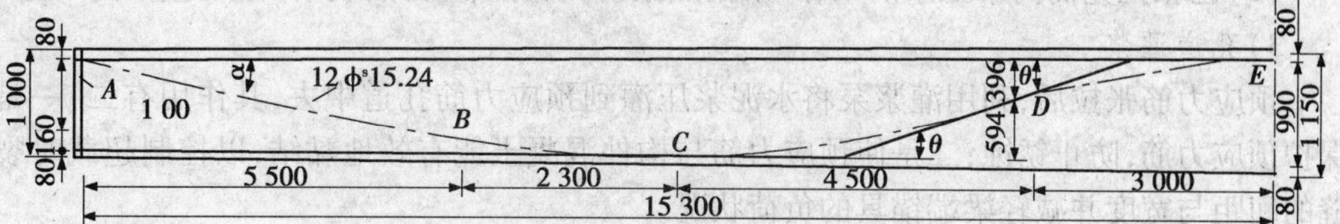

图 4-22　连续梁的尺寸与预应力筋的布置　（单位：mm）

解：将半个曲线预应力筋分成四段，分段计算：

$$\alpha = \arctan\left(\frac{68}{550}\right) = 0.123(\text{rad})$$

$$\theta = \arcsin\left(\frac{450}{1\ 734.25}\right) = 0.262(\text{rad})$$

将各段数据列入表 4-3。

表 4-3　各段预应力筋张拉伸长量计算表

预应力筋段	力筋长 L(m)	夹角 θ (rad)	$kx+\mu\theta$	$e^{-(kx+\mu\theta)}$	终点力 (kN)	P_P (kN)	伸长值 ΔL(mm)
AB	5.5	0	0.008 3	0.991 7	2 326.8	2 346.3	39.4
BC	2.3	0.123	0.028 1	0.972 3	2 262.4	2 312.9	16.1
CD	4.5	0.262	0.059 2	0.942 5	2 132.3	2 197.4	30.2
DE	3.0	0.262	0.056 9	0.944 7	2 014.4	2 072.3	19.0

分段求得：

$$\Delta L = 2 \times (39.4 + 16.1 + 30.2 + 19.0) = 209.4(\text{mm})$$

f. 张拉安全注意事项

张拉时应注意以下事项：

(1)张拉现场应有明显标志，与该工作无关的人员严禁入内。

(2)张拉或退楔时，千斤顶后面不得站人，以防预应力筋拉断或锚具、楔块弹出伤人。

(3)油泵运转有不正常情况时，应立即停车检查。在有压情况下，不得随意拧动油泵或千斤顶各部位的螺丝。

(4)作业应由专人负责指挥，操作时严禁摸踩及碰撞预应力筋，在测量伸长量及拧螺母时，应停止开动千斤顶或卷扬机。

(5)冷拉或张拉时，螺丝端杆、套筒螺丝及螺母必须有足够长度，夹具应有足够的夹紧能力，防止锚具夹不牢而滑出。

(6)千斤顶支架必须与梁端垫板接触良好，位置正直对称，严禁多加垫块，以防支架不稳或受力不均倾倒伤人。

(7)在高压油管的接头应加防护套，以防喷油伤人。

(8)已张拉完而尚未压浆的梁，严禁剧烈振动，以防预应力筋裂断而酿成重大事故。

3)孔道灌浆

预应力筋张拉后，利用灌浆泵将水泥浆压灌到预应力筋孔道中去，其作用有二：一是保护预应力筋，防止锈蚀；二是使预应力筋与构件混凝土能有效地黏结，以控制超载时裂缝的间距与宽度并减轻梁端锚具的负荷状况。

预应力筋张拉后，应尽早进行孔道灌浆，对孔道灌浆的质量必须重视。孔道内水泥浆应饱满、密实，且其强度应不低于 30 MPa，应采用强度等级不低于 42.5 级的普通硅酸盐水泥配制，其水灰比不应大于 0.45；水泥浆的最大泌水率不得超过 3%，搅拌后 3 h 泌水率不大于 2%。泌水应能在 24 h 内全部重新被水泥浆吸收。为改善水泥浆性能，可掺缓凝减水剂。水泥浆应采用机械搅拌，以确保拌和均匀。搅拌好的水泥浆必须过滤(网眼不大于 5 mm)，置于储浆桶内，并不断搅拌以防止沉淀。

灌浆设备包括砂浆搅拌机、灌浆泵、贮浆桶、过滤网、橡胶管和喷浆嘴等。灌浆泵应根据灌浆高度、长度、形态等选用,并配备计量校检合格的压力表。

灌浆前应全面检查构件孔道及灌浆孔、泌水孔、排气孔是否畅通。对于抽拔管成孔,可采用压力水冲洗孔道;对于顶埋波纹管成孔,必要时可采用压缩空气清孔。宜先灌下层孔道,后灌上层孔道,从最低点的压浆孔压入,由最高点的排气孔排气和泌水,灌浆工作应缓慢均匀地进行,不得中断,并应排气通顺,在出浆口出浓浆并封闭排气孔后,宜再继续加压至不小于0.5 N/mm^2,稳压2 min,再封闭灌浆孔。当孔道直径较大且水泥浆不掺微膨胀剂或减水剂进行灌浆时,可采取二次压浆法或重力补浆法。超长孔道、大曲率孔道、扁管孔道、腐蚀环境的孔道等可采用真空辅助灌浆。

灌浆用水泥浆的配合比应通过试验确定,施工中不得任意更改。灌浆试块采用7.07 cm×7.07 cm×7.07 cm的试模制作,每工作班不少于3组,标准养护28 d,检查其抗压强度,作为评定水泥浆质量的依据。移动构件或拆除底模时,水泥浆试块强度不应低于15 N/mm^2。孔道灌浆后,应检查孔道上凸部位灌浆密实性,如有空隙,应采取人工补浆措施。对孔道阻塞或孔道灌浆密实情况有疑问时,可局部凿开或钻孔检查,但以不损坏结构为前提,否则应采取加固措施。

(四)装配式梁桥的起吊、运输

1.预制板、梁的出坑、堆放

为了将预制的钢筋混凝土或预应力混凝土板、梁从预制场(或预制工厂)运往桥孔现场,首先要把它从预制底座上移出来,称为出坑。钢筋混凝土构件在混凝土强度达到设计强度的75%、预应力混凝土构件在进行预应力张拉后,即可进行这一项工作。

预制构件吊离底座时,可视构件重量、外形尺寸和设备条件等采用不同的工具设备。常用的方法有龙门吊机起吊出坑、三脚扒杆偏吊出坑和横向滚移出坑。

后张法梁如采用分两次张拉力筋(束)时,即可提前将梁移出生产梁位,从而缩短生产台座的施工周期,加快施工进度。

预制构件出坑、堆放时应注意以下几点:

(1)装配式预制构件在出坑、移运、堆放时,混凝土强度不应低于设计对吊装所要求的强度,且不宜低于设计标号的75%;对于预应力混凝土构件其孔道压浆的强度,如无设计要求时,不应低于15 MPa。对于跨径≤3 m的板等一般构件,其混凝土强度应达到设计标号的50%后,才可出坑移运。

预制构件在出坑前、拆模后应检查其实际尺寸、伸出预埋钢筋(或钢板)、吊环的位置及混凝土的质量,并根据有关规定进行适当修补、处理,务必使预制构件形状正确,表面光滑,安装时不致发生困难。尖角凸出或细长构件在装卸移运过程中应用木板保护。如有必要,试拼的构件应注上号码。

(2)构件移运时的起吊位置应按设计规定,一般即为吊环或吊孔的位置。如设计无规定,又无预埋的吊环或吊孔时,对于上、下面有相同配筋的等截面直杆构件的吊点位置,一点吊可设在离端头0.293L处,二点吊可设在离端头(0.22 ~ 0.25)L处(L为构件长)。其他配筋形式的构件应根据计算确定吊点位置。

(3)构件的吊环应顺直,如发现弯扭必须校正,使吊环能顺利套入。吊绳(千斤绳)交角大于60°时，必须设置吊架或扁担，使吊环垂直受力，以防吊环折断或破坏临时吊环处的混凝土。如用钢丝绳捆绑起吊时，需用木板、麻袋等垫衬，以保护混凝土的棱角。

(4)预制板、梁构件移运和堆放时的支点位置应与吊点位置一致，并应支撑牢固。起吊及堆放板式构件时，注意不要吊错上下面的位置，以免折断。顶起构件时必须垫好保险垛。构件移运时应有特制的固定架，构件应竖立或稍倾斜放置，注意防止倾覆。如平放，两端吊点处必须设置支搁方木，以免产生负弯矩而断裂。

(5)堆放预制构件的场地应平整密实不致积水。雨季和春季冻融期间，必须注意防止地面软化下沉而造成构件折断和损坏。

(6)预制构件应按吊运及安装次序顺号堆放，并注意在相邻两构件之间留出适当通道。构件堆垛时应设置在垫木上，吊环应向上，标志应向外；构件混凝土养护期未满时，应继续养护。

(7)构件堆放时应按构件的刚度和受力情况决定平放还是竖放，并保持稳定。水平分层堆放构件时，其堆垛高度应按构件强度、地面耐压力、垫木强度以及堆垛的稳定性而定。一般大型构件以2层为宜，不宜超过3层。预制梁堆垛不宜多于4层。小型构件堆放如有折断可能时，应以其刚度较大的方向作为竖直方向。

(8)堆放构件必须在吊点处设垫木，层与层之间应以垫木隔开，多层垫木位置应在一条垂直线上。

2. 预制板梁的运输

装配式混凝土预制板、梁及其他预制构件通常在桥头附近的预制场或桥梁预制厂内预制，为此需配合吊装架梁的方法，通过一定的运输工具将预制梁运到桥头或桥孔下。从工地预制场到桥头或桥孔下的运输称为场内运输，将预制梁从桥梁预制厂(或场)运往桥孔或桥头的运输称为场外运输。

1)场内运输

短距离的场内运输可采用龙门架配合轨道平板车来实现，这时需铺设钢轨便道，由龙门架(或木扒杆)起吊移运构件出坑，横移至预制构件运输便道，卸落到轨道平车上，然后用绞车牵引至桥头或桥孔下。运输过程中梁应竖立放置，为了防止构件发生倾覆、滑动、跳动等现象，需在构件两侧采用斜撑和木楔等临时固定，如图4-23所示。轨道平板车应设有转盘装置，以便于装上预制构件后能在曲线轨道上运行，同时应装设制动设备，便于在运行过程中随时制动。

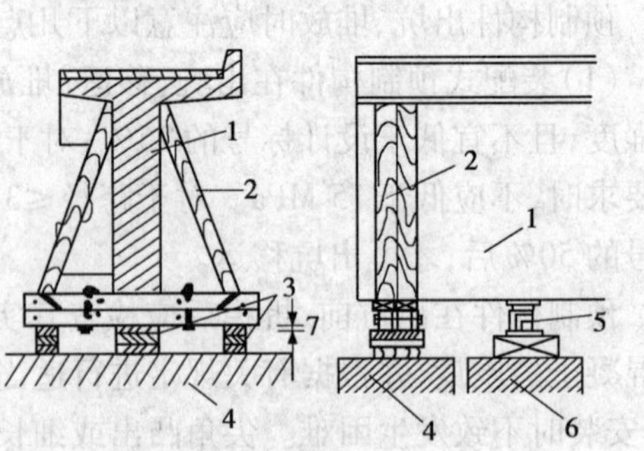

图4-23　T形梁的支顶

1—梁肋；2—斜撑；3—木楔；4—保险枕木垛；5—千斤顶；6—顶梁枕木垛；7—空隙不大于5 cm

对于小跨径预制梁或规模不大的工程，也可用纵向滚移法进行场内运输。即设置木板便道，利用钢管或硬圆木作滚子，使梁靠两端支撑在几个滚子上用绞车拖拽，边前进边换滚子将预制梁运至桥头。

在场内运梁时，为使其平稳前进以确保施工安全，通常在用牵引绞车徐徐向前拖拉的同时，后面的制动索应跟着慢慢放松，以控制前进的速度。

当采用水上浮吊架梁时，需要将预制梁装上船，则运梁便道应延伸至河边能使驳船靠拢的地方，为此需要修筑一段装船用的临时栈桥（码头）。

2）场外运输

距离较远的场外运输，通常采用汽车、大型平板拖车、火车或驳船。受车厢长度、载重量的限制，一般中小跨径的预制板、梁或小构件（如栏板、扶手等）可用汽车运输。50 kN以内的小构件可用汽车吊装卸；大于50 kN的构件可用轮胎吊、履带吊、龙门架或扒杆装卸。要运较长的构件时，可在汽车上先垫以长的型钢或方木，再搁放预制构件，构件的支点应放在近两端处，以避免道路不平、车辆颠簸引起的构件开裂。

特别长的构件应采用大型平板拖车或特制的运梁车运输。

使用大型平板拖车运梁时，车长应能满足支撑间距要求，构件装车时需平衡放正，以使车辆承重对称均匀。构件支点下及相邻两构件间，需垫麻袋或草帘，以防止构件相互碰撞。构件下的支点需设活动转盘以免搓伤混凝土。预制简支梁运输时应竖直放置，并用斜撑支撑（应支在梁腹上，不得支在梁板上，以防梁板根部发生负弯矩而开裂），以防梁倾倒。

（五）装配式桥梁安装

1. 支架便桥架设法

支架便桥架设法是在桥孔内或靠墩台旁顺桥向用钢梁或木料搭设便桥作为运送梁、板构件的通道，在通道上面设置走板、滚筒或轨道平车，从对岸用绞车将梁、板牵引至桥孔后，再横移至设计位置定位安装。

2. 人字扒杆悬吊架设法

人字扒杆悬吊架设法又称吊鱼架设法（见图4-24），是利用人字扒杆来架设梁桥上部结构构件，而不需要特殊的脚手架或木排架。

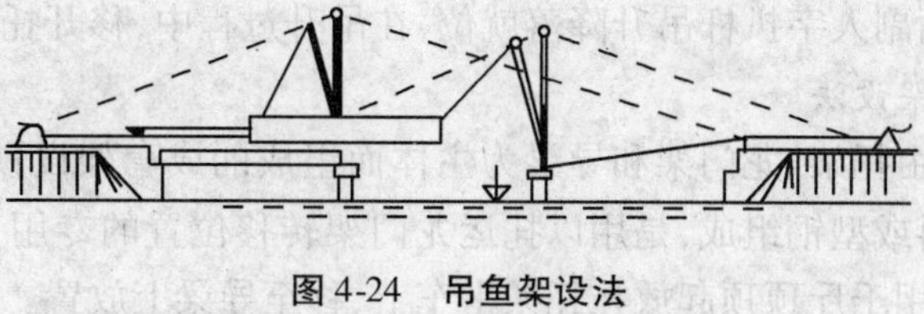

图4-24　吊鱼架设法

架设方法有人字扒杆架设法，人字扒杆两梁连接悬吊架设法，人字扒杆、托架架设法三种。

人字扒杆又有两副扒杆和一副扒杆架设两种。两副扒杆架设中，一副是吊鱼滑车组，用以牵引预制梁悬空拖拽，另一绞车是牵引前进，梁的尾端设有制动绞车，起溜绳配合作用，后扒杆的主要作用是预制梁吊装就位时，配合前扒杆吊起梁端，抽出木垛，便于落梁就位（见图4-25）。一副扒杆架设中，其基本方法同两副扒杆架设，是采用千斤顶顶起预制梁,抽出木垛,落梁就位(见图4-26)。

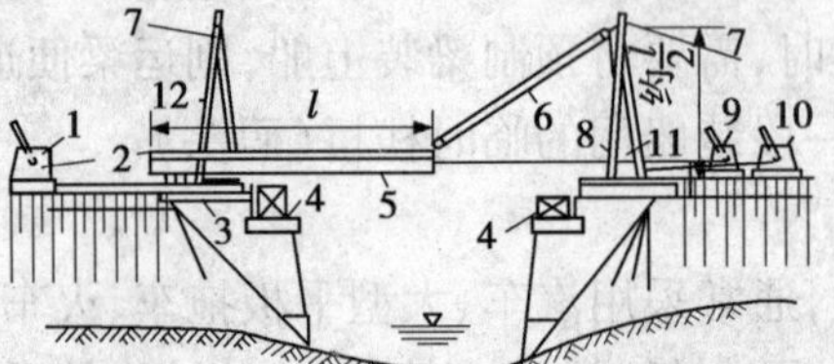

图4-25　两副扒杆架设示意

1—制动绞车;2—滑道木;3—滚轴;4—临时木垛;5—顶制梁;6—吊鱼滑车组;7—缆风索;
8—前扒杆;9—牵引绞车;10—吊鱼用绞车;11—转向滑车;12—后扒杆

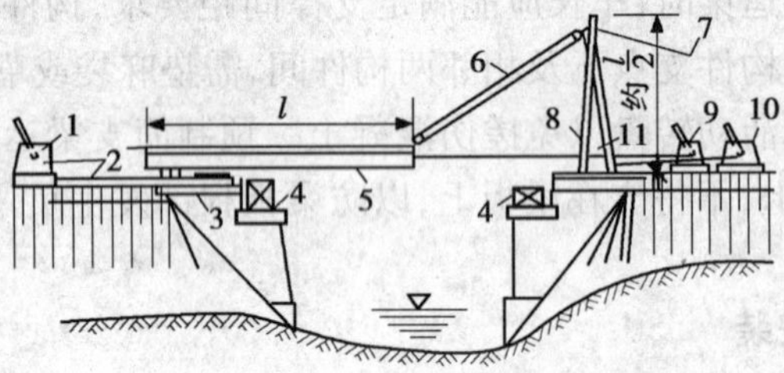

图4-26　一副扒杆架设示意

1—制动绞车;2—滑道木;3—滚轴;4—临时木垛;5—顶制梁;6—吊鱼滑车组;7—缆风索;
8—前扒杆;9—牵引绞车;10—吊鱼用绞车;11—转向滑车;12—后扒杆

人字扒杆两梁连接悬吊架设法是两根梁拼梁吊装,前梁为架设梁,后梁作平衡重。悬吊时,梁的平衡主要靠后梁及其尾部的压重并通过后扒杆及其拉索构成的三角横架来控制,可吊装跨径为16 m的装配式混凝土T形梁。

人字扒杆、托架架设法是在桥墩之间,先用吊鱼法悬吊托架,利用托板滚筒拖拉移运至桥孔位置,再以两副人字扒杆吊升降落就位,在吊升过程中,移开托架以便落梁。

3. 联合架桥机架设法

联合架桥机是由托架、龙门架和导梁为主体而组成的成套架设预制构件设备。托架又称蝴蝶架,用木料或型钢组成,是用以托运龙门架转移位置的专用工具,托架是在桥头地面上拼装、竖立,用千斤顶顶起放在托架平车上,移至导梁上放置。龙门架是用型钢、万能杆件或公路装配式钢桥桁节拼装而成,用来起落预制件和导梁,并对预制构件进行墩上横移或就位。导梁可用工字钢或公路装配式钢桥桁节组成,导梁总长比桥跨跨径长两倍多。施工中,导梁后第一孔承受预制构件的重量,中孔供托架、龙门架通过用,前段为导梁。

用联合架桥机架设预制构件的程序如下:

(1)安装导梁、托架、龙门架。在桥头路堤轨道上拼装导梁,纵移就位(见图4-27(a));在路堤上拼装托架,并将托架吊起固定在平车上,推入桥孔(见图4-27(b));在路堤上拼装龙门架,用托架运至墩台就位(见图4-27(c))。

(2)用平车将预制梁运至导梁上面,预制梁两端放在龙门架下。

(3)用龙门架吊起预制梁,并横移下落就位。

(4)预制梁纵向架设。托架后撤至导梁范围以外,撤开导梁与路基钢轨连接,将导梁牵引至前方跨(见图4-28(a))。用龙门架将未安装到位的梁吊起安装就位,然后把各梁电焊连接起来(见图4-28(b))。用托架托运龙门架至前方跨(见图4-28(c)),用同样的程序吊装前方跨(见图4-28(d))。

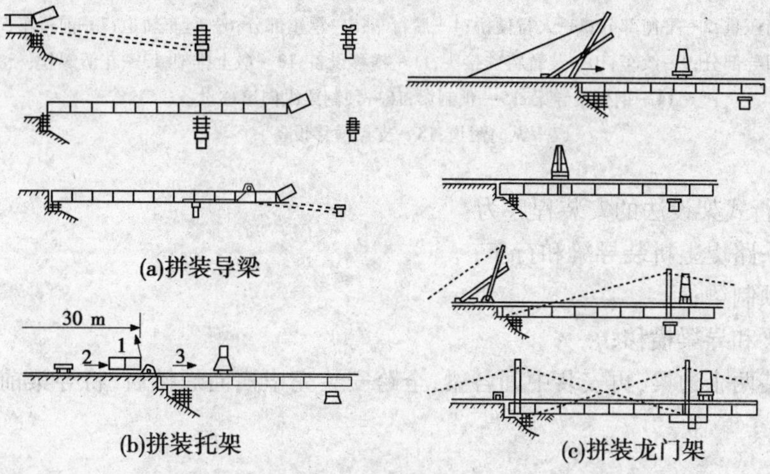

图4-27　拼装导梁、托架、龙门架示意

1—拼装托架;2—平车前移;3—托架吊上平车后推入桥孔

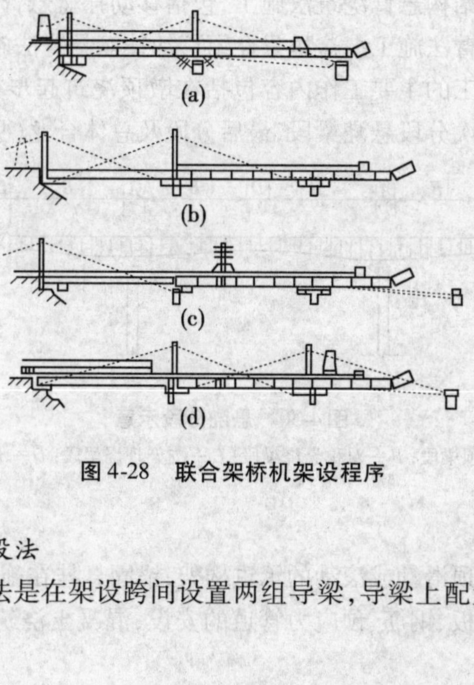

图4-28　联合架桥机架设程序

4.双导梁穿行式架设法

双导梁穿行式架设法是在架设跨间设置两组导梁,导梁上配置有悬吊预制梁的轨道平车和起重行车或移动式龙门架，将预制梁在双导梁内吊运到指定位置上，再落梁、横移就位。双导梁穿行式架设法如图4-29所示。

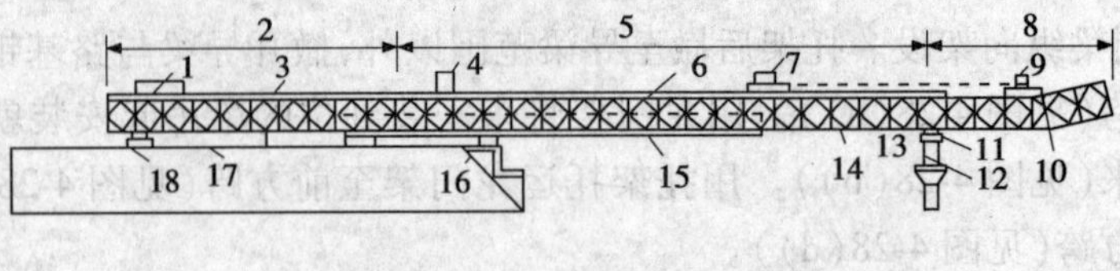

图4-29 双导梁穿行式架设法

1—平衡压重；2—平衡部分；3—人行便桥；4—后行车；5—承重部分；6—行车轨道；7—前行车；8—引导部分；9—绞车；10—装置特殊接头；11—横移设备；12—墩上排架；13—花篮螺丝；14—钢桁架导梁；15—预制梁；16—预制梁纵向滚移设备；17—纵向滚道；18—支点横移设备

双导梁穿行式架设法的安装程序为：

(1)在桥头路堤上拼装导梁和行车；

(2)吊运预制梁；

(3)预制梁和导梁横移；

(4)先安装两个边梁，再安装中间各梁，全跨安装完毕横向焊接后，将导梁前推，安装下一跨。

三、悬臂浇筑法施工

悬臂浇筑法施工也称分段施工，是在桥墩两侧设置工作平台，平衡地逐段向跨中悬臂浇筑水泥混凝土梁体，并逐段施加预应力的施工方法。

预应力混凝土梁式结构悬臂浇筑法施工，包括移动挂篮悬臂法施工、移动悬吊模架悬臂法施工和滑移支架悬臂法施工。这里只介绍移动挂篮悬臂法施工。

移动挂篮悬臂法施工的主要工作内容包括在墩顶浇筑起步梁段(0号块)，在起步梁段上拼装悬浇挂篮并依次分段悬浇梁段，最后分段及总体合龙(见图4-30)。

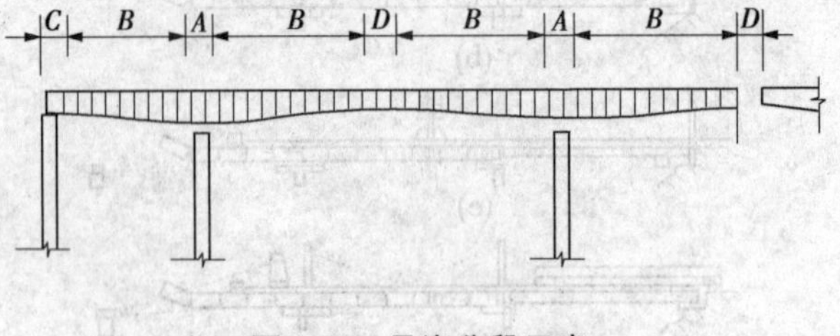

图4-30 悬浇分段示意

A—墩顶梁段；*B*—对称悬浇梁段；*C*—支架现浇梁段；*D*—合龙梁段

(一)施工挂篮

挂篮是一个能沿梁顶滑动或滚动的承重构架，锚固悬挂在施工的前端梁段上，在挂篮上可进行下一梁段的模板、钢筋、预应力管道的安设，混凝土浇筑，预应力筋张拉，孔道灌浆等项工作。完成一个节段的循环后,挂篮即可前移并固定,进行下一节段的施工,如此循环直至悬浇完成。

1. 挂篮的分类

(1)按其构造形式可分为桁架式(包括平弦无平衡重式、弓弦式、菱形等,见图 4-31)、斜拉式(包括三角斜拉式和预应力斜拉式,见图 4-32)、型钢式和混合式四种。

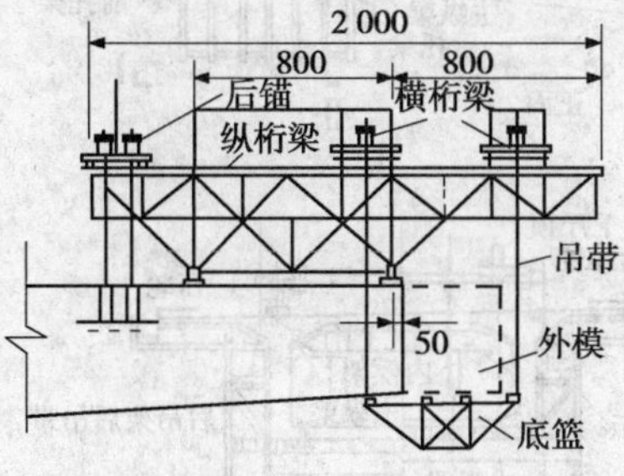

(a)平行桁架式挂篮

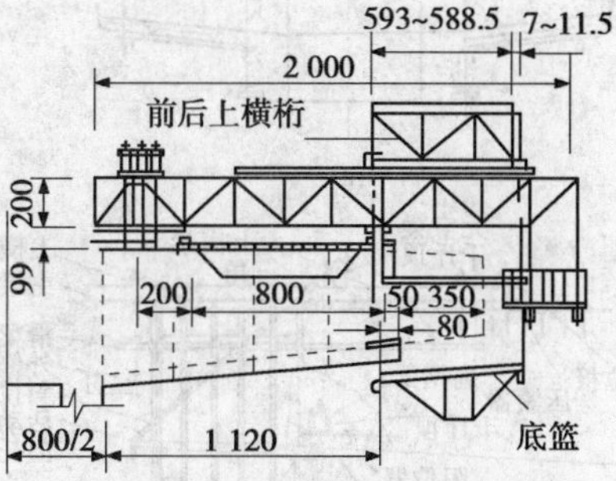

(b)平弦无平衡重式挂篮

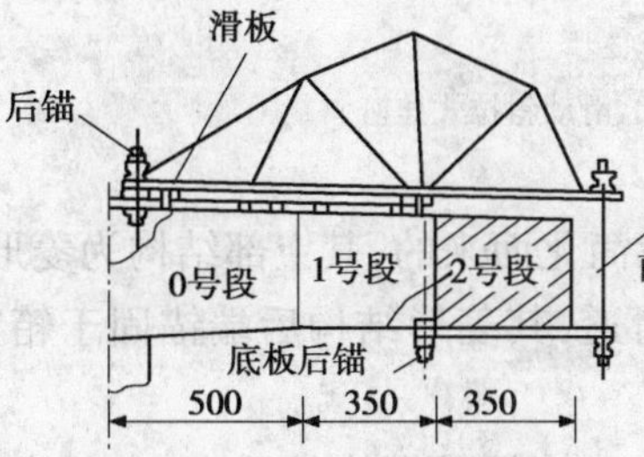

(c)弓弦式挂篮

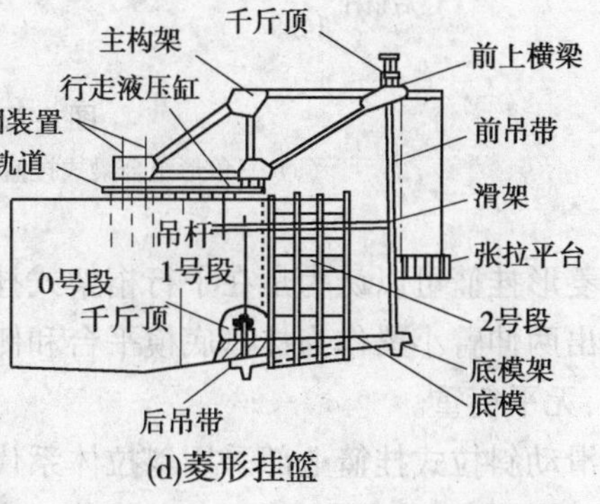

(d)菱形挂篮

图 4-31　桁架式挂篮　(单位:cm)

(2)按其抗倾覆平衡方式可分为压重式、锚固式和半锚固半压重式三种。

(3)按其行走方式可分为一次行走到位和两次行走到位两种。

(4)按其移动方式可分为滚动式、组合式和滑动式三种。

2. 挂篮结构的主要特点

平行桁架式挂篮(又称吊篮式结构)的上部结构一般为等高桁架,其受力特点是底模平台及侧模支架所承受的荷载均由前后吊杆垂直传至桁架节点和箱梁底板上,桁架本身为受弯结构。

平弦无平衡重式挂篮是在平行桁架式挂篮的基础上,取消压重,在主桁架上部增设前后上横桁,根据需要可沿主桁纵向滑移,并在主桁横移时吊住底模平台及侧模架。主桁后端通过梁体竖向预应力筋锚固于主梁顶板上。

弓弦式挂篮(又称曲弦式挂篮)的主桁外形似弓形,可以认为是从平行桁架式挂篮演变而来的,除具有桁高随弯矩大小变化、受力合理的特点,还可以在安装时在结构内部预施应力以消除非弹性变形。

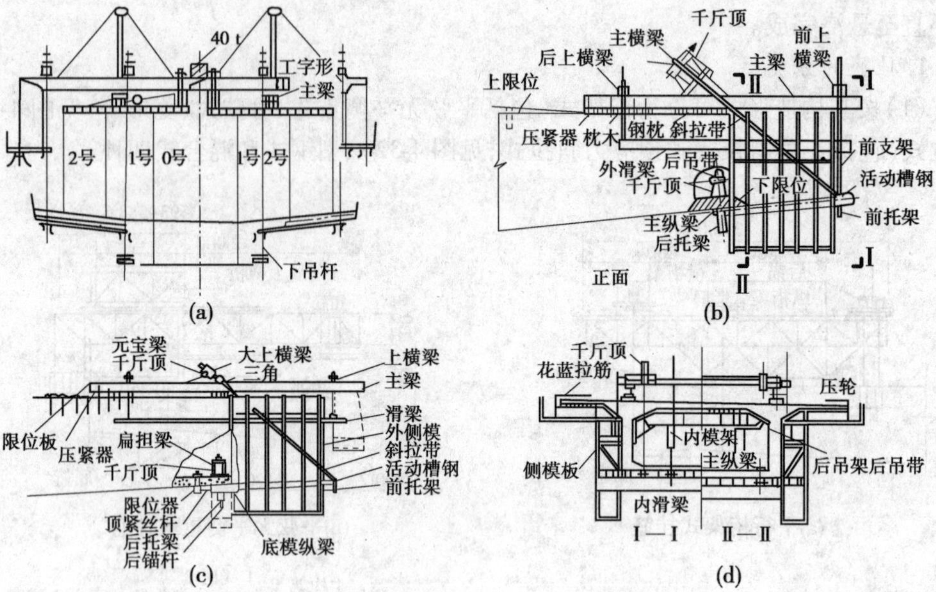

图 4-32　斜拉式挂篮

（a）三角形组合梁式挂篮；（b）、（c）、（d）滑动斜拉式挂篮

菱形挂篮可以认为是在平行桁架式挂篮的基础上简化而来的，其上部结构为菱形，前部伸出两伸臂小梁作为挂篮底模平台和侧模前移的滑道，其菱形结构后端锚固于箱梁顶板上，无平衡重。

滑动斜拉式挂篮上部采用斜拉体系代替梁式结构或桁架式结构的受力，由此产生的水平分力通过上、下限位装置（或称水平制动装置）承受，主梁的纵向倾覆稳定由后端锚固压力维持。

预应力斜拉式挂篮的最大特点是利用梁体内腹板的预应力筋拉住模板，从而使挂篮结构简化，质量变轻。

三角形组合梁式挂篮是在平行桁架式挂篮的基础上，将受弯桁架改为三角形组合梁结构。由于斜拉杆的拉力作用，大大降低了主梁的弯矩，从而使主梁能采用单构件实体型钢；由于挂篮上部结构轻盈，除尾部锚固，还需要较大压重。其底模平台及侧模支架等的承重传力与平行桁架式挂篮基本相同。

自承式挂篮可分为两种：一种是模板支撑在整体桁架上，桁架上用销子和预应力筋挂在箱梁的前端角上，浇筑混凝土时主梁和行走桁架移至一边，挂篮前行时再安上，吊着空载的模板系统前移；另一种是将侧模制成能承受巨大压力的刚性模板，通过梁上的水平及竖直预应力筋拉住模板来承担混凝土重，其行走方法与前一种相同，由临时吊车悬吊模板系统前移到下一梁段。

（二）分段悬浇施工

用挂篮逐段悬浇施工的主要工序为：浇筑 0 号段，拼装挂篮，浇筑 1 号（或 2 号）段，挂篮前移、调整、锚固,浇筑下一梁段(见图4-33),依次类推完成悬臂浇筑,挂篮拆除,合龙。

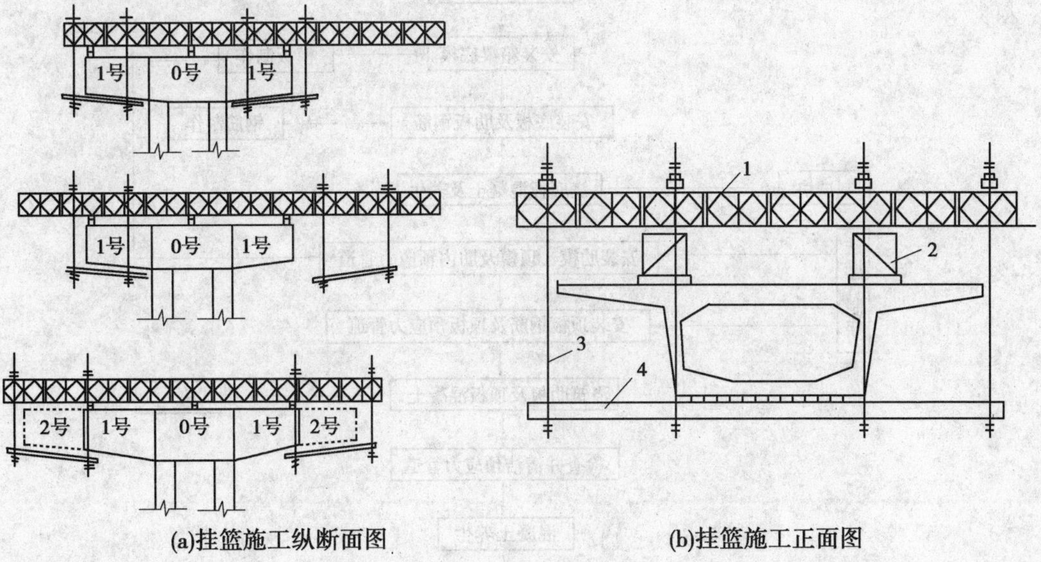

图4-33　挂篮施工示意

1—主横桁梁;2—主纵桁梁;3—吊杆;4—底篮横梁

1.0号段浇筑

0号段位于桥墩上方,是给挂篮提供一个安装场地。0号段的长度依两个挂篮的纵向安装长度而定,当0号段设计较短时,常将对称的1号段浇筑后再安装挂篮。0号(1号)段均在墩顶托架上现浇。

施工用托架有扇形和门式等形式。托架可用万能杆件、装配式公路钢桥桁节或其他装配式杆件组成,支撑在墩身、承台或经过加固的地基上,其长度视拼装挂篮的需要拟现浇梁节段的长度而定,横向宽度一般比箱梁翼板宽1.0~1.5 m,顶面应与箱梁底面纵向线形变化一致。

2.拼装挂篮

挂篮运至工地时,应在试拼台上试拼,以便发现由于制作不精确及运输中变形造成的问题,保证在正式安装时的顺利及工程进度。

3.梁段混凝土浇筑施工

当挂篮安装就位后,即可进行梁段混凝土浇筑施工。其工艺流程如图4-34所示。

混凝土浇筑时,应从悬臂端开始,两个悬臂端同时对称均衡地浇筑,并在浇筑混凝土的同时,注意保护好预应力孔道,以利于穿束。箱梁混凝土的浇筑可分1次浇筑法或2次浇筑法。采用1次浇筑法时,可在预板中部留洞口,以供浇筑底板混凝土,待底板混凝土浇筑好后,应立即焊接钢筋封闭洞口,并同时浇筑肋板混凝土,最后浇筑顶板混凝土。

当箱梁面积较大,节段混凝土浇筑量较大时,每个节段可分2次浇筑,即先浇筑底板到肋板的倒角以上的混凝土,再浇筑肋板上段和顶板混凝土,其接缝按施工缝处理。由于第二次浇筑混凝土时,第一次浇筑的混凝土已经凝结,为了使后浇混凝土质量不致引起挂

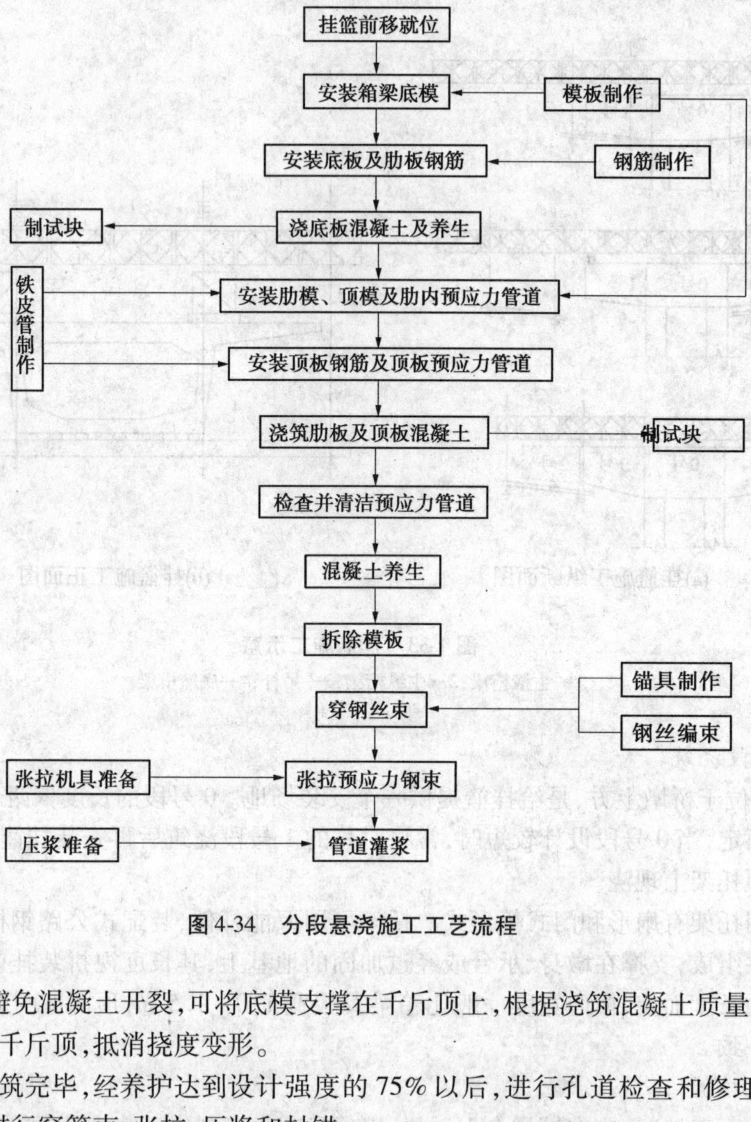

图 4-34　分段悬浇施工工艺流程

篮变形，从而避免混凝土开裂，可将底模支撑在千斤顶上，根据浇筑混凝土质量变化，随时调整底模下的千斤顶，抵消挠度变形。

混凝土浇筑完毕，经养护达到设计强度的 75% 以后，进行孔道检查和修理管口弧度等工作，即可进行穿筋束、张拉、压浆和封锚。

4. 梁段合龙

由于不同的悬浇和合龙程序，引起的结构恒载内力不同，体系转换时徐变引起的内力重分布也不相同，因而采取不同的悬浇和合龙程序将在结构中产生不同的最终恒载内力，对此应在设计和施工中应充分考虑。

常用合龙程序有以下几种。

(1)程序一：从一岸顺序悬浇、合龙（见图 4-35）。

采用这种方法，施工机具、设备、材料可从一岸通过已成结构直接运输到作业面或其附近，由于在施工期间，单 T 构件悬浇完后很快合龙，形成整体，因而在未成桥前结构的稳定性和刚度强，但作业面较少。

(2)程序二：从两岸向中间悬浇、合龙。

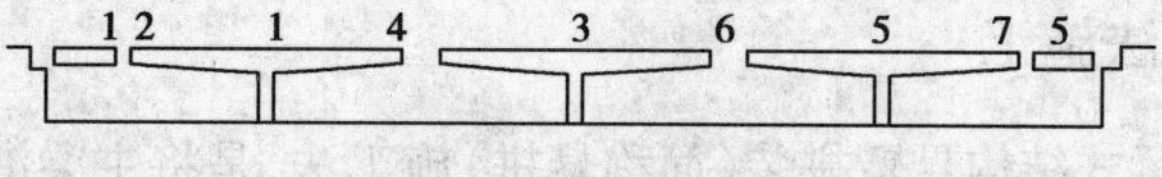

图 4-35　合龙程序一

采用这种方法较程序一可增加一个作业面,其施工进度可加快。

(3)程序三:按 T 构 – 连续梁顺序合龙(见图 4-36)。

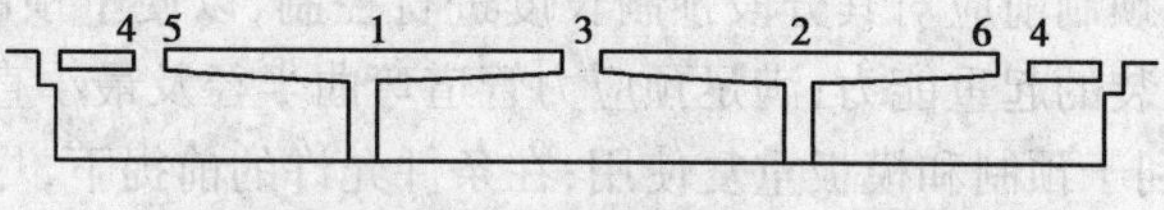

图 4-36　合龙程序三

采用这种方法是将所有悬臂施工部分由简单到复杂连接起来,最后在边跨或次边跨合龙。其最大特点是由于对称悬浇和合龙,因而对结构受力及分析较为有利,特别是对收缩、徐变,但在结构总合龙前,单元呈悬臂状态的时间较长,稳定性较差。

合龙时的施工要点如下:

(1)掌握合龙期间的气温预报情况,测试分析气温与梁温的相互关系,以确定合龙时间并为选择合龙口锁定方式提供依据。

(2)根据结构情况及梁温的可能变化情况,选定适宜的合龙口锁定方式并进行力学验算。

(3)选择日气温较低、温度变化幅度较小时锁定合龙口并浇筑合龙段混凝土。

(4)合龙口的锁定,应迅速、对称地进行,先将外刚性支撑一端与梁端部预埋件焊接(或栓接),再将内刚性支撑顶紧并焊接,而后迅速将外刚性支撑另一端与梁连接,临时预应力束也应随之快速张拉。在合龙口锁定后,立即释放一侧的固结约束,使梁的一端在合龙口锁定的连接下能沿支座自由伸缩。

(5)合龙口混凝土宜比梁体提高一个等级,并要求早强,最好采用微膨胀混凝土,应进行特殊配合比设计,浇筑时应注意振捣和养生。

(6)为保证浇筑混凝土过程中,合龙口始终处于稳定状态,必要时浇筑之前可在各悬臂端加与混凝土质量相等的配重,加、卸载均应对称梁轴线进行。

(7)混凝土达到设计要求的强度后,解除另一端的支座临时固结约束,完成体系转换,然后按设计要求张拉全桥剩余预应力束,当利用永久束时,只需按设计顺序将其补拉到设计张拉力即可。

(8)若考虑梁在合龙后的收缩、徐变的影响,可采用两种方法来处理:其一,将梁收缩、徐变值的影响视为梁降温来等效处理,即选择合龙温度时在原设计的基础上再降低一个 $\Delta t'$ 值,此 $\Delta t'$ 值即为梁收缩、徐变引起的缩短与梁降温产生的缩短的等效值;其二,在合龙锁定前将梁预顶起一个 Δl 值,即可抵消梁体后期收缩、徐变产生的影响。

四、悬臂拼装法施工

预应力混凝土梁式结构悬臂拼装(简称悬拼)施工法,是将主梁沿顺桥向划分成适当长度并预制成块件,将其运至施工地点进行安装,经施加预应力后使块件成为整体的梁桥施工方法。而预制块件的预制长度,主要取决于悬拼吊机的起重能力,一般为 2 ~ 5 m。因而,悬拼吊机的起重能力是决定悬拼施工法的前提条件。

(一)混凝土块件的预制

混凝土块件在预制前应对其分段预制长度进行控制,以便于预制和安装。分段预制长度应考虑预制拼装的起重能力;满足预应力管道弯曲半径及最小直线长度的要求;梁段规格应尽量少,以利于预制和模板重复使用;在条件允许的前提下,尽量减少梁段数;符合梁体配束要求,在拼合面上保证锚固钢束对称性。

混凝土块件的预制方法有长线预制法、短线预制法和卧式预制法三种。而箱梁块件通常采用长线预制法或短线预制法,桁架梁段可采用卧式预制法。

1. 长线预制法

长线预制法是在工厂或施工现场按桥梁底缘曲线制作固定式底座,在底座上安装模板进行块件混凝土浇筑工作。长线预制需要较大的场地,其底座的最小长度应为桥孔跨径的1/2,并要求施工设备能在预制场内移动。固定式底座的形成可利用预制场的地形堆筑土胎,上铺砂石并浇筑混凝土而成;在盛产石料的地区,可用石料砌成所需的梁底缘形状;在地质情况较差的预制场地,还可采用桩基础,在基础上搭设排架而形成梁底缘曲线(见图 4-37)。

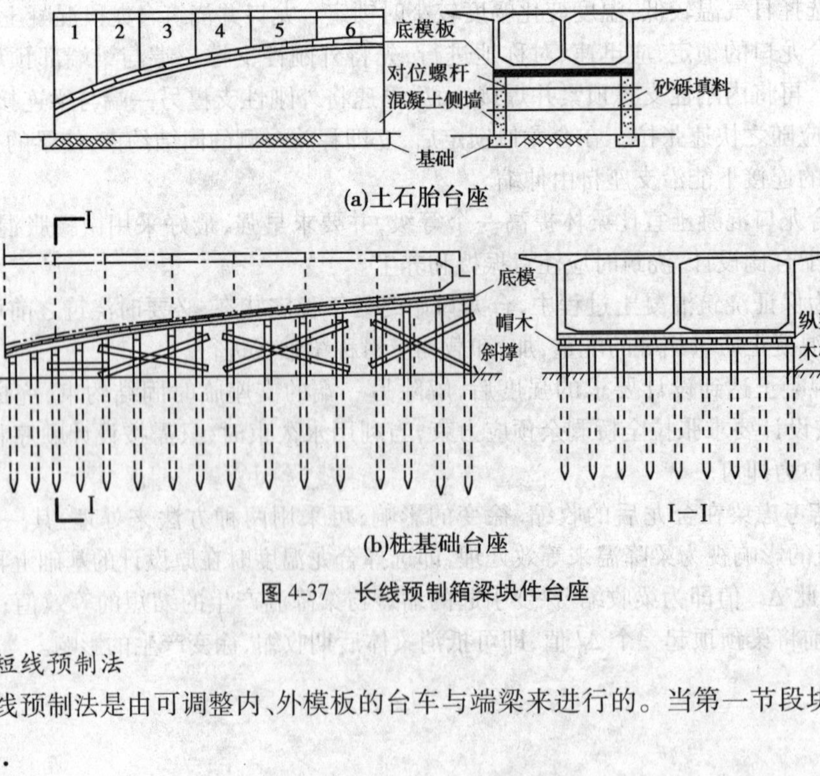

图 4-37　长线预制箱梁块件台座

2. 短线预制法

短线预制法是由可调整内、外模板的台车与端梁来进行的。当第一节段块件混凝土浇筑完毕，在其相对位置上安装下一节段块件的模板，并利用第一节段块件混凝土的端面作为第二节段的端模来完成第二节段块件混凝土的浇筑工作（见图4-38）。这种预制方法适用于箱梁块件的工厂化生产，每条生产线平均5 d生产4个节段。

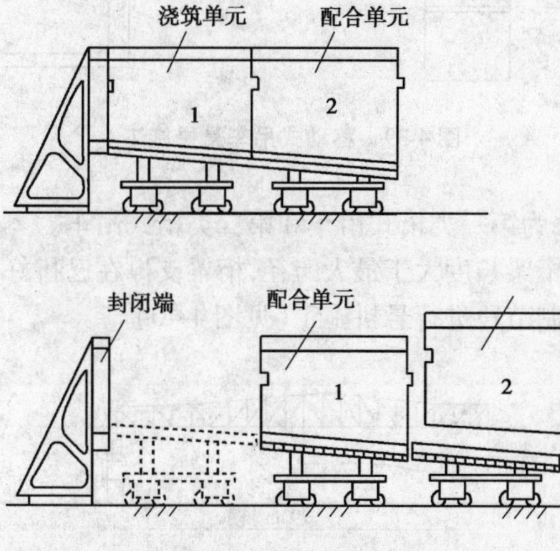

图4-38　短线预制法

3. 卧式预制法

当主梁为桁架梁，具有较大的桁高和节段长度，且桁架的桁杆截面尺寸不大时，可采用卧式预制法。块件的预制可直接在场地上进行，相同尺寸的节段可采用平卧叠层预制。

（二）分段吊装系统设计与施工

当桥墩施工完成后，先施工0号块件，0号块件为预制块件的安装提供必要的施工作业面，可以根据预制块件的安装设备，决定0号块件的尺寸；安装挂篮式吊机；从桥墩两侧同时、对称地安装预制块件，以保证桥墩平衡受力，减少弯曲力矩。

0号块件常采用在托架上现浇混凝土，待0号块件混凝土达到设计强度等级后，才开始悬拼1号块件。因而分段吊装系统是桥梁悬拼施工的重要机具设备，其性能直接影响着施工进度和施工质量，也直接影响着桥梁的设计和分析计算工作，常用的吊装系统有移动式吊车吊装、桁式吊车吊装、悬臂式吊车吊装、缆索吊车吊装、浮式吊车吊装等类型。

1. 移动式吊车悬拼施工

移动式吊车外形类似于悬浇施工的挂篮，是由承重梁、横梁、锚固装置、起吊装置、行走系统和张拉平台等几部分组成的（见图4-39）。施工时，先将预制节段从桥下或水上运至桥位处，然后用吊车吊装就位。

2. 桁式吊车悬拼施工

桁式吊车又分为固定式桁式吊车和移动式桁式吊车两种。固定式桁式吊车的钢桁梁长108 m，中间支点支撑在0号块件上，边支点支撑在边墩后的临时墩上。移动式桁式吊

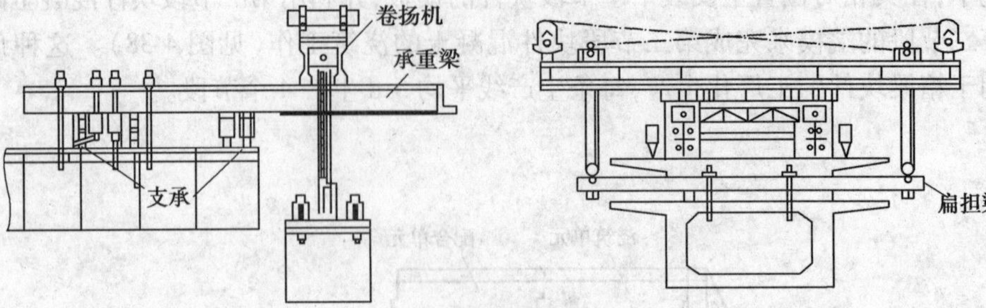

图 4-39　移动式吊车悬拼施工

车根据钢桁梁长度,可分为第一类桁式吊车和第二类桁式吊车。

第一类桁式吊车钢桁梁长度大于最大跨径,桁梁支撑在已拼好的梁段和前方桥墩上,吊车在钢桁梁上移运预制节段进行悬拼施工(见图 4-40)。

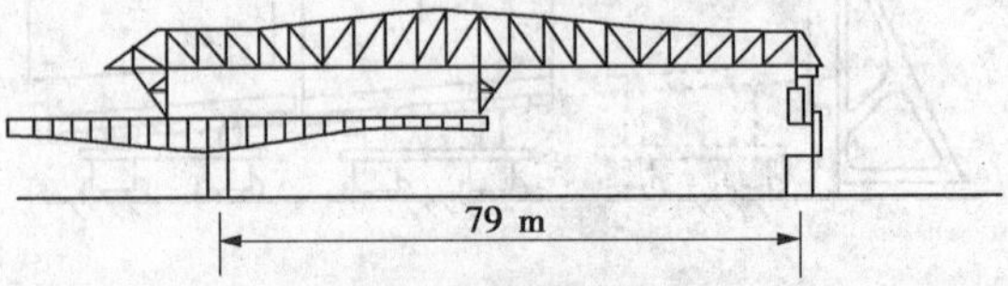

(a)拼装墩顶

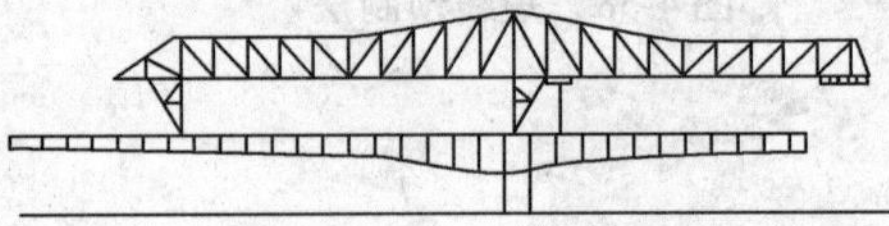

(b)悬臂拼装

图 4-40　第一类桁式吊车悬拼施工

第二类桁式吊车的钢桁梁长度大于 2 倍桥梁跨径,钢桁梁均支撑在桥墩上,在不增加梁段施工荷载的同时前方桥墩的 0 号块件可同时施工(见图 4-41)。

3. 悬臂式吊车悬拼施工

悬臂式吊车由纵向主桁梁、横向起重桁架、锚固装置、平衡重、起重索、行走系统和工作吊篮等部分组成。其适用于桥下通航,预制节段可浮运至桥跨下的情况。

纵向主桁架是悬臂式吊车的主要承重结构,根据预制节段的质量和悬拼长度,采用贝雷桁节、万能杆件、大型型钢等拼装。当吊装墩柱两侧的预制节段时,常采用双悬臂式吊车,当节段拼装到一定长度后,可将双悬臂式吊车改装成两个独立的单悬臂式吊车;当桥墩跨不大,且孔数不多的情况下,采用不拆开墩顶桁架而在吊车两端不断接长的方法进行悬拼,以避免每悬拼一对梁段而将对称的两个悬臂式吊车移动和锚固一次。

(三)悬臂拼装接缝

悬臂拼装时,预制块件接缝的处理分湿接缝和胶接缝两大类。不同的施工阶段和不同的部位,交叉采用不同的接缝形式。湿接缝采用高强细石混凝土或高强度等级水泥砂浆,施工占用工期长,但有利于调整块件的位置和增强接头的整体性,通常用于拼装与 0

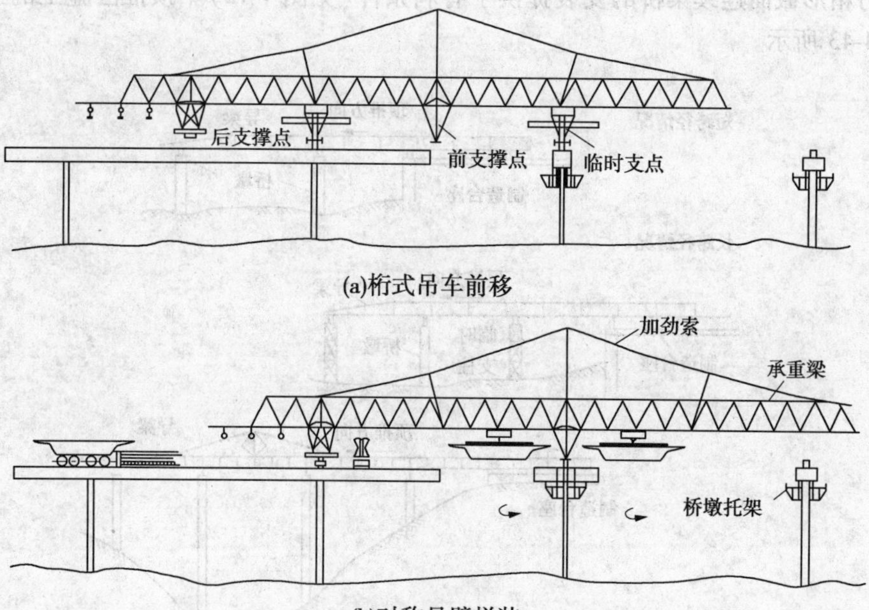

图 4-41　第二类桁式吊车悬拼施工

号块件连接的第一对预制块件。胶接缝采用环氧树脂为接缝材料，能消除水分对接头的有害影响。胶接缝主要有平面型、多齿型、单级型和单齿型等形式。齿型和单级型的胶接缝用于块件间摩阻力和黏结力不足以抵抗梁体剪力的情况，单级型的胶接缝有利于施工拼装。

由于 1 号块件的施工精度直接影响到以后各节段的相对位置，以及悬拼过程中的标高控制，所以 1 号块件与 0 号块件之间采用湿接缝处理，即在悬拼 1 号块件时，先调整 1 号块件的位置、标高，然后用高强细石混凝土或高强度等级水泥砂浆填实，待接缝混凝土或水泥砂浆达到设计强度以后，施加预应力，以保证 0 号块件与 1 号块件的连接紧密。为了便于进行接缝处管道接头操作、接头钢筋的焊接和混凝土施工，湿接缝宽度一般为 0.12 ~ 0.2 m。

在拼装过程中，如拼装上翘误差过大，难以用其他方法补救时，可增设一道湿接缝来调整。增设的湿接缝宽度必须用凿打块件端面的办法来提供。

五、顶推法施工

预应力混凝土连续梁桥顶推法施工是沿梁桥纵轴方向，在桥台后（或引桥上）设置预制场地，浇筑梁段混凝土，待混凝土达到设计强度等级后，施加预应力，向前顶推，空出底座继续浇筑梁段，随后施加预应力与前一段梁连接，直至将整个梁桥梁段浇筑并顶推完毕，最后进行体系转换而形成连续梁桥。顶推法施工的实质是源于钢桥拖拉架设法在预应力混凝土梁桥的具体运用和发展，顶推法用千斤顶代替绞车和滑轮组，从而改善了绞车在启动时的冲力；用滑板、滑道代替滚筒，避免了滚筒的线支撑作用而引起的应力集中，为预应力箱形截面连续梁桥的安装提供了有利条件(见图 4-42)。顶推法施工的工艺流程如图 4-43 所示。

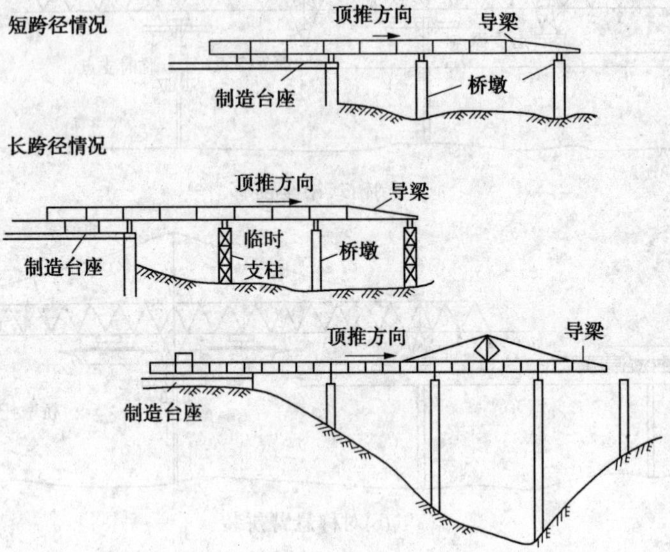

图 4-42　顶推法施工概貌及辅助设施

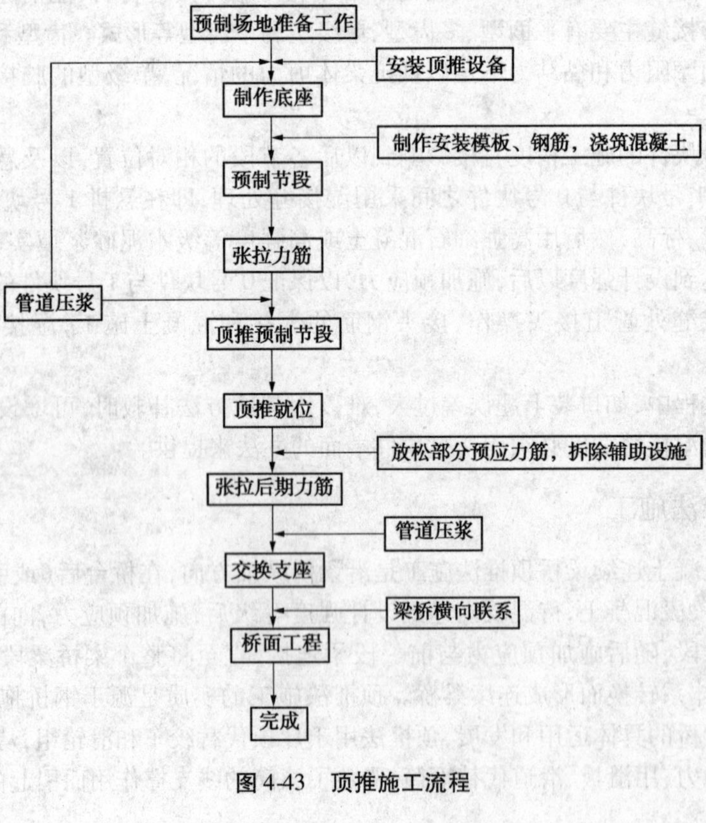

图 4-43　顶推施工流程

(一)预制场地

预制场地包括预制台座和从预制台座到标准顶推跨之间的过渡孔。预制场地一般设置在桥台后面桥轴线的引道或引桥上,桥跨为50 m时,通常只在一端设置预制场地,从一端顶推,也可在各墩上设置顶推装置,以减小顶推装置设在一端的顶推功率;当梁桥为多联顶推施工时,可在两端均设置预制场地,从两端相对顶推。为了避免天气影响,增加全年施工天数,便于混凝土的浇筑和养护,可在预制场地搭设固定式或活动式有盖作业棚,其长度应为2倍的预制梁段长度(见图4-44)。当桥头直线引道长度受到限制时,可在引桥、路基或正桥靠岸一孔设置预制台座(见图4-45)。

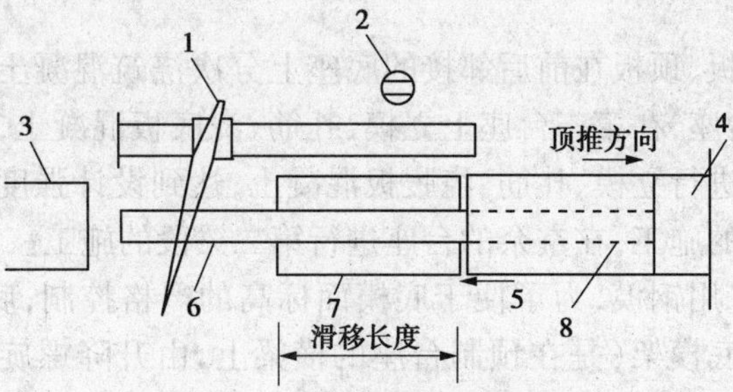

图4-44　场地布置示意

1—塔吊;2—混凝土搅拌机;3—钢筋加工场;4—桥台;5—移回内模车;6—底座;7—固定外模;8—完成块件

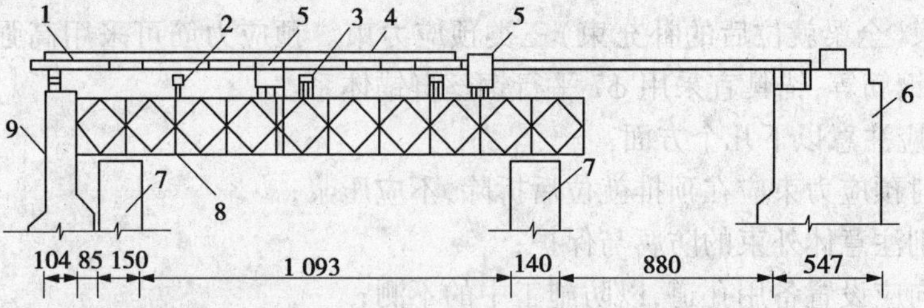

图4-45　预制台座　(单位:cm)

1—预制钢梁底模板;2—钢梁;3—工字钢横梁;4—工字钢纵梁 5—滑块支座;6—桥墩;7—预制台座的临时墩;8—贝雷大梁;9—桥台

对于刚性预制台座的构造布置(见图4-46)分为两部分:一部分为箱梁预制台座,即在基础上设置钢筋混凝土立柱或钢管立柱,立柱顶面用工字钢梁连成整体,直接承受垂直压力;另一部分为预制台座内滑道支撑墩,即在基础上立钢管或钢筋混凝土墩身,纵向连成整体,顶上设滑道,梁体脱模后,承受梁体重力和顶推时的水平力。

(二)梁段预制

梁段预制方案根据桥头地形、模板结构和混凝土浇筑、养护的机械化程度等有两种方案可供选择:其一是在预制场内将准备顶推的梁段全断面整体浇筑完毕,再进行顶推;其

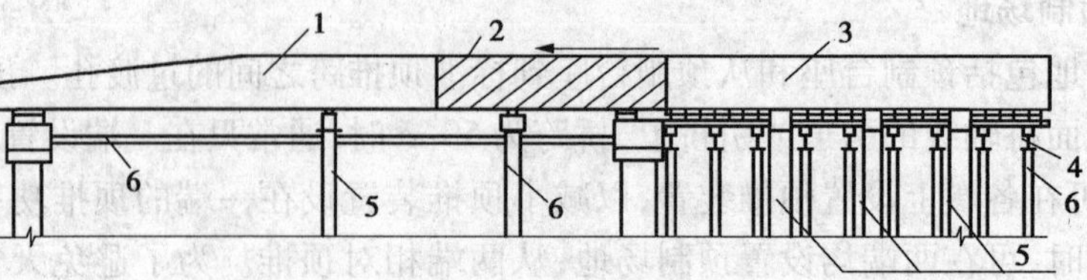

图 4-46　预制台座纵向布置

1—钢导梁；2—顶推箱梁；3—顶推箱梁预制台座；4—千斤顶；
5—直径为 120 cm 钢管临时滑道支撑墩；6—直径为 60 cm 钢管撑

二是将梁的底板、腹板、顶板在前后邻接的底座上分次浇筑混凝土并分次顶推，也就是分为几个连续的预制台座，在第一台座上立模、扎筋、浇底板混凝土，达到设计强度等级后，顶推到第二台座上，进行立模、扎筋、浇腹板混凝土，达到设计强度等级后，顶推到第三台座上，进行其余部分的施工，在空余的台座进行第二梁段的施工。

预制用模板宜采用钢模，为了便于底模面标高的严格控制，底模不与外侧模连在一起，而是由可升降的底模架（是在预制台座的横梁上，由升降螺旋千斤顶、纵梁、横梁、底钢板组成）和底模平面内不动的滑道支撑孔两部分组成。外侧模宜采用旋转式，主要由带铰的旋转骨架、螺旋千斤顶、纵肋、钢板等组成。内模板包括折叠、移动式内模和支架升降式内模两种形式。

（三）梁段预应力束

顶推法施工的预应力混凝土连续梁有永久束（完工后不拆除）、临时束（完工后便拆除）和后期束（全梁就位后的补充束）三类预应力束。预应力筋可采用高强钢丝、钢绞线或精轧螺纹钢筋等，锚具宜采用 ϕ7 平行钢丝群锚体系。

施工中应注意以下几个方面：

（1）临时预应力束应在顶推就位后拆除，不应压浆；

（2）特别注意体外束的防腐与保护；

（3）纵向应设置备用孔道，以防施工中的不测；

（4）预应力束的张拉方法与一般预应力混凝土后张法相同，张拉的技术要求、质量控制标准等应严格按照现行施工技术规范和设计规定执行。

（四）顶推施工中的临时设施

由于施工过程中的弯矩包络图与成桥后运营状态的弯矩包络图相差较大，为了减小施工过程中内力，扩大顶推施工的使用范围，保证安全施工和方便施工，因此在施工过程中必须采用临时设施（见图 4-47）。其临时设施有主梁前设置导梁，在桥跨中间设置临时墩，在主梁前端设置临时搭架，并用斜缆系于梁上等。

1. 导梁

导梁又称鼻梁，设置在主梁的前端，长度为顶推跨径的 0.6 ~ 0.8 倍，刚度为主梁的 1/9 ~ 1/15，若刚度过小，主梁会引起多余的内力，若刚度过大，则在支点处主梁的负弯矩会急剧增加。为了减轻自重最好采用从根部到前端为变刚度的或分段变刚度的导梁。导梁底缘与箱梁底应在同一平面上，导梁前端底缘应呈向上圆弧形，以便于顶推时顺利通过

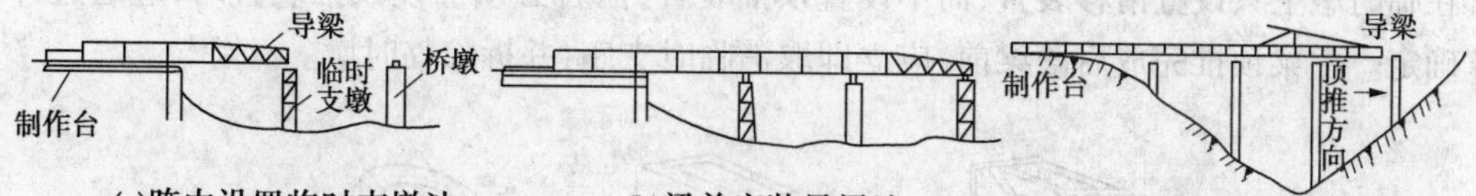

图 4-47　顶推施工的临时设施

桥墩。

导梁可采用等截面或变截面的钢板梁和钢桁架梁。钢板梁式钢导梁适用于顶推跨径较大的情况，这样可以减小导梁本身的挠底变形。变截面工字形实腹钢板梁或钢导梁如图 4-48 所示。

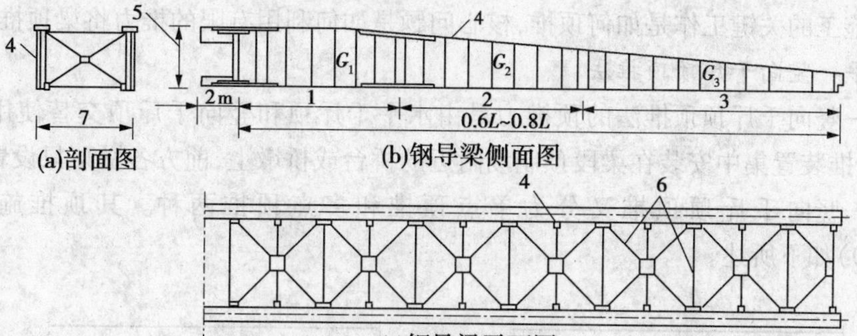

图 4-48　钢导梁示意

L— 跨径；G_1、G_2、G_3— 相应各节重力；1— 第一节；2— 第二节；3— 第三节；4— 导梁主桁；5— 箱梁高；6— 钢管（型钢）横撑杆；7— 主桁宽

导梁由主梁和联系杆件组成，主梁的片数与箱梁腹板相对应，为了便于运输，钢导梁纵向分成许多块，用拼接板和精轧螺栓拼成整体，主梁之间用节点钢板、角钢组成 T 字形联系杆件连成整体。钢桁架梁式钢导梁一般采用贝雷桁架、万能杆件或六四军用桁架组拼成桁架梁，以减小其本身的挠曲变形，且便于周转，为了满足使用上的要求，可在导梁底部采用加劲旋杆或型钢分段加劲。由于桁架结构均由销栓或螺栓连接，当采用贝雷桁片时，节点多为销栓结合，其挠度较大，导梁通过桥墩时需提梁；当采用万能杆件时，其节点多为普通螺栓连接，由于具有一定公差且导梁较长，会积累成非弹性挠曲，在桁架拼装成型后，可在导梁端设置横梁用中心预应力束进行张拉，以消除非弹性变形，满足使用要求。由于导梁在施工过程中，正、负弯矩反复出现，连接螺栓容易松动，因此在顶推过程中每经历一次反复，均需要检查和拧紧螺栓。

2. 临时墩

临时墩是在施工过程中，为了减小主梁的顶推跨径，从而减小顶推时最大正、负弯矩在主梁内产生的内力，而在设计跨径中间设置的临时结构。

临时墩的结构形式可采用钢桁架或装配式钢筋混凝土薄箱、井筒等（见图 4-49）。通常在临时墩上只设置滑移装置,而不设置顶推装置,但若必须加设顶推装置时,应通过计算确定。主梁顶推完成后落梁前,应立即取消临时支座,并拆除临时墩。

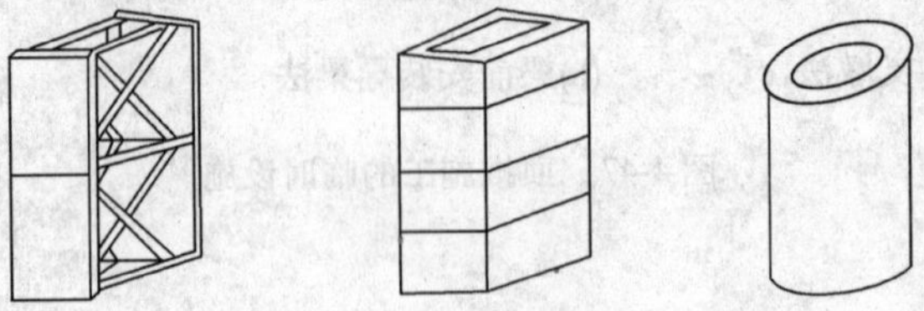

图 4-49 临时墩

(五)顶推施工

顶推施工的关键工作是如何顶推,核心问题是如何利用有限的推力将梁顶推就位。

1. 水平—竖向千斤顶顶推法

水平—竖向千斤顶顶推法的顶推力是由水平千斤顶和竖向千斤顶交替使用而产生的,是将顶推装置集中安装在梁段预制场附近的桥台或桥墩上,前方各墩顶只设置滑移装置。水平—竖向千斤顶顶推又分为单点顶推和多点顶推两种。其顶推施工程序(见图 4-50)如下所述。

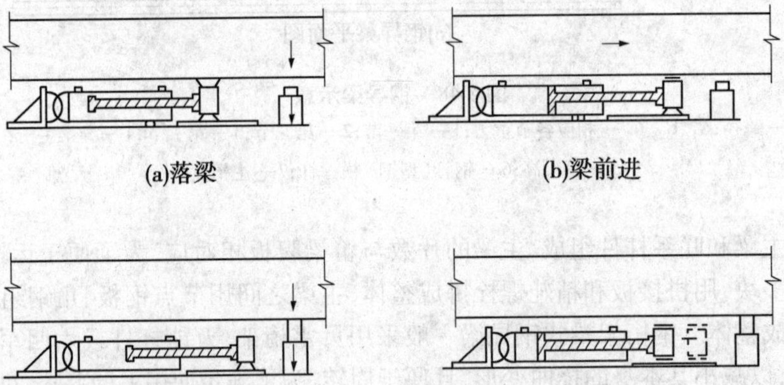

(a)落梁 (b)梁前进 (c)升梁 (d)退回滑块

图 4-50 水平—竖向千斤顶顶推

落梁:落梁是全部梁顶推到位后安置在设计支座上的工作。施工时应按营运阶段内力将全部未张拉预应力束穿入孔道进行张拉和压浆,拆除部分临时预应力束,并进行压浆填孔。落梁由竖向千斤顶卸落,将主梁落在滑块上,滑块顶面安置有橡胶摩擦垫,下面垫有聚四氟乙烯滑板,滑板下有光滑的不锈钢板制成的滑道,滑道临时固定在墩台座台上。

梁前进:主梁底与滑块橡胶的摩擦系数为 $\mu_1 = 0.3 \sim 0.5$,滑块与滑道间的摩擦系数 $\mu_2 = 0.05 \sim 0.07$,故启动水平千斤顶,推动滑块前进,从而梁段也随之前进。

升梁:当水平千斤顶到达最大行程时,关闭水平千斤顶,启动竖向千斤顶将主梁提升1 ~2 cm。

退回滑块:启动水平千斤顶,将滑块退回原处,从而完成一个循环。如此循环往复,完成整个顶推工作。

为了防止梁段在顶推时的偏移,通常在梁段两旁隔一定距离设置导向装置,在导向装置上设置千斤顶,用千斤顶纠正顶推过程中的偏移。

单点水平—竖向千斤顶顶推需要两套顶推设备,全桥的顶推水平力由墩台的顶推设备承担,而各墩顶只设置滑移装置,这样所需顶推设备能力较大,不需要各墩的顶推设备同步进行,且墩顶将承受较大的水平摩阻力。

多点水平—竖向千斤顶顶推是在每个墩台上均设置千斤顶,将单点的顶推力分散到每个桥墩上,且在各墩及临时墩上设置滑动支撑。在顶推时,应做到同时启动,同步前进。由于利用了千斤顶传递给墩顶的反力来平衡梁段在滑移时在墩上产生的摩阻力,从而使桥墩在顶推过程中承受很小的水平力,这样可以在柔性墩上进行多点顶推。多点顶推同步既包括同一墩上顶推设备同步运行,也包括各个墩上顶推设备纵向同步运行。同一桥墩两侧的两台水平千斤顶不同步将使盖梁受扭。任一墩上的水平千斤顶发生故障或推力减小,该桥墩将受到梁运行时的水平推力,水平推力值可正可负,当水平推力值比该墩能够承受的水平推力小,则该墩是安全的;否则,该墩可能发生过大的变形而开裂。

2. 拉杆千斤顶顶推法

拉杆千斤顶顶推的水平力是由固定在墩台上的水平千斤顶通过锚固于主梁上的拉杆使主梁前进,也可以分为单点和多点拉杆千斤顶顶推。单点拉杆千斤顶顶推是将顶推装置集中设置在梁段预制场附近的桥墩台上,其余墩只设置滑移装置(见图 4-51)。其顶推程序与单点水平—竖向千斤顶顶推法基本相似,所不同的是不需将梁桥顶升一定高度。

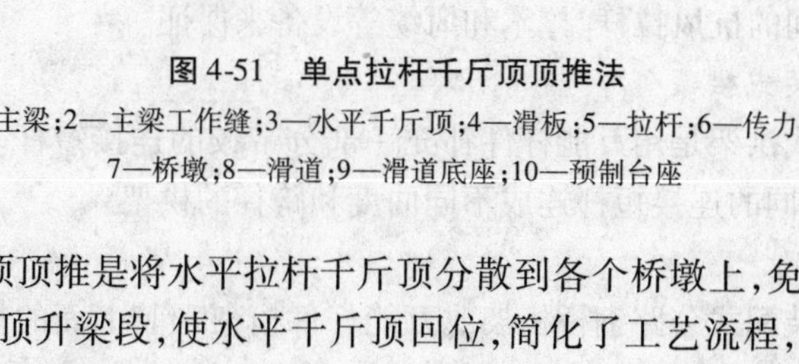

(a)正面 (b)剖面

图 4-51 单点拉杆千斤顶顶推法

1—主梁;2—主梁工作缝;3—水平千斤顶;4—滑板;5—拉杆;6—传力架;7—桥墩;8—滑道;9—滑道底座;10—预制台座

多点拉杆千斤顶顶推是将水平拉杆千斤顶分散到各个桥墩上,免去了在每一循环顶推中,用竖向千斤顶顶升梁段,使水平千斤顶回位,简化了工艺流程,加快了顶推施工进度。

3. 设置滑动支座顶推法

设置滑动支座顶推法有设置临时滑动支撑和与永久性支座合一的滑动支撑顶推

两种。

设置临时滑动支撑顶推是指在施工过程中所用的滑道是临时设置的,用于滑移梁段和支撑梁段,在主梁就位后,拆除墩上顶推设备,同时张拉后期力筋和孔道灌浆,然后用大吨位千斤顶同步将一联主梁顶升,拆除滑道和滑道底座混凝土垫块,安放正式支座而成。

使用与永久性支座合一的滑动支撑顶推是一种将施工时的临时滑动支撑与竣工后的永久支座兼用的支撑进行顶推的方法,又称 RS 施工法。RS 施工法是将竣工后的永久支座安置在墩顶设计位置上,通过改造,可作为施工时的顶推滑道,主梁就位后,稍加改造即可恢复原支座状态。这种方法不需要拆除临时滑动支撑,也不需要大吨位竖向千斤顶顶升梁段。

第二节　拱桥施工

拱桥施工方法主要根据其结构型式、跨径大小、建桥材料、桥址环境的具体情况以及方便、经济、快捷的原则而定。

一、拱桥有支架施工

(一)拱架

砌筑石拱桥或混凝土预制块拱桥,以及现浇混凝土或钢筋混凝土拱桥时,需要搭设拱架,以承受全部或部分主拱圈和拱上建筑的重量,保证拱圈的形状符合设计要求,拱架主要有钢桁架拱架、扣件式钢管拱架等。

1. 钢桁架拱架

1)常备拼装式桁架形拱架

常备拼装式桁架形拱架是由标准节段、拱顶段、拱脚段和连接杆等用钢销或螺栓连接的,拱架一般采用三铰拱,其横桥向由若干组拱片组成,每组的拱片数及组成由桥梁跨径、荷载大小和桥宽决定,每组拱片及各组间由纵、横联系联成整体(见图 4-52)。

2)装配式公路钢桁架节段拼装式拱架

在装配式公路钢桁架节段的上弦接头处加上一个不同长度的钢铰接头,即可拼成各种不同曲度和跨径的拱架,在拱架两端应另加设拱脚段和支座,构成双铰拱架。拱架的横向稳定由各片拱架间的抗风拉杆、撑木和风缆等设备来保证。

3)万能杆件拼装式拱架

万能杆件拼装式拱架是用万能杆件补充一部分带铰的连接短杆。拼装时,先拼成桁架节段,再用长度不同的连接短杆连成不同曲度和跨径的拱架。

4)钢木组合拱架

这种拱架是由装配式公路钢桥桁架或万能杆件桁架和其上面的帽木、立柱、斜撑、横梁及弧形木等杆件构成木拱盔组合而成的。

2. 扣件式钢管拱架

扣件式钢管拱架一般有满堂式、预留孔满堂式、立柱式扇形等几种形式。满堂式钢管

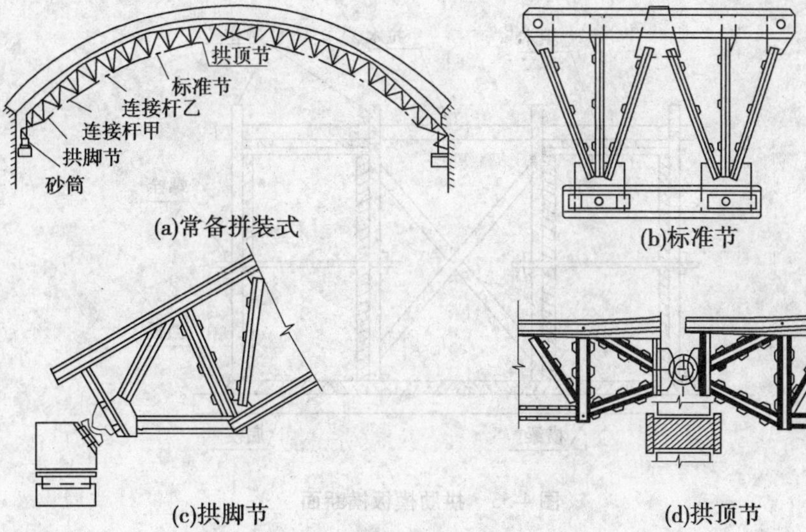

图 4-52　常备拼装式桁架形拱架

拱架用于高度较小、在施工期间对桥下空间无特殊要求的情况。立柱式扇形钢管拱架是先用型钢组成立柱,以立柱为基础,在起拱线以上范围用扣件钢管组成扇形拱架。

扣件式钢管拱架的基础可以采用在立柱下端部垫上底座,使立柱承重后均匀沉降并有效地将荷载传递给地基。但由于立柱数量较多,分散而面宽,每根立柱所处的地基不相同,除按一般基础处理外,还可采取分别确定立柱管端承载能力的方法,使各立柱承载后的不均匀沉降控制在允许的范围内。

(二)模板

1. 拱圈模板

拱圈模板(底模)的厚度应根据弧形木或横梁间距的大小而定,一般有横梁时为 40 ~ 50 mm,直接搁置在弧形木上时为 60 ~ 70 mm,有横架时为使顺向放置在模板与拱圈内弧线圆一致,可预先将木板压弯,但 40 m 以上跨径桥的横板可不必事先压弯。混凝土和钢筋混凝土拱圈模板在拱顶处应铺设一段活动模板,在间隔缝处应设间隔缝模板并在底模或侧模上留置孔洞,待分段浇筑完后再堵塞孔洞,以便清除杂物。在拱轴线与水平面倾角较大的地段,须设置顶面盖板,以防混凝土流失。

2. 拱肋模板

拱肋模板的底模基本上与混凝土和钢筋混凝土拱圈相同,在拱肋间及横撑间的空档可不铺设底模(见图 4-53)。拱肋侧面模板,一般先按样板分段制作,然后拼装于底模之上,并用拉木、螺栓拉杆及斜撑等固定,但在安装时,应先安置内侧模板,等钢筋入模后再安置外侧模板,且应在适当长度内设置一道变形缝。拱肋模板设置于拱轴线较陡的拱段,随浇筑进度装钉。

(三)拱架的卸落和拆除

由于拱上建筑、拱背材料、连拱等因素对拱圈受力有影响,因此应选择在拱体产生最小应力时来卸架,一般在砌筑完成后 20 ~ 30 d,待砌筑砂浆强度达到设计强度的 70% 以

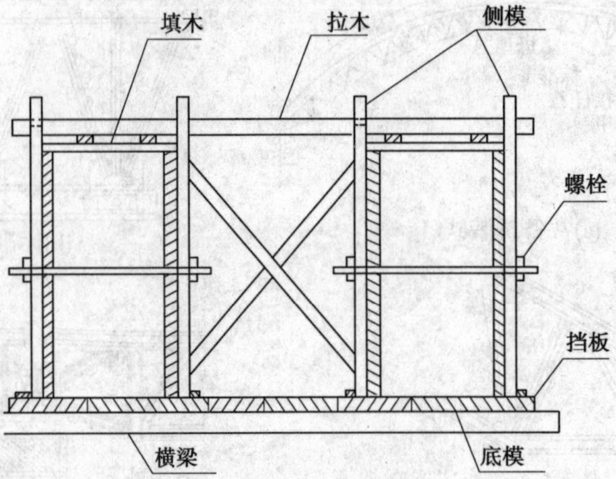

图 4-53　拱肋模板横断面

后才能卸落拱架。

1. 卸架要求

卸架应选择在下列阶段进行并符合下列规定：

(1)实腹式拱在护拱、侧墙完成后。

(2)空腹式拱在拱上小拱横墙完成后，小拱圈砌筑前。

(3)裸拱卸架时，应对裸拱进行截面强度及稳定性验算，并采取必要的稳定措施。

(4)如必须提前卸架时，应适当提高砂浆(或混凝土)强度或采取其他措施。

(5)卸落拱架时，应设专人用仪器观测拱圈挠度和墩台变化情况，并详细记录。另设专人观察是否有裂缝现象。

(6)较大跨径拱桥的拱架卸落，一般在设计文件中有明确规定，应按设计规定进行。

2. 卸架设备

1)木楔

木楔有简单木楔和组合木楔等不同构造(见图 4-54)，用木楔作为卸落设备，在满布式拱架中较常采用，在拱式拱架中也有应用。简单木楔(见图 4-54(a))是由两块1:6 ~ 1:10斜面的硬木楔形块组成，构造简单，在落架时，用锤轻轻敲击木楔小头，将木楔取出，拱架即可落下。组合木楔(见图 4-54(b))是由三角形木楔和一根对拉螺栓组成的，在卸架时只需扭松螺栓，木楔便落下，拱架即可逐渐降落。组合木楔比简单木楔更为稳定和均匀。

2)砂筒

砂筒是由铸铁拼成的圆筒或用方木拼成的方盒，砂筒(见图 4-54(c))上面的顶心可用方木或混凝土制成，砂筒与顶心间的空隙应以沥青填塞，以免砂子受潮不易流出。卸架是靠砂子从砂筒下部的泄砂孔流出而实现的，因此要求砂筒内的砂子干燥、均匀、洁净，卸架时靠砂子的泄出量来控制砂筒顶心的降落量(即控制拱架卸落的高度)，分数次进行卸落，这样能使拱架均匀下降而不受振动。

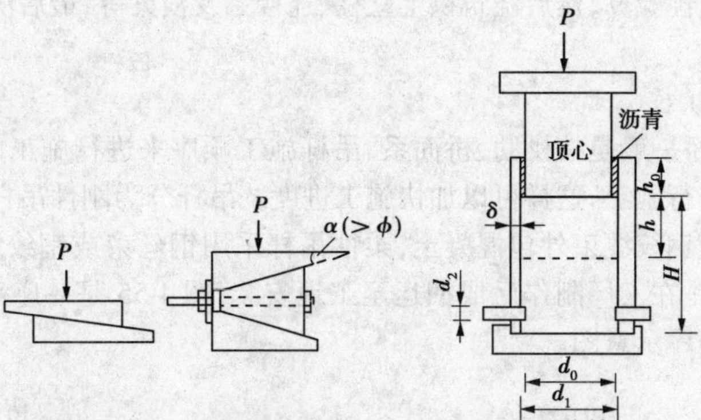

图 4-54 卸架设备

3. 拱架卸落的程序与方法

拱架卸落的过程实质上是由拱架支撑的拱圈(或拱上建筑已完成的整个拱桥上部结构)的重力逐渐移给拱圈自身来承担的过程,为了使拱圈受力有利,而应采取一定的卸架程序和方法。在拱架卸落过程中,只有当其达到一定的卸落量时,拱架才能脱离拱圈体实现力的转移。

1)满堂式拱架的卸落

为了使拱圈体逐渐均匀地降落和受力,各支点卸落量应分成几次和几个循环逐步完成,各次和各循环之间应有一定的间歇,间歇后应将松动的卸落设备顶紧,使拱圈体落实。对于卸落程序可根据算出和分配的各支点的卸落量,从拱顶开始,逐次同时向拱脚对称地卸落。

2)工字梁活用钢拱架的卸落

工字梁活用钢拱架的卸落设备一般置于拱顶,卸落拱架时,先将 8 台卸落拱架的绞车绞紧,然后将拱顶卸拱设备上 1 个螺栓(组合木楔对拉螺栓)松几丝,即可放松绞车,敲松拱顶卸拱木,然后第二次绞紧绞车,松螺栓,再次放松绞车,如此逐次循环松降,直到降落到一定的卸落量 h 后,拱架即可脱离拱圈体。拱架脱离拱圈体后,即可撤除卸拱设备和拱顶一部分模板,然后将第 1 组轨束松至与第 3 组轨束相平,并用另一绞车将拱脚处支座缺口中拉出,然后同时松动两组绞车,将拱架降落到地面拆除。第 1、3 组落地后,再落第 2、4 组。

3)扣件式钢管拱架的卸落

由于扣件式钢管拱架没有卸落设备,因此卸落时只需用扳手拧松扣件,取走拱架杆件,卸架时以对拱圈受力有利为原则。卸架程序和方法可参照满堂式拱架。

(四)现浇钢筋混凝土拱圈

1. 施工程序

1)上承式拱桥

上承式钢筋混凝土拱桥的施工程序为:先在拱架上现浇钢筋混凝土拱圈(或拱肋)以及拱上立柱的底座,待混凝土达到要求的强度等级后,拆除拱架,但必须事先对拆除拱架后的裸拱进行稳定性验算,然后浇筑拱上立柱、连接系及横梁等,最后浇筑桥面系,完成整个拱桥施工。

2)中、下承式拱桥

中、下承式拱桥一般是按拱肋、桥面系、吊杆施工顺序来进行施工的。桥面系可采用预制安装的方法进行施工,这样可以加快施工进度。吊杆分为刚性吊杆和柔性吊杆,钢性吊杆是在钢丝束或钢绞线束外包混凝土,柔性吊杆采用钢丝束或钢绞线束,防腐采用 PE 热挤防护套,一般是在工厂制作后成捆运至工地安装,图 4-55 是一座采用柔性吊杆的中承式拱桥的浇筑程序示意图。

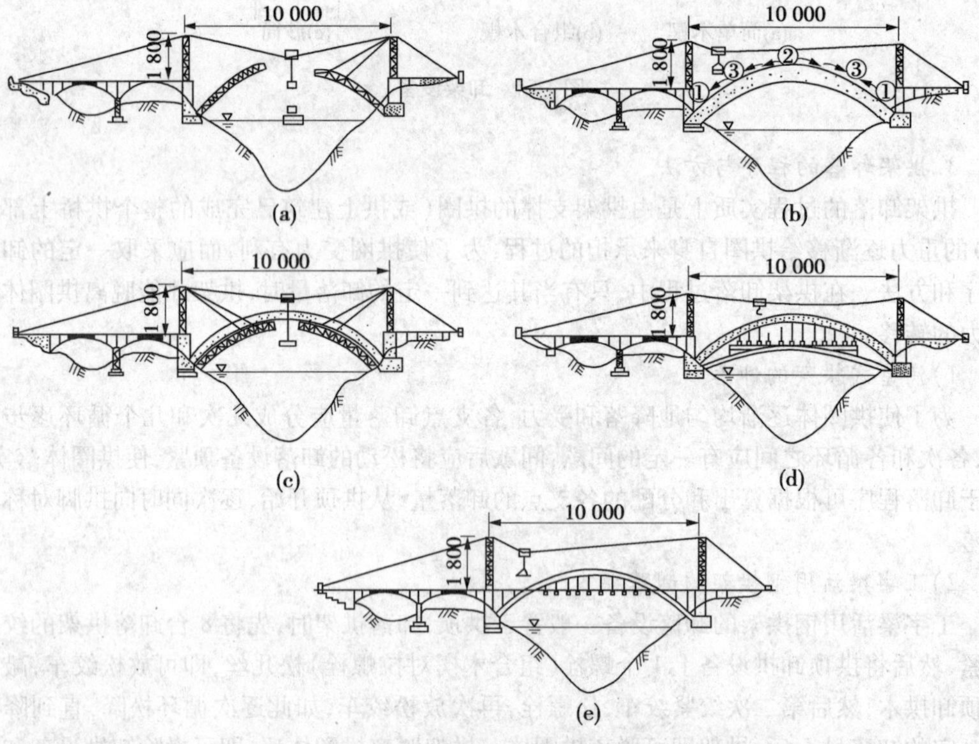

图 4-55　中承式拱桥浇筑程序示意　(单位:mm)

3)系杆拱桥

系杆拱桥的系杆分为刚性系杆和柔性系杆两种。对于刚性系杆拱桥可采取先浇筑或安装系杆,然后在系杆上安装拱架,浇筑拱肋混凝土,最后安装吊杆;对于柔性系杆拱桥可采取先安装拱架,然后浇筑拱肋混凝土,卸落拱架,安装吊杆、横梁,最后施工桥面系。

2. 拱圈(或拱肋)的浇筑

拱圈(或拱肋)的浇筑有以下方法:

(1)连续浇筑:当拱桥的跨径较小(一般小于 16 m)时,拱圈(或拱肋)混凝土应按全拱圈宽度,自两端拱脚向拱顶对称地连续浇筑,并在拱脚混凝土初凝前浇筑完毕。

(2)分段分环浇筑:当拱桥跨径较大(一般大于 16 m)时,为了避免拱架变形而产生裂缝以及减小混凝土收缩应力,拱圈(或拱肋)应采取分段浇筑的施工方案,分段位置的确定是以拱架受力对称、均衡、拱架变形小为原则，一般分段长度为 6 ~ 15 m。分段浇筑的程序应符合设计要求，且对称于拱顶，使拱架变形保持对称、均衡和尽可能小；但应在拱架挠曲线为折线的拱架支点、节点、拱脚、拱顶等处设置分段点并适当预留间隔缝。对于大跨径的箱形截面的拱桥，一般采取分段、分环的浇筑方案。分环有分成二环浇筑和分成三环浇筑两种方案。分成三环浇筑是先分段浇筑底板（第一环），然后分段浇筑腹板和横隔板（第二环），最后分段浇筑顶板（第三环）。

二、拱桥无支架施工

肋拱、箱形拱的无支架施工包括扒杆、龙门架、塔式吊机、浮吊、缆索吊装等，而缆索吊装是应用最为广泛的施工方案。本书主要阐述缆索吊装施工。根据拱桥缆索吊装的特点，其一般的吊装程序（针对五段吊装方案）为：边段拱圈（肋）的吊装并悬挂、次边段的吊装并悬挂、中段的吊装及合龙以及拱上的构件的吊装等。

（一）吊装前的准备工作

缆索吊装前的准备工作包括预制构件的质量检查、墩台拱座尺寸的检查、跨径与拱圈（肋）的误差调整等工作。

（二）缆索设备的检查与试吊

缆索吊装设备在使用前必须进行试拉和试吊。试拉包括地锚的试拉、扣索的试拉。试吊主要是主索系统的试吊，一般分跑车空载反复运转、静载试吊和吊重运行三个阶段。在各阶段试吊中，应连续观测塔架位移、主索垂度和主索受力的均匀程度；动力装置工作状态，牵引索、起重索在各转向轮上的运转情况；主索的稳固情况以及检查通信、指挥系统的通畅性能和各作业组之间的协调情况。试吊后应综合各种观测数据和检查情况，对设备的技术状况进行分析和鉴定，提出改进措施，确定能否进行正式吊装。

（三）缆索吊装观测

缆索吊装观测包括主索垂度观测、缆索拉力观测、搭架位移观测和拱圈（肋）高程观测等。主索垂度观测可以在跑车上安放吊绳直接观测和用经纬仪测仰角来计算。

（四）拱圈（肋）缆索吊装

三段与五段缆索吊装螺栓接头拱圈（肋）就位的方法基本相似，这里只阐述五段缆索吊装方案。首先是边段拱圈（肋）悬挂就位，在无支架施工中，边段拱圈（肋）和次边段拱圈（肋）的悬挂均采用扣索，扣索按支撑扣索的结构物的位置和扣索本身的特点可分为天扣、塔扣、通扣和墩扣等类型，调整定位后接头标高应较设计标高高 15 ~ 20 cm。第二步次边段拱圈（肋）吊装定位（见图 4-56（a））。由于次边段拱圈（肋）吊装定位于边段拱圈（肋）的端头上，次边段定位后，上、下接头处的预加高度应近似控制在 $\Delta y_{上} = 2\Delta y_{下}$（$\Delta y_{上}$、$\Delta y_{下}$ 分别指次边段定位后上、下端头的预加高度，见图 4-56（b））；次边段定位完成后，应使 $\Delta y_{下}$ 约为 5 cm，$\Delta y_{上}$ 约为 10 cm，中线偏差不超过 1 ~ 2 cm，如果变化值超过 5 ~ 10 cm，应及时调整，以防接头附近拱圈（肋）开裂。最后拱顶段拱圈（肋）定位（见图 4-56（c））。拱顶段就位时，需要用两部水准仪观测两侧 4 个接头标高，并用经伟仪观测和控制拱圈（肋）中线。拱圈（肋）拱顶段定位后焊接接缝。其合龙程序可参见图 4-57所示。

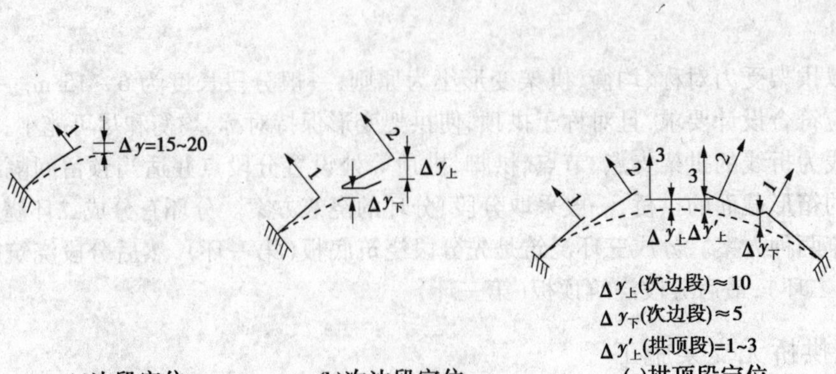

图 4-56　拱圈(肋)吊装定位示意　(单位:cm)

1—边扣索;2—次扣索;3—起重索

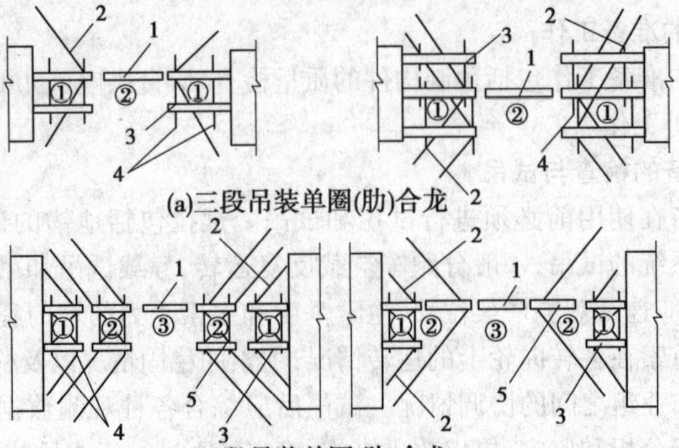

图 4-57　三段、五段吊装单圈(肋)合龙示意

(图中①、②、③为施工程序号)

1—基圈(肋);2—风缆;3—边段;4—横夹木;5—次边段

三、其他施工方法

(一)转体施工法简介

转体施工法一般适用于单孔或三孔拱桥的施工。其基本原理是:将拱圈或整个上部结构分为两上半跨,分别在河流两岸利用地形或简单支架现浇或预制装配半拱,然后利用一些机具设备和动力装置将其两半跨拱体转动至桥轴线位置(或设计标高)合龙成拱。采用转体法施工拱桥的特点是:结构合理,受力明确,节省施工用材,减少安装架设工序,变复杂的、技术性强的水上高空作业为岸边陆上作业,施工速度快,不但施工安全、质量可靠,而且在通航河道或车辆频繁的跨线立交桥的施工中可不干扰交通、不间断通航、减少对环境的损害、减少施工费用和机具设备,是具有良好的技术经济效益和社会效益的桥梁施工方法之一。

转体的方法可以采用平面转体、竖向转体或平竖结合转体,目前已应用在拱桥、梁桥、斜拉桥、斜腿刚架桥等不同桥型上部结构的施工中。

1. 平面转体

平面转体可分为有平衡重转体和无平衡重转体。有平衡重转体一般以桥台背墙作为平衡重，并作为桥体上部结构转体用拉杆的锚碇反力墙，用以稳定地转动体系和调整重心位置。为此，平衡重部分不仅在桥体转动时作为平衡重量，而且也要承受桥梁转体重量的锚固力。无平衡重转体不需要有一个作为平衡重量，以两岸山体岩上锚洞作为锚碇来锚固半跨桥梁悬臂状态时产生的拉力，并在立柱上端做转轴，下端设转盘，通过转动体系进行平面转体。主要适用于刚构梁式桥、斜拉桥、钢筋混凝土拱桥及钢管拱桥。

2. 竖向转体

竖向转体施工就是在桥台处先竖向预制半拱或在桥台前俯卧预制半拱，然后在桥位平面内绕拱脚将其转动合龙成拱。根据河道情况、桥位地形和自然环境等方面的条件和要求，竖向转体施工有以下两种方式：

(1)竖直向上预制半拱，然后向下转动成拱。其特点是施工占地少，预制可采用滑模施工，工期短，造价低。需注意的是，在预制过程中应尽量保持半拱轴线垂直，以减小新浇混凝土重力对尚未凝结混凝土产生的弯矩，并在浇筑一定高度后加设水平拉杆，以避免因拱形曲率影响而产生较大的弯矩和变形。

(2)在桥面以下俯卧预制半拱，然后向上转动成拱。其主要适用于转体重量不大的拱桥或某些桥梁预制部件(塔、斜腿、劲性骨架)。

3. 平竖结合转体

由于受到河岸地形条件的限制，拱桥采用转体施工时，可能遇到既不能在设计标高处预制半拱，也不可能在桥位竖直平面内预制半拱的情况(如在平原区的中承式拱桥)。此时，拱体只能在适当位置预制后既需平转，又需竖转才能就位。这种平竖结合转体基本方法与前述相似，但其转轴构造较为复杂。当地形、施工条件适合时，混凝土肋拱、刚架拱、钢管混凝土可选用此法施工。

(二)有平衡重平面转体施工

有平衡重平面转体施工的特点是转体重量大，施工的关键是转体。要把数百吨重的转动体系顺利、稳妥地转到设计位置，主要依靠以下两项措施实现：正确的转体设计；制作灵活可靠的转体装置，并布设牵引驱动系统。目前，国内使用的转体装置有两种，都是通过转体实践考验，行之有效的。第一种就是以聚四氟乙烯作为滑板的环道平面承重转体；第二种是以球面转轴支撑辅以滚轮的轴心承重转体。

(三)无平衡重平面转体施工

采用有平衡重转体施工修建拱桥，转动体系中的平衡重一般选用桥台背墙。但随着桥梁跨径的增大，需要的平衡重量急剧增加，不但桥台不需如此巨大圬工，而且转体重量太大也增加了转体困难。与有平衡中转体相比，无平衡重转体施工是把有平衡转体施工中的拱圈扣索拉力锚在两岸岩体中，从而节省了庞大的平衡重。锚碇拉力是尾索预加应力传给引桥桥面板(或平撑、斜撑)，以压力的形式储备。桥面板的压力随着拱条转体的角度变化而变化，当转体到位时达到最小。这样一来，不仅可使重量大大减轻，而且设备简单，施工工艺得到简化，虽施工所需钢材略有增加，但全桥圬工数量大为减少。无平衡重转体施工需要有一个强大牢固的锚碇，因此宜在山区地质条件好或跨越深谷急流处建造大跨桥梁时选用。

第三节　其他桥梁施工简介

一、斜拉桥施工

斜拉桥的施工包括索塔施工、主梁施工、斜拉索的制作三大部分。由于斜拉桥属于高次超静定结构，所采用的施工方法和安装程序与成桥后的主梁线形和结构恒载内力有密切的联系，其次在施工阶段随着斜拉桥结构体系和荷载状态的不断变化，结构内力和变形亦随之不断变化，因此需要对斜拉桥的每一施工阶段进行详尽分析、验算，求得斜拉索张拉吨位和主梁挠度、塔柱位移等施工控制参数的理论计算值，对施工的顺序作出明确的规定，并在施工中加以有效的管理和控制。

（一）索塔施工

1. 起重设备

索塔施工属于高空作业，工作面狭小，其施工工期影响着全桥的总工期，起重设备是索塔施工的关键。而起重设备的选择由索塔的结构型式、规格、移位地形等条件决定，必须满足索塔施工的垂直运输、起吊荷载、吊装高度、起吊范围的要求。起重设备一般采用塔吊辅以人货两用电梯，也可以采用万能杆件或贝雷架等通用杆件配备卷扬机、电动葫芦装置的提升吊机，或采用满布支架配备卷扬机、摇头扒杆起重等。但目前一般采用塔吊辅以人货两用电梯，如图 4-58 所示，图中方案 1 为先在索塔正面架设一台塔吊待上横梁完成后，再利用此塔吊在上横梁上面安装另一台塔吊；方案 2 为在索塔的正面接近索塔处安装一台塔吊；方案 3 为在索塔的下游方向靠近索塔处安装一台塔吊；方案 4 为先在索塔正面架设一台塔吊，待主梁 0 号块完成后，利用此塔吊在 0 号块上安装另一台塔吊。

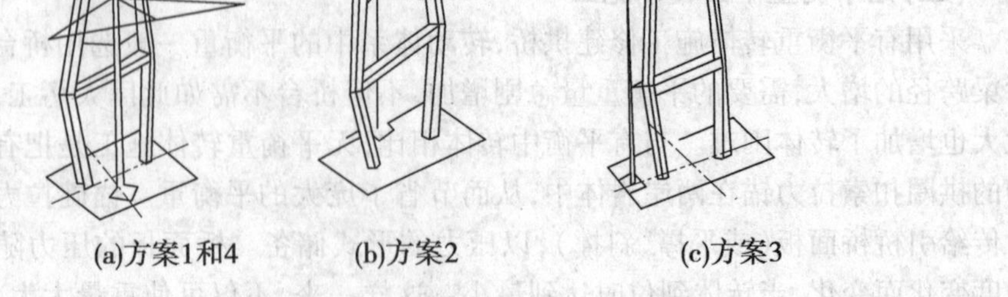

(a)方案1和4　　(b)方案2　　(c)方案3

图 4-58　塔吊布置方案

2. 模板

浇筑索塔混凝土的模板按结构形式不同可采用提升模板和滑升模板。提升模板按其吊点的不同,可分为依靠外部吊点的单节整体模板逐段提升、多节模板交替提升(简称翻板)以及本身带爬升模板(简称爬模);滑升模板只适用于等截面的垂直塔柱。

3. 拉索锚固区塔柱的施工

当索塔为钢筋混凝土时,拉索在塔顶部的锚固形式主要有交叉锚固、钢梁锚固、箱形锚固、固定型锚固、铸钢索鞍等形式。

1)交叉锚固型塔柱的施工

中、小跨径斜拉桥的拉索多采用此锚固形式,如图 4-59 所示。交叉锚固型塔柱的施工过程为:立劲性骨架(为了便于施工时固定钢筋、拉索锚箱定位及调模等方面的需要,而在索塔锚固段中设的劲性骨架),绑扎钢筋,拉索套筒的制作及定位,立模,浇筑混凝土等。

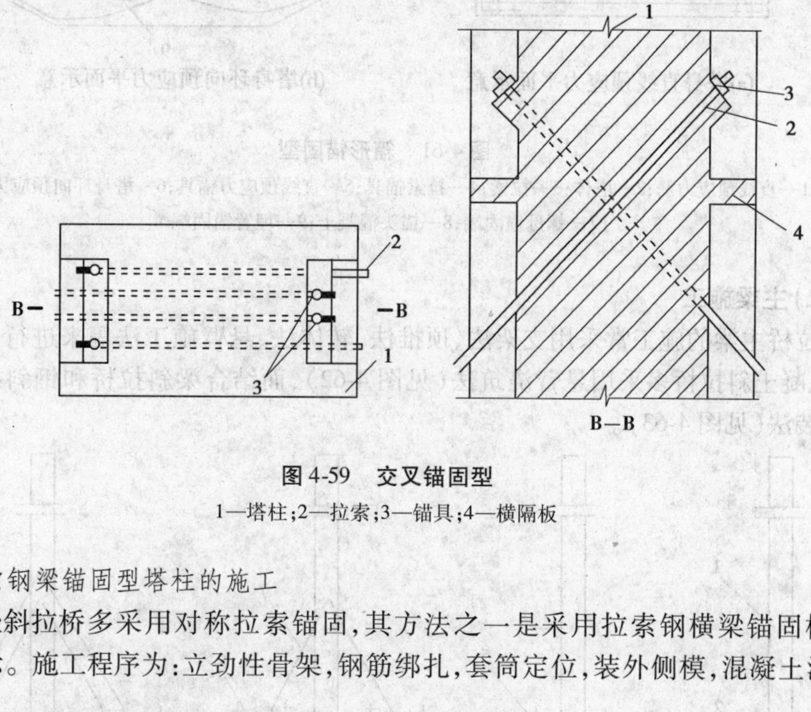

图 4-59　交叉锚固型

1—塔柱;2—拉索;3—锚具;4—横隔板

2)拉索钢梁锚固型塔柱的施工

大跨径斜拉桥多采用对称拉索锚固,其方法之一是采用拉索钢横梁锚固构造,如图 4-60所示。施工程序为:立劲性骨架,钢筋绑扎,套筒定位,装外侧模,混凝土浇筑,横梁安装。

图 4-60　钢梁锚固型

1—塔柱;2—拉索;3—锚具;4—钢横梁

3)预应力箱形锚固

拉索平面预应力箱形锚固段为空心柱,如图4-61所示。其施工程序为:立劲性骨架,绑扎钢筋,套筒安装,套筒定位,安装预应力管道及钢束,模板安装,混凝土浇筑养护,施加预应力,灌浆。

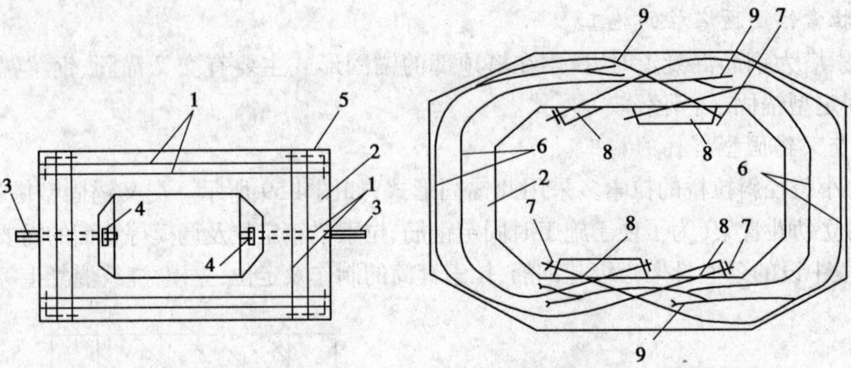

(a)塔身直线预应力平面示意　　(b)塔身环向预应力平面示意

图4-61　箱形锚固型

1—直线预应力筋;2—塔体;3—拉索;4—拉索锚具;5—直线预应力锚具;6—塔身环向预应力筋;7—螺母锚固端;8—锚头混凝土;9—埋置锚固端

(二)主梁施工

斜拉桥主梁的施工常采用支架法、顶推法、转体法、悬臂施工法等来进行。在实际施工中,混凝土斜拉桥多采用悬臂浇筑法(见图4-62),而结合梁斜拉桥和钢斜拉桥多采用悬臂拼装法(见图4-63)。

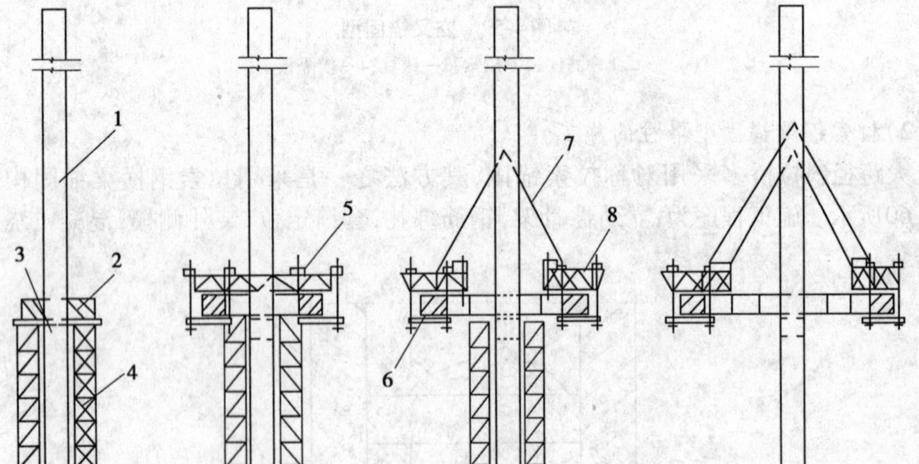

图4-62　悬臂浇筑程序

1—索塔;2—立支架现浇梁段;3—下横梁;4—现浇支架;5—连体挂篮;6—悬浇梁段;7—斜拉索;8—悬浇挂篮

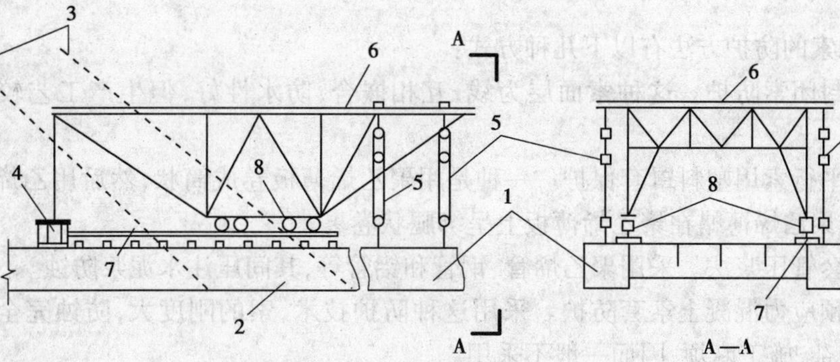

图 4-63　悬臂拼装示意

1—待拼梁段；2—已拼梁段；3—拉索；4—现浇支架；5—连体挂篮；6—悬浇梁段；7—斜拉索；8—悬浇挂篮

（三）斜拉索的制作、防护与安装

1. 斜拉索的制作

为了保证钢丝索能顺利通过各个工艺流程，一般将钢丝索的断面排列成正六边形或缺角六边形，进行大捻距同心左转扭绞，同时缠包一层或两层纤维增强聚酯带，这样可以减少拉索松散的可能性，顺利通过挤塑工作。

制作成品拉索的工艺流程为：钢丝经放线托盘放出粗下料（设计索长＋施工工作长度）、编束、钢束扭绞成型、下料齐头、分段抽检（成型后的直径误差和扭绞角）、焊接牵引钩、绕缠包带、热挤 PE 护套、水槽去冷、测量护套厚度及偏差、精下料（计算长度＋墩头长度）、端部入锚部分去除 PE 套、锚板穿丝、分丝墩头、装冷铸锚、锚头养生固化、出厂检查（预张拉等）、打盘包装待运。

2. 斜拉索的防护

由于斜拉索是斜拉桥的主要受力构件，其防护质量决定整个桥梁的安全使用寿命，而斜拉桥是按照超静定结构体系设计的，虽然能经受某单根拉索的突然损坏，但如果破坏是由于锈蚀引起的，那锈蚀产生以后将直接影响钢丝的疲劳抗力，而力的进一步重分配可能引起更多拉索的破坏，剩余拉索结构的整体性也会被损害，在此情况下结构有可能渐渐崩溃。

斜拉索的防护可分为临时防护和永久防护两种。临时防护是钢丝或钢绞线从出厂到开始做永久防护的一段时间内所需要的防护，临时防护的时间一般为 1～3 年，目前所采用的临时防护一般有钢丝镀锌，将钢丝纳入聚乙烯套管内安装锚头密封后喷防护油，充氨气，以及涂漆、涂油、涂沥青等，可根据防锈蚀效能、技术经济比较、设备条件及材料种类来决定。永久防护是从拉索钢材下料到桥梁建成长期使用期间的防护，且应满足防锈蚀、耐日光曝晒、耐老化、耐高温、涂层坚韧、材料易得、价格低廉、生产工艺成熟、制作运输安装简便、更换容易等要求。永久防护包括内防护和外防护两种，内防护是直接防止拉索锈蚀，所采用的材料一般有沥青砂、防锈脂、黄油、聚乙烯塑料泡沫和水泥浆等；外防护是保护内防护材料不致流出、老化等，外防护所采用的材料有聚氯乙烯管、铝管、钢管、多层玻璃丝布缠包套等，目前一般采用碳黑聚乙烯在塑料挤出机中旋转直接包于拉索上即 PE

套管法。

斜拉索的防护方法有以下几种方式：

(1)封闭索防护。这种索面层为线，互相嵌合，防水性好，但生产工艺较烦琐，费用高。

(2)平行索用塑料罩套保护。一种是用聚乙烯薄板卷成筒状，然后用乙烯布固定；另一种是用聚乙烯薄蜡在聚乙烯薄板上呈绑腿状卷裹。

(3)套管压浆法。采用聚乙烯管、钢管和铝管等，其间压注水泥浆防蚀。

(4)预应力混凝土索套防护。采用这种防护技术，索的刚度大，防蚀完全可以解决，但受力复杂，施工麻烦，因而一般不采用。

(5)直接挤压护套法。采用塑料挤出机将半熔融状态的PE料直接挤包于拉索表面的一种方法。

3. 斜拉索的安装

1)放索

斜拉索通常采用类似电缆盘的钢结构盘将其运输到施工现场，对于短索，可采用自身成盘，捆扎后运输。放索可采用立式转盘放索(见图4-64(a))和水平转盘放索(见图4-64(b))两种方法。

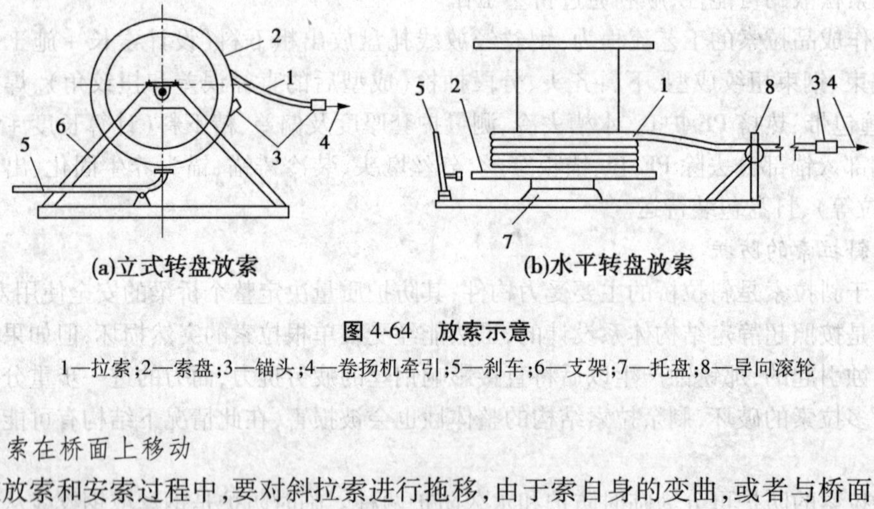

图4-64 放索示意

1—拉索；2—索盘；3—锚头；4—卷扬机牵引；5—刹车；6—支架；7—托盘；8—导向滚轮

2)索在桥面上移动

在放索和安索过程中，要对斜拉索进行拖移，由于索自身的变曲，或者与桥面直接接触，因而在移动中有可能损坏拉索的防护层或损伤索股，为了避免这些情况的发生，可采取如下措施：如果索盘是由驳船运来，放索时也可以将索盘吊运到桥面上进行，或直接在船上进行；采用滚筒法、移动平车法、导索法、垫层法等。

3)斜拉索的塔部安装

安装斜拉索前，应计算克服索自重所需的拖拉力，以便选择卷扬机、吊机和滑轮组配置方法。安装张拉端时先要计算安装索力，由理论计算可知，当矢跨比小于0.15时，可采用抛物线代替悬链线来计算曲线长度。

计算出各施工阶段的索力后，即可选择适当的牵引设备和安装方法。根据张拉端设置的位置确定安装顺序，如果张拉端设置于塔部，则先于梁部安装；如果张拉端设置于梁部，则先于塔部安装。塔部安装锚固端方法有吊点法、吊机安装法、脚手架法、钢管法等；塔部安装张拉端的方法有：分步牵引法、桁架床法等；对于两端均为张拉端的斜拉索，可选择其中适宜的方法。

4）斜拉索的梁部安装

斜拉索的梁部安装与塔部基本相似，基本方法有吊点法（见图 4-65）和拉杆接长法（见图 4-66）两种。

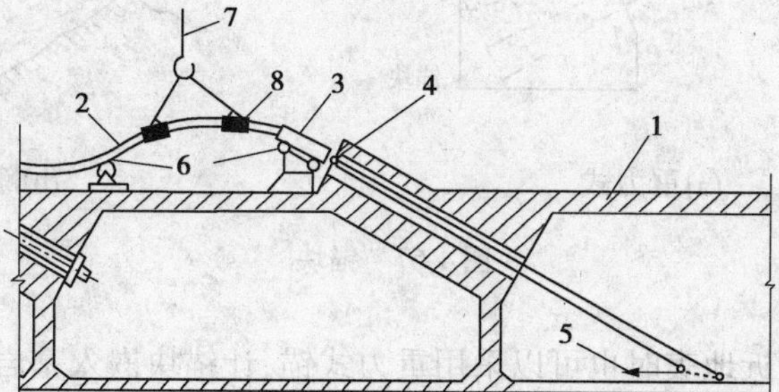

图 4-65　吊点法斜拉索的梁部安装示意

1—主梁梁体；2—待安装拉索；3—拉索锚头；4—牵索滑轮；
5—卷扬机牵；6—滚轮；7—吊机；8—索夹

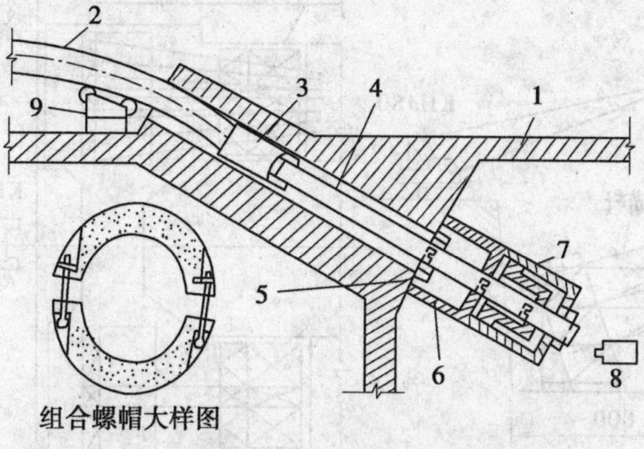

图 4-66　拉杆接长法斜拉索的梁部安装示意

1—主梁梁体；2—拉索；3—拉索锚头；4—长拉杆；5—组合螺母；
6—撑脚；7—千斤顶；8—短拉杆；9—滚轮

二、悬索桥施工

悬索桥施工主要有：锚碇、索塔、主缆和加劲梁的制作和安装。其中，尤以主缆及其附件的制造安装具有特色。

（一）锚碇与索塔的施工

1. 锚碇

锚碇是主缆锚固装置的总称，由混凝土锚块（含钢筋）及支架、锚杆、鞍座（散索鞍）等组成。主缆是以空中成束的形式进入锚碇,要经过一系列转向、展开、锚固的构件。

锚块的形式可分为重力式(见图4-67(a))和隧道式(见图4-67(b))。若锚碇处有坚实岩层靠近地表,修建隧道锚(或称岩洞式锚)有可能比较经济。

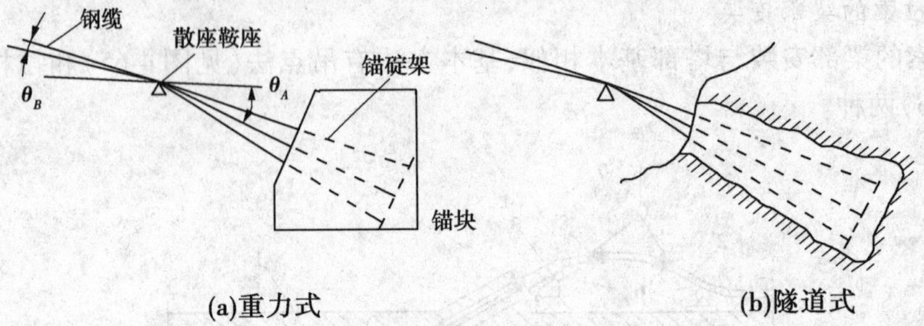

图4-67　锚块

有坚实基岩层靠近地表时也可以采用重力式锚,让锚块嵌入基岩,使位于锚块前的基岩凭借承压来抵抗主缆的水平力。例如,我国1995年建成的汕头海湾大桥,就是利用两岸山体岩层,设计为重力前锚式锚碇(锚块兜住石质山头,抵抗主缆拉力)。巨大的主缆拉力通过锚杆、后锚梁、锚块混凝土,均匀传递给基岩(见图4-68)。虎门大桥的东锚碇也

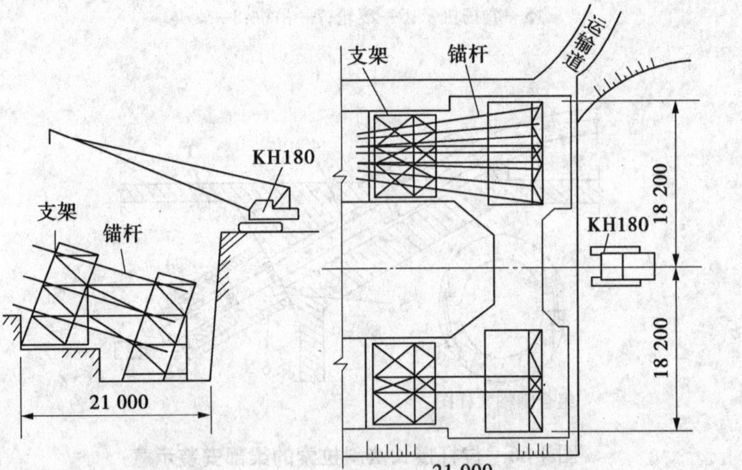

图4-68　汕头海湾大桥锚碇　(单位:mm)

为山后重力式锚。若坚实基岩位于桥面之下深度不超过30～50 m,可修建直接坐落在基岩上的锚块。若坚实持力层埋深更大,而设计意图是使荷载完全传到该持力层,则必须设置沉井、沉箱大直径桩(含斜桩)等深基础。这样的锚碇造价当然是比较昂贵的。虎门大桥的西锚碇基础原设计为沉井加桩基方案,后经细探,发现基岩严重不平,沉井施工将会遇到很大困难,遂改为地下连续墙方案。如果将地基在荷载之下的各种变形予以充分考虑,也可以采用浅基础。

2. 索塔

在20世纪50年代以前，大跨度悬索桥的索塔几乎都是采用钢塔，其主要优点是：施工速度快、质量容易保证、抗震性能好。直到1958年，法国建成主跨608 m的其坦卡维尔悬索桥，方开始采用混凝土。我国新近建造的几座大跨度悬索桥（汕海湾大桥、虎门大桥、西陵大桥、江阴大桥）全部都是采用混凝土塔。塔的施工与斜拉桥塔基本上相同。

（二）主缆架设

悬索桥的钢缆有钢丝绳钢缆和平行线钢缆。前者一般用于中、小跨度的悬索桥，后者主要用于主跨为500 m以上的大跨悬索桥。平行线钢缆根据架设方法分为空中送丝法（AS法）及预制索股法（PWS法）。

1. 空中送丝法

用空中送丝法架设主缆，19世纪中叶发明于美国，自1855年用于尼亚瓜拉瀑布桥以来，多数悬索桥都用这种方法来架设主缆。在桥两岸的索塔和锚碇等都已安装就绪后，沿主缆设计位置，在两岸锚碇之间布置一无端牵引绳，亦即将牵引绳的端头连接起来，形成从这一岸到那岸的长绳圈。将送丝轮扣牢在这牵引绳上某处，且将缠满钢丝的卷筒放在一岸的锚碇旁，从卷筒中抽出钢丝头，暂时固定在某靴跟（可编号为A）处，称这一钢丝头为“死头”。继续将钢丝向外抽，由死头、送丝轮和卷筒将正在输送的丝形成一个钢丝套圈，用动力机驱动牵引绳，于是送丝轮就带着钢丝送向对岸。在钢丝套圈送到对岸时，就用人工将套圈从送丝轮上取下，套到其对应的靴跟（可编号为A′）上。图4-69为送丝工艺示意图。随着牵引绳的驱动，送丝轮又被带回这岸，取下套圈套在靴跟A上，然后又送向对岸。这样进行上百次，当其套在两岸对应靴跟（例如A及A′）上的丝数达到一根丝股钢丝的设计数目时，就将钢丝“活头”剪断，并将该“活头”同上述暂时固定的“死头”用钢丝连接器连起来。这样，一根丝股的空中编制就完成了。

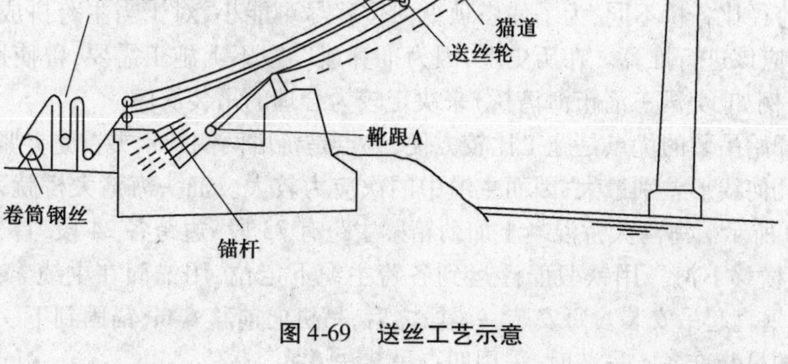

图4-69　送丝工艺示意

在上述基本原理基础上，可以采取多种提高工效的措施。如果对岸也有卷筒钢丝，可以利用刚才所说的送丝轮在其返程中另带一钢丝套圈到这岸来，从而在另一对编号为 B、B' 的靴跟之间进行编股。又沿无端牵引绳可以设置两个送丝轮，两轮的间距为：当甲轮从这岸驶向对岸时，乙轮正好从对岸驶向这岸，而且两岸都有卷筒钢丝，于是就可以同时在 C、C′和 D、D′靴跟之间编制另两丝股。这就是“以四根丝股为一批”的安排。再者，对于送丝轮扣牢在牵引绳上的两个点而言，每点可以不只设一轮，例如美国金门桥是设四轮，而且每个送丝轮上的缠槽路也可以不只一条。

空中送丝法扩缆每一丝股内的钢丝根数为 300～600 根，再将这种丝股配置成六角形或矩形，并挤紧而成为圆形。它的施工必须设置脚手架（猫道）、配备送丝设备，还需有稳定送丝的配套措施。为使主缆各钢丝均匀受力，必须对钢丝长度和丝股长度分别进行调整，还应及时进行紧缆和缠缆。

2. 预制索股法

用预制索股法架设主缆是 1965 年间在美国发展起来的，其目的是使空中架线工作简化。预制索股法自用于 1969 年建成的纽波特桥以后使用逐渐广泛，我国新近建成的汕头海湾大桥、虎门大桥、西陵大桥、江阴长江大桥都是采用这种方法。

预制股每束 61 丝、91 丝或 127 丝，再多就太重了。两端嵌固热铸锚头，在工厂预制，先配置成六角形，然后挤紧成圆形。架设的过程同空中送线法一样，但在猫道之上要设置导向滚轮以支持绳股。

虎门大桥每束 127 丝，每丝直径 5.22 mm，每根主缆 110 束，采用站架式拽拉器牵引索股，在猫道上设置若干个猫道门架安装门架导轮组，牵引索通过这些导轮组，牵引索上固接有拽拉器，通过主（副）牵引卷扬机的收（放）索或放（收）索，使索引带动拽拉器穿过导轮组做往复运动。索股前端与拽拉器相连，使得索股前端约 30 m 长悬在空中运行，而索股后段则支撑在导向滚轮上运行。此方式也可用于空中送丝法。

（三）加劲梁架设

加劲梁架设的主要工具是缆载起重机。架设顺序可以从主跨跨中开始，向桥塔方向逐段吊装；也可以从桥塔开始，向主跨跨中及边跨岸边前进。

以往加劲梁多用钢桁架，其架设方式也像钢桁架桥那样，从桥塔开始向主跨跨中和岸边逐段吊装。在每一梁段拼好以后，立即将其与对应的吊索相连，使其自重由吊索传给主缆。对于三跨悬索桥而言，一般需要四台缆载起重机，分别从两塔各向两个方向前进。边跨和主跨的跨径比各桥不同，为了使塔顶纵向位移尽可能小，对于当主跨拼成多段时，边跨应拼几段，应该进行推算。在历史上，因为推算速度跟不上施工需要，曾使用全桥的结构模型试验（例如，美国三潘市海湾桥）来决定较为合理的吊装次序。

从桥塔开始吊装的优点是施工比较方便，缺点是桥塔两侧的索夹首先夹紧，此时主缆形状与最终几何线形差别最大，因而主缆中的次应力较大。汕头海湾大桥就采用这种方式，如图 4-70 所示。海湾大桥混凝土加劲箱梁主跨有 73 段，边跨各 24 段，首先将预制段从预制场纵、横移下海。用铁驳船浮运到各跨主缆下定位，用锚固在主缆索夹上的 800 kN 缆载吊机垂直起吊安装。每安装一梁段之后，吊机向前移 6 m，锚固到下一对索夹上，做下一梁段的吊装准备。吊装时，采用四点吊装法。

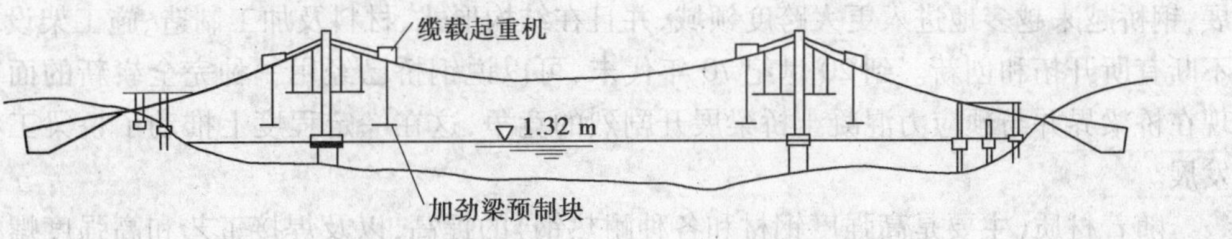

图 4-70　汕头海湾大桥吊装示意

当加劲梁的重力逐渐作用到主缆上，主缆将产生较大的位移，改变原来悬链线的形状，所以在吊装过程中上缘一般都顶紧而下缘张开，直至全部吊装完毕下缘才闭合。如果强制使下缘过早闭合，结构或其连接件有可能因强度不够而破坏。合理的做法应该是：在架设的开始阶段，使各梁段在上缘铰接，而在下缘张开。这些上缘铰接的梁段应具备整体横向抗弯以抵抗横向风荷载的能力。待到一部分梁段业已到位，主缆线形也比较接近最终线形时，再将这一部分梁段下缘强制闭合，当然必须通过施工控制确认此时闭合是结构和其连接件都能够承受的。

英国 1996 年建成的塞文桥梁段吊装是从跨中开始，向桥塔方向前进的，如果边跨较长，为避免塔顶产生过大的纵向位移，应从两岸向桥塔方向同时吊装边跨梁段，如图 4-71 所示。这种吊装次序的优点是：在架设桥塔附近的加劲梁段时，主缆线形已非常接近最终几何形状，此时将桥塔附近的索夹夹紧，主缆的永久性角位最小。虎门大桥（边跨无加劲梁）主跨 39 个梁段，其吊装次序就是先吊跨中段，再从跨中对称向两桥塔前进，直至全桥合龙。

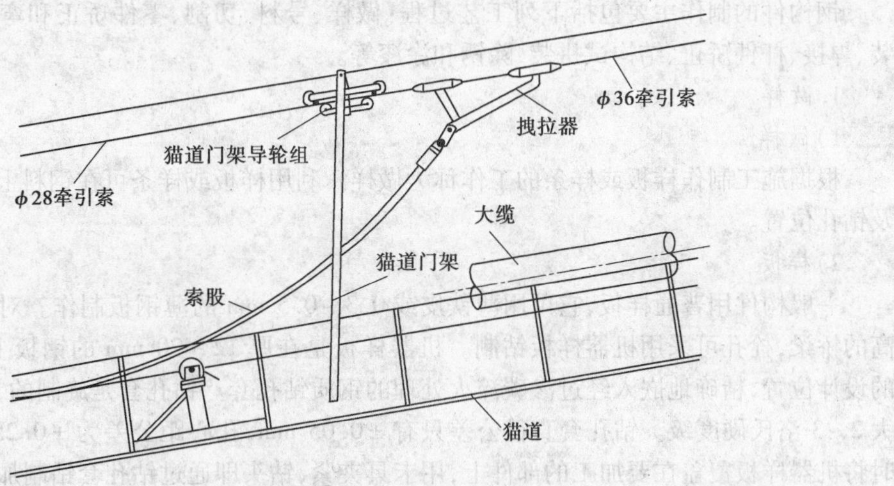

图 4-71　门架拽拉器牵引方式

三、钢桥施工

（一）钢桥简介

钢桥是大跨度桥梁常见的一种形式。近 20 年来，随着预应力混凝土桥梁的飞速发展，钢桥越来越多地进入更大跨度领域，并且在结构形式、材料及加工制造、施工架设方面不断有所开拓和创新。到20世纪70年代末，可以说钢桥已经用一种完全崭新的面貌出现在桥梁界并与预应力混凝土桥梁展开剧烈的竞争，这在一定程度上推动了桥梁工程的发展。

随着材质（主要是高强度钢材和各种耐热钢）的提高，以及焊接工艺和高强度螺栓连接的不断完善，各种受力性能优越、制造架设容易的箱形截面梁也就同时得到大力发展。

除此之外，在桥梁施工装备方面，特别是吊机的起重能力不断提高，伸臂拼装所使用的行走于桥上的吊机起重能力已经达到1 000 kN，大型浮吊的起重能力也普遍达到6 500 kN，并且已经有一次起吊重力达35 000 kN整孔桥梁的例子。为了将拼好的桥顶高或顶推就位，千斤顶的行程已经扩大到2.0 m。

这一切都促使传统的钢桥施工和架设方法得到更新。以往大跨度钢桥基本上是以悬臂拼装架设为主的，现在除了悬臂安装，还常常采用整孔吊装和顶推施工方法，以提高施工速度。

此外，在条件许可的场合，还可用浮运法辅助安装。

在体系方面，一些营运不良、费工费料的结构（如悬臂桁梁）已经被淘汰，而代之以结构紧凑、线条简洁、造型美观、受力优越的结构。值得注意的是，钢结合梁已从中小跨度（40~80 m）的范围内越出，而走向大跨度领域。世界著名的日本本四联络线工程，也基本以大跨度的悬索桥和斜拉桥为主体，这说明钢桥今后几十年的发展方向应以大跨、轻质、高强、美观、施工快速等为特点。

（二）钢构件的制作

钢构件的制作主要包括下列工艺过程：做样、号料、切割、零件矫正和弯曲、制孔、组装、焊接、杆件矫正、结构试拼装、除锈和涂漆等。

1. 做样

1）做样

根据施工制作样板或样条的工作称为做样。利用样板或样条可在钢料上标出切割线及钻孔位置。

2）样板

一般构件用普通样板，它可用薄铁皮或0.3~0.5 mm的薄钢板制作。对于精度要求高的桥梁，栓孔可采用机器样板钻制。机器样板是在厚12~20 mm的钢板上，按照孔眼的设计位置，精确地嵌入经过渗碳淬火处理的钢质钻孔套。钻孔套是旋制的，硬度比钻头大2~3洛氏硬度级。钻孔套直径公差只有±0.05 mm，孔心距公差为±0.25 mm。钻孔时将机器样板覆盖在要加工的部件上，用卡具夹紧，钻头即通过钻孔套钻制加工部件的安装孔。用样板钻出的孔，精度高而划一，并可省去号孔工作。

3）样条

用2~3 cm宽的钢条做成的样板叫样条，它适用于较长的角钢、槽钢及钢板的号料。

2. 号料

利用样板、样条在钢材上把零件的切割线画出，称为号料。号料使用样板、样条而不直接使用钢尺，这是为了避免由于出现不同的误差，而使钉孔错位。号料的精度应和放样的精度相同。

3. 切割

钢料的切割方法有剪切、焰切、联合剪冲和锯切四种。

1) 剪切

剪切是使用剪切机进行的,对于16Mn 钢板,目前可切厚度在 16 ~ 20 mm。

2) 焰切

对于一般剪切机不能剪切的厚钢板,或因形状复杂不能剪切的板材都可采用焰切。焰切分手工切割、半自动切割和自动切割机切割。

3) 联合剪冲

联合剪冲用于角钢的剪切。目前联合剪冲机可剪切的最大角钢为∟125 ×125 ×12。

4) 锯切

锯切主要用于对槽钢、工字钢、管材及大型角钢,锯切的工具为圆锯机。

4. 零件矫正

由于钢材在轧制、运输、切割等过程中可能会产生变形,因此需要进行矫正。对于钢板常采用辊压机来赶平;对于角钢也可用辊压机进行调直;对于切割后呈马刀形弯曲的料件,当宽度不大时,可以在顶弯机上矫正;对于宽厚钢板的马刀形弯曲,则要用火焰加热进行矫正,火焰温度应控制在 600 ~ 800 ℃之间。

5. 制孔

号孔是借助样板或样条,用样冲在钢料上打上冲点,以表示钉孔的位置。如果采用机器样板则不必进行号孔。

钻孔的一般过程:①画线钻孔;②扩孔套钻;③机器样板钻孔;④数控程序钻床钻孔。

使用机器样板钻孔可以使杆件达到互换使用。但对于不同规格的单构件则不能使用同一样板来钻孔(如钉孔排列不同或钉孔的间距不同),因此设计者应尽量使结构物的设计标准化、模数化,以减少机器样板的数量,提高机器样板的利用率。

钻孔时可将几块板材与覆盖式机器样板一同卡牢,然后用摇臂钻床一次在钻孔套内套钻透各层。

用数控坐标式钻床钻孔可达到很高的精度,也可以使工字形杆件的工地栓孔一次钻成。制成的孔应呈正圆柱形,孔壁光滑,孔缘无损伤不平,刺屑消除干净。组装件可预钻小孔,组装后进行扩钻,预钻孔径至少应较设计孔径小 3 mm。

6. 组装

组装是按图纸把制备完成的半成品或零件拼装成部件、构件的工序。

构件组装前应对连接表面及焊缝边缘 30 ~ 50 mm 范围内进行清理,应将铁锈、氧化铁皮、油污、水分等清除干净。

栓焊钢梁的主桁杆截面形式大多数为 H 形,H 形杆件的组装是在胎形上进行的,为了便于进行定位焊,组装胎形最好是转动式。见图 4-72。

为了保证组装质量,对组成杆件的各零件的相对位置、相互间的密贴程度以及整个杆件的外轮廓形状和尺寸,在组拼过程中均要进行检查。

在零件正确顶紧就位后,即可进行定位焊。定位焊的焊缝长度每段为 50 ~ 100 mm,

各段之间的距离为 400 ~ 600 mm。

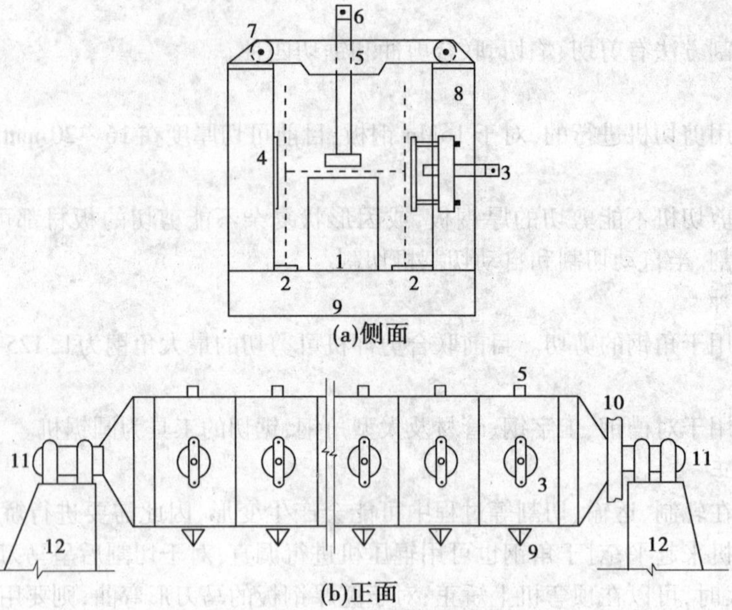

图 4-72　转动式 H 形杆件组装胎形示意

1—水平板座;2—立板座;3—三杆螺旋顶;4—挡板;5—横梁;6—螺栓顶杆;

7—横梁插销;8—工字形杆件;9—底梁;10—传动轮;11—转轴;12—台座

7. 焊接

钢桥采用的焊接方法有自动焊、半自动焊和手工焊三种。

焊接质量在很大程度上决定于施焊状况。焊接时所采用的电流强度、电弧电压、焊丝的输送速度及焊接速度都直接影响焊接质量。

在焊接前,如无焊接工艺评定试验的,应做好焊接工艺评定试验,并据此确定焊接工艺。

焊接完毕后应检查焊缝质量。焊缝中主要缺陷有:裂缝、内部气孔、夹渣、未熔透咬边、溢流、烧穿及焊缝尺寸不符合规定等。对于所有的焊缝均应进行外观检查。内部检查以超声波探伤为主。

8. 结构试拼装

栓焊钢梁某些部件,由于运输和架设能力的限制,必须在工地进行拼装。

运送工地的各部件,在出厂之前应进行试拼装,以验证工艺装备是否精确可靠。例如,钢桁梁桥拼装按主桁、桥面系、桥门架及平纵联四个方面进行。试拼装时,钢梁主要尺寸如桁高、跨度、上拱度、主桁间距等的精度应满足有关标准的要求。新设计的以及改变工艺装备后制造的钢梁,均应进行试拼装。对于成批连续生产的钢梁,一般每 10 ~ 20 孔应试接装一次。

(三)钢桥的安装

1. 悬臂拼装法

在桥位上拼装钢梁时,不用临时膺架支撑,而是将杆件逐根地依次拼装在平衡梁上或已拼好的部分钢梁上，形成向桥孔中逐渐增长的悬臂，直至拼至次一墩(台)上的悬臂拼装称为全悬臂拼装。

若在桥孔中设置一个或一个以上临时支撑进行悬臂拼装时称为半悬臂拼装。用悬臂法安装多孔钢梁时，第一孔钢梁多用半悬臂法进行安装。

钢梁在悬臂拼装过程中，值得注意的关键问题是：①降低钢梁的安装应力；②伸臂端挠度的控制；③减少悬臂孔的施工荷载；④保证钢梁拼装时的稳定性。

悬臂拼装钢梁的施工顺序如下。

1)杆件预拼

由桥梁工厂按材料发送表发往工地的都是单根杆件和一些拼接件，为了减少拼装钢梁时桥上的高空作业，减少吊装次数，通常将各个杆件预先拼装成吊装单元，能在桥下进行的工作尽量在桥下预拼场内进行，以期加快施工进度。

2)钢梁杆件拼装

由预拼场预拼好的钢梁杆件经检查合格后，即可按拼装顺序先后运至提升站，由提升站吊机把杆件提运至在钢梁下弦平面运行的平板车上，由牵引车运至拼梁吊机下拼装就位。拼装吊机通常安放在上弦，遇到一弦为曲弦时，也可安放在弦平面。

钢梁拼装必须按一定的拼装顺序图进行。在拟订拼装顺序时应考虑下列原则：

(1)拼梁吊杆机的性能，如运行方法、起吊能力、最大吊距等。

(2)先装的杆件不应妨碍后装杆件的安装与吊机的运行。

(3)拼装时，应尽量将主桁杆件拼成闭合三角形，形成稳定的几何体系，并尽快安装纵、横连接系，保证钢梁结构的空间稳定。

(4)主桁杆件拼装，应左右两侧对称进行，防止偏载的不利影响。

3)高强度螺栓施工

在高强度螺栓施工中，目前常用的控制螺栓的预拉力方法是扭角法和扭矩系数法。安装高强螺栓时应设法保证各螺栓中的预拉力达到其规定值，避免超拉或欠拉。

4)安装时临时支撑布置

临时支撑主要类型有：临时活动支座、临时固定支座、永久活动支座、永久固定支座、保险支座、接引支座等，这些支座随拼装阶段变化与作业程序的变化将相互更换交替使用。

5)钢梁纵移

钢梁在悬臂拼装过程中，由于梁的自重引起的变形、温度变化的影响、制造误差、临时支座摩阻力对钢梁变形的影响等因素所引起的钢梁纵向长度几何尺寸的偏差，致使钢梁各支点不能按设计位置落在各桥墩上，使桥墩偏载。为了调整这一误差至允许范围内，钢梁需要纵移。

常用的纵移方法有以下几种：

(1)温差法。利用一天的气温差倒换支座(活动支座与固定支座相互转换)可以达到纵移的目的。

(2)顶落梁法。在连续梁中，利用该钢梁中间某一个支点的顶落及两支座变“固”或变“活”的相互转换，使钢梁像蛇一样爬行，向着预定的方向蠕动。

6)钢梁的横移

钢梁在伸臂安装过程中,由于受日光偏照和偏载的影响,加之杆件本身的制造误差,钢梁中线位置会随着改变,有时偏向上游侧,有时偏向下游侧,以致到达墩顶后,钢梁不能准确地落在设计位置上,造成对桥墩偏载。为此,必须进行钢梁横移,使偏心在允许范围之内。

横移可用专用的横移设备,如图 4-73 所示,也可以根据情况采取临时措施。横移必须在拼装过程中逐孔进行。

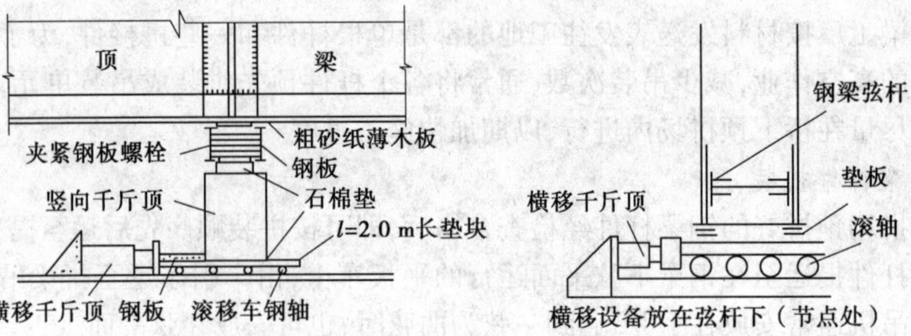

图 4-73　钢梁的横移设备

2. 拖拉法架设钢梁

1)半悬臂的纵向拖拉

根据被拖拉桥跨结构杆件的受力情况和结构本身稳定的要求,在拖拉过程中有时需要在永久性的墩台之间设置临时性的中间墩架,以承托被拖拉的桥跨结构,如图 4-74 所示。

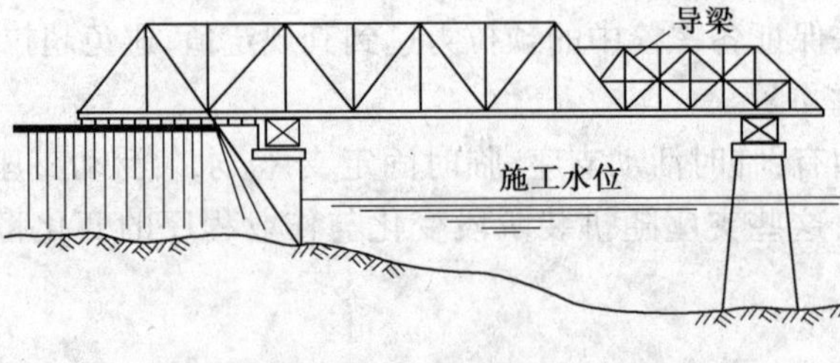

图 4-74　中间设临时墩架的纵横向拖拉

拆装式杆件拼组成中间临时墩架的纵向拖拉。在水流较深,且水位稳定,又有浮运设备而搭设中间膺架不便时,可考虑采用中间浮运支撑的纵向拖拉,如图 4-75 所示,必须指出的是,船上支点的标高不易控制,所以要十分注意。

2)全悬臂的纵向拖拉

全悬臂的纵向拖拉是指在两个永久性墩台之间不设置任何临时中间支撑的情况下的纵向拖拉架梁方法。

拖拉钢桁梁的滑道,可以布置在纵梁下,也可以布置在主桁下,纵梁中心距通常为 2

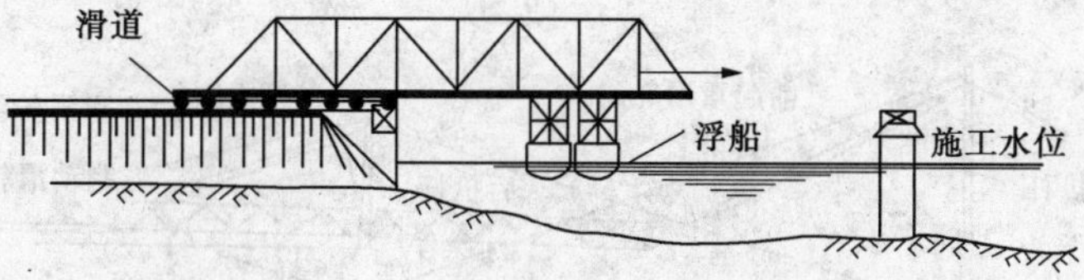

图 4-75　中间浮运支撑的纵向拖拉

m，主桁中心对单线梁通常为 5.75 m。

当梁拖到设计位置后，拆除临时连接杆件及导梁、牵引设备等。拆除时应先将导梁或梁的前端适当顶高或落低，使连接杆件处于不受力状态，然后拆除连接栓钉。

拆除临时连接杆件和导梁等后，可以落梁。落梁时钢梁每端至少用两台千斤顶梁，以便交替拆除两侧枕木垛。

3. 整孔架设

1）用架桥机架梁

用架桥机架梁有既快又省的效果。目前，常用的架桥机有胜利型架桥机、红旗型窄式架桥机。图 4-76 为双梁窄式架桥机架梁步骤示意图。

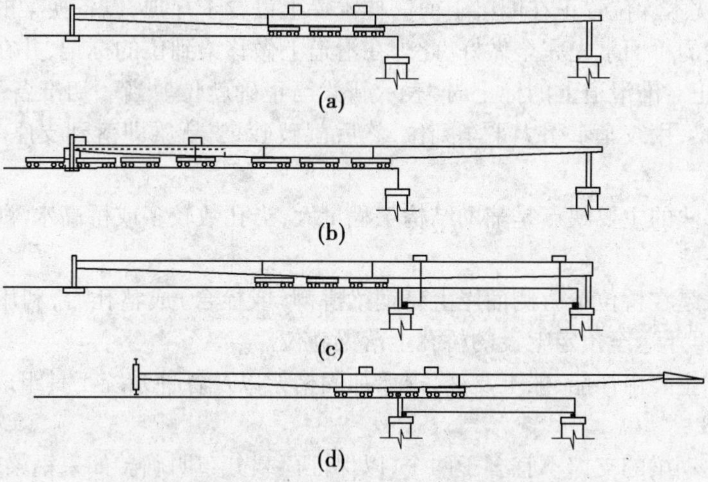

图 4-76　红旗型双梁窄式架桥机架梁步骤示意

2）吊鱼法架梁

吊鱼法架梁是通过立在前方墩台上有效高度不小于梁 1/3 的扒杆，用固定于扒杆顶的滑轮组牵引的梁的前端（悬空）到前方墩台上。图 4-77 是用吊鱼法架设跨度为 24 m 拆装式桁梁的示意图。图中后方桥台上也竖立了扒杆，供梁到位后落梁用。梁后端设制动滑轮组控制梁的前进速度。前后两端每端至少用两台千斤顶顶梁。以便交替拆除两侧枕木垛。

3）整孔架设

钢桥施工除小跨度的钢板梁可用整孔架设外，大跨度钢梁用整孔架设的例子较少。

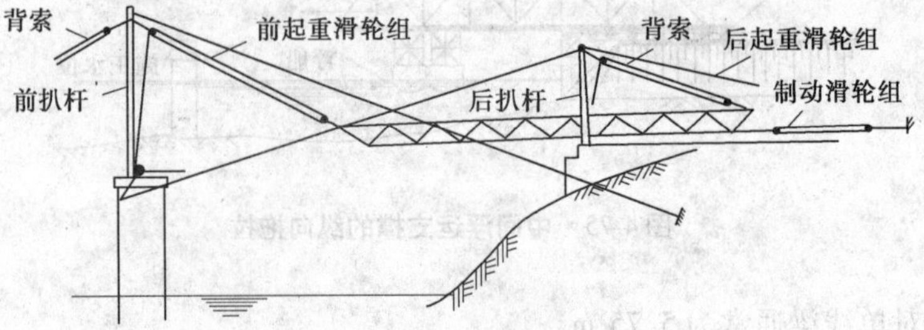

图 4-77　吊鱼法架梁

近年来，随着起重能力的提高，国外也曾有用浮吊整孔架设重达 3 500 t 桥梁的例子。

4. 横移法施工

有些旧桥改建工程，只需要更换桥跨结构，在采用横移法换梁时，对于运输繁忙的线路，如何缩短线路封锁时间是极为重要的问题。

横移法施工的要点是：在移梁脚手架上设滚轴滑道，滚轴滑道上放置用方木制成的大平车。大平车一端用砂袋支垫新梁，其高度使新梁稍高于支撑垫石，便于新梁变位；另一端搭枕木垛，枕木垛位置正在旧梁下面。枕木垛上设置千斤顶，以备换梁的时候起顶旧梁之作用。新梁的桥面事先完全做好，此外在滑道上做移梁到位的标记，并在大平车上安放指针，当指针正对准滑道上的标记时，表示新梁已正确就位。当一切准备妥当后，可封锁交通，起顶旧梁，用绞车牵引大平车到位，然后割破砂袋，新梁即落到支座上，便可开放通车。

采取横移法的主要缺点是辅助结构工程量大，当孔数较多或桥高水深时，尤为显著。

5. 浮运法施工

浮运施工是在桥位下游侧面岸上将钢梁拼铆（或栓合）成整孔后，利用码头把钢梁滚移到浮船上，再浮运至预定架设的桥孔上落梁就位。

浮运支撑主要由浮船、船上支架、浮船加固桁架以及各种系统工具组成。浮运支撑的布置见图 4-78。

浮运一孔钢梁的支撑不宜多于两个，以保证荷载分布明确。如果钢梁较重，在每一处支撑下，可用两艘浮船联结使用，每个支撑上设两个支点承托钢梁，以保证荷载分布明确。如果钢梁较重，在每一处支撑下，可用两艘或多艘浮船联结使用，每个支撑上设两个点承托钢梁，以保证稳定性。浮船可用铁驳船、坚固的木趸船，或常备式的浮箱拼组。

在有条件的河流，也可利用河流的涨落潮来托起或脱离钢梁，涨潮时浮运系统进入桥孔，并调好落梁位置；落潮时，钢梁脱离浮船就位，方便简单。

浮船在浮运过程中，船底高出河底应大于 40 cm，以防搁浅或接触杂物。浮船承受全部荷载后，露出水面的船舷高度应大于 50 cm，在风力的作用下，纵、横向倾覆稳定系数应不小于 2，浮船纵、横向倾角小于 5°，以保证浮运过程中浮运系统的稳定性。

浮船的移运可用锚索、人工或电动绞车绞紧或放松锚索来使浮船前进或横移，有时也用拖轮以帮靠、顶推或牵引浮船的方式进行。所需选用的绞车能力或拖轮马力都可根据

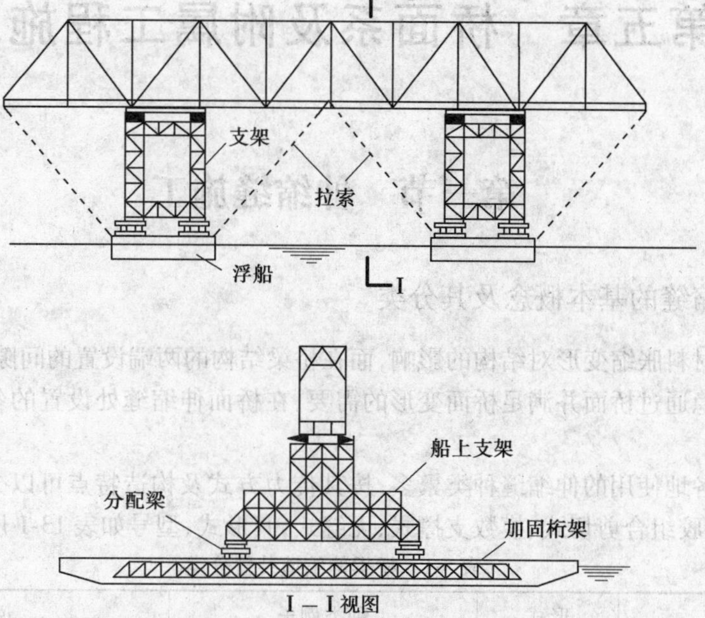

图 4-78　钢梁浮运支撑的布置

施工风力和水流阻力由计算决定。

选用和布置锚碇设备是浮运钢梁的一件重要而细致的工作，所布置的绞车、地垄或锚碇应使浮船前进或横移方便可靠。锚索与水流方向夹角不宜太大，锚索也不要太松太长，以免浮船位置难于控制。

浮运前应做好浮运系统的试验工作，如浮船隔舱的水密性试验，必须保证不漏水；探测浮运经过的河道，充分掌握河床情况，以防浮运时搁浅；其他如锚碇、地垄、绞车、支座、固定柱等，在条件许可时，均需进行强度试验，并核定压舱水数量及抽水设备的能力。

第五章　桥面系及附属工程施工

第一节　伸缩缝施工

一、伸缩缝的基本概念及其分类

为适应材料胀缩变形对结构的影响，而在桥梁结构的两端设置的间隙称为伸缩缝；为了使车辆平稳通过桥面并满足桥面变形的需要，在桥面伸缩缝处设置的各种装置统称为伸缩缝装置。

在我国各地使用的伸缩缝种类繁多，按其传力方式及构造特点可以分：为对接式、钢质支撑式、橡胶组合剪切式、模数支撑式、无缝式，其形式、型号如表 13-1 所示。

表 5-1　桥梁伸缩缝装置分类

类别	形式	种类例子	说明
1. 对接式	填塞对接式	沥青、木板填塞	以沥青、木板、麻絮、橡胶等材料填塞缝隙的构造（在任何状态下，都处于压缩状态）
		U 形镀锌铁皮	
		矩形橡胶条	
		组合式橡胶条	
		管形橡胶条	
	嵌固对接式	W 型	采用不同形状的钢构件将不同形状橡胶条（带）嵌固，以橡胶条（带）的拉压变形吸收梁变位的构造
		SW 型	
		M 型	
		SDⅡ型	
		PG 型	
		FV 型	
		GNB 型	
		GQF－C 型	
2. 钢质支撑式	钢质式	钢梳齿板	采用面层钢板或梳齿钢板的构造
		钢板叠合	

续表 5-1

类别	形式	种类例子	说明
3. 橡胶组合剪切式	板式橡胶型	BF 型、JB 型、JH 型、SD 型、SC 型、SB 型、SG 型、SEG 型	将橡胶材料与钢件组合,以橡胶的剪切变形吸收梁的伸缩变位,桥面板缝隙支撑车轮荷载的构造
		SKI 型	
		UG 型	
		BSL 型	
		CD 型	
4. 模数支撑式	模数式	TS 型	采用异型钢材或钢件与橡胶密封带组合的支撑式构造
		J－75 型	
		SSF 型	
		SG 型	
		XF 斜向型	
		GQF－MZL 型	
5. 无缝式	暗缝式	GP 型(桥面连续)	路面施工前安装的伸缩构造
		TST 弹塑体	以路面等变形吸收梁变位的构造
		EPBC 弹塑体	

二、伸缩缝装置的施工程序

在《公路工程质量检验评定标准》(JTG F80/1—2004)中,桥面的平整度是一个很重要的指标,而影响桥面平整度的重要部分之一则是桥梁的伸缩缝装置。如果由于施工程序不合理或施工不慎,在 3 m 长度范围内,其标高与桥面铺装的标高有正负误差,将造成行车的不舒适,严重的则会造成跳车,这种现象在高等级公路上更为严重。在车辆跳跃的反复冲击下,将很快导致桥梁伸缩缝装置的破坏。因此,遵照伸缩缝装置的施工程序并谨慎施工是桥梁伸缩缝装置成功的重要保证。

前面已将桥梁伸缩缝装置分成了五大类,而前四类的组成部分可简化为图 5-1 所示,第 5 类的组成可简化为图 5-2 所示。

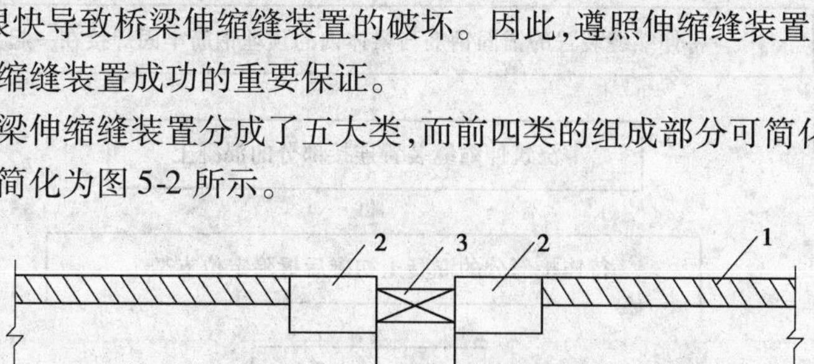

图 5-1　第 1～4 类伸缩缝结构示意

1—桥面铺装;2—伸缩缝装置的锚固系统;3—伸缩缝装置的伸缩体;4—梁(板)体

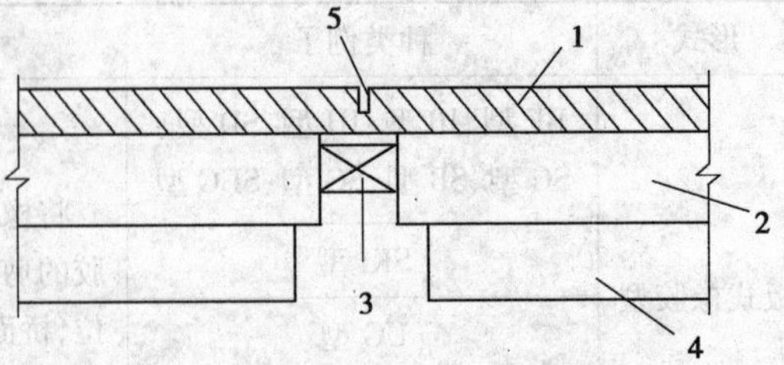

图 5-2　第 5 类伸缩缝结构示意

1—桥面铺装；2—桥面整体化混凝土；3—伸缩体；4—梁（板）体；5—锯缝

图 5-1 形式的伸缩缝装置与图 5-2 形式的伸缩缝装置施工程序是不同的，可分别用框图表示如下：

（1）图 5-1 形式桥梁伸缩缝装置的施工框图如图 5-3 所示。

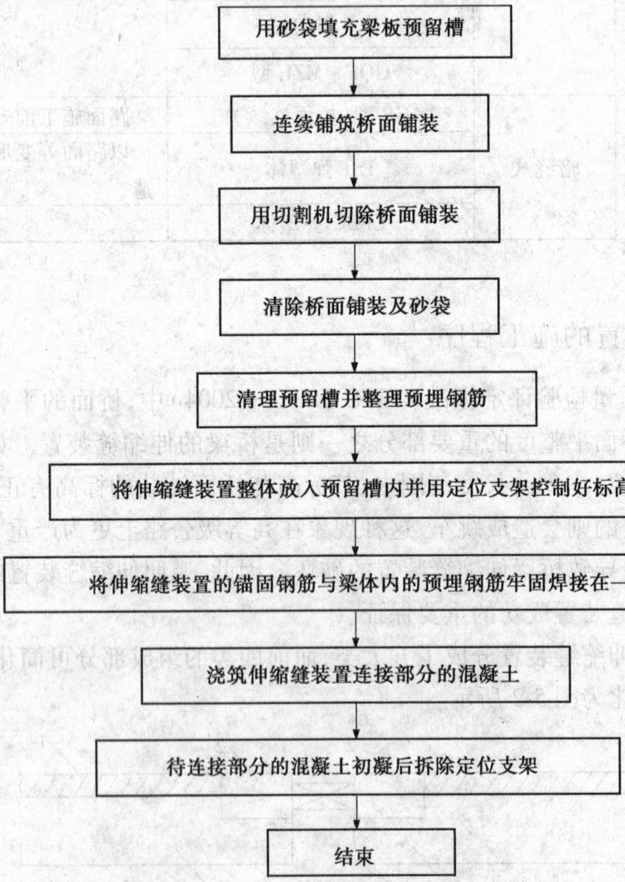

图 5-3　第 1～4 类伸缩缝施工示意框图

（2）图 5-2 形式桥梁伸缩缝装置一般用于伸缩量较小的小桥，其上部结构多为板式结构,在板上面还设有约 10 cm 厚的整体化桥面混凝土。根据这一特点,其伸缩缝装置的施工程序框图如图 5-4 所示。

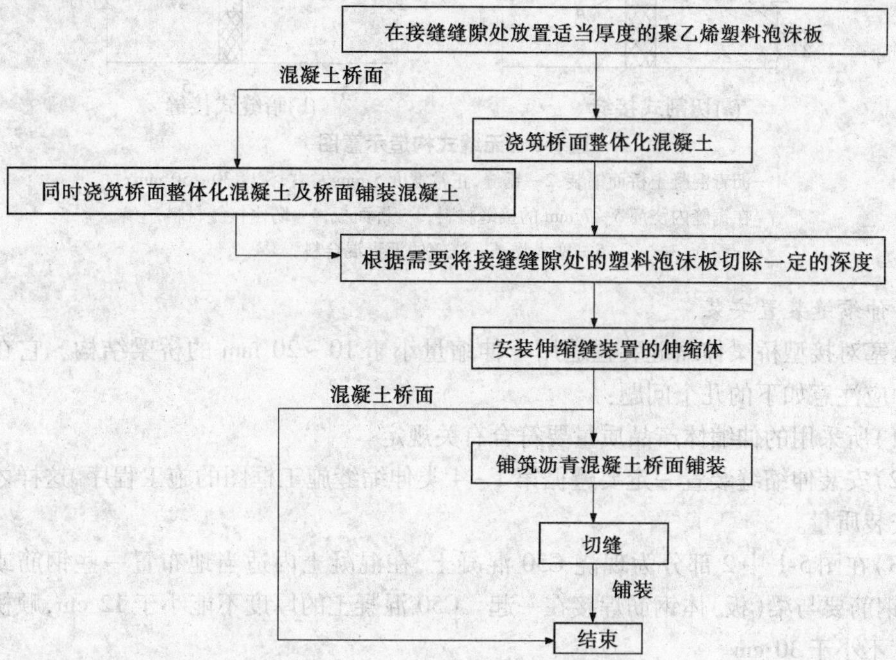

图 5-4　第 5 类伸缩缝施工程序框图

三、伸缩缝装置的锚固

根据调查,桥梁伸缩缝装置破坏的原因多数与锚固系统有关,锚固系统薄弱,本身就容易破坏,锚固系统范围内的标高控制不严,容易造成跳车,车辆的反复冲击,会导致伸缩缝装置过早破坏。因此,伸缩缝的锚固系统相当重要,下面就常用伸缩缝的锚固系统的基本要求作一简要介绍。

(一)无缝式(暗缝式)伸缩缝装置

无缝式伸缩缝装置的特点是桥面铺装为整体型,适用于伸缩量小于 5 mm 的桥梁,只能用于桥面是沥青混凝土的情况,构造如图 5-5 所示。其施工要求如下:

(1)防水接缝材料应具有较好的抗老化性能,能与壁面强力黏结,适应伸缩变形,恢复性能好,并具有一定强度以抵抗砂石材料的刺破力。

(2)塞入物用于防止未固化的接缝材料往下流动,需要有足够的可压缩性能,如泡沫橡胶或聚乙烯泡沫塑料板等,在施工桥面板的现浇层时就把它当做接缝处的模板。

(二)填塞对接型伸缩缝装置

填塞对接型伸缩缝的伸缩体所用材料主要有矩形橡胶条、组合式橡胶条、管形橡胶条、M 型橡胶条,也有采用泡沫塑料板或合成树脂材料等。要求具有适度的压缩性、恢复性和抗老化性,在气温发生变化时不发生硬化和脆化。

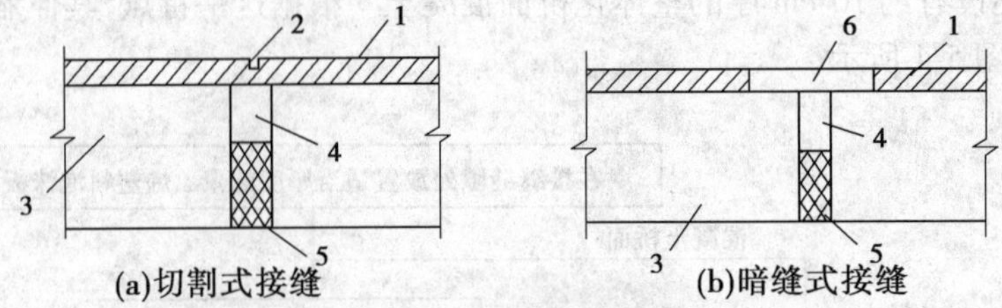

图 5-5　无缝式构造示意图

1—沥青混凝土桥面铺装；2—锯缝，正常宽度 5 mm 左右，深度 30 ~ 50 mm，在锯缝内浇灌 5 ~ 7 mm 的接缝材料；3—桥面板；4—防水接缝材料；5—塞入物；6—浇筑的沥青混合料

1. 伸缩缝装置安装

填塞对接型桥梁伸缩缝装置适用于伸缩量小于 10 ~ 20 mm 的桥梁结构。它在安装过程中应注意如下的几个问题：

(1)所采用的伸缩体产品质量要符合有关规定。

(2)安装伸缩缝装置一定要遵循第 1 ~ 4 类伸缩缝施工框图的施工程序，这样才能保证其安装质量。

(3)在图 5-1 中 2 部分为现浇 C50 混凝土，在混凝土内适当地布置一些钢筋或钢筋网，此钢筋要与梁(板)体钢筋焊接在一起。C50 混凝土的厚度不能小于 12 cm，顺桥方向的宽度不小于 30 cm。

(4)安装时一定要保证伸缩体在设计的最低温度时，仍处于压缩状态。

(5)安装时一定要保证伸缩体与混凝土的可靠黏结——采用胶粘剂。

(6)伸缩体一定要低于桥面标高，安装时应保证伸缩体在最大压缩状态下也不会高出桥面标高。

2. 胶粘剂

PG－308 聚氨脂胶粘剂，具有可控制固化时间、黏结牢固的特点，与混凝土相黏结的强度大于 2 MPa。其使用方法如下所述：

(1)配胶。本胶粘剂为双组分，Ⅰ型 A、B 两组分比为 100∶10(重量比)，A、B 组分混合，搅拌均匀即可使用。

(2)操作。将接缝处混凝土表面泥土、杂质清除干净，并用钢丝刷刷一遍，用吹灰机将浮土吹尽，保证结合面干燥。

(3)涂胶和贴合。涂胶层厚度以不小于 1 mm 为宜。

(4)将伸缩体压缩放入接缝缝隙内。

(5)固化。在常温下，24 h 内固化(也可根据需要调整固化时间)。

(三)嵌固对接型伸缩缝装置

嵌固对接型伸缩缝装置如 RG 型、FV 型、GNB 型、SW 型、SD 型、GQF－C 型等，它的特点是将不同形状的橡胶条用不同形状的钢构件嵌固起来，然后通过锚固系统将它们与接缝处的梁体锚固成整体，如图 5-6 所示。此类伸缩缝装置适用于伸缩量小于 60 mm 的桥梁结构，即接缝宽度为 20 ~ 80 mm。

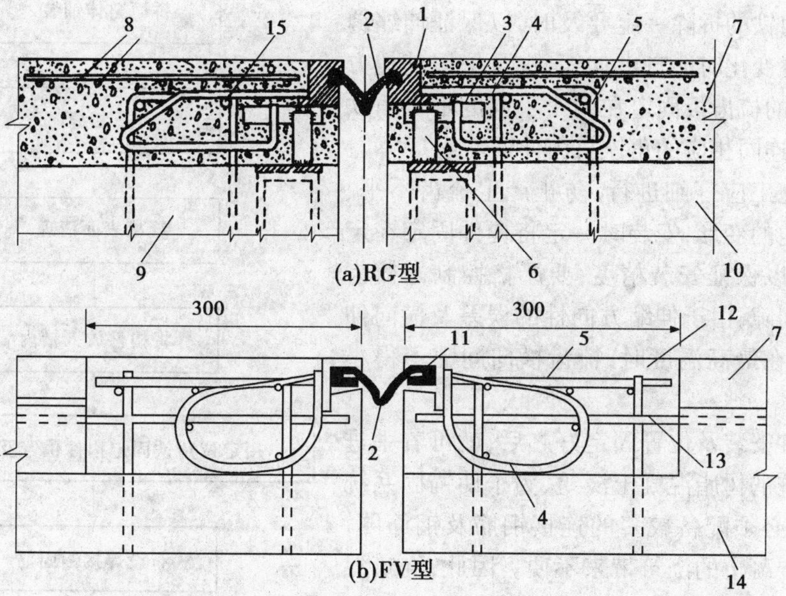

图 5-6　嵌固对接型锚固系统示意　(单位:mm)

1—异型钢;2—密封橡胶带;3—锚板;4—锚筋;5—预埋筋;6—连接钢板;
7—桥面铺装;8—钢筋网;9—梁(墩台);10—梁;11—下形钢件;
12—填料;13—梁主筋;14—行车道板;15—横向水平筋

(1)首先要处理好伸缩缝装置接缝处的梁端,因为梁预制时的长度有一定误差,再加上吊装就位时的误差,使伸缩接缝处的梁端参差不齐,故首先要处理好梁端,以便有利于伸缩缝装置的安装。

(2)切除桥梁伸缩缝装置处的桥面铺装,并彻底清理梁端预留槽及预埋钢筋,槽深不得小于 12 cm。

(3)用 4 ~ 5 根角铁做定位角铁,将钢构件点焊或用螺栓固定在定位角铁上,一起放入清理好的预留槽内,立好端模(用聚乙烯泡沫塑料片材作端模,可以不拆除),并检查有无漏浆可能。

(4)将连接钢筋与梁体预埋牢固焊接,并布置两层钢筋网,钢筋直径为 8 mm,网孔为 10 cm × 10 cm,然后浇筑 C50 混凝土,或 C50 环氧树脂混凝土;浇捣密实并严格养生;当混凝土初凝后,应立即拆除定位角铁,以防止气温变化梁体伸缩引起锚固系统的松动。

(5)安装密封胶条。

(四)钢质支撑式伸缩缝装置

钢质支撑式伸缩缝装置的构造是由梳形板、连接件及锚固系统组成,有的钢梳齿形桥梁伸缩缝装置在梳齿之间填塞有合成橡胶,起防水作用。

1. 施工安装程序

钢质支撑式伸缩缝装置的施工安装程序框图如图 5-7 所示。

2.施工应注意的问题

定位角铁的拆除一定要及时,以保证伸缩缝装置在温度变化时能自由伸缩,也可采用其他方法,把相对的梳齿板固定在两个不同的定位角铁上,让它们连同相应的角铁自由伸缩。

安装施工应仔细进行,防止产生梳齿不平、扭曲及其他的变形,安装时一定将构件固定在定位角铁上,以保证安装精度,要严格控制好梳齿间的横向间隙,由于伸缩方向性的误差及横向伸缩等原因,在最高温度时,梳齿横向间隙不得小于5 mm。

当构件安装及位置固定好之后,就可着手进行锚固系统的树脂混凝土浇筑,为了使锚固系统可靠牢固,必须配备较多的连接钢筋及钢筋网,这给树脂混凝土的浇筑带来不便。因此,浇筑混凝土一定要认真细心,尤其是角隅周围的混凝土,一定要捣固密实,千万不可有空洞。在钢梳齿根部可适当钻些直径为20 mm的小孔,以利于浇筑混凝土时空气的排除。

对于小规模的伸缩缝装置,由于清扫和维修非常困难,故一般都不作接缝内的排水设施,但此时必须考虑支座的防水、排水与及时清扫等,所以它只能用于跨河流或不怕漏水场地的桥跨结构。这种伸缩缝装置在营运中须加养护,及时清除掉梳齿之间灰尘及石子之类的杂物,以保证它的正常使用。

对于焊接而成的梳齿型构件,焊缝一定要考虑汽车反复冲击下的疲劳强度。

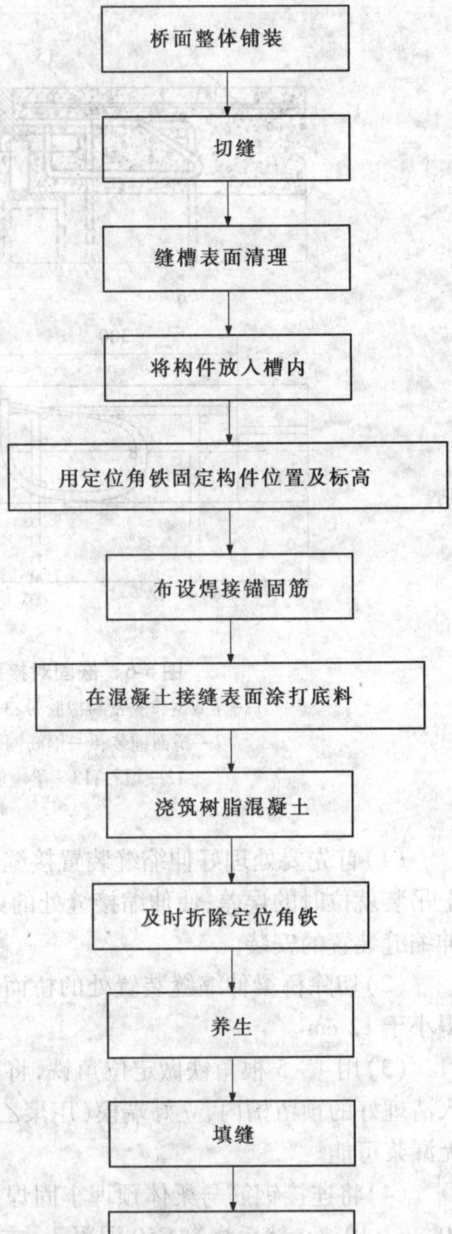

图5-7　钢质支撑式伸缩缝装置施工安装程序框图

(五)无缝式TST弹塑体伸缩缝

无缝式TST弹塑体伸缩缝是将专用特制的弹塑体材料TST,加热熔化后灌入经清洗加热的碎石中,形成“TST碎石桥梁弹性接缝”,由碎石支持车辆荷载,用专用黏合剂保证界面强度,其构造如图5-8所示。其适用范围是 -25 ~ +60 ℃温度地区,伸缩量在50 mm以下的公路桥梁、城市立交桥、高架桥的伸缩接缝。它的特点是:

(1)TST碎石直接平铺在桥梁接缝处,与前后的桥面和路面铺装形成连续体,桥面平整无缝,行车平稳、舒适、无噪声、振动小,且具有便于维护、清扫、除雪等优点;

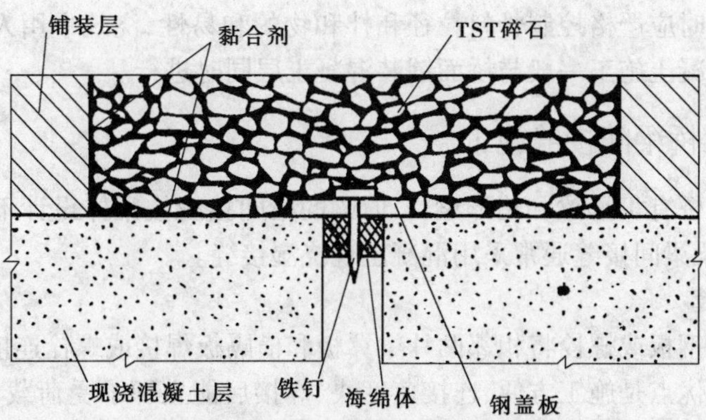

图 5-8　TST 碎石弹塑体伸缩缝构造

(2)构造简单,不需装设专门的伸缩构件和在梁端预埋锚固钢筋,施工方便快速,铺装冷却后,即可开放交通;

(3)能吸收各方面的变形和振动,且阻尼系数高,对桥梁减振有利,可满足弯桥、坡桥、斜桥、宽桥的纵、横、竖三个方向的伸缩与变形;

(4)用于旧桥更换伸缩缝时,可半边施工,不中断交通;

(5)接缝与桥面铺装连成一体,密封防水性好,耐酸碱腐蚀。

施工步骤为:①切割槽口或拆除旧装置;②设置膨胀螺栓和钢筋;③清洗烘干;④涂黏合剂;⑤放置海绵、钢盖板;⑥主层施工;⑦表层施工;⑧振碾;⑨修整。

外观要求:表面 TST 不高于石料面 2 mm,表面间断凹陷应小于 35 mm,不深于 3 mm。一般情况下,施工后 1 ~3 h 即可开放交通。

第二节　梁间铰接缝施工

装配式简支梁桥的梁间接缝是保证桥梁上部形成整体结构、满足设计受力模式、实现荷载横向分布的重要构造;施工要按设计及规范要求进行,保证工程质量。

一、简支板桥铰接缝施工

简支板桥纵向铰接缝构造如图 5-9 所示,企口铰接形状由空心板预制时形成,相邻两块板底部紧密接触,形成铰缝混凝土底模,铰缝钢筋 N10 和 N11 在梁板预制时紧贴着模板向上竖起,浇筑混凝土前将其扳直、焊接或绑扎牢固,用水将缝内冲洗干净并使其充分湿润。

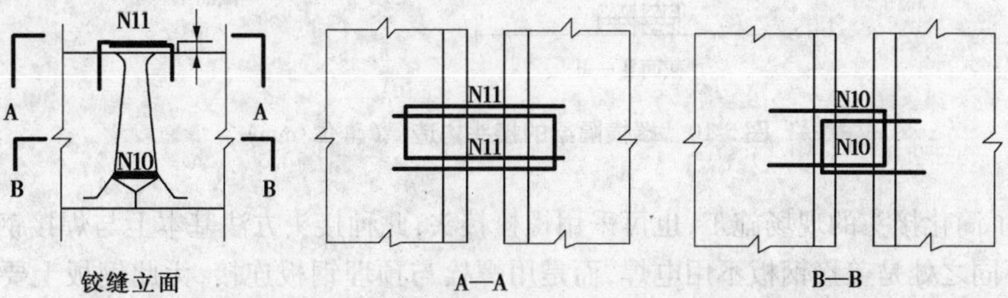

图 5-9　简支板桥纵向铰接缝构造

拌制混凝土时应严格控制骨料粒径和拌和物的和易性，浇筑中用人工或插入式振捣器捣实。此项混凝土施工一般与桥面铺装混凝土层同时进行。

二、简支梁桥梁间接缝施工

常用简支梁桥有T形梁和箱形梁，T形梁的梁间接缝按梁体设计不同有干接缝和湿接缝两种，箱形梁梁间接缝通常采用混凝土现浇湿接缝。

（一）干接缝

干接缝是用钢板或螺栓将相邻两片梁翼板和横隔板焊接或螺栓连接形成横向联系的方法。该方法的优点是施工方便、连接速度快、焊接后能立即承受荷载；但其耗费钢材较多、需要有现场焊接设备，且有时需在桥下进行仰焊，有一定困难，整体性效果稍差一些。

在T形梁翼缘板及横隔梁相应位置预埋钢板，梁架设安置好后，把相对应位置的钢板焊接相连，使其形成整体。施工方法如图5-10所示，在横隔梁靠近下部边缘的两侧和顶部的翼板内均埋有焊接钢板，焊接钢板则预先与横隔梁的受力钢筋焊接在一起做成安装骨架。当T形梁安装就位后即在横隔梁的预埋钢板上再加焊盖接钢板使其连成整体。端横隔梁的焊接钢板接头构造与中横隔梁相同，但由于其外侧（近墩台一侧）不好施焊，故焊接接头只设于内侧。相邻横隔梁之间的缝隙最好用水泥砂浆填满，所有外露钢板也应用水泥浆封盖。

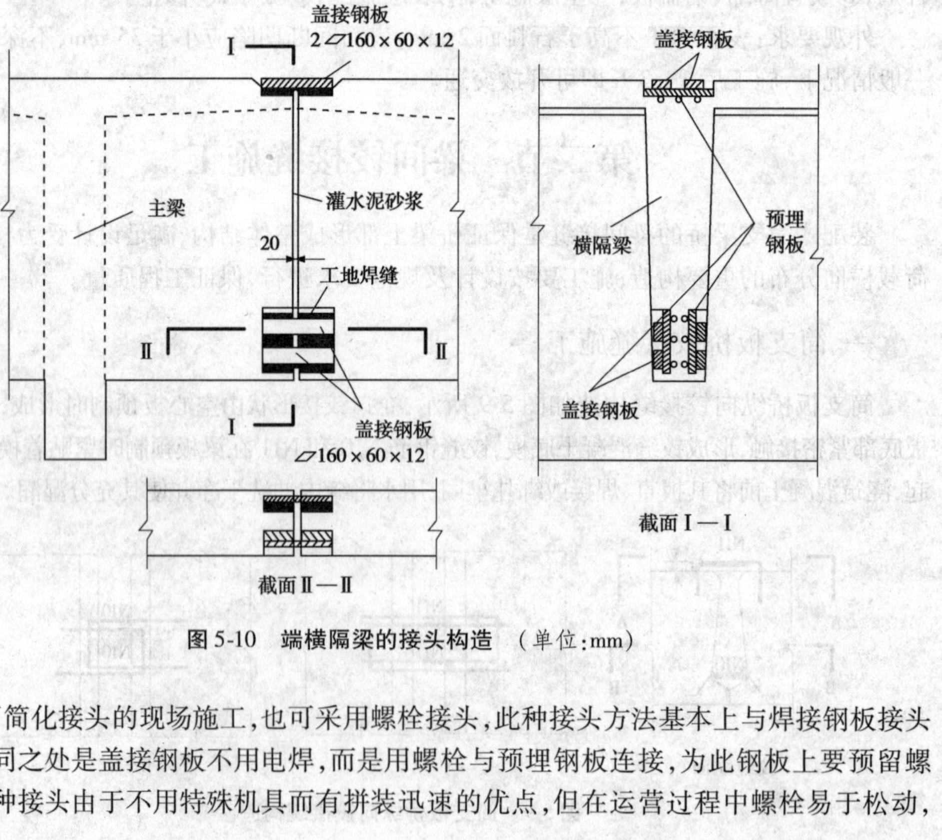

图5-10　端横隔梁的接头构造　（单位：mm）

为了简化接头的现场施工，也可采用螺栓接头，此种接头方法基本上与焊接钢板接头相同，不同之处是盖接钢板不用电焊，而是用螺栓与预埋钢板连接，为此钢板上要预留螺栓孔，这种接头由于不用特殊机具而有拼装迅速的优点，但在运营过程中螺栓易于松动，需要定期进行检查维修。

(二)湿接缝

湿接缝是在主梁预制时,将翼板端部预留出一部分,钢筋外伸。梁架设就位后,将相邻两翼板的钢筋焊接相连,然后支设模板现浇接缝混凝土,使各片梁横向连接形成整体。该方法的优点是节省钢板用量、整体性好;缺点是施工较复杂、接缝混凝土养生达到规定强度后方能承受荷载。

接缝构造如图5-11所示。无论是T形梁还是箱形梁其构造相同,都是把翼梁板和横隔板用现浇相连。图中阴影部分即为现浇混凝土。除了梁翼缘钢筋外伸相互对接外,还要加设扣环钢筋。横隔梁在预制时在接缝处伸出钢筋和扣环A,安装时在相邻构件的扣环两侧安上腰圆形接头扣环B,在形成的圆环内插入短分布筋后现浇混凝土封闭接缝,接缝宽度为0.20~0.50 m。

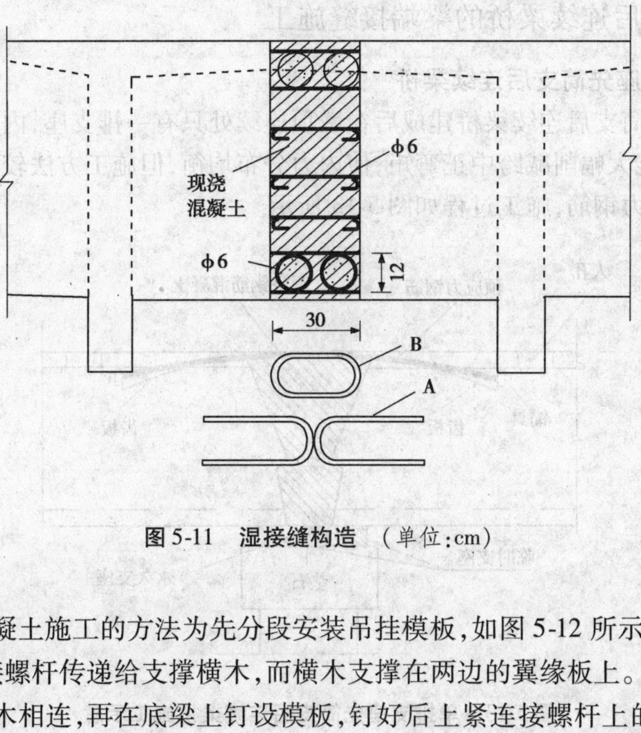

图5-11 湿接缝构造 (单位:cm)

翼板接缝混凝土施工的方法为先分段安装吊挂模板,如图5-12所示。由底梁支撑模板,其重量靠连接螺杆传递给支撑横木,而横木支撑在两边的翼缘板上。施工时先用螺杆把底梁与支撑横木相连,再在底梁上钉设模板,钉好后上紧连接螺杆上的螺栓,使模板固定牢靠,然后现浇混凝土。拆模时松开连接螺杆上的螺栓,用绳子将底梁和模板徐徐放至桥下,以便回收利用。若为高空作业,桥下水流湍急,也可使用一次性模板,松开螺杆后掉至河中,不再使用。

横隔板的湿接缝施工应在翼板接缝之前进行。端横隔板的施工较简单,工人可以站在墩台帽上立模浇筑接缝混凝土。中横隔板接缝施工则较为困难,若条件允许可在桥下设临时支架或用高空作业车将工人送至预定高度立模浇筑;若桥下有水,则应设法从桥面向下悬吊施工,不仅横板要有悬吊设施,人员也要系安全带从桥面悬吊下去施工,要特别注意施工安全。

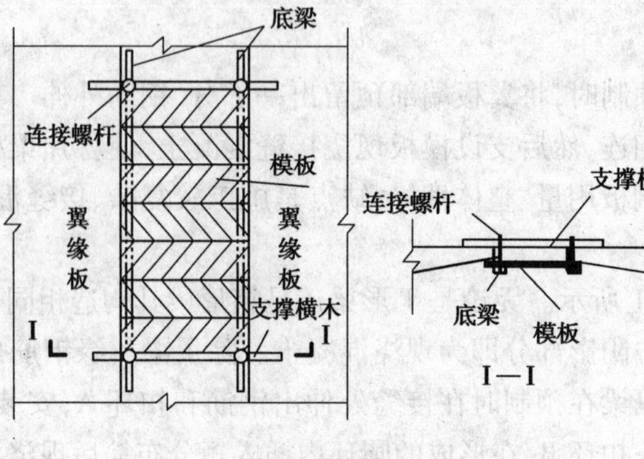

图 5-12　湿接缝施工示意

三、先简支后连续梁桥的梁端接缝施工

（一）单排支座先简支后连续梁桥

单排支座先简支后连续梁桥建成后在墩顶连续处只有一排支座，内力分配效果好，负弯矩峰值较高，能大幅削减跨中正弯矩，使内力分布均衡，但施工方法较为麻烦，且连续处要设置顶部预应力钢筋，施工过程如图 5-13 所示。

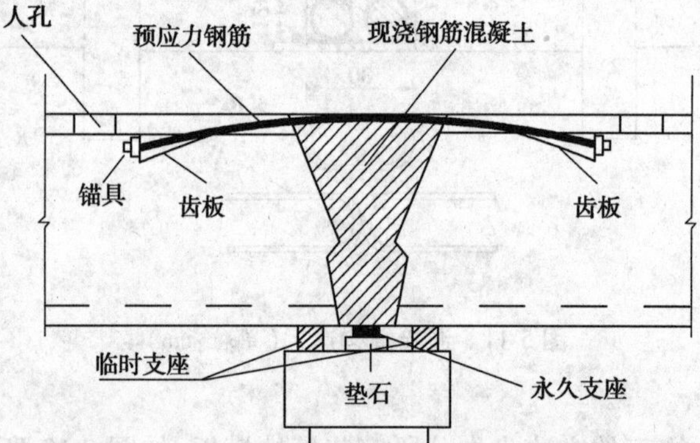

图 5-13　单排支座先简支后连续梁桥施工示意

预制箱梁时在梁端顶板上预留预应力孔道，并预设齿板，预留工作人孔，凡做连续一端均不做封锚端，将顶板、底板、腹板普通钢筋伸出梁端，架梁时先设置两排临时支座，使梁呈简支状态。临时支座用硫磺胶泥和电热丝制作，既要保证强度，又能在通电加热后融化。

梁架好后，在墩顶设计位置安放永久性支座及垫石，布置模板，将设计要求的普通钢筋焊接相连，并布设箍筋。在顶部布设与原梁体预留孔道相对应的预应力筋孔道，现浇连接混凝土养生至强度达到设计强度的 90% 后拆除模板，自顶板人孔进入穿束张拉预应力钢筋,并予以锚固。然后给临时支座通电使其受热软化,从而使永久支座发挥作用,实现体系转化。拆除临时支座,现浇混凝土封闭人孔即完成连续化施工。

(二)双排支座先简支后连续梁桥

双排支座先简支后连续梁受力接近于简支梁,内力分布不均匀,但由于施工简单,体系转化方便,被广泛采用。施工方法如图 5-14 所示。

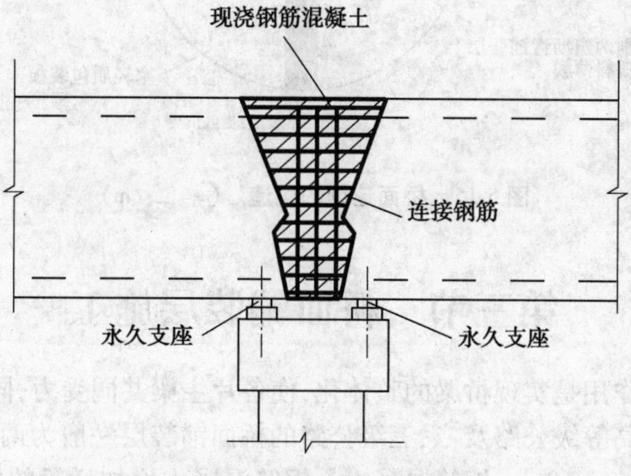

图 5-14　双排支座先简支后连续梁桥施工示意

预制大梁时,连续一端的梁端不进行封端处理,将顶板、腹板、底板普通钢筋外伸,梁架设前一次性将两排永久性支座安放牢固,架设就位后在梁端底部和两边梁外侧安放模板,中间以端梁为模,将两梁端外留钢筋焊接相连,注意使搭接长度和位置满足规范要求,然后现浇与梁体相同标号的混凝土,养生达到要求后即实现体系转化,完成连续化施工。

这种方法不用更换支座,也不在梁顶施加预应力,故简单实用。注意由于连接处墩顶有负弯矩,而又没有施加预应力,必然会产生正常裂缝,为防止桥面水从缝中渗入,锈蚀钢筋,需在梁顶前后各 4 m 范围内设置防水层。

四、桥面连续施工

为了减少桥面伸缩缝数量,保证行车安全平顺,目前简支梁桥均采用桥面连续施工。桥面连续施工的道数及联跨长度根据当地气温和桥梁跨径由设计部门计算确定,桥面连续大样如图 5-15 所示。

桥面连续与桥面铺装层混凝土同时施工,按交通部有关规定,桥面钢筋网采用 ϕ12 钢筋,间距 15 cm × 15 cm 靠顶层布设,至混凝土顶面净保护层 1.5 cm。桥面连续处为保证梁体伸缩应力能通过连续部位传递,在桥面铺装层顶层部位增加一层纵向联结钢筋,一般选用 ϕ8 钢筋,间距 5 cm,在底层还要增设分布钢筋和连接筋,同样为 ϕ8 钢筋,间距 5 cm。浇筑混凝土之前用轻质包装板将梁端缝隙填塞密实,既保证上部现浇混凝土不致落下,又能使梁自由伸缩。混凝土强度形成后在连续顶部梁间接缝正中心位置锯以 1.5 cm 深的假缝,用沥青玛瑞脂填实,保证桥面在温度下降时不产生任意裂缝。

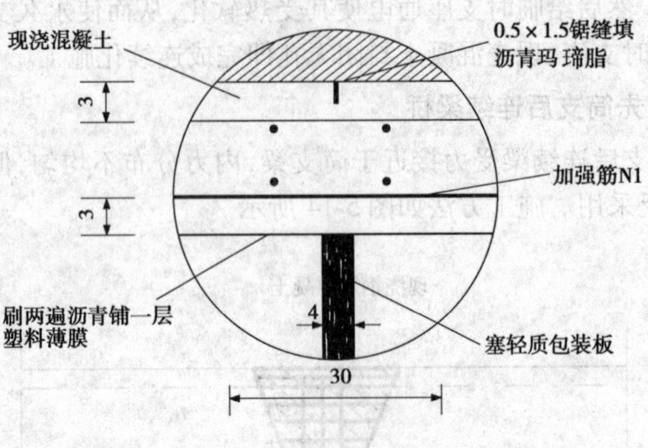

图 5-15　桥面连续的构造　（单位：cm）

第三节　桥面铺装层施工

桥面铺装层的作用是实现桥梁的整体化，使各片主梁共同受力，同时为行车提供平整舒适的行车道面。高等级公路及二、三级公路的桥面铺装层一般为两层，上层为 4～8 cm 沥青混凝土，下层为 8～10 cm 钢筋混凝土。钢筋混凝土增加桥梁的整体性，沥青混凝土提高行车的舒适性，同时能减轻车辆对桥梁的冲击和振动。四级公路或个别三级公路为减少工程造价，直接采用水泥混凝土桥面，也有三级公路在水泥混凝土桥面上铺设一层沥青碎石或沥青表处，所以其结构形式应根据公路等级、交通量大小和荷载等级设计确定。

一、钢筋混凝土桥面铺装层施工

（一）梁顶标高的测定和调整

预应力混凝土空心板或大梁在预制后存梁期间由于预应力的作用，往往会产生反拱，如果反拱过大就会影响到桥面铺装层的施工，因此设计中对存梁时间、存梁方法都作了一定要求。如果架梁前已发现反拱过大，则应采取降低墩顶标高、减少垫石厚度等方法，以保证铺装层厚度。架梁后对梁顶标高进行测量，测定各跨中线、边线的跨中和墩顶处的标高，分析评价其是否满足规范要求，若偏差过大，则应采取调整桥面标高、改变引线纵坡等方法，以保证铺装层厚度，使桥梁上部结构形成整体。

（二）梁顶处理

为了使现浇混凝土铺装层与梁、板结合成整体，预制梁板时对其顶面进行拉毛处理，有些设计中要求梁顶每隔 50 cm 设一条 1～1.5 cm 深的齿槽。浇筑前要用清水冲洗梁顶，不能留有灰尘、油渍、污渍等，并使板顶充分湿润。

（三）绑扎布设桥面钢筋网

按设计文件要求，下料制作钢筋网，并用混凝土垫块将钢筋网垫起。制作时应满足钢筋设计位置及混凝土净保护层的要求，若为低等级公路桥梁，用铺装层厚度调整桥面横坡，横向分布钢筋要做相应弯折，与桥面横坡相一致。在两跨连接处，若为桥面连续，应同时布设桥面连续的构造钢筋；若为伸缩缝，要注意做好伸缩缝的预埋钢筋。

(四)混凝土浇筑

对板顶处理情况、钢筋网布设进行检查,满足设计和规范要求后,即可浇筑混凝土,若设计为防水混凝土,其配合比及施工工艺应满足规范要求。浇筑时由桥一端向另一端推进,连续施工,防止产生施工缝,用平板式振捣器振捣,确保振捣密实。施工结束后注意养护,高温季节应采用草帘覆盖,并定时洒水养生,在桥两端设置隔离设施,防止施工或地方车辆通行,影响混凝土强度。待混凝土强度形成后,方能开放交通或铺筑上层沥青混凝土。

二、沥青混凝土面层施工

桥面沥青混凝土与同等级公路沥青混凝土路面的材料、工艺、施工方法相同,一般与路面同时施工。采用拌和厂集中拌和,现场机械摊铺,沥青材料及混合料的各项指标应符合设计和施工规范要求。沥青混合料每日应做抽样试验(包括马歇尔稳定度试验),严格控制各种矿料和沥青用量及各种材料和沥青混合料的加热温度,用胶轮压路机进行碾压成形,碾压温度要符合要求。摊铺后进行质量检测,强度和压实度要达到合格,厚度允许偏差 +10 mm, -5 mm,平整度对于高等级公路桥梁国际平整度指数 *IRI* 值不超过 2.5 m/km,均方差 σ 不超过 1.5 mm,其他公路桥梁 *IRI* 值不超过 4.2 m/km,均方差 σ 不超过 2.5 mm,最大偏差值不超过 5 mm,横坡不超过 ±0.3%。

注意铺装后桥面的泄水孔的进水口应略低于桥面面层,以保证排水顺畅。

第四节　桥面附属工程施工

桥面附属工程包括人行道、桥面防护(栏杆、防撞护栏)、泄水管、灯柱支座、桥面防水、桥头搭板等。高等级公路以及二级公路、三级公路上的桥梁通常采用防撞护栏,而城市立交桥,城镇公路桥及低等级公路桥往往要考虑人群通行,设人行道。灯柱一般只在城镇内桥梁上设置。

一、防撞护栏施工

边板(梁)预制时应在翼板上按设计位置预埋防撞护栏锚固钢筋,支设护栏模板时应先进行测量放样,确保位置准确。特别是位于曲线上的桥梁,应首先计算出护栏各控制点坐标,用全站仪逐点放样控制,使其满足曲线线形要求。绑扎钢筋时注意预埋防护钢管支撑钢板的固定螺栓,保证其牢固可靠。在有伸缩缝处,防撞护栏应断开,依据选用的伸缩缝形式安装相应的伸缩缝装置。混凝土浇筑及养生与其他构件相同。

二、人行道、栏杆施工

人行道、栏杆通常采用预制块件安装施工方法,有些桥的人行道采用整块预制,分中块和端块两种,若为斜交桥其端块还要做特殊设计。预制时要严格按照设计尺寸制模成型,保证强度。大部分桥梁人行道采用分构件预制法,一般分为 A 挑梁、B 挑梁、路缘石、支撑梁、人行道板五部分,如图 5-16 所示。A、B 挑梁,人行道板为预制构件,路缘石和支撑梁采用现浇施工。注意A挑梁上要留有槽口,保证立柱的安装固定。栏杆的造型多种多样,一般由立柱、扶手、栅栏等几部分组成,均为预制拼装。施工时应注意以下几点:

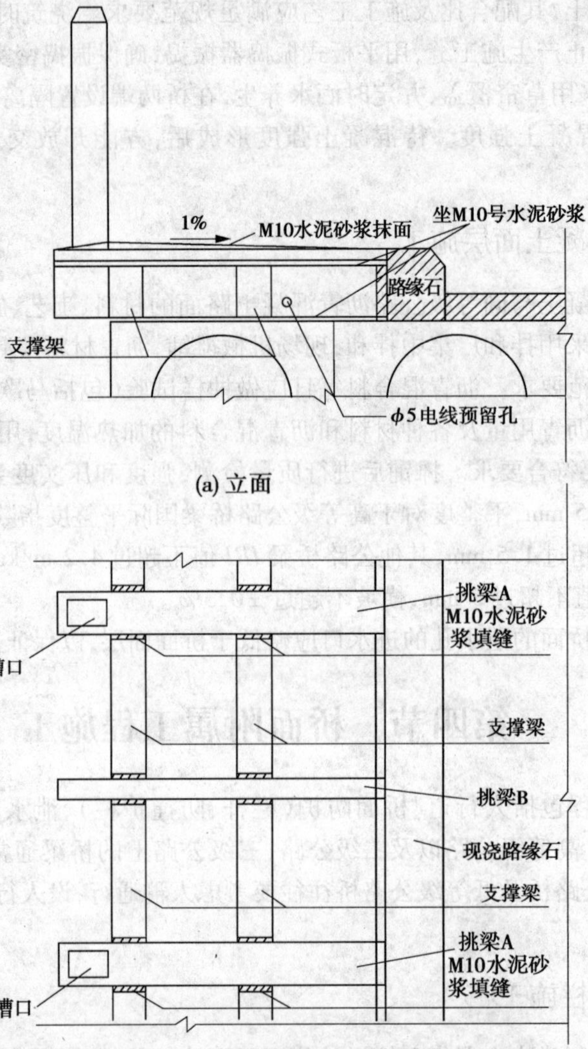

图5-16　分构件预制人行道构造

(1)悬臂式安全带和悬臂式人行道构件必须与主梁横向连接或拱上建筑完成后才可安装。

(2)安全带梁及人行道梁必须安放在未凝固的M20稠水泥砂浆上,并以此来形成人行道顶面设计的横向排水坡。

(3)人行道板必须在人行道梁锚固后才可铺设,对于设计无锚固的人行道梁,人行道板的铺设应按照由里向外的次序。

(4)栏杆块件必须在人行道板铺设完毕后才可安装,安装栏杆柱时,必须全桥对直、校平(弯桥、坡桥要求平顺)、竖直后用水泥砂浆填缝固定。

(5)在安装有锚固的人行道梁时,应对焊接认真检查,注意施工安全。

(6)为减少路缘石与桥面铺装层中渗水,路缘石宜采用现浇混凝土,使其与桥面铺装的底层混凝土结为整体。

三、灯柱安装

灯柱通常只在城镇设有人行道的桥梁上设置,灯柱的设置位置有两种:一种是设在人行道上;另一种是设在在栏杆立柱上。

第一种布设较为简单,在人行道下布埋管线,按设计位置预设灯柱基座,在基座上安装灯柱、灯饰,连接好线路即可。这种布设方法大方、美观、灯光效果好,适用于人行道较宽(大于 1 m)的情况。但灯柱会减小人行道的宽度,影响行人通过,且要求灯柱布置稍高一些,不能影响行车净孔。

第二种布设稍麻烦一些,电线在人行道下预埋后,还要在立柱内布设线路通至顶部,因立柱既要承受栏杆上传来的荷载,又要承受灯柱的重量,因此带灯柱的立柱要特殊设计和制作。在立柱顶部还要预设灯柱基座,保证其连接牢固。这种情况一般只适用于安置单火灯柱,灯柱顶部可向桥面内侧弯曲延伸一部分,以保证照明效果。该布置方法的优点是灯柱不占人行道空间,桥面开阔,但施工、维修较为困难。

规范要求桥上灯柱应按设计位置安装,必须牢固、线条顺直、整齐美观,灯柱电路必须安全可靠。

大型桥梁须配置照明控制配电箱,固定在桥头附近安全场所。

检查验收标准:灯柱顺桥向位置偏差不能超过 100 mm,横桥方向偏差不能超过 20 mm,竖直度顺桥向、横桥向均不能超过 10 mm。

第六章 涵洞施工

第一节 概 述

涵洞是公路工程中的小型构造物,虽然在总造价中仅占很小比例,但涵洞施工质量的好坏直接影响到公路工程的整体质量及其使用性能,以及周围农田的灌溉、排水等。因此,对涵洞施工同样不可忽视,应在施工前做好充分准备,周密安排,施工过程中严格控制施工质量,确保其质量达到设计及规范要求。

按构造形式的不同,涵洞可以分为管涵(通常为圆管涵)、盖板涵、拱涵、箱涵等。下面对各种类型涵洞作一简要介绍。

一、圆管涵

圆管涵主要由管身、基础、接缝及防水层组成,各部分构造如图 6-1 所示。

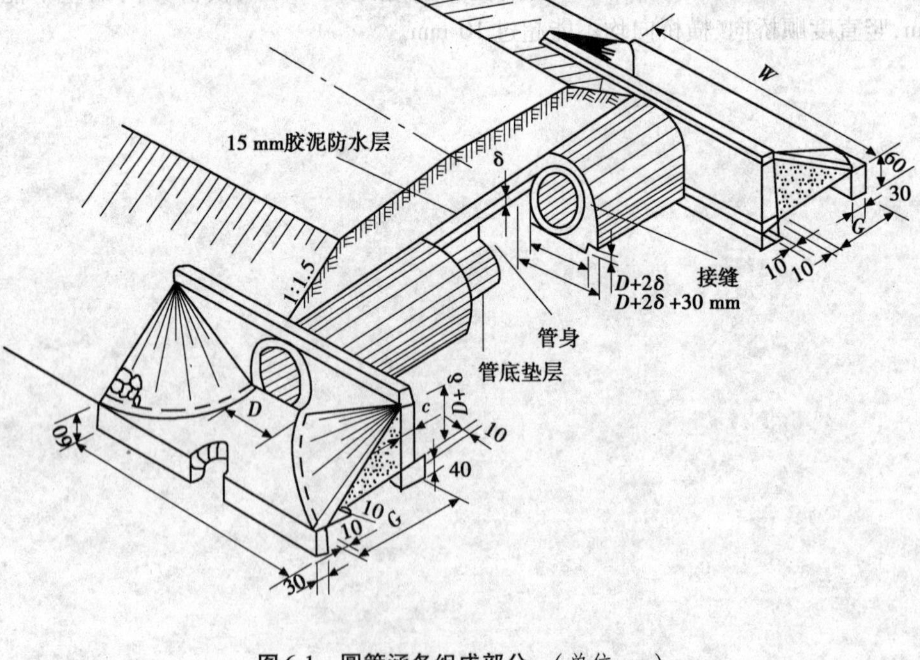

图 6-1 圆管涵各组成部分 (单位:cm)

二、盖板涵

盖板涵主要由盖板、涵台、基础、洞身铺底、伸缩缝及防水层等部分组成，如图 6-2 所示。

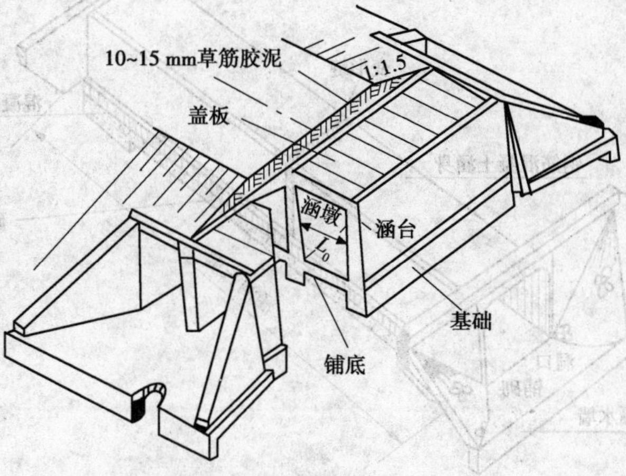

图 6-2　盖板涵各组成部分

三、拱涵

拱涵主要由拱圈、护拱、拱上测圈、涵台、基础、铺底、沉降缝及排水设施等组成，各部分构造如图 6-3 所示。

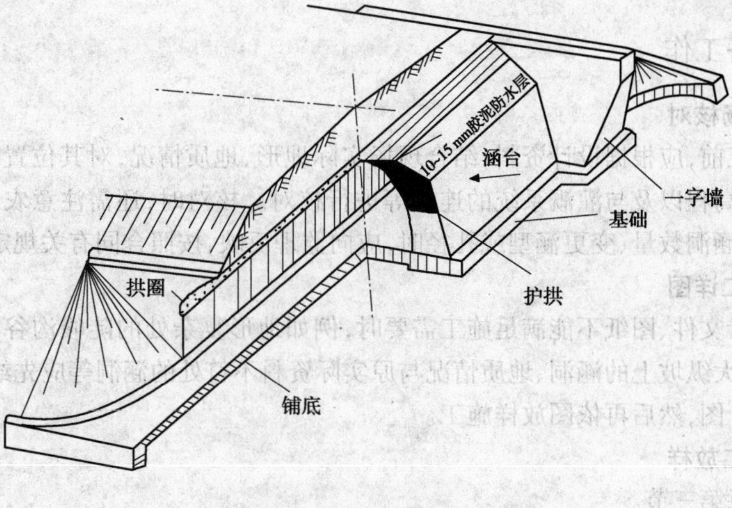

图 6-3　拱涵各组成部分

四、箱涵

箱涵主要由钢筋混凝土涵身、翼墙、基础、变形缝等部分组成，如图 6-4 所示。因箱涵为整体闭合式钢筋混凝土框架结构，所以具有良好的整体性及抗震性能。但由于箱涵施工较困难，造价高，一般仅在软土地基上采用。

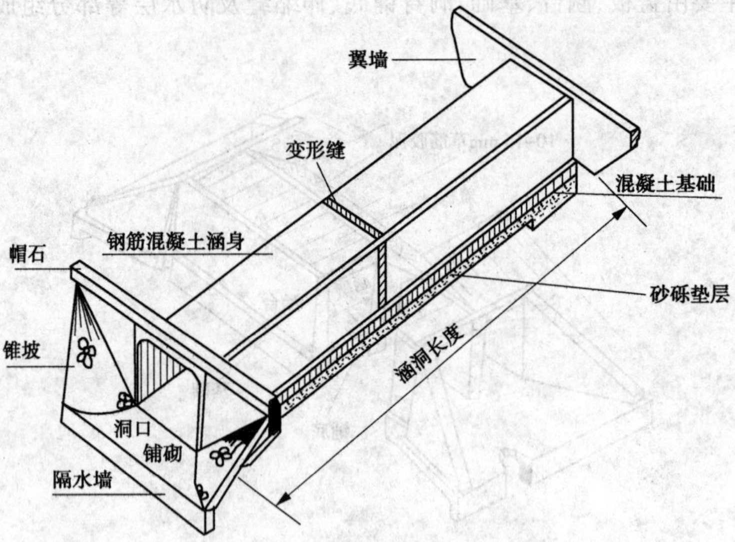

图 6-4 钢筋混凝土箱涵各组成部分

第二节 施工准备工作

一、准备工作

(一) 现场核对

涵洞开工前，应根据设计资料，结合现场实际地形、地质情况，对其位置、方向、孔径、长度、出入口高程以及与灌溉系统的连接等进行核对。核对时，还需注意农田排、灌的要求，需要增减涵洞数量、变更涵型或孔径时，应向监理反映，按照合同有关规定办理。

(二) 施工详图

若原设计文件、图纸不能满足施工需要时，例如地形复杂处的陡峻沟谷涵洞、斜交涵洞、平曲线或大纵坡上的涵洞、地质情况与原实际资料不符处的涵洞等应先绘出施工详细图或变更设计图，然后再依图放样施工。

(三) 施工放样

详见本章第三节。

二、涵洞长度计算

涵洞长度是指包括沉降缝、接缝在内的涵洞出入口两端墙外缘间的总长度。一般情况下，设计资料会提供涵长，可不必再进行计算；但在设计文件比较简单，或需要变更设计时，则需要进行涵洞长度计算及八字翼墙尺寸计算（见本节第三部分）。

（一）正交涵洞长度计算

1. 无超高加宽时

由图 6-5 所示可得：

$$L_{上}=\frac{B_{上}+m(H-h_{上})}{1+mi_0} \tag{6-1}$$

$$L_{下}=\frac{B_{下}+m(H-h_{下})}{1-mi_0} \tag{6-2}$$

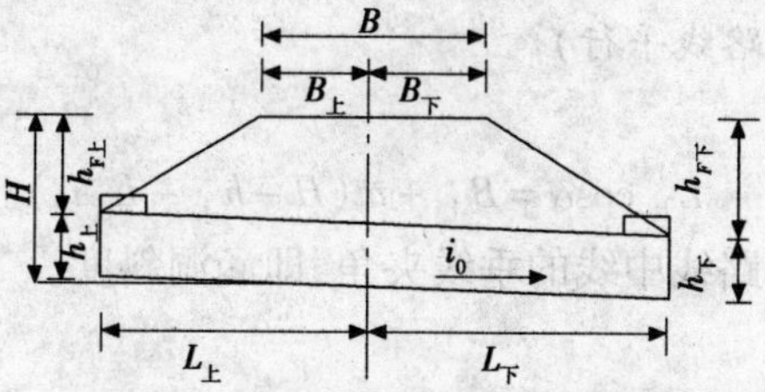

图 6-5　无超高加宽时涵洞长度计算

$$B_{上}=B_{下}=0.5B \tag{6-3}$$

式中　H——路基填土高度，涵底中心至路基边缘高度；

B——路基宽度；

$h_{上}$、$h_{下}$——涵洞上、下游洞口建筑高度；

m——路基边坡坡度；

i_0——涵底坡度；

$L_{上}$、$L_{下}$——涵洞上、下游水平长度。

涵洞总长 $L=L_{上}+L_{下}$。

若缘石外端不在路基边坡延长线时，$h_{上}$、$h_{下}$用 $h_{上}+t$、$h_{下}+t$ 代替，并计入 a 值，t 为厚，a 为宽。

2. 有超高加宽时（设在平曲线内）

1）i_0 与 i_1 方向一致

由图 6-6 所示可得：

$$L_{上}=\frac{B_{上}+m(H-h_{上}+Bi_1)}{1+mi_0} \tag{6-4}$$

$$L_{下}=\frac{B_{下}+m(H-h_{下}-wi_1)+w}{1-mi_0} \tag{6-5}$$

图 6-6　有超高加宽时涵洞长度计算 1

式中　$B_{上}$、$B_{下}$——半个标准路基宽；

w——路基加宽。

涵洞总长 $L=L_{上}+L_{下}$。

注意：路基的设计高为未超高加宽前路基内侧边缘点的高程。

2) i_0与 i_1方向相反

由图 6-7 所示可得:

$$L_{上}=\frac{B_{上}+w+m(H-h_{上}-wi_1)}{1+mi_0} \tag{6-6}$$

$$L_{下}=\frac{B_{下}+m(H-h_{下}+Bi_1)}{1-mi_0} \tag{6-7}$$

涵洞总长 $L=L_{上}+L_{下}$。

(二)斜交涵洞长度计算

1. 斜交斜做(洞口与路线平行)

由图 6-8 所示可得:

$$L_{上}\cos\alpha=B_{上}+m(H-h_{上}-L_{上}i_0)$$

式中 α——涵洞轴线与路线中线的垂线夹角,即涵洞斜度。

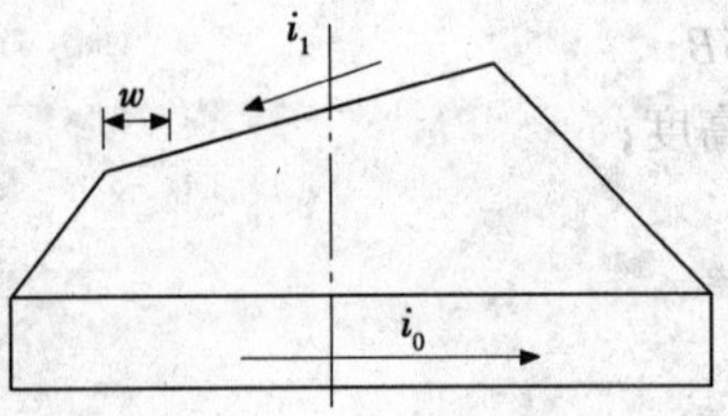

图 6-7 有超高加宽时涵洞长度计算 2

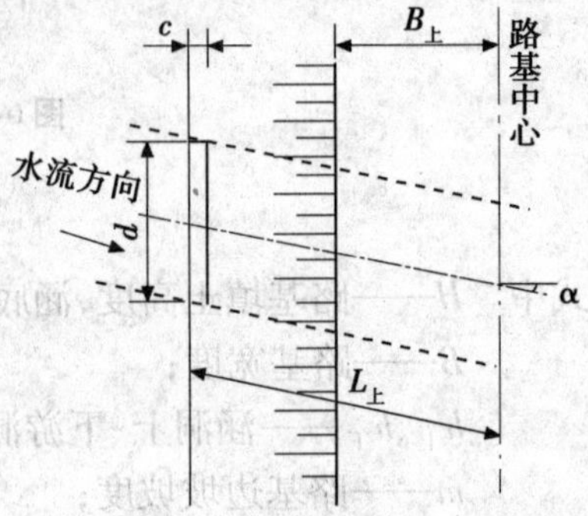

图 6-8 斜交斜做涵洞长度计算

则:

$$L_{上}=\frac{B_{上}+m(H-h_{上})}{\cos\alpha+mi_0} \tag{6-8}$$

同理得:

$$L_{下}=\frac{B_{下}+m(H-h_{下})}{\cos\alpha-mi_0} \tag{6-9}$$

2. 斜交正做(洞口与洞身垂直)

由图 6-9 所示可得:

$$L_{上}=A_1+A_2+\frac{B_{上}}{\cos\alpha}=c+\frac{d}{2}\tan\alpha+m(H-h_{上}-i_0L_{上}\cos\alpha)/\cos\alpha+B_{上}/\cos\alpha$$

则:

$$L_{上}=\frac{B_{上}+(H-h_{上})m+\frac{d}{2}\sin\alpha+c\cos\alpha}{\cos\alpha+mi_0} \tag{6-10}$$

同理得:

$$L_{下}=\frac{B_{下}+(H-h_{下})m+\frac{d}{2}\sin\alpha+c\cos\alpha}{\cos\alpha-mi_0}$$

(6-11)

式中 d——帽石长度；

c——帽石宽度；

其他符号意义见图示。

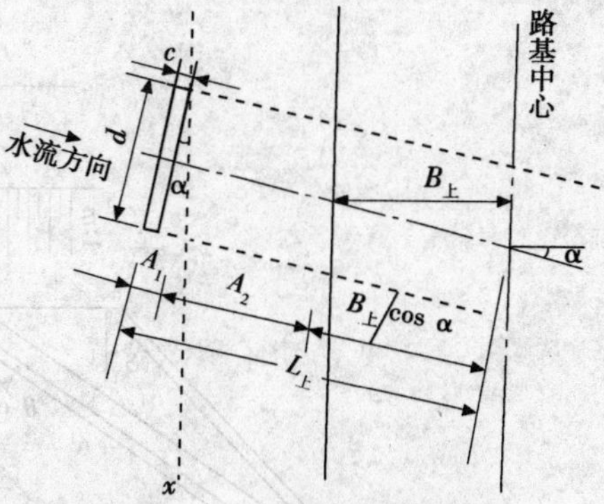

图 6-9 斜交正做涵洞长度计算

三、洞口建筑工程数量计算

(一)八字翼墙

1. 八字翼墙的布置形式

(1)涵洞与路线正交时，八字翼墙布置成对称的正翼墙，即沿洞口向外扩散相同的β角，此时β角等于水流出入洞口的扩散角θ，如图 6-10 所示。

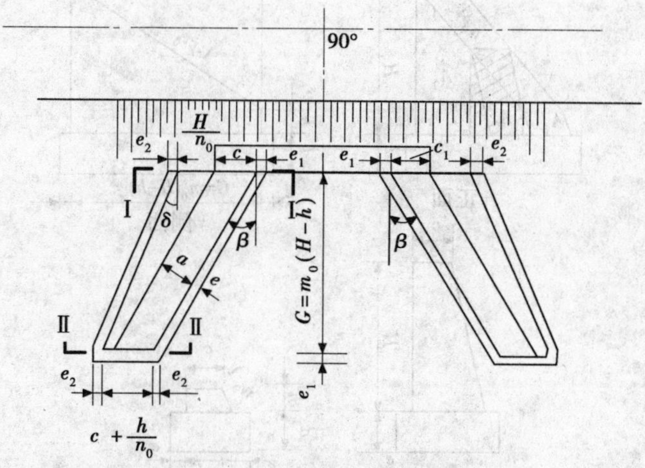

图 6-10 正交涵洞的八字墙

(2)涵底与路线斜交时，八字翼墙一般采用斜布置(也有采用正布置的)。斜布置的翼墙角度应根据斜度大小、地形和水文情况确定，如图 6-11 所示。θ为水流扩散角，β为翼墙向外张角，α为涵底的斜度，则$\beta_1=\theta+\alpha$，β_1是正值，翼墙是正翼墙；$\beta_2=\theta-\alpha$，β_2是负值，翼墙是反翼墙；当$\beta_2=0$时，$\theta=\alpha$，这时翼墙为最经济。

2. 翼墙的体积计算

1)墙身体积

八字翼墙墙身体积计算。

单个翼墙外形如图 6-12 所示，其体积为：

$$V=\frac{H+h}{2}\cdot Gc+\frac{m_0}{6n_0}(H^3-h^3) \tag{6-12}$$

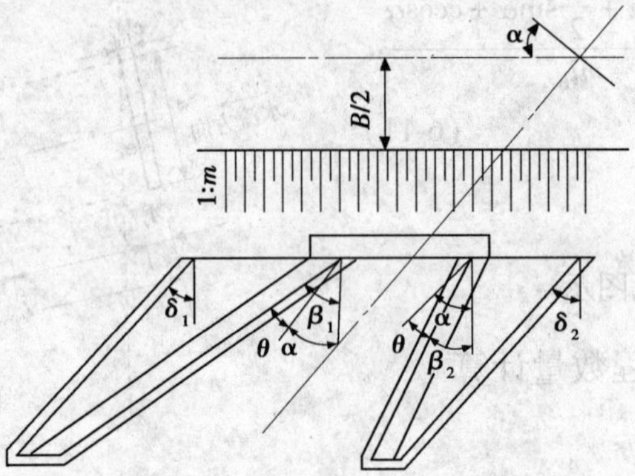

图6-11　斜交斜做的八字墙

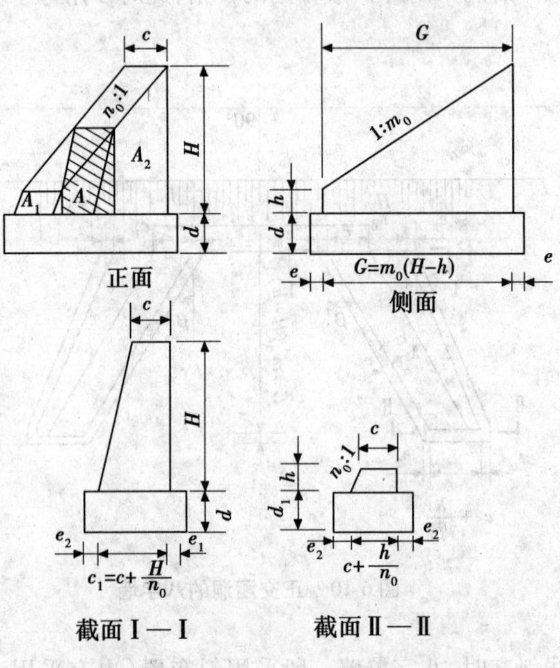

图6-12　八字翼墙墙身体积计算

2)墙基体积

单个翼墙(正翼墙和反翼墙)基础平面尺寸如图6-13所示,其体积为:

$$V=m_0(c+e_1+e_2)(H-h)d+\frac{m_0}{2n_0}(H^2-h^2)d+\left[e_2+(e_1+e_3)\frac{1}{2}+c+\frac{h}{n_0}\right]ed \quad (6\text{-}13)$$

其中:

$$m_0=m \qquad c=\frac{\alpha}{\cos\beta} \qquad c_0=\frac{1}{n_0}H \qquad c_1=c+c_0 \qquad e_1=\frac{e}{\cos\beta} \qquad e_2=\frac{e}{\cos\delta}$$

$$n_{0反}^{正} = (n \pm \sin\beta/m)\cos\beta$$

$$\delta_{反}^{正} = \arctan(\tan\beta \mp 1/mn_{0反}^{正})$$

$$e_3^{正} = e(1 - \sin\beta)/\cos\beta$$

$$e_3^{反} = e(1 - \sin\delta_{反})/\cos\delta_{反}$$

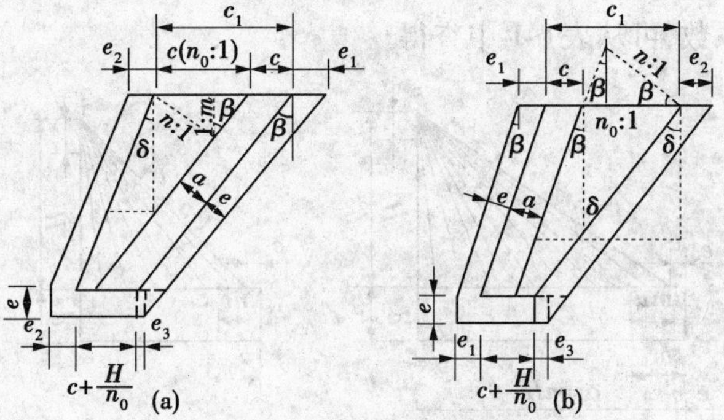

图 6-13　正反八字翼墙基础体积计算

3)一个翼墙顶面面积

一个翼墙顶面面积为：

$$A = c\sqrt{1 + m_0^2}(H - h) \tag{6-14}$$

(二)锥形护坡

1. 锥形护坡的布置形式

(1)涵洞与路线正交时，其平面布置形式如图 6-14 所示。

(2)涵洞与路线斜交时，锥形护坡一般采用斜布置(也有采用正布置的)。斜布置的锥形护坡角度应根据斜度大小确定，其平面布置形式常为斜交斜做涵洞的锥形护坡。

2. 一个锥形护坡的体积计算

1)锥形护坡体积

(1)片石砌体。

单个锥形护坡的体积为：

$$V_1 = V_{外} - V_{内} = \frac{1}{12}\pi mn(H^3 - H_0^3) \tag{6-15}$$

式中　H_0——内锥平均高度，$H_0 = H - \sqrt{\alpha_0\beta_0 t}$，

$\alpha_0 = \sqrt{1 + m^2}/m$，$\beta_0 = \sqrt{1 + n^2}/n$；

H——锥体高度；

t——片石厚度。

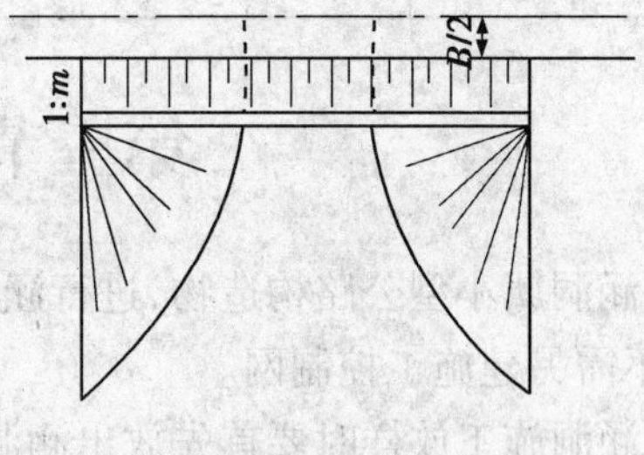

图 6-14　正交涵洞的锥形护坡布置形式

(2)砂砾垫层。

$$V \approx \frac{t_1}{t}V \tag{6-16}$$

式中　t_1——砂砾垫层厚度。

(3)锥心填土。

$$V_2 = V_1 t / t_1 \tag{6-17}$$

2)锥坡基础体积

其值为椭圆周长的 1/4 和基础截面积的乘积。从图 6-15 所示可知：

$$V = \frac{S}{4} b_0 d = \frac{1}{4} \pi (a+b) K b_0 d = \frac{1}{4} K \pi [(m+n)H + 2e - b_0] b_0 d \tag{6-18}$$

式中 K——周长系数,可从表 6-1 中查得。

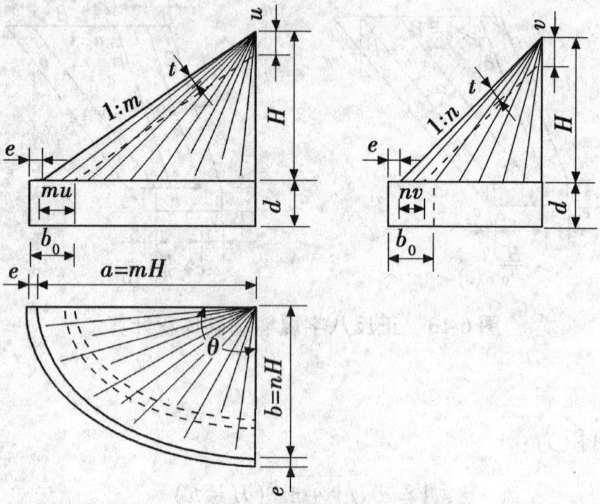

图 6-15 锥坡基础体积计算

表 6-1 椭圆周长系数

$\frac{a-b}{a+b}$	0.1	0.2	0.3	0.4	0.5	0.6	0.7	0.8	0.9	1.0
K	1.002 5	1.010 0	1.022 6	1.040 4	1.063 5	1.092 2	1.126 9	1.167 9	1.216 2	1.273 2

第三节 涵洞施工放样

涵洞属小型公路构造物,进行涵洞施工放样时,利用路线勘测时建立的控制点就可进行,不需另建施工控制网。

涵洞施工放样时要首先放出涵洞的轴线位置,即根据设计图纸上涵洞的里程,放出涵洞轴线与路线中线的交点,并根据涵洞轴线与路线中线的夹角,放出涵洞的轴线方向。

一、涵洞基础定位

涵洞基础定位即测设涵洞中心桩。通常可以利用离桥涵最近的已经测设的中桩位置计算涵洞中心到前后中桩的距离,采用直接丈量的方法测设。

放样直线上的涵洞时,依涵洞的里程,自附近测设的里程桩沿路线方向量出相应的距离,即得涵洞轴线与路线中线的交点。若涵洞位于曲线上,则采用曲线测设的方法定出涵洞与路线中线的交点。依地形条件,涵洞轴线与路线有正交的也有斜交的。将经纬仪安置在涵洞轴线与路线中线的交点处，测设出已知的夹角，即得涵洞轴线的方向，如图 6-16 所示。涵洞轴线用大木桩标志在地面上，这些标志桩应在路线两侧涵洞的施工范围以外，且每侧两个。自涵洞轴线与路线中线的交点处沿涵洞轴线方向量出上、下游的涵长，即得涵洞口的位置，涵洞口要用小木桩标志出来。

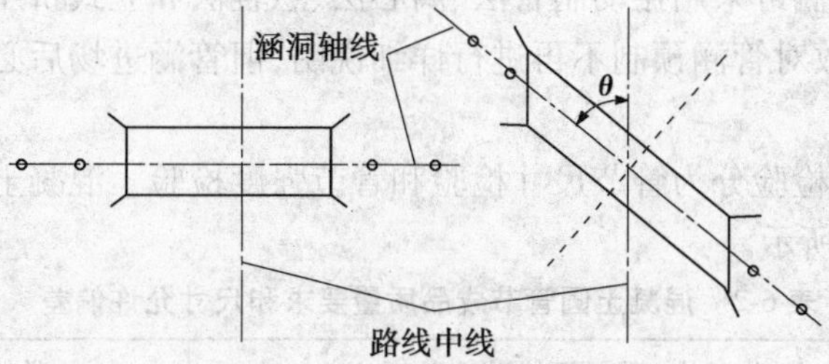

图 6-16　涵洞中心桩位及轴线测设

涵洞细部的高程放样，一般是利用附近已有的水准点用水准测量的方法进行的。

涵洞施工测量的精度要比桥梁施工测量的精度低，在平面放样时，主要保证涵洞轴线与公路轴线保持设计的角度，即控制涵洞的长度；在高程控制放样时，要控制洞底与上、下游的衔接，保证水流顺畅，对于人行通道或机动车通道要保证洞底纵坡与设计图纸一致，不得积水。

二、涵洞轴线测量

根据涵洞轴线与路线方向是否垂直，涵洞分为正交涵洞与斜交涵洞。

对于正交涵洞，在涵洞中心位置确定以后，可利用方向架确定其轴线方向。或者将经纬仪架设在涵洞中心桩处，后视路线方向，盘左、盘右旋转 90°（或 270°），取其平均位置，即为涵洞轴线方向。为了方便在施工过程中恢复轴线，一般在轴线方向设立护桩。

对于斜交涵洞，可将经纬仪架设在涵洞中心桩处，后视路线方向，盘左、盘右旋转一个角度为斜交角 φ（或 $180° - \varphi$），取其平均位置，即为涵洞轴线方向。

如果附近有导线点可以利用，也可根据设计资料，确定轴线上某两点 a 和 b（即确定涵洞中心沿轴线到 a、b 的距离，a、b 应在涵洞边线外侧）的坐标，则 a（或 b）与两个导线点形成一个夹角，计算夹角和距离，然后可以用极坐标的方法测设 a 和 b 的实际位置，并设置护桩 a' 和 b'。

第四节　涵洞施工

一、圆管涵施工

公路工程中的管涵有混凝土管涵和钢筋混凝土管涵，目前我国公路工程中多采用钢筋混凝土管涵。公路管涵的施工多系预制成管节，每节长度多为 1 m，然后运往现场安装。

圆管涵施工的工艺流程为:测量放样→地基处理→管座基础浇筑→管节安装→剩余的管座基础浇筑→接缝处理→洞口砌筑→涵背回填等。

(一)管涵的预制和运输

1. 管涵的预制

预制混凝土圆管涵可采用振动制管法、离心法、悬辊法和立式挤压法。鉴于公路工程中涵管一般为外购,故对管涵预制不再进行详细说明,但管涵进场后必须对其质量进行检验。

管节成品的质量检验分为管节尺寸检验和管节强度检验。混凝土管涵质量要求及尺寸允许偏差如表 6-2 所示。

表 6-2　混凝土圆管节成品质量要求和尺寸允许偏差

项目		质量要求或允许偏差(mm)	检查方法和数量
管节形状		端面平整并与其轴线垂直,斜交管节端面符合设计要求	目测,用锤心吊线
管节内外侧表面		平直圆滑,如有蜂窝,每处面积不得大于 3 cm × 3 cm,深度不得超过 1 cm,其总面积不得超过全部面积的 1%,并不得露筋,应修补完善后方准使用	目测,用钢尺丈量
管节尺寸允许偏差(mm)	管节长度	0 ~ −10	沿周边检查 4 处
	内(外)直径	±10	两端各检查 4 处
	管壁厚度	±5	两端各检查 4 处

管涵强度试验应按规范要求的方法进行,其抽样数量及合格要求为:

(1)管涵试验数量应为管涵总数的 1% ~2%,但每种孔径的管涵至少要试验 1 个。

(2)如首次抽样试验未能达到试验标准时,允许对其余同孔径管节再抽选 2 个重新试验。只有当 2 个重复试验的管节达到强度要求时,管涵才可验收。

(3)在进行大量管涵检验性试验时,是以试验荷载大于或等于裂缝(0.2 mm)荷载时还没有出现裂缝者为达到标准。

在北方冬季寒冷冰冻地区,混凝土管涵还应进行吸水率试验,要求钢筋混凝土管涵和无筋混凝土管涵的吸水率不得超过干管质量的 6%。

2. 管涵的运输

管节运输与装卸过程中,应注意下列问题:

(1)待运的管节的各项质量应符合前述的质量标准,应特别注意检查待运管节设计涵顶填土高度是否符合设计要求,防止错装、错运。

(2)运输管节的工具可根据道路情况和设备条件采用汽车、拖拉机拖车,不通公路地段可采用马车。

(3)管节的装卸可根据工地条件,使用各种起重设备,如龙门吊机、汽车吊和小型起重工具滑车、链滑车等。

(4)在装卸和运输过程中,应小心谨慎。运输途中每个管节底面宜铺以稻草,用木块、圆木楔紧,并用绳索捆绑固定,防止管节滚动、相互碰撞破坏。固定方法可参考图5-17。

(5)从车上卸下管节时,应采用起重设备。严禁从汽车上将管节滚下,造成管节破裂。

(二)管涵施工程序

管涵可分为单孔、双孔的有圬工基础管涵和无圬工基础管涵,现将其施工程序简介如下。

1. 单孔有圬工基础管涵

单孔有圬工基础管涵施工程序如图 6-18 所示。

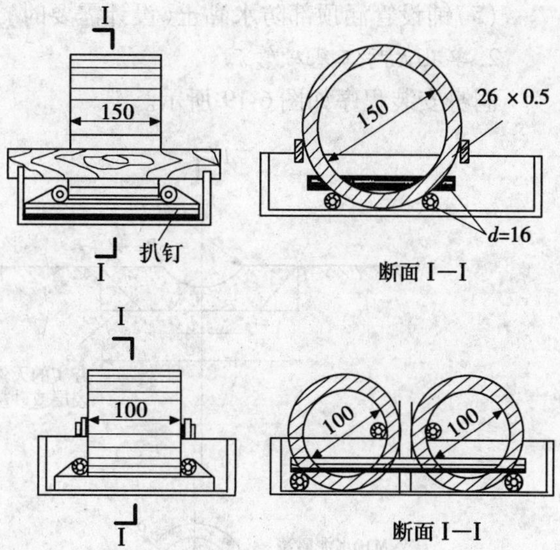

图 6-17 管涵固定在车身内的方法 (单位:cm)

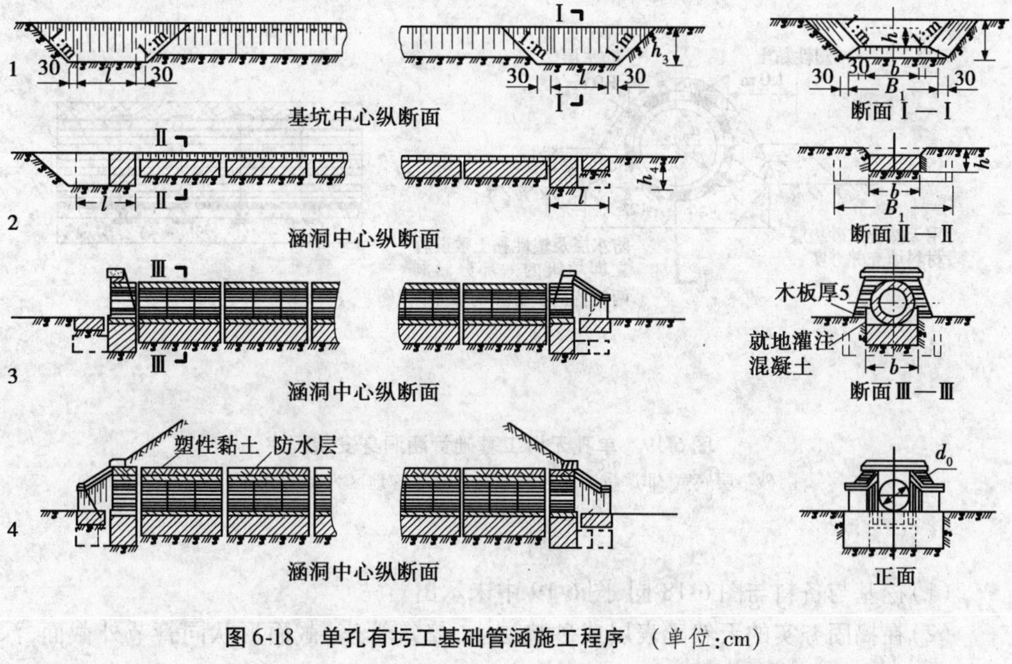

图 6-18 单孔有圬工基础管涵施工程序 (单位:cm)

(1)挖基坑并准备修筑管涵基础的材料。

(2)砌筑圬工基础或浇筑混凝土基础。

(3)安装涵洞管节,修筑管涵出入口端墙、翼墙及涵底(端墙外涵底铺装)。

(4)铺设管涵防水层及修整。

（5）铺设管涵顶部防水黏土（设计需要时），填筑涵洞缺口填土及修建加固工程。

2. 单孔无圬工基础管涵

洞身安装程序如图6-19所示。

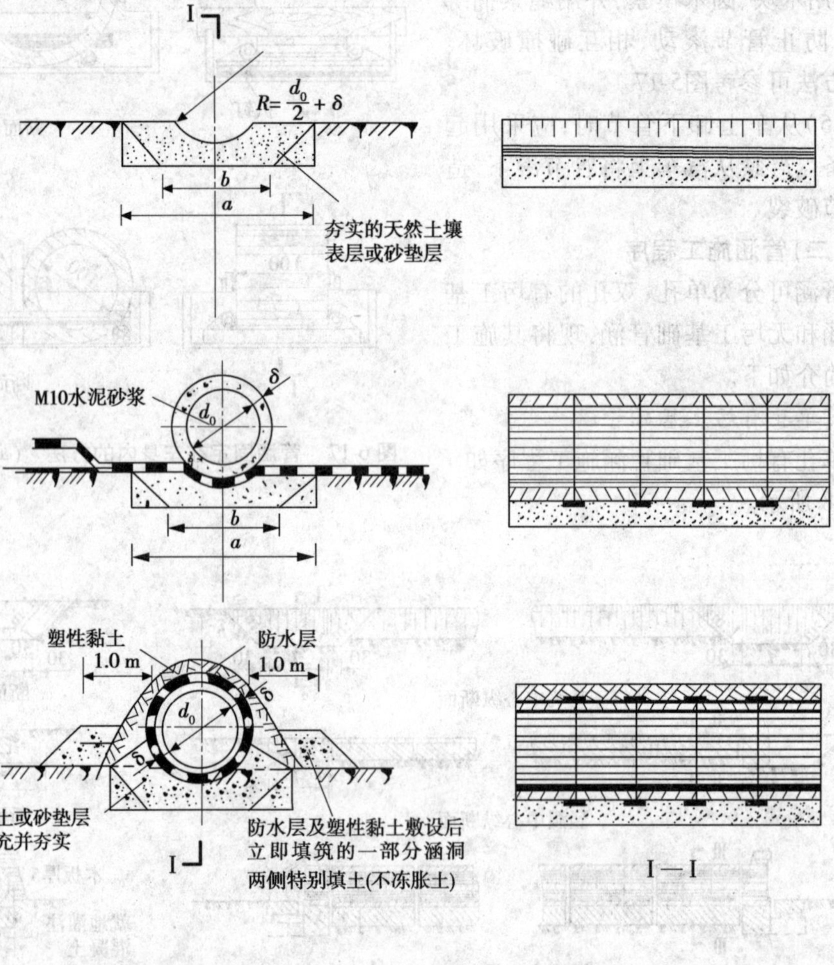

图6-19　单孔无圬工基础管涵洞身安装程序

注：砂垫层底宽，非严重冰冻地区为 b，严重冰冻地区为 a（即上下同宽）。

（1）挖基与备料与图6-18同，图6-19中未示出。

（2）在捣固夯实的天然土表层或砂垫层上，修筑管座，截面形状同管节外截面，深度等于管壁厚度。

（3）在圆弧管座上铺设垫层的防水层，然后安装管节，管节间接缝宜留1 cm宽。缝中填防水材料，详见防水层施工部分。

（4）在管节的下侧再用天然土或砂砾垫层材料作培填料，并捣实至设计高程（见图6-19），并切实保证培填料与管节密贴。再将防水层向上包裹管节，防水层外再铺设黏质土，水平径线以下的部分应立即填筑，以免管节下面的砂垫层松散，并保证其与管节密贴。在严寒地区这部分特别填土必须填筑不冻胀土料。

(5)修筑管涵出入口端墙、翼墙及两端涵底和进行整修工作(图 6-19 中未示出)。

3. 双孔无圬工基础管涵

洞身施工程序如图 6-20 所示。

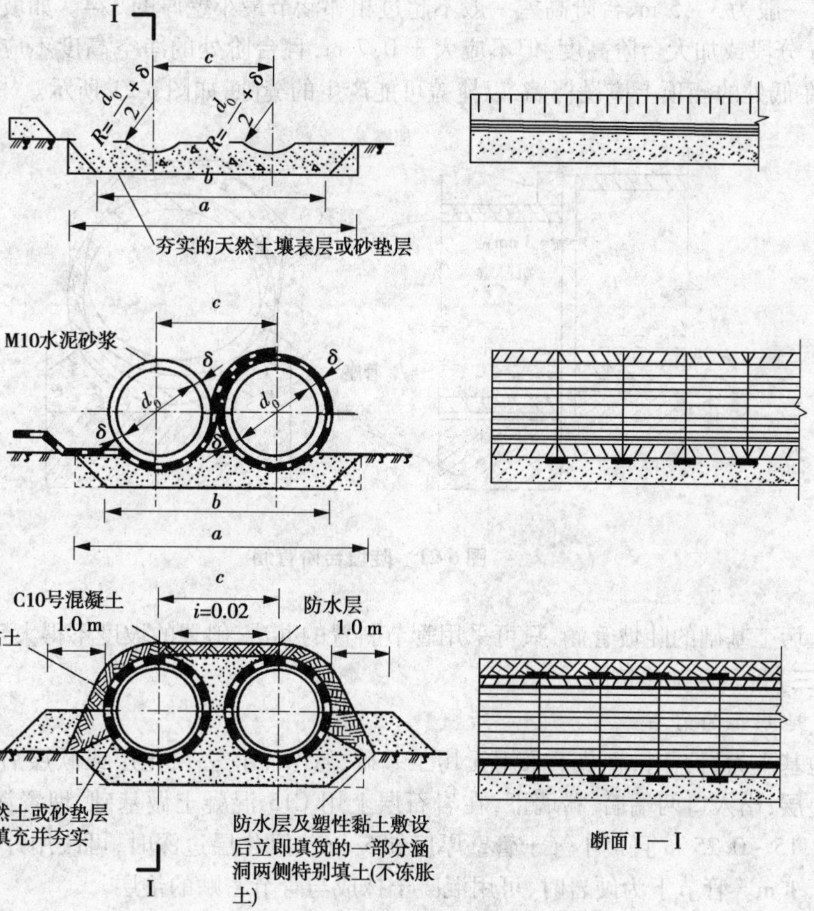

图 6-20　双孔无圬工基础管涵洞身施工程序

(1)挖基、备料与前同(图 6-20 未示出)。

(2)在捣固夯实的天然土表层或砂垫层上修筑圆弧状管座，其深度等于管壁的厚度。

(3)按图 6-19 所示的程序，先安装右边管并铺设防水层，在左边一孔管节未安装前，在砂垫层上先铺设垫底的防水层，然后按同样的方法安装管节。管节间接缝尽量抵紧，管节内外接缝均以 M10 水泥砂浆填塞。

(4)在管节下侧用天然土或砂垫层材料作填料，夯实至设计高程处(见图 6-20)，并切实保证与管节密贴。左侧防水层铺设完后，用贫混凝土填充管节间的上部空腔，再铺设软塑状黏土。

防水层及黏土铺设后,涵管两侧水平直径线以下的一部分填土应立即填筑,以免管节下面砂垫层松散。在严寒地区此部分填土必须填筑不冻胀土料。

(5)修筑管涵出入口两端端墙、翼墙及涵底和整修工作。

4. 涵底陡坡台阶式基础管涵

沟底纵坡很陡时,为防止涵洞基础和管节向下滑移,可采用管节为台阶式的管涵,每段长度一般为 3 ~5 m,台阶高差一般不超过相邻涵节最小壁厚的 3/4。如坡度较大,可按 2 ~3 m 分段或加大台阶高度,但不应大于 0.7 m,且台阶处的净空高度不应小于 1.0 m。此时,在低处的涵顶上应设挡墙,以掩盖可能产生的缝隙,如图 6-21 所示。

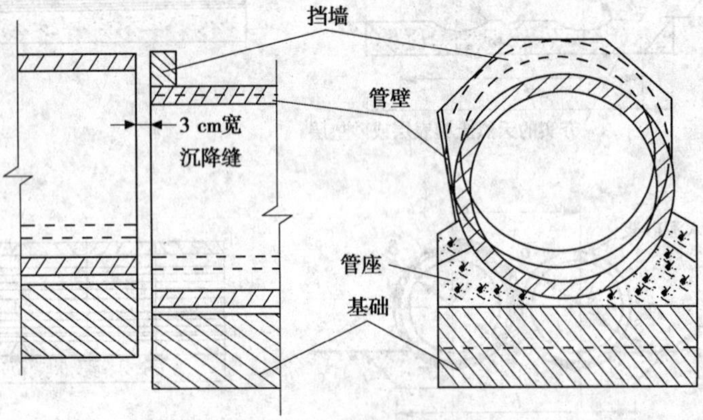

图 6-21　陡坡台阶管涵

无圬工基础的陡坡管涵,只可采用管节斜置的办法,斜置的坡度不得大于 5%。

(三)管涵基础修筑

1. 地基土为岩石

地基土为岩石时,管节下采用无圬工基础,管节下挖去风化层或软层后,填筑 0.4 m 厚砂垫层;出入口两端墙、翼墙下,在岩石层上用 C15 混凝土做基础,埋置深度至风化层以下 0.15 ~0.25 m 且最小等于管壁厚度加 5 cm。风化层过深时,可改用片石圬工,最深不大于 1 m。管节下为硬岩时,可用混凝土抹成与管节密贴的垫层。

2. 地基为砾石土、卵石土或砂砾、粗砂、中砂、细砂或匀质黏性土

地基土为砾石土、卵石土或砂砾、粗砂、中砂、细砂或匀质黏性土,管节下一般采用无圬工基础,对砾、卵石土先用砂填充地基土空隙并夯实,然后填筑 0.4 m 厚砂垫层;对粗砂、中砂、细砂地基土表层应夯实;对于匀质黏性地基土应做砂垫层;出入口两端端墙、翼墙的圬工基础埋置深度,设计无规定时为 1.0 m,对于匀质黏性土,负温时的地下水位在冻结深度以上时,出入口两端端墙、翼墙圬工基础埋置深度为 1.0 ~1.5 m;当冻结土深度不深时,基础埋深宜等于冻结深度的 0.7 倍,当此值大于 1.5 m 时,可采用砂夹卵石在圬工基础下换填至冻结深度的 0.7 倍。

3. 地基土为黏性土

管节下应采用 0.5 m 厚的圬工基础,出入口两端端墙、翼墙基础埋置深度为 1.0 ~

0.5 m;当地下水冻结深度不深时,埋深应等于冻结深度;当冻结深度大于 1.5 m 时,可在圬工基础下用砂夹卵石换填至冻结深度。

4. 必须采用有圬工基础的管涵

在下列情况下,必须采用有圬工基础的管涵:

(1)管顶填土高度超过 5 m。

(2)最大洪水流量时,涵前壅水高度超过 2.5 m。

(3)河沟经常流水。

(4)沼泽地区深度在 2.0 m 以内。

(5)沼泽地区淤积物、泥炭等厚度超过 2.0 m 时,应按特别设计的基础施工。

5. 严寒地区的管涵基础施工

常年最冷月份平均气温低于 -15 ℃的地区称为严寒地区。

(1)匀质黏性土和一般黏性土的基础均须采用圬工基础。

(2)出入口两端端墙、翼墙基础应埋置在冻结线以下 0.25 m。

(3)一般黏性土地区的地下水位在冻结深度以上时,管节下埋置深度应为 $H/8$(H 为涵底至路面填土高度),但不小于 0.5 m,也不得超过 1.5 m。

6. 基础砂垫层材料

基础砂垫层材料可采用砂、砾石或碎石,但必须注意清除基底耕作层。为避免管节承受冒尖石料的集中应力,当使用碎石、卵石作垫层时,要有一定级配或掺入一定数量的砂,并夯捣密实。

7. 软土地区管涵地基处理

管涵地基土如遇到软土,应按软土层厚度分别进行处理。当软土层厚度小于 2.0 m 时,可采取换填土法处理,即将软土层全部挖除,换填当地碎石、卵石、砂夹石、土夹石、砾砂、粗砂、中砂等材料并碾压密实,压实度要求 94% ~97%。如采用灰土(石灰土、粉煤灰土)换填,压实度要求 93% ~95%,换填土的干密度宜用重型击实试验法确定。碎石或卵石的干密度可取 2.2 ~2.4 t/m^3。换填层上面再砌筑 0.5 m 厚的圬工基础。

当软土层超过 2 m 时,应按软土层厚度、路堤高度、软土性质作特殊设计处理。

(四)管节安装

管节安装应从下游开始,使接头面向上游;每节管涵应紧贴于垫层或基座上,使管涵受力均匀;所有管节应按正确的轴线和图纸所示坡度敷设。如管壁厚度不同,应使内壁齐平。在敷设过程中,要保持管内清洁无脏物、无多余的砂浆及其他杂物。

管节的安装方法通常有:滚动安装法、滚木安装法、压绳下管法、龙门架安装法、吊车安装法等,可根据施工现场实际情况选用。

(五)管涵施工注意事项

(1)有圬工基础的管座混凝土浇筑时应与管座紧密相贴,浆砌块石基础应加做一层混凝土管座,使圆管受力均匀;无圬工基础的圆管基底应夯填密实,并做好弧形管座。

(2)无企口的管节接头采用对头拼接,接缝宽应不大于 1 cm,严禁因涵身长度不够,用加大接缝的宽度来满足涵长的要求,应用沥青或其他具有弹性的不透水材料填塞接缝内、外侧,以形成一柔性密封层。

(3)管节沉降缝必须与圬工基础的沉降缝位置一致，缝宽为 2 ~ 3 cm，应用沥青麻絮或其他具有弹性的不透水材料从内、外侧仔细填塞。

(4)长度较大、填土较高的管涵应设预拱度。预拱度大小应按设计规定设置。

(5)各管节应顺流水坡度成平顺直线，如管壁厚度不一致时，应在内壁取平。

二、拱涵施工

混凝土和钢筋混凝土拱涵的施工分为现场浇筑和在工地预制安装两大类。

(一)现场浇筑的拱涵

1. 拱涵基础

1)整体式基础

两座涵台的下面和孔径中间使用整块的混凝土浇筑的基础称为整体式基础。其地基土的承载力应满足设计文件规定。若设计无规定，则填方高 H 在 1 ~ 12 m 时，必须大于 0.2 MPa；H 大于 12 m 时必须大于 0.3 MPa。湿陷性黄土地基，不论其表面承载力多大，均不得使用整体式基础。

2)非整体式基础

两座涵台的下面为独立的现浇混凝土或浆砌片石基础，两者之间不相连的称为非整体式基础。其地基土要求的容许承载力较上述的基础为高，当设计文件无规定时，一般应大于 0.5 MPa。

3)板凳式基础

两座涵台下面的混凝土基础之间用较薄的混凝土或钢筋混凝土板在顶部连接，一起浇筑成似同板凳一样的基础。其地基土容许承载力的要求处于前两者之间，设计文件无规定时，应为大于 0.4 MPa 的砂类土或中密以上的碎石土。

上述地基土的承载力大小可用轻型动力触探仪进行测试。

根据当地材料情况，基础可采用 C15 片石混凝土或 M5 水泥砂浆砌片石，石料强度不得低于 25 MPa。

2. 支架和拱架

1)钢拱架和木拱架

钢拱架是用角钢、钢板和钢轨等材料在工厂(场)制成装配式构件，在工地拼装使用。

如图 6-22 所示是用钢轨制成的跨径 1.5 ~ 3.0 m 拱涵的钢拱架。

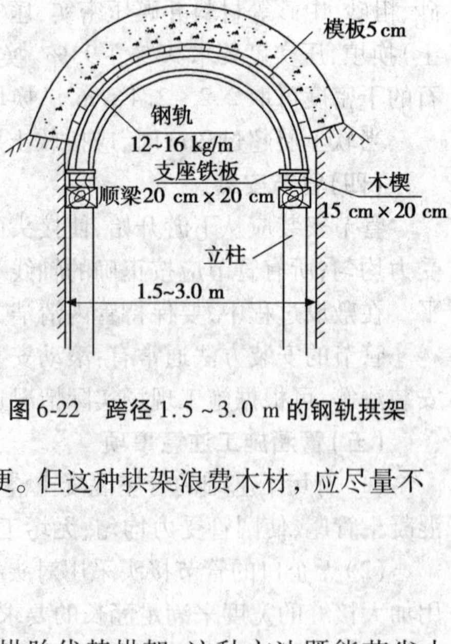

图 6-22 跨径 1.5 ~ 3.0 m 的钢轨拱架

木拱架主要是由木材组合而成的，拆装比较方便。但这种拱架浪费木材，应尽量不使用。

如图 6-23 所示为跨径 2.0 ~ 3.0 m 的木拱架。

2)土牛拱胎(土模)

在水流不大的情况下，小桥涵施工可以用土牛拱胎代替拱架，这种方法既能节省木

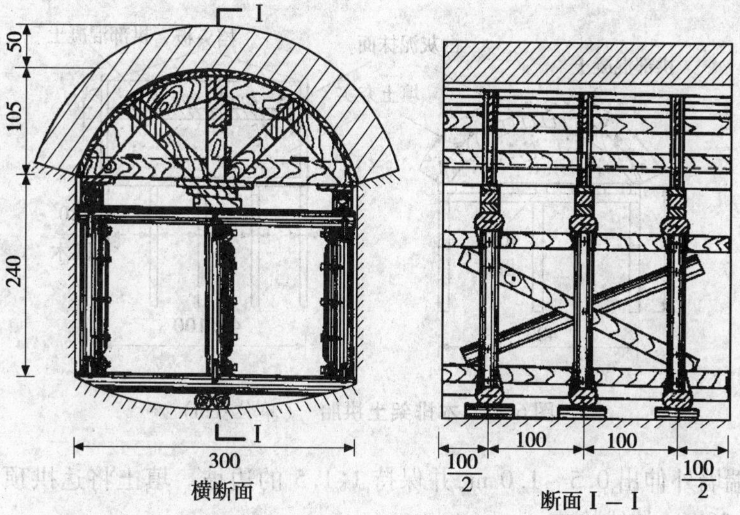

图 6-23　跨径 2.0～3.0 m 的木拱架　（单位:cm）

料,又有经济、安全的特点。

根据河流水流情况,土牛拱胎有:全填土拱胎(见图 6-24);设有透水盲沟的土拱胎(见图 6-25)、三角形木拱架土拱胎(见图 6-26);木排架土拱胎(见图 6-27)等形式。

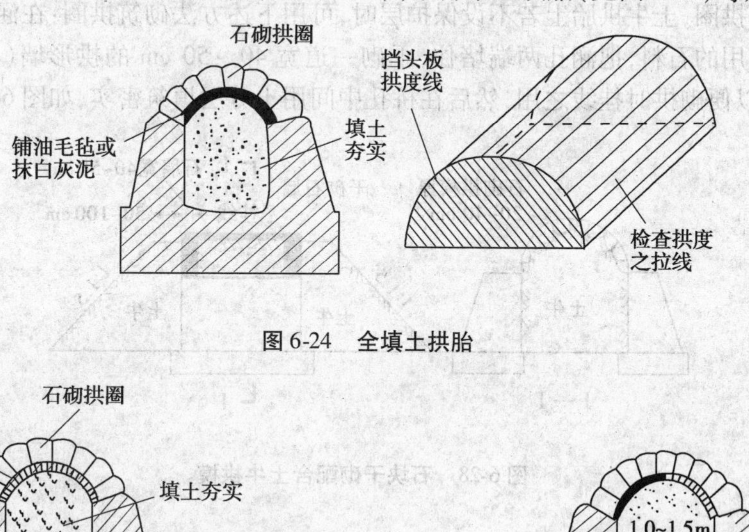

图 6-24　全填土拱胎

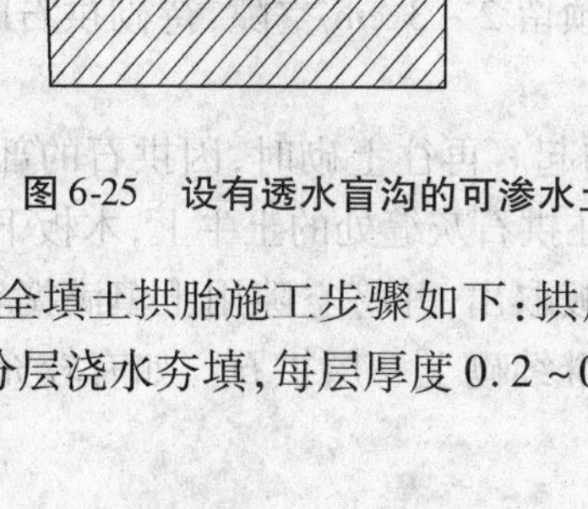

图 6-25　设有透水盲沟的可渗水土拱胎

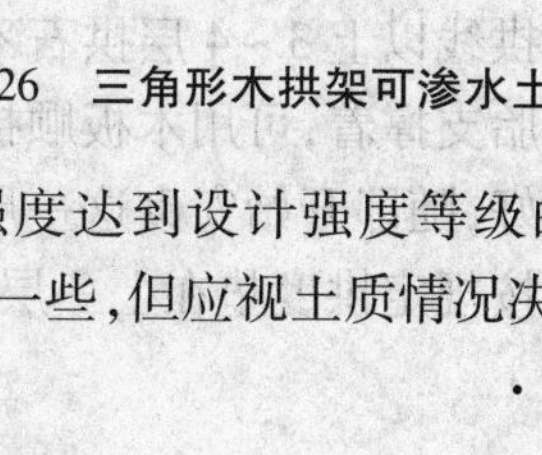

图 6-26　三角形木拱架可渗水土拱胎

全填土拱胎施工步骤如下:拱胎填土应在边墙圬工强度达到设计强度等级的 70% 后,分层浇水夯填,每层厚度 0.2～0.5 m,跨度小的可以厚一些,但应视土质情况决定。

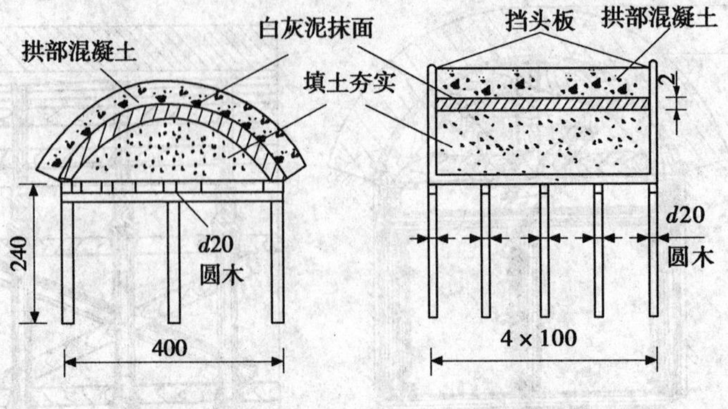

图 6-27 木排架土拱胎 （单位:cm）

填土在端墙外伸出 0.5～1.0 m,并保持 1∶1.5 的边坡。填土将达拱顶时,分段用样板校正,每隔 30 cm 挂线检查。

土胎表面应设保护层,可以铺设一层油毡或抹一层 15 mm 厚的水泥砂浆(1∶4～1∶6)作为保护层。较好的保护层常用砖或片石砌筑,厚约 20 cm,然后抹厚 2 cm 的黏土,再铺油毡。最好的方法是石灰泥筋抹 20 cm 厚(石灰∶黏土∶麻筋＝1∶0.35∶0.03,质量比),抹后 3 d 即可浇筑混凝土。

对砌石拱圈,土牛拱胎上若不设保护层时,可用下述方法砌筑拱圈:在涵台砌筑好后,利用暂不使用的石料,把涵孔两端堵住,干砌一道宽 40～50 cm 的拱形墙(上抹青草泥)作为拱模,以便砌拱时挂线之用,然后在桥孔中间用土分层填筑密实,如图 6-28 所示。

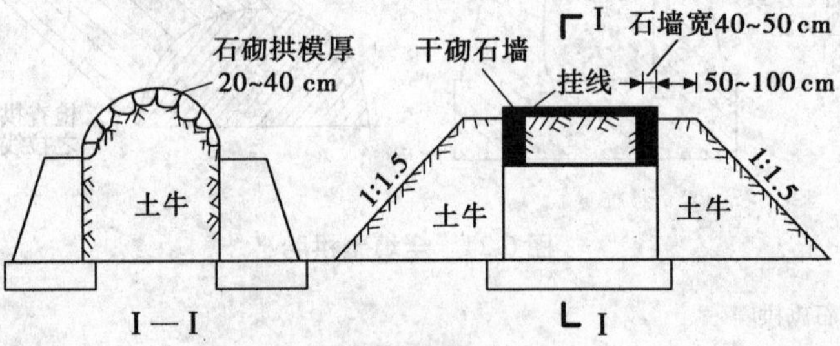

图 6-28 石块干砌配合土牛拱模

如洞身超过 20 m 或拱形复杂时,可用木料做 3 个合乎要求的标准模,两端及中间各置一个,两端的拱模可以支靠在石模上,中间的可按标准高度支于两旁涵台上并埋置于土中。填筑土牛时不必将土牛的规定高度一次填足,可预留 2～3 cm 空隙,待砌拱石时,边砌边填筑。

起拱线以上 3～4 层拱石不受拱胎支撑,可直接砌起。再往上砌时,因拱石的部分重力由拱胎支撑着,可用木板顺拱石灰缝按规定拱度放在拱石灰缝处的土牛上,木板下面以土石垫好,随即开始安砌这一层的拱石。砌好后将垫板取出,并将空隙用土填满捣实,再把垫板按规定拱度垫在上一层拱石砌缝处的土牛上,继续砌上一层拱石。如有较充分的木板时,木板可不抽出周转。拱石砌至拱顶附近时,应先将这部分的土模夯打坚实。填到与标准拱模相差 3 ~5 cm 为止。因土牛拱胎虽经夯实仍不够坚硬,当拱石放上去时极易压缩,拱石的高度及位置不易正确,因此需要在拱石下面的四角垫上片石,使土牛与拱石保持一定的空隙以便校正拱石位置。拱石位置校正后,将其下面的空隙填砂捣实,然后在砌缝中灌以砂浆,这样可以保持不漏浆,同时挖去土牛后,灰缝中预填的砂子自然脱落,省去沟缝时剔灰缝的麻烦。

在施工过程中预计有洪水到来的河沟中不能采用土牛拱胎法砌筑拱圈。

3. 拱涵基础的施工

无论是圬工基础或砂垫层基础,施工前必须先对下卧层地基土进行检查验收,地基土承载力或密实度符合设计要求时,才可进行基础施工。对于软土地基应按照设计规定进行加固处理,符合要求后,才可进行基础施工。

对孔径较宽的拱涵兼作行人和车辆通道时,其底面应按照设计用圬工加固,以承受行人和车辆荷载及磨耗。

4. 拱架和支架的安装和拆卸

1)安装的一般要求

拱架和支架应支立牢固,拆卸方便(可用木楔作支垫),纵向连接应稳定,拱架外弧应平顺。拱架不得超越拱模位置,拱模不得侵入圬工断面。

拱架和支架安装完毕后,应对其位置、顶部标高、节点联系纵横向稳定性进行检查,不符合要求者,立即进行纠正。

2)拆卸的一般要求

拱架和支架的拆除及拱顶填土,在具备下列条件之一时方可进行:

(1)拱圈圬工强度达到设计值的 70% 时,即可拆除拱架,但必须达到设计值后方可填土。

(2)当拱架未拆除,拱圈强度达到设计值的 70% 时,可进行拱顶填土,但应在拱圈达到强度设计值时,方可拆除拱架。

(3)拱涵拆除拱架可用木楔,木楔用比较坚硬的木料斜角对剖制成,并将剖面刨光。两块木楔接触面的斜度为 1:6 ~1:10。在垫楔时应使上面一块的楔尖各伸出下面一块楔尾以外,这样在拆架时敲击木楔比较方便。木楔垫好后将两端钉牢。

(4)拆卸拱架时应沿桥涵整个宽度上将拱架同时均匀降落,并从跨径中点开始,逐步向两边拆除。

(二)工地预制安装

1. 模板

如图 6-29 所示,竖向施工。支立方法与圆管模板同。

2. 构件运输

构件达到设计强度后才能搬运,常见的运输方法有以下两种。

(1)近距离搬运:可在成品下面垫放托木及滚轴沿着地面滚移,用龙门移架运输或用摇头把杆起吊,见图 6-30。

(2)远距离运输:可用扒杆或吊机装上汽车、拖车和平车等运输。

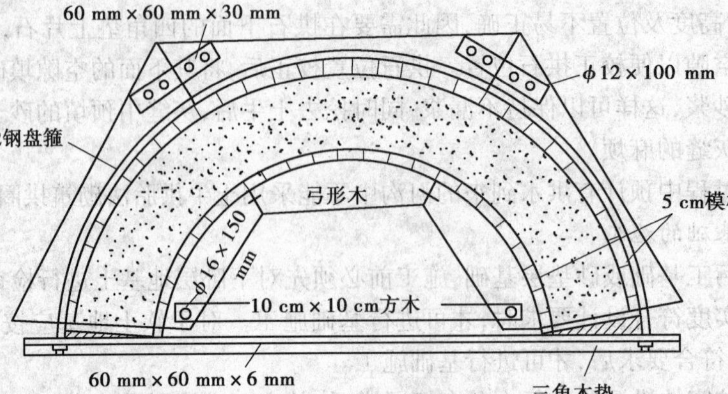

图 6-29　预制拱圈木模

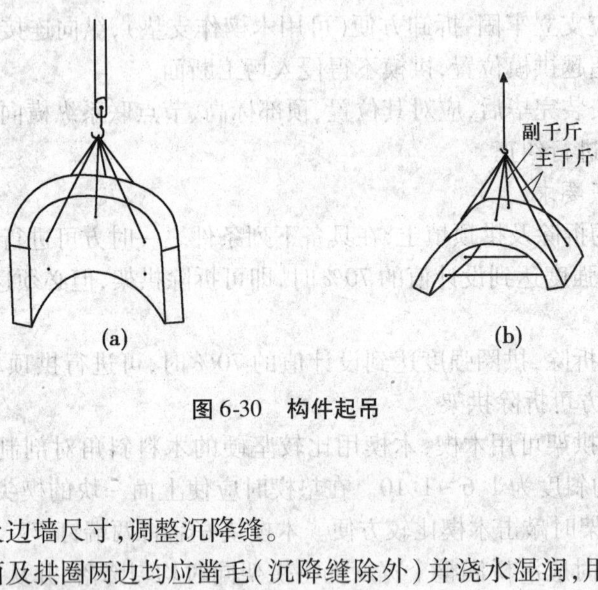

图 6-30　构件起吊

3. 构件安装

(1)检查构件及边墙尺寸,调整沉降缝。

(2)拱座接触面及拱圈两边均应凿毛(沉降缝除外)并浇水湿润,用灰浆砌筑。灰浆坍落度宜小些,以免流失。

(3)拱圈装吊可用把杆、链滑车或吊车进行。

三、盖板涵施工

盖板涵施工工艺流程如图 6-31 所示。

(一)基坑

基坑采用挖掘机开挖、预留 20 cm 左右人工清底、整修基坑尺寸,基坑开挖完成后,按设计要求检测基底承载力,当基底承载力符合设计要求并经监理工程师隐蔽检查签证后,回填砂砾垫层,拉线砌筑基础和涵身。

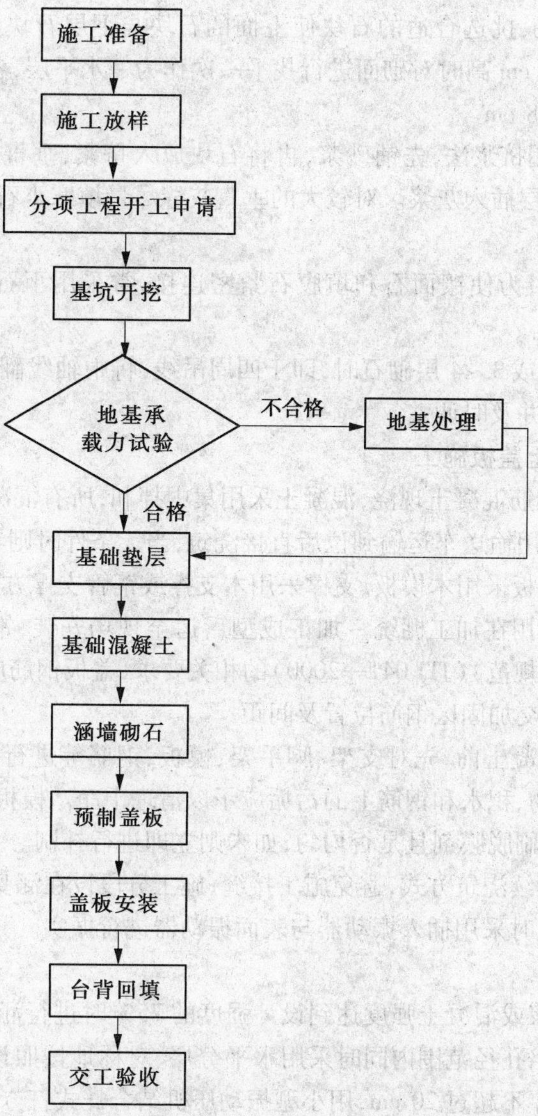

图 6-31　盖板涵施工工艺流程

(二)基础及涵身砌筑

(1)涵基和涵身砌筑时先按设计位置进行放样及挂线,放样和挂线经过现场核对合格后,采用挤浆法和坐浆法进行砌筑。施工中经常检查挂线架是否牢固以及挂线位置是否无偏差。

(2)砌块在使用前先浇水湿润,表面如有泥土、水锈,需清洗干净。

(3)当基底为岩石时,砌筑前先将基底冲洗干净后铺上坐灰再砌石块;当基底为土质,可直接坐浆砌筑。

(4)施工时先砌角石,再砌面石,然后填腹。将大块的石料砌筑于下层,向上逐渐选用较小石料。砌筑时第一层石块大面朝下，以确保基础的稳定，在砌下层石块时，同时考虑上层石块如何接砌，挑选合适的石块使上面的石块与下层石块做到犬牙交错、搭接紧密。每砌隔 70～120 cm 高时对砌面进行找平一次作为一水平层，各水平面层间垂直缝错开，错开距离不小于 8 cm。

(5) 填腹时，采用挤浆法，先铺砂浆，再将石块放入挤紧，垂直缝中挤入 1/3～1/2 的砂浆，不满部分再分层插入灰浆。对较大的垂直灰缝尽量填塞小石块，水平灰缝不用小石块支垫或找平。

(6) 砌镶面石时，为使镶面石和填腹石紧密连接，常采用丁石和顺石相间排列的方法，即采用两顺一丁。

(7) 每砌高 1 m 或 3～4 层砌石时，即于四周吊线，将中轴线翻在砌层面上，据以校核砌体外形是否正确，并及时调整。

(三) 钢筋混凝土盖板施工

(1) 采用 C25 钢筋混凝土现浇，混凝土采用集中拌和，所有混凝土均由预制场内的拌和站供应，混凝土采用输送车运输到位后直接浇筑，当无条件时则考虑二次转运方案。

(2) 盖板现浇模板采用木模板，支撑采用木支撑或钢管支撑方案。

(3) 盖板钢筋采用在加工棚统一加工成型后运至现场安装，钢筋加工及安装需满足《公路桥涵施工技术规范》(JTJ 041—2000) 的相关要求，盖板钢筋应重点控制主筋长度及主筋保护层厚度、斜交加固区钢筋位置及间距。

(4) 浇筑盖板混凝土前，先对支架、脚手架、模板、钢筋等进行检查，符合要求后再进行浇筑。模板内杂物、积水和钢筋上的污垢应予以清理干净。模板如有缝隙，立即填塞严密，模板内面是否涂刷脱膜剂且是否均匀，如未则立即进行补刷。

(5) 浇筑时按连续浇筑方式，避免施工接缝，施工分段设在涵身沉降缝处。

(6) 浇筑混凝土时采用插入振动器与表面振动器进行振实。

(四) 回填

当涵洞砌体砂浆或混凝土强度达到设计强度的 75% 时进行涵背回填，回填时从涵洞涵身两侧不小于 2 倍孔径范围内同时采用水平分层、对称地按照设计要求的压实度进行填筑、压实，松铺层厚不超过 20 cm，用小型振动压机结合蛙式打夯机进行压实。

四、箱涵施工

箱涵又称矩形涵，它与盖板涵的区别是：盖板涵的台身与盖板是分开浇筑的，台身还可以采用砌石圬工，是简支结构。而箱涵是上下顶板、底板与左右墙身是连续浇筑的，是刚性结构，如图 6-32 所示。

(一) 箱涵基础

涵身基础分为有圬工基础和无圬工基础两种。两种基础的构造及尺寸见图 6-32。

(二) 箱涵身和底板混凝土的浇筑

箱涵身的支架、模板可参照现浇混凝土拱涵和盖板涵的支架、模板制造安装。浇筑混凝土时注意事项与浇筑拱涵与盖板涵相同。

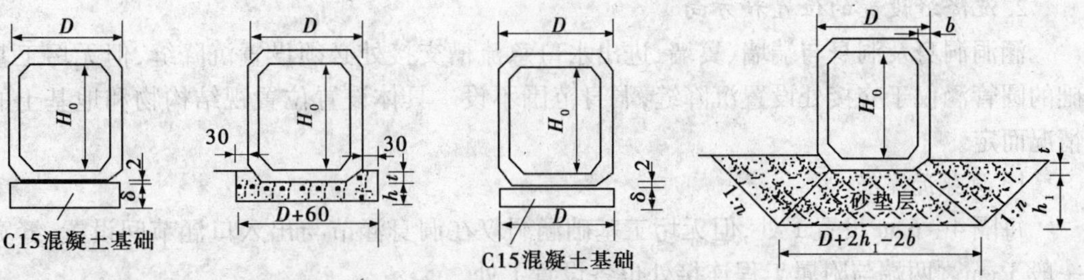

(a)出入口涵节基础 (b)洞身涵节无圬工基础 (c)洞身涵节有圬工基础 (d)地基土上换填砂垫层

图6-32 箱涵基础类型 (单位:cm)

H_0—涵节净高;t—涵节埋入垫层厚度;δ—C15混凝土基础厚度,根据地质、地形条件经设计决定;

D—涵节外形宽度;h_1—换填砂垫层深度,根据检算或下卧层位置确定;

n—挖基边坡,根据基底土质确定;b—涵节角隅倒角宽度

五、涵洞附属工程的施工

(一)防水层

涵洞的钢筋混凝土结构设置防水层的作用是防止水分浸入混凝土内,使钢筋锈蚀,缩短结构寿命。北方严寒地区的无筋混凝土结构需要设置防水层,防止浸入混凝土内的水分冻胀造成结构破坏。

防水层的材料多种多样。公路涵洞使用的主要防水材料是沥青,有些部位可使用黏土,以节省工料费用。

(1)涵洞(不包括圆管涵)的洞身及端墙在基础以上被土掩埋的部分,均须涂以热沥青两道,每道厚1~1.5 mm,不另抹砂浆。

(2)混凝土及石砌涵洞的洞身、端墙和翼墙的被土掩埋部分只需将圬工表面凿平,无凹入存水部分可不设防水层;但北方严寒地区的混凝土结构仍需设防水层。

(3)钢筋混凝土圆管涵管节接头采用对头拼接,接缝中用麻絮浸以热沥青塞满,管节上半部从外往内填塞;下半部从管内向外填塞。外面用满涂热沥青的油毛毡围裹两道。

明涵可采用2 cm厚的防水砂浆或4~6 cm厚的防水混凝土。

(4)钢筋混凝土盖板明涵的盖板部分表面可先涂抹热沥青两次,再于其上设2 cm厚的防水水泥砂浆或4~6 cm厚的防水混凝土。其上可按照设计铺设路面。涵、台身防水层按照上述方法办理。

(5)砖、石、混凝土拱涵的上部结构防水层敷设,可参见拱上附属工程。

(二)沉降缝

1. 沉降缝设置目的

结构物设置沉降缝的目的是避免结构物因荷载或地基承载力不均匀而发生不均匀沉陷,产生不规则的多处裂缝,而使结构物破坏。设置沉降缝后,可限定结构物发生整齐、位置固定的裂缝,并可事先对沉降缝处予以处理;如有不均匀沉降,则将其限制在沉降缝处,有利于结构物的安全、稳定和防渗(防止管内水流渗入涵洞基底或路基内,造成土质浸泡松软)。

2. 沉降缝设置的位置和方向

涵洞洞身及洞身与端墙、翼墙、进出水口急流槽交接处必须设置沉降缝,但无圬工基础的圆管涵仅于交接处设置沉降缝,洞身范围不设。具体设置位置视结构物和地基土的情况而定。

1) 洞身沉降缝

每隔 4 ~6 m 设置 1 处,但无圬工基础涵洞仅在洞身涵节与出入口涵节间设置,缝宽一般 3 cm。两端与附属工程连接处也各设置 1 处。

2) 其他沉降缝

凡地基土质发生变化、基础埋置深度不一、基础对地基的荷载发生较大变化处、基础填挖交界处及采用填石垫高基础交界处,均应设置沉降缝。

3) 岩石地基上的涵洞

凡置于岩石地基上的涵洞,不设沉降缝。

4) 斜交涵洞

斜交涵洞洞口正做的,其沉降缝应与涵洞中心线垂直;斜交涵洞洞口斜做的,沉降缝与路基中心线平行;但拱涵与管涵的沉降缝一律与涵洞轴线垂直。

3. 沉降缝的施工方法

沉降缝的施工,要求做到使缝两边的构造物既能自由沉降,又能严密防止水分渗漏,故沉降缝必须贯穿整个断面(包括基础)。沉降缝具体施工方法如下:

(1) 基础部分。可将原基础施工时嵌入的沥青木板或沥青砂板留下,作为防水之用。如基础施工时不用木板,也可用黏土填入捣实,并在流水面边缘以 1∶3 水泥砂浆填塞,深度约为 15 cm。

(2) 涵身部分。缝外侧以热沥青浸制的麻筋填塞,深度约为 5 cm,内侧以 1∶3 水泥砂浆填塞,深度约为 15 cm,视沉降缝处圬工的厚薄而定。缝内可以用沥青麻筋与水泥砂浆填满;如太厚,亦可将中间部分先填以黏土。

(3) 沉降缝的施工质量要求。沉降缝端面应整齐、方正,基础和涵身上下不得交错,应贯通,嵌塞物应紧密填实。

(4) 保护层。各式有圬工基础涵洞的基础襟边以上,均顺沉降缝周围设置黏土保护层,厚约 20 cm、宽约 20 cm。对于无圬工基础涵洞,保护层宜使用沥青混凝土或沥青胶砂,厚度 10 ~20 cm。

沉降缝构造要求如图 6-33 所示。

(三) 涵洞回填土

(1) 涵洞完成后,主体圬工强度应达到 70% 以上才可回填土。对于拱涵,则必须达到设计强度才可回填;若拱架未拆除,拱圈强度达到设计强度的 70% 时,可进行拱顶填土,但应拱圈达到设计强度后,方可拆除。

(2) 填土路堤在涵洞每侧不小于 2 倍孔径的宽度及高出洞顶 1 m 范围内填土,必须分层对称水平填筑,每层厚度 10 ~20 cm。管节两侧夯填土的密实度标准,高速公路和一级公路为 95%;其他公路为 93%。管节顶部宽度等于管节外径的中间部分填土,其密实度要求与该处路基相同。

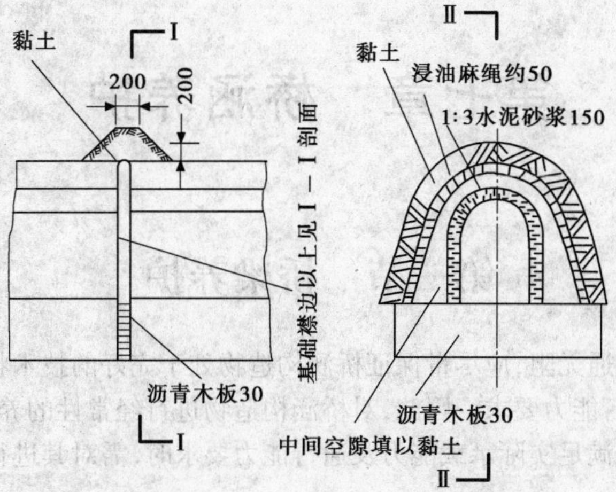

图6-33　涵洞沉降缝　（单位：mm）

（3）涵身两侧填土应用人工或小型机具对称夯填，只有当涵顶填土厚度不小于50 cm时，方可采用机械填土压实。

（4）涵洞回填土宜使用含黏土10%左右的砂质土或最大粒径小于15 cm的砂碎石填筑。

第七章　桥涵养护

第一节　桥梁养护

为了保证公路畅通无阻，应尽量保证桥涵构造物处于完好的技术状态，延长其使用年限，满足承载力和通行能力要求。因此，对桥涵构造物进行经常性的养护维修是十分必要的。桥涵构造物不能满足实际承载能力及通行能力要求时，需对其进行必要的加固、拓宽等技术改造。

桥涵构造物的养护维修主要是对危害桥涵正常运营的部分进行经常性的修缮工作，如保持桥面清洁、伸缩缝完好并能伸缩自由，疏通泄水孔，铺砌加固涵洞进出口等。

桥涵养护与修理工作的范围包括以下内容：

(1)技术检查与检验；

(2)建立和健全完整的桥涵技术档案；

(3)桥涵构造物的安全防护；

(4)桥涵构造物的经常保养、维修与加固。

一、桥梁检查

桥梁的检查与检验是桥梁养护工作的两个重要环节，也是桥梁养护的基础性工作。对桥梁进行检验与检查，目的在于系统地掌握桥梁的技术状况，较早地发现桥梁的缺陷和异常，进而采取合理的养护措施。

桥梁检查分为经常检查、定期检查和特殊检查。

(一)经常检查

经常检查主要对桥面设施和桥台附属构造的技术状况进行日常巡视检查，及时发现缺损，进行小修保养工作。

桥梁的经常检查至少每月进行一次，汛期要加强巡查。经常检查一般采用巡视目测方法，当场填写《公路桥涵养护规范》(JTG H11—2004)要求的有关表格，提出相应的小修保养措施，并组织实施。

(二)定期检查

定期检查也叫详细检查，桥梁的定期检查是桥梁养护管理系统中，采集结构技术状况动态数据的工作，为评定桥梁使用功能、制订养护计划提供基本数据。

按规定周期，由实践经验丰富的专职桥梁养护工程师参与，对桥梁主体结构及其附属构造物的技术状况进行全面检查。主要检查各部件的功能是否完善有效，构造是否合理耐用，发现需要大修、中修、改善或限制交通的桥梁缺损状况，同时检查小修保养状况。

定期检查以目测为主，辅以必要的测量仪器、望远镜、照相机、探查工具和现场器材等

设备,必须接近或进入各部件仔细检查其功能材料的缺损状况,并在现场完成以下工作:

(1)现场校核桥梁基本数据并填写有关的表格、卡片,记录各部件缺损状况并作出技术状况评分。

(2)实地判断缺损原因,估定维修范围及方式。

(3)对难以判断损坏原因和程度的部件,提出特殊检查(专门检验)的要求。

(4)对损坏严重、危及安全运行的危险桥梁,提出暂时限制交通的建议。

(5)根据桥梁的技术状况,确定下次检查时间。

定期检查的时间应符合下列规定:

(1)新建桥梁交付使用1年后,进行第一次全面检查。

(2)桥梁检查周期根据技术状况确定,最长不得超过3年。

(3)临时桥梁每年检查不少于一次。

(4)在经常检查中发现的重要部(构)件的缺损明显达到三类、四类、五类技术状况时,应立即安排一次检查。

定期检查工作应按规范程序进行。桥梁定期检查后应整理提出检查文件,并符合下列要求:

(1)桥梁定期检查数据表。每天检查的桥梁现场记录,应在次日整理填写好每座桥梁定期检查数据表。

(2)典型缺损和病害的照片及附录说明,主要说明缺损的部位、类型、性质、范围、数量和程度等。

(3)每座桥梁应有两张总体照片。一张为桥面正面照片,另一张为桥梁上游侧立面照片。桥梁改建后应重新照一次。如果桥梁拓宽改造后,上下游桥梁结构不一致,还要有下游侧立面照片,并标注清楚。

(4)桥梁清单。

(5)桥梁基本状况卡片。定期检查完成后,应将本次检查的桥梁各部件技术状况评定结果登记在桥梁卡片内。

(6)提出定期检查报告。其应包括下列内容:①辖区内所有桥梁的保养小修情况;②需要大、中修或改善的桥梁计划,说明修理的项目、拟用修理方案,估计费用和实施时间;③需要特殊检查的桥梁的报告,说明检验的项目及理由;④需限制交通的桥梁建议报告。

(三)特殊检查

桥梁特殊检查根据桥梁破损状况和性质,采用适当的仪器设备,以及现场勘探、试验等特殊手段和科学分析方法,查明桥梁病害原因、破损程度和承载能力,确定桥梁的技术状况,形成鉴定结论,以便采取相应的加固、改善措施。

桥梁特殊检查分为应急检查和专门检查。

(1)应急检查。桥梁遭受洪水、流冰、漂流物、船舶撞击、滑坡、地震、风灾和超重车辆自行通过之后,应立即对结构做详细检查,查明破损状况,采取应急措施,尽快恢复交通。

应急检查通常由地(市)级公路管理机构的专职桥梁养护工程师主持。

(2)专门检查。对定期检查中难以判明损坏原因及程度的桥梁,桥梁技术状况为四类、五类的桥梁，拟通过加固手段提高荷载等级的桥梁，条件许可时，特殊重要的桥梁在正常使用期间可周期性进行荷载试验，要求针对病害进行专门的现场试验检测、验算与分析等鉴定工作，以便采取有效的养护措施。

专门检查通常由省级公路管理机构的总工程师或授权的专职桥梁养护主管工程师主持，委托公路桥梁检测中心或具有相应资质和能力的科研设计单位、工程咨询单位，签订特殊检查合同后组织实施。

实施专门检查前，承担单位负责检查的工程师应充分收集资料，包括设计资料（设计文件、计算所用的程序、方法及计算结果）、竣工图、材料试验报告、施工记录、历次桥梁定期检查和特殊检查报告，以及历次维修资料等。原资料如有不全或疑问时，可现场测绘构造尺寸，测试构件材料组成及性能，勘查水文地质情况等。

特殊检查之后，应提交特殊检查报告。检查报告包括以下内容：

(1) 概述检查的一般情况，包括桥梁的基本情况、检查的组织、时间、背景和工作过程等。

(2) 当前桥梁技术状况的描述包括现场调查、试验与检测项目及方法、检测数据与分析结果和桥梁技术状况评价等。

(3) 详细阐述检查部位的损坏原因及程度，并提出结构部件和总体的维修、加固或改建的建议方案。

二、桥梁技术状况的评定

根据缺损程度（大小、多少或轻重）、缺损对结构使用功能的影响程度（无、小、大）和缺损发展变化情况（趋向稳定、发展缓慢、发展较快）等三个方面，以累加评分方法对各部件缺损状况做出等级评定。评定方法见表 7-1。

表 7-1　桥梁部件缺损状况评定方法

<table>
<tr><td colspan="3">缺损状况及标度</td><td>组合评定标度</td></tr>
<tr><td colspan="2" rowspan="2">缺损程度及标度</td><td>程度</td><td>小—大
少—多
轻度—严重</td></tr>
<tr><td>标度</td><td>0　1　2</td></tr>
<tr><td rowspan="3">缺损对结构使用功能的影响程度</td><td>无、不重要</td><td>0</td><td>0　1　2</td></tr>
<tr><td>小、次要</td><td>+1</td><td>1　2　2</td></tr>
<tr><td>大、重要</td><td>+2</td><td>2　3　4</td></tr>
<tr><td colspan="3">以上两项评定组合标度</td><td>0　1　2　3　4</td></tr>
<tr><td colspan="3">缺损状况及标度</td><td>组合评定标度</td></tr>
</table>

续表 7-1

缺损状况及标度			组合评定标度					
缺损发展变化状况的修正	趋向稳定	-1			0	1	2	3
	发展缓慢	0			1	2	3	4
	发展较快	+1		1	2	3	4	5
最终评定结果			0	1	2	3	4	5
桥梁技术状况及分类			完好	良好	较好	较差	差的	危险
			一类		二类	三类	四类	五类

注:"0"表示完好状态或表示没有设置的构造部件,当缺损程度标度为"0"时,不再进行叠加;"5"表示危险状态,或表示原未设置,而调查表明需要补设的部件。

重要部件(如墩台与基础、上部承重构件、支座)以其中缺损最严重的构件评分,其他部件,根据多数构件缺损状况评分,全桥总体技术状况等级评定,应采用考虑桥梁各部件加权系数的综合评定方法,亦可以按重要部件最差的缺损状况评定。各部件权重可参照《公路桥涵养护规范》(JTG H11—2004)推荐的数值,见表 7-2;也可根据当地的环境条件和养护要求,采用专家评估法修订各部件权重。

表 7-2 桥梁技术状况评定方法

<table>
<tr><th>部件</th><th>部件名称</th><th>权重</th><th>桥梁技术状况评定方法</th></tr>
<tr><td>1</td><td>翼墙、耳墙</td><td></td><td rowspan="17">(1)综合评定采用下列计算式:
$D_r = 100 - \sum R_i W_i /5$
式中:R_i 为按表 7-1 对各部件确定的评定标度(0~5);W_i 为各部件权重,$\sum W_i = 100$;D_r 为全桥结构技术状况评分(0~100),评分高表示结构状况好,缺损少
(2)评定分类采用下列界限:
$D_r \geqslant 88$ 一类
$88 > D_r \geqslant 60$ 二类
$60 > D_r \geqslant 40$ 三类
$40 > D_r$ 四类、五类
$D_r \geqslant 60$ 的桥梁,并不排除其中有评定标度 $R_i \geqslant 3$ 的部件,仍有维修的需要</td></tr>
<tr><td>2</td><td>锥坡、护坡</td><td></td></tr>
<tr><td>3</td><td>桥台及基础</td><td></td></tr>
<tr><td>4</td><td>桥墩及基础</td><td></td></tr>
<tr><td>5</td><td>地基冲刷</td><td></td></tr>
<tr><td>6</td><td>支座</td><td></td></tr>
<tr><td>7</td><td>上部主要承重构件</td><td></td></tr>
<tr><td>8</td><td>上部一般承重构件</td><td></td></tr>
<tr><td>9</td><td>桥面铺装</td><td></td></tr>
<tr><td>10</td><td>桥头与路堤连接部</td><td></td></tr>
<tr><td>11</td><td>伸缩缝</td><td></td></tr>
<tr><td>12</td><td>人行道</td><td></td></tr>
<tr><td>13</td><td>栏杆、护栏</td><td></td></tr>
<tr><td>14</td><td>灯具、标志</td><td></td></tr>
<tr><td>15</td><td>排水设施</td><td></td></tr>
<tr><td>16</td><td>调治构造物</td><td></td></tr>
<tr><td>17</td><td>其他</td><td></td></tr>
</table>

桥梁技术状况评定等级分为一类、二类、三类、四类、五类。桥梁总体及各部件技术状况评定标准见表7-3。

表7-3　桥梁总体及各部件技术状况评定标准

评定等级	一类	二类	三类	四类	五类
总体评定	(1)重要部件功能与材料均良好； (2)次要部件功能良好，材料有少量(3%以内)轻度缺损或污染； (3)承载能力和桥面行车条件符合设计指标	(1)重要部件功能良好，材料有局部(3%以内)轻度缺损或污染，裂缝宽小于限值； (2)次要部件有较多(10%以内)中等缺损或污染； (3)承载能力和桥面行车条件达到设计指标	(1)重要部件材料有较多(10%以内)中等缺损，裂缝宽超限值，或出现轻度功能性病害，但发展缓慢，尚能维持正常使用功能； (2)次要部件有大量(10%～20%)严重缺损，功能降低，进一步恶化将不利于重要部件和影响正常交通； (3)承载能力比设计降低10%以内，桥面行车不舒适	(1)重要部件材料有大量(10%～20%)严重缺损，裂缝宽超限值，风化、剥落、露筋、锈蚀严重或出现轻度功能性病害，且发展较快，结构变形小于或等于规范值，功能明显降低； (2)次要部件有20%以上的严重缺损，失去应有功能，严重影响正常交通； (3)承载能力比设计降低10%～25%	(1)重要部件出现严重的功能性病害，且有继续扩张现象，关键部位的部分材料强度达到极限，出现部分钢筋断裂、混凝土压碎或杆件失稳变形的破损现象，变形大于规范值，结构的强度、刚度、稳定性和动力相应不能达到平时交通安全通行的要求； (2)承载能力比设计降低25%以上
墩台与基础	(1)墩台各部分完好； (2)基础及地基状况良好	(1)墩台基本完好； (2)3%以内的表面有风化麻面、短细裂缝，缝宽小于限值，砌体灰缝脱落； (3)表面长有青苔、杂草； (4)基础无冲蚀现象	(1)墩台3%～10%的表面有各种缺损，裂缝宽超限值，有风化、剥落、露筋、锈蚀现象，砌体灰缝脱落，局部变形等； (2)出现轻微的下沉、倾斜、滑动等现象，发展缓慢或趋向稳定； (3)基础有局部冲蚀现象，桩基顶段被磨损	(1)墩台10%～20%的表面有各种缺损，裂缝宽而密，剥落、露筋、锈蚀严重，砌体大面积松动、变形； (2)墩台出现下沉、倾斜、滑动、冻拔现象，变形小于或等于规范值，台背填土有沉降裂缝或挤压隆起，变形发展较快； (3)基础冲刷大于设计值，基底冲空面在10%～20%以内，桩基顶段被侵蚀、露筋、缩颈，或有环状冻裂，木桩腐蚀、蛀蚀严重	(1)墩台不稳定，下沉、倾斜、滑动、冻拔现象严重，变形大于规范值，造成上部结构和桥面变形过大，不能正常行车； (2)墩台、桩基出现结构性裂缝，裂缝宽度超过限值； (3)基底冲刷深度大于设计值，冲空面达20%以上，地基承载力降低，桥台岸坡滑移

续表 7-3

评定等级	一类	二类	三类	四类	五类
支座	(1)各部分清洁完好,位置正确; (2)支座工作状态正常	(1)支座有尘土堆积、略有腐蚀; (2)支座滑动面干涩	(1)钢支座固定螺栓松动,锈蚀严重; (2)橡胶支座开始老化; (3)混凝土支座有剥落、露筋、锈蚀现象	(1)钢支座的组件出现断裂; (2)橡胶支座老化开裂; (3)混凝土支座碎裂; (4)活动支座坏死,不能活动; (5)支座上下错位过大,有倾倒脱落的危险	支座错位、变形、破损严重,已失去正常支撑功能,使上下部结构受到异常约束,造成支承部位的缺损和桥面的不平顺
砖石、混凝土上部结构	(1)结构完好,无渗水,无污染; (2)次要部位有少量短细裂纹,裂纹宽度小于限值	(1)结构基本完好; (2)3%以内的表面有风化、麻面、短细裂缝,缝宽小于限值,砌体灰缝脱落; (3)上游侧表面有水迹污染,砌体滋生杂草	(1)结构3%～10%的表面有各种缺损,裂缝宽超限值,有风化、剥落、露筋、锈蚀,桥面板裂缝渗水; (2)石砌拱桥砌体灰缝脱落,局部松动、外鼓; (3)横向连接件断裂、脱焊或松动,边梁或边拱肋有横移或外倾迹象	(1)结构10%～20%的表面有各种缺损,重点部位出现接近全截面的开裂,裂缝宽超限值,顺主筋方向有纵向裂缝,钢筋锈蚀和混凝土剥落严重,桥面开裂渗水严重,砌体有较大松动、变形; (2)结构存在明显的永久变形,变形小于或等于规范值,桥面竖向呈波形	(1)结构永久变形大于规范值; (2)重点部分出现全截面开裂,裂缝宽度超过限值,部分钢筋屈服或断裂,混凝土压碎,主拱圈出现四铰,成为不稳定结构; (3)受压构件有严重的横向扭曲变形; (4)承载能力比设计降低25%以上
钢结构	(1)各部件及焊缝均完好; (2)各节点铆钉、螺栓无松动; (3)各部分油漆均匀、完整、色泽鲜明	(1)各部分完好,焊缝无开焊; (2)少数节点有个别铆钉、螺栓松动变形; (3)油漆变色、起泡、剥落,面积在10%以内	(1)个别次要构件有局部变形,焊缝有裂纹; (2)联结铆钉、螺栓损坏在10%以内; (3)油漆失效面积在10%～20%	(1)个别主要构件有扭曲变形、损伤裂纹、开焊、严重锈蚀; (2)联结铆钉、螺栓损坏在10%～20%; (3)油漆失效面积在20%以上	(1)主要构件有严重扭曲变形、开焊、锈蚀,削弱截面10%以上,钢材变质,强度性能恶化,油漆失效面积在50%以上; (2)节点板及联结铆钉、螺栓损坏在20%以上; (3)结构永久变形大于规范值; (4)结构振动或摆动过大,行车和行人有不安全感

续表 7-3

评定等级	一类	二类	三类	四类	五类
人行道栏杆	完整清洁，无松动，少数构件局部有细裂纹、麻面	个别构件破损、脱落，3% 以内构件有松动、开裂、剥落和污染	10% 以内构件有松动开裂、剥落、露筋、锈蚀、破损、脱落	10% ~20% 构件严重损坏、错位、变形、脱落、残缺	
桥面铺装、伸缩缝	（1）铺装层完好、平整清洁，或有个别细裂缝； （2）防水层完好、泄水管完好、畅通； （3）伸缩缝完好、清洁； （4）桥头平顺，无跳车现象	（1）铺装层 10% 以内的表面有纵横裂缝、浅坑槽、波浪； （2）防水层基本完好；泄水管堵塞，周围渗水； （3）伸缩缝局部破损； （4）桥头轻度跳车，台背路面下沉在 2 cm 以内	（1）铺装层 10% ~ 20% 的表面有严重的龟裂、深坑槽、波浪； （2）桥面板接缝处防水层断裂渗水，泄水管破损脱落； （3）伸缩缝普遍缺损； （4）桥头跳车明显，台背路面下沉 2 ~5 cm	（1）铺装层 20% 以上表面有严重的破坏，桥面普遍坑洼不平、积水； （2）防水层老化失效，普遍断裂、渗水，泄水管脱落，泄水孔堵塞； （3）伸缩缝严重破损、失效，难以修补； （4）桥头跳车严重，台背路面下沉大	
调治构造物	（1）构造设置合理，功能正常； （2）构造物完好	（1）构造功能基本正常； （2）构造物局部断裂，砌体松动、变形	（1）构造本身抗洪能力不足，基础局部冲蚀； （2）构造物 20% 以内出现下沉、倾斜、局部坍塌	（1）构造本身抗洪能力太低，基础冲蚀严重； （2）构造物 20% 以上被破坏，部分丧失功能或功能下降	
翼（耳）墙锥（护）坡	（1）翼（耳）墙完好无损，清洁； （2）锥（护）坡完好，无垃圾堆积，无草木滋生； （3）桥头排水沟和行人台阶完好	（1）翼（耳）墙出现个别裂缝，缝宽小于限值，局部剥落，砌体灰缝脱落，面积在 10% 以内 （2）锥（护）坡局部塌陷，铺砌缺损，垃圾堆积，草木滋生； （3）桥头排水沟堵塞不畅通，行人台阶局部塌落	（1）冀（耳）墙断裂，与桥台前墙脱开，但无明显外倾、下沉，砌体灰缝脱落、局部松动外鼓，面积小于 20%； （2）锥（护）坡出现大面积塌陷，铺砌缺损，形成冲沟或积水坑，坡脚有局部冲蚀； （3）桥头排水沟和行人台阶损坏，功能降低	（1）冀（耳）墙断裂、下沉、外倾失稳，砌体变形，部分严重倒塌； （2）锥（护）坡体和坡脚冲蚀严重，有滑移、坍塌，坡顶下降较大，作用明显减少 （3）桥头排水沟和行人台阶全部损坏，几乎消失	

续表 7-3

评定等级	一类	二类	三类	四类	五类
照明标志附属设施	完好无缺，布置合理	照明灯泡坏，灯柱锈蚀，标志不正、脱落，附属设施基本完好	灯柱歪斜不正，灯具损坏，标志倾斜损坏，附属设施需保养维修	照明线老化，破断或短路，灯柱灯具残缺不齐，标志损失严重，附属设施需维修与更换	

按《公路桥涵养护规范》(JTG H11—2004)规定：一类桥梁进行正常保养；二类桥梁需进行小修；三类桥梁需进行中修，酌情进行交通管制；四类桥梁需进行大修或改造，及时进行交通管制，如限载、限速通过，当缺损较严重时应关闭交通；五类桥梁需要进行改建或重建，及时关闭交通。

对适应性不能满足的桥梁，应采取提高承载力、加宽、加长、基础防护等改造措施。若整个路段有多座桥梁的适应性不能满足，则应结合路线改造进行方案比较和决策。

三、桥梁检验

桥梁专门检验是对桥梁结构及部件的材料质量、工作性能、防洪抗灾方面所存在的缺损状况进行详细检测、试验、判断和评价的过程。检验的项目主要有以下三个方面：

(1)桥梁结构材料缺损状况。包括对材料损坏程度检测，材料物理、化学性能测试及缺损原因的分析判断。

(2)桥梁结构承载能力。包括对结构强度、稳定性和刚度的验算、试验和鉴定。

(3)桥梁防灾能力。包括桥梁抵抗洪水、流冰、风、地震，以及其他地质灾害等能力的检测鉴定。

结构材料缺损状况的鉴定宜根据缺损的类型、位置和检测鉴定的要求，选择表面测量、无破损检测技术和局部试样等有效的方法。试样应在有代表性构件的次要部件获取。检测与评定要依照相应的试验标准进行。采用没有标准依据的检测技术，应事先通过模拟试验，制订适用的检测细则，保证检测结果具有一定的可靠性。

结构承载能力状况鉴定可采用以下两种方法：

(1)根据实际的结构技术状况进行结构检算、水文和水力检算。

(2)当检算结果不满足功能要求或难以确定时，可采用承载力试验鉴定。

桥梁抗灾能力鉴定一般采用现场测试与检算的方法，特别重要的桥梁可进行模拟试验。

桥梁定期检查、特殊检查、养护对策和维修、加固或改造的设计、施工、竣工验收等有关技术文件，均应按统一格式完整地归入桥梁养护技术档案。

四、桥梁上部构造的养护、维修与加固

桥梁上部构造通常包括桥面铺装、防水和排水设施、伸缩缝、支座、栏杆和桥跨结构

等。上部结构是养护维修的重点,因为其大部分构造天然敞露,受车辆及大气影响十分敏感。本节主要介绍上部构造养护、维修与加固的有关内容。

(一)栏杆的养护、维修

栏杆是桥上的一种安全防护设施,是桥梁上部结构一个不可缺少的组成部分,也是桥梁美化的一种艺术装饰。

桥梁栏杆应经常保持完好状态。公路桥梁栏杆的缺陷主要有撞坏、缺损、裂缝。栏杆损坏虽然不妨碍交通,但能丑化桥容,使桥上交通缺少安全感,降低交通安全的舒适水平。因此,对损坏的桥梁栏杆应及时修理。

栏杆柱应竖立正直,扶手应无损坏、断裂,伸缩缝处的水平杆件应能自由伸缩。如有缺损,应及时补齐;如已撞坏,需及时重新安装。因栏杆损坏而采用临时防护措施时,使用时间不得超过三个月。钢筋混凝土栏杆如发现有裂缝或剥落,轻者可灌注环氧树脂,严重者应凿除损坏部分,重新修补完整。钢质栏杆应涂漆防锈,一般一年一次。桥梁两端的栏杆柱或防撞墙端面,涂有立面标记或示警标志的,应定期涂刷,一般一年一次,使油漆颜色保持鲜明,并经常校正纠偏。

(二)桥面排水设施的养护、维修

桥面排水设施出现缺陷会导致桥面积水,给行车带来不利影响,降雨时引起车辆滑移,造成交通事故。严重的还会损坏桥梁结构本身的安全。当雨水由伸缩缝直接进入支座时,将会造成支座的功能恶化。在城市桥梁或立交跨线桥中,由于桥面积水,车辆过桥时污水四溅,殃及行人和破坏周围环境,使桥下居民受害。所以,必须加强对桥面排水系统的养护、维修。

(1)桥面的排水槽、泄水管如有堵塞,应及时疏通,并经常保持畅通。

(2)缘石的横向泄水孔道,不够长的要加以接长,避免桥面流水沿梁侧流泄。

(3)桥梁上设置的封闭式排水系统,应保持各排水管道畅通,如有堵塞应及时畅通,如有损坏则应及时更换。

(三)桥面铺装的养护、维修

桥面铺装材料主要有沥青类材料和水泥混凝土两种,由于使用材料的不同,产生缺陷形式也不一样。沥青类铺装层的缺陷主要有泛油、松散、露骨、裂缝及高低不平,易产生跳车。普通水泥混凝土铺装层的缺陷主要有磨光、裂缝、脱皮、露骨及高低不平。

桥面铺装的养护工作应经常清扫桥面,保持桥面清洁完整和有一定的路拱。在雨后应随时将积水扫到泄水管口排除,冬天结冰或下雪后,应及时清除桥面上的冻块或积雪。严禁在桥面上堆置杂物或占为晒场等,以保证车辆过桥时行驶的安全。此外,桥面防水层如有损坏要及时进行修复。

水泥混凝土铺装层如有磨光、脱皮、露骨或破裂等缺陷时,通常可用如下方法进行维修:

(1)原结构凿补。将原水泥混凝土铺装层的表面凿毛,并尽可能深一些,使骨料露出,用清水冲洗干净并充分润湿,再涂刷上同强度等级的水泥砂浆(或其他黏结材料),最后铺筑一层 4 ~5 cm 厚的水泥混凝土铺装层(在桥梁荷载能力容许的前提下)。

(2)采用黑色路面改建桥面。采用黑色路面即沥青类修补桥面铺装,一般较水泥混凝土铺装容易,且上下接合也比较牢靠,施工期间对交通影响也比较小。但路面改变了原有结构且必须主桥加铺,否则影响美观。黑色路面修补的结构可采用沥青表面处治或沥青细砂罩面,也可加铺一层 2 ~3 cm 的沥青混凝土。采用沥青细砂时,应先涂刷黏层沥青,使之与旧面层接合良好。

(3)全部凿除,重筑铺装层。桥面铺装层如已损坏严重,可采用全部凿除,重筑铺装层的方法修补。

新铺的面层可采用普通水泥混凝土,也可采用钢纤维混凝土等其他材料。沥青类桥面铺装层出现缺陷后,应及时处理,经常保持桥面完好平整。

桥面凸凹不平,如因构件连接处沉陷不均引起时,可采用在桥下以液压千斤顶顶升,调整构件连接处标高,使其顶面具有相同高度的方法进行维修。

桥面防水层如有损坏,应及时修复。

(四)桥梁支座的养护、维修

1.桥梁支座的养护

桥梁支座是桥梁上下部结构的结合点,一旦损坏将严重影响到桥梁承载能力和使用寿命,所以必须注意经常养护,保证其处于正常的工作状态。

当前,我国在钢筋混凝土梁式桥中采用的支座形式有垫层支座、弧形钢板支座、摆柱式支座和橡胶支座等。根据《公路桥涵养护规范》(JTGH11 -2004)规定,桥梁支座的养护工作主要有:

(1)支座各部分应保持完整、清洁,每季一检查,半年一清扫,清除支座周围的油污、垃圾,防止积水、积雪,保证支座正常工作。

(2)在滚动支座滚动面上应定期涂上一层润滑油(一般每年一次)。在涂油之前,应把滚动面揩擦干净。

(3)为了防锈,支座各部分除铰轴和滚动面外,其余部分均应涂刷防锈油漆保护。

(4)及时拧紧钢支座各部分接合螺栓,使支撑垫板平整、牢固。

(5)应防止橡胶支座接触油污,引起老化、变质。

(6)滑板支座、盆式橡胶支座的防尘罩应维护完好,防止尘埃落入或雨、雪渗入支座内。

2.桥梁支座的维修与更换

支座如损坏时,应及时查明原因(见表7-4),制订可行的维修与加固计划进行修补。

(1)支座有缺陷或发生故障时的维修和更换:①支座的固定锚销剪断,滚动面不平整,轴承有裂纹、切口以及个别辐轴大小不合适时,必须予以更换。②梁支点承压不均匀时,应进行调整。调整时可采用千斤顶把梁上部顶起,然后移动调整支座的位置。在矫正支座位置以后,降落上部构造时,为避免桥孔结构倾斜,应徐徐下落,并注意千斤顶的工作状态是否均衡,同时调整顶升用木框架的模子,以保证上部结构能恢复原位。③支座座板翘起、扭曲、断裂时,应予以更换或补充,焊缝开裂应予以整修。

(2)油毡垫层支座因损坏、掉落而不能发挥作用时;摆柱式支座工作性能不正常,有脱皮、露筋或其他异常情况发生时,应及时更换。

(3)板式橡胶支座出现脱空或不均匀压缩变形时应进行调整;发生过大剪切变形、中间钢板外露、橡胶开裂、老化时应及时更换。

表 7-4　支座损坏的原因一览表

支座损坏原因	具体内容	支座损坏原因	具体内容
设计时缺乏足够的考虑	(1)形式的选定与布置错误; (2)材料选定错误; (3)支座边缘距离不够; (4)支座支撑垫石补强钢筋不足; (5)对螺栓、螺母等的脱落研究不够	维修管理不善	(1)滑动面、滚动面夹杂尘埃、异物; (2)因防水、排水装置的缺陷,向支座渗流污水,使支座锈蚀; (3)螺母、螺栓松动、脱落,又没有及时修理
施工制作时不完备	1. 铸件等材料质量管理不够,质量较差; 2. 金属支座的油漆、防腐防锈处理不可靠; 3. 砂浆填充不可靠	其他因素	桥台、桥墩产生的不均匀沉陷、倾斜与水平变位以及上部结构位移,影响支座的正常使用

调整、更换板式橡胶支座、钢板支座、油毛毡垫层支座时采用如下方法:在支座旁边的梁底或梁端横隔板处设置千斤顶,将梁(板)适当顶起,使支座脱空不受力,然后进行调整或更换,调整完毕或新支座就位正确后,将梁(板)落到使用位置。

(4)如需要抬高支座时,可根据抬高量的大小选用下列几种方法:①垫入钢筋(50 mm以内)或铸钢板(50 ~ 100 mm);②更换为橡胶板支座;③就地浇筑钢筋混凝土支座垫石,垫石高度按需要设置,一般不应大于 100 mm。

(五)桥面伸缩缝的养护、维修

由于伸缩缝设置在桥梁梁端构造薄弱部位,直接承受车辆反复荷载,又多暴露于大自然,受到各种自然因素的影响,因此可以说伸缩缝是易损坏、难修补的部位,经常发生各种不同程度的缺陷。

伸缩缝出现缺陷后会使车辆行驶出现跳车、噪声,甚至引起交通事故,同时缺陷不及时修补会向结构主体进一步发展。因此,对桥面伸缩缝要注意经常养护,经常检查,出现破坏后,即要进行必要的修补或者更换。

1. 伸缩缝的养护

伸缩缝要经常养护,清除缝内积物,扭紧螺栓,使其发挥正常作用。对于梳形伸缩缝,及时清除锯齿内的杂物;对于搭板伸缩缝,如有损坏时,要及时修复;对于橡胶伸缩缝,如有损坏和老化,要修理更换;早期修建的 U 形槽伸缩缝,大都已经损坏,失去作用,可更换为橡胶伸缩缝等其他型式伸缩缝;多孔简支梁(板)桥,在可能条件下,可改做成水泥混凝土或沥青混合料铺装的连续桥面,减少伸缩缝道数。

2. 伸缩缝的维修

伸缩缝维修前应查明原因，以便采取行之有效的维修措施。维修工作要依据缺陷的程度并针对产生的原因，进行部分修补或全部更新。更换的伸缩缝装置应选型合理，伸缩缝装置应满足桥跨结构变形需要，安装应牢固、平整、不漏水。维修或更换伸缩装置时，应采取措施维持交通。更换一般常用的橡胶板伸缩缝构造见图 7-1，其更换的操作程序如下：

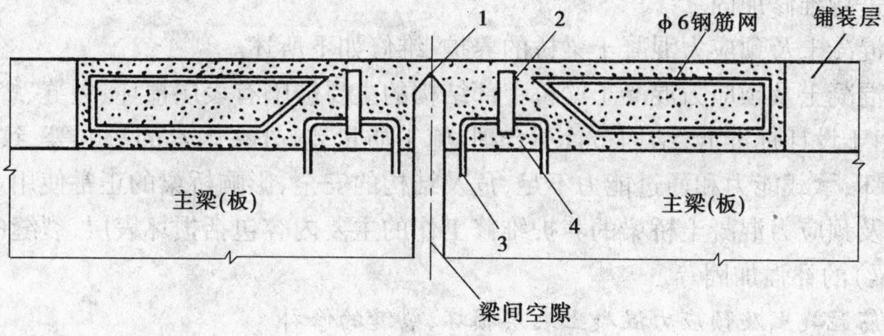

图 7-1　橡胶伸缩缝构造

1—橡胶板；2—预埋螺栓；3—预埋锚筋；4—水平筋

(1)将伸缩缝两边各宽约 40 cm 范围内的铺装层混凝土凿除，并清洗干净，调整原预埋螺栓锚筋及露出的桥面钢筋。

(2)如为新装橡胶伸缩缝，要凿挖或钻成埋置螺栓用的锚筋孔，并预先埋好锚筋。锚筋必须埋设牢固，尽可能直接焊在桥面钢筋上，在孔内灌注环氧树脂浆胶，使其不易拔出。

(3)预埋的螺栓必须位置正确、牢固。

(4)安装橡胶板伸缩缝，使橡胶板平整、坚实。

(5)按原式浇筑铺装层混凝土。为维持通车，可分半幅桥面进行，也可在伸缩缝上架设跨缝设施。

桥面为沥青混合料铺装时，可采用钢筋混凝土盖板式伸缩缝，其构造见图 7-2。

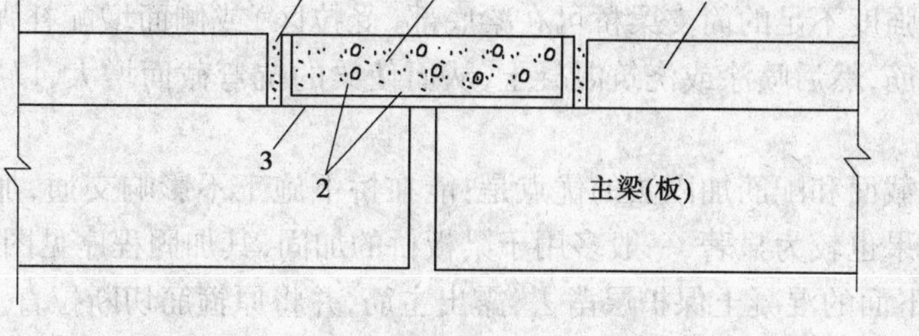

图 7-2　钢筋混凝土盖板式伸缩缝

1—混凝土盖板；2—钢筋；3—表面涂沥青；4—侧面贴沥青麻絮

桥面伸缩缝的修补或更换工作不宜断绝交通。因此，通常可考虑采用限制车辆通行，半边施工，半边通行车辆；或白天使用盖板，夜间施工时禁止或限制车辆通行。总之，均要注意抓紧时间、尽量缩短工期，保证修补质量。

（六）桥跨结构的养护、维修

桥跨结构是桥梁的主要承重结构，除直接承受车辆荷载的作用外，还长期暴露在自然界中。由于长期受到自然界的各种因素的影响，当桥跨结构出现缺陷时，其势必会扩大、加深、发展，危及桥梁的安全。因此，发现桥跨结构出现缺陷后，必须及时进行调查研究，分析缺陷的产生原因、现状、发展趋势，以及桥梁遭受破坏的程度，对使用的影响等，及时采取措施进行维修加固。

钢筋混凝土及预应力混凝土梁桥的养护、维修如下所述。

钢筋混凝土及预应力混凝土梁桥上部结构的主要缺陷有表层损坏、裂缝、蜂窝及锈蚀等，还会由于设计标准低，结构布置不合理、施工质量差、外在因素的影响等，致使桥梁结构受到破坏，承载能力和通过能力不足，危及结构的安全，影响桥梁的正常使用。所以，钢筋混凝土及预应力混凝土桥梁的养护维修工作的主要内容包括损坏表层、裂缝的修补、主梁（或横梁）的补强加固等。

1. 钢筋混凝土及预应力混凝土表层损坏、裂缝的修补

目前，修补裂缝及损坏表层的材料主要有两大类：即水泥（砂）浆和高分子化学材料。

水泥（砂）浆通常用高标号水泥配制，适用于缺少修补机具的工程。当钢筋混凝土及预应力混凝土构件出现如露筋、剥落等现象时，应将钢筋的锈迹清除，并把松动的保护层凿去，如损坏面积不大，可用环氧砂浆修补；如损坏面积过大，可喷注高标号水泥砂浆。修补裂缝时，沿裂缝长度凿成V形槽口，用高压气柜或水枪冲洗吹干后，用水泥砂浆进行修补。

采用高分子化学材料灌浆修补裂缝的材料，一般以环氧树脂为主，其黏结力强、稳定性好、收缩性小、耐腐蚀且可灌性好，适用于裂缝宽度在0.1～0.4 mm及构件受拉区出现裂缝时的修补工作。

2. 主梁的加固

钢筋混凝土及预应力混凝土梁桥主梁加固的方式很多，目前比较成熟且应用较广的技术有：增加构件截面和配筋加固法、粘贴钢板加固法、施加体外预应力加固法、改变结构体系加固法及增加构件加固法等。

1）增加构件截面和配筋加固法

对于抗拉强度不足的简支梁桥可在梁底部（受拉区）或侧面增配补强主筋，或在腹板上增设补强箍筋，然后喷涂或浇筑混凝土，从而使梁的抗弯截面增大，以提高梁的承载能力。

增加构件截面和配筋加固法的优点是：能在桥下施工不影响交通，加固工作量不大，而且加固的效果也较为显著，一般多用于梁板桥的加固，其加固程序见图7-3。

（1）将梁下面的混凝土保护层凿去，露出主筋，并将原箍筋切断拉直。

（2）在暴露的原有主钢筋上缠上或焊上需要补充的拉力钢筋。补强钢筋的尺寸和数量应按强度计算确定。

（3）恢复箍筋，即将原箍筋接长焊接成型。如计算箍筋不足，应增设箍筋，新增箍筋上端埋入桥面板中，梁腹上增设销钉固定新增箍筋位置。

（4）浇筑混凝土保护层。材料可采用环氧树脂混凝土或膨胀水泥混凝土。

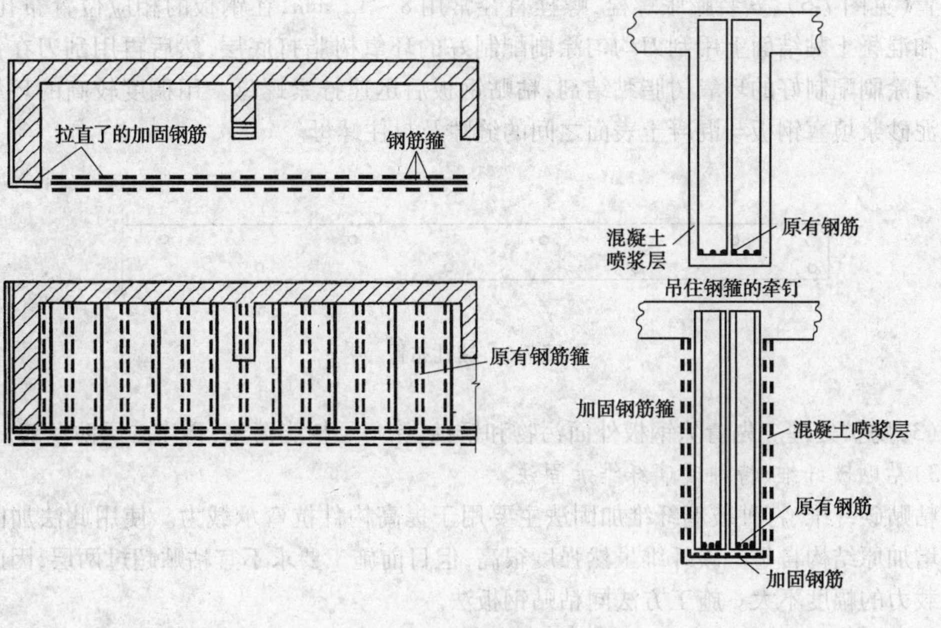

图 7-3　加固程序

(5)养生。

2)粘贴钢板加固法

粘贴钢板加固法是采用化学粘贴剂将钢板粘贴在梁(板)的受拉缘或薄弱部位,使之与结构物形成整体,用以代替需增设的补强钢筋,提高梁的承载能力,达到补强效果的一种加固方法(见图 7-4、图 7-5),一般采用环氧树脂浆液作为黏结剂。

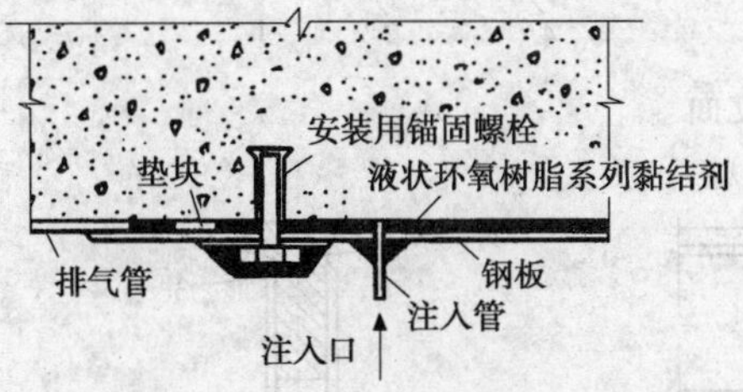

图 7-4　注入施工法

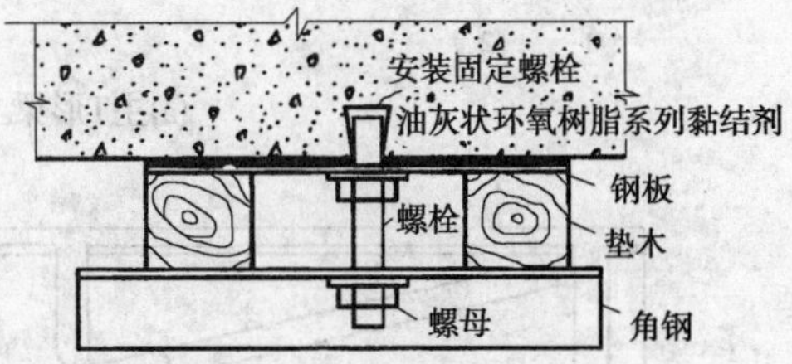

图 7-5　压贴施工法

用粘贴钢板来加固桥梁具有不需要破坏被加固的原有结构物、加固工程几乎不增加原结构的尺寸、施工工艺简单、便于操作、施工期短等优点。

粘贴钢板加固法的施工程序如下:

(1)表面处理。将梁(板)底面混凝土凿毛,露出骨料,清理干净。钢板表面的油污和锈蚀应清除干净。

(2)粘贴钢板。粘贴钢板一般可用注入施工法和压贴施工法。从使用效果来看压贴施工法较好。压贴施工法施工时先在混凝土粘贴面上用冲击钻钻成孔,钻孔可采用梅花形布置(见图7-6),安装膨胀螺栓,螺栓直径常用8～12 mm,在钢板的相应位置布孔;在钢板和混凝土黏结面上用刮刀均匀涂刷配制好的环氧树脂打底层,然后再用刮刀在钢板上均匀涂刷配制好的环氧树脂黏结剂;粘贴钢板后迅速拧紧螺母。用稠度较高的环氧树脂水泥砂浆填塞钢板与混凝土表面之间的缝隙及封住螺母。

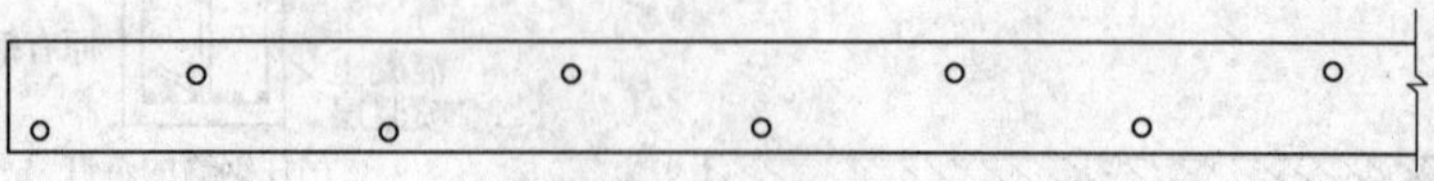

图7-6　钻孔布置

(3)防护处理。先清除钢板外面污物和锈蚀,涂一层树脂薄浆,再涂二层防锈漆。

3)粘贴碳纤维、特种玻璃纤维加固法

粘贴碳纤维、特种玻璃纤维加固法主要用于提高构件抗弯承载力。使用此法加固几乎不增加原结构自重。碳纤维虽然强度很高,但目前施工要求不宜粘贴超过两层,因此提高承载力的幅度不大。施工方法同粘贴钢板法。

4)施加体外预应力加固法

施加体外预应力加固法是运用预应力原理,在原梁体外受拉区域施加一定预压应力,以此来减小荷载挠度,从而改善结构受力状态的一种加固方法。如图7-7所示,对提高构件强度、控制裂缝和变形的作用较好。

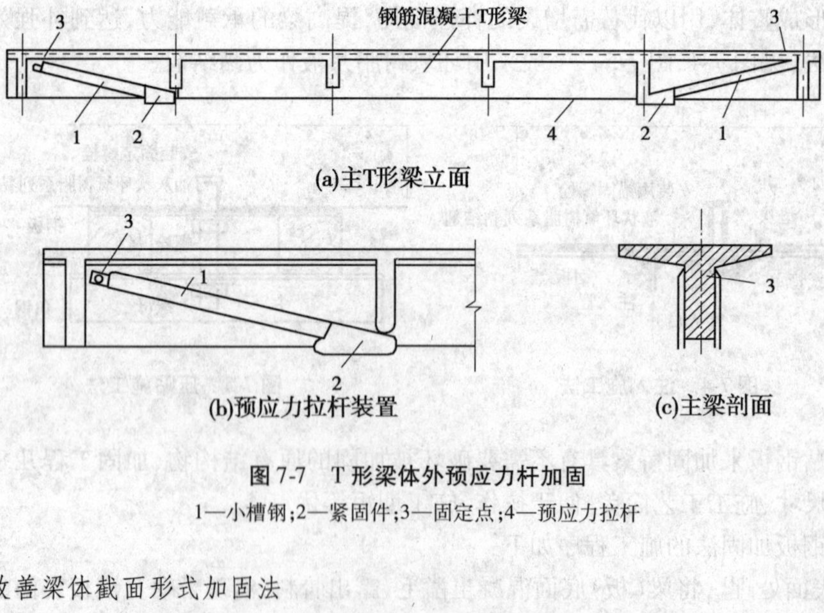

图7-7　T形梁体外预应力杆加固

1—小槽钢;2—紧固件;3—固定点;4—预应力拉杆

5)改善梁体截面形式加固法

一般将开口的T形截面或Π形截面转换成箱形截面。

6)梁下加八字撑加固法

在桥下净空和墩台基础受力许可的条件下,采用在梁(板)底下加八字撑加固法。使一孔简支梁变为一组三联的连续梁,如图 7-8 所示。

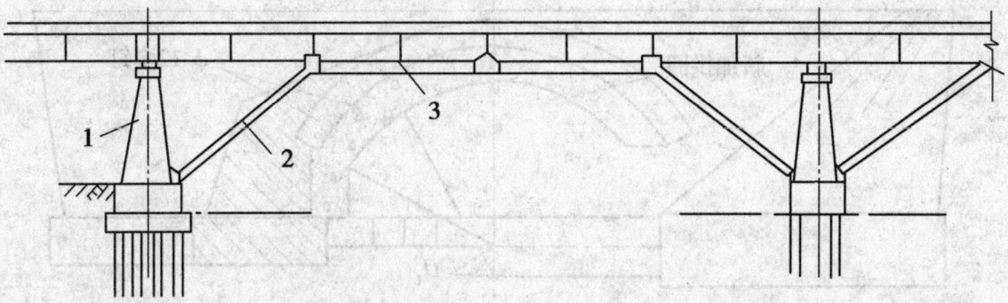

图 7-8　梁下加八字撑加固

1—原桥墩;2—钢筋混凝土斜撑;3—钢筋混凝土未平撑

7)调整支座标高加固法

当支座设置不当造成梁体受力恶化时,可采用调整支座高度的加固方法。

8)更换主梁加固法

更换主梁加固法是比较彻底的加固方法,通常用于主梁已严重缺损、承载力降低很多的情况,或者需加大边梁截面及配筋的情况。

(七)拱桥的养护、维修

1.圬工拱桥的维修

圬工拱桥的维修工作主要是修理拱圈和拱上结构砌体的个别损坏部分,如灰缝的脱落、裂缝、局部变形等,以防止缺陷的进一步扩大,恢复损伤结构的整体作用。圬工拱桥常用的维修方法有:

1)修理防水层

圬工拱桥为防止渗漏,均宜设防水层。如发现原桥没有防水层或防水层损坏失效时,可挖开拱上填料重铺防水层,或在桥面上加铺沥青混合料或水泥混凝土路面,可防止水渗漏入圬工砌体内。

2)保护面层不受风化

圬工拱桥应注意灰缝的保养。如有脱落或缝内长草,应及时清除并修补好。如砖、石有风化剥落,可喷一层 1 ~ 3 cm 的 M10 以上的水泥砂浆,喷浆应分 2 ~ 3 层喷注,每隔 1 ~ 2 d 喷一层。必要时可加布一层钢丝网以增加喷涂层的强度。

3)修补裂缝

圬工拱桥一经开裂,裂缝往往容易发展,危及桥梁的使用和安全,应及时修补。修补的方法主要采用压注水泥砂浆和其他化学浆液的方法。

2.圬工拱桥的加固

圬工拱桥的加固一般通过拱圈加固来实现。

1)原拱圈下增设拱圈加固法

在桥下净空容许,或根据水文资料,桥下泄水面积容许缩小时,可在原有拱圈下部增设拱圈,即紧贴原拱圈下面,喷射钢丝网水泥拱圈或浇筑钢筋混凝土新拱圈,如图 7-9 所示。

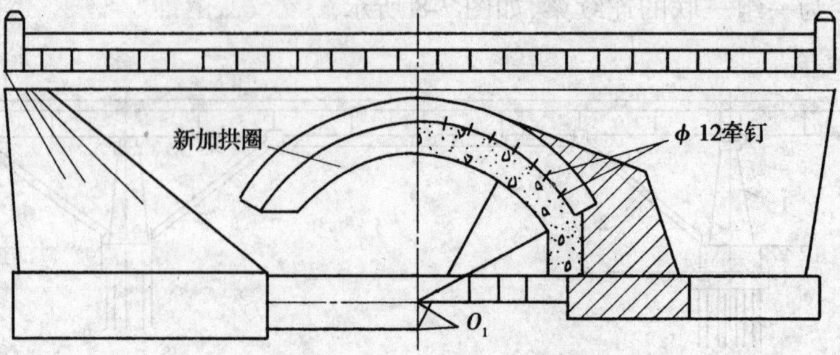

图 7-9　原拱圈下增设拱圈加固法

2)原拱上增设钢筋混凝土拱圈加固法

在拱圈上面加一层新拱圈,即挖开原拱顶填土层直到拱背,洗净修补好,凿毛,加筑新拱圈,如图 7-10 所示。

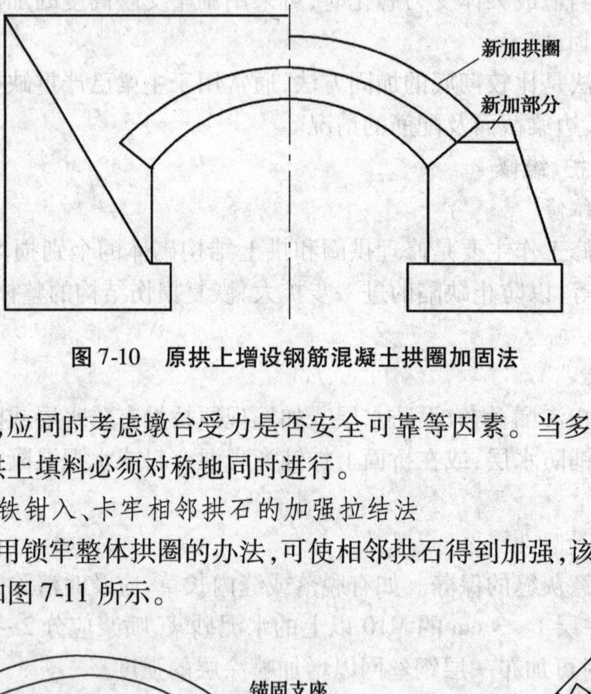

图 7-10　原拱上增设钢筋混凝土拱圈加固法

在加厚拱圈时,应同时考虑墩台受力是否安全可靠等因素。当多孔石拱桥需全部加设新拱圈时,拆除拱上填料必须对称地同时进行。

3)用双银绽腰铁钳入、卡牢相邻拱石的加强拉结法

对石砌拱桥采用锁牢整体拱圈的办法,可使相邻拱石得到加强,该法在我国古代桥梁建造中最早使用,如图 7-11 所示。

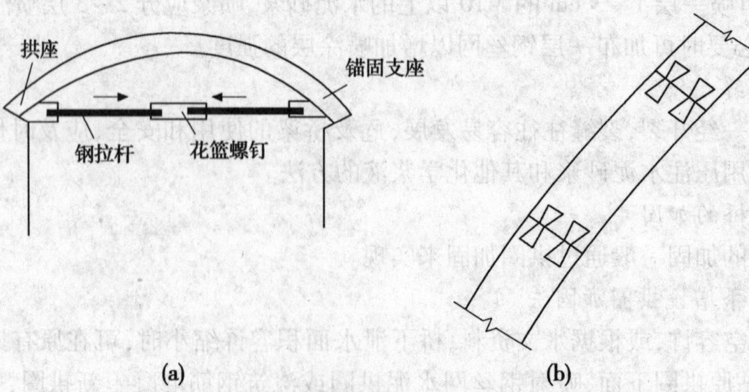

图 7-11　用双银绽腰铁钳入、卡牢加强拉结法

4）石拱桥拱圈加固的钢板箍（或钢拉杆）与螺栓锚固法

石拱桥亦可在拱圈的跨中和1/4处加设三道（或多道，视具体情况而定）钢板箍（钢板厚可用6～8 mm）或钢拉杆，用螺栓在拱底及拱侧钻孔锚固，并注意将锚固点设在拱圈厚度的1/3处，如图7-12所示。基锚固孔用膨胀水泥砂浆填塞牢靠。

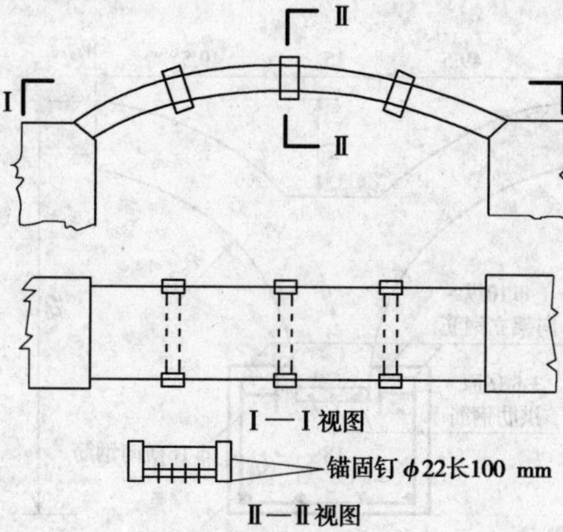

图7-12　石拱桥拱圈加固的钢板箍（或钢拉杆）与相邻拱石的加强拉结法螺栓锚固法

3. 双曲拱桥的维修加固

双曲拱桥的维修加固，除对下部构造采取维修加固措施外，上部构造的维修加固主要是指对拱肋的加强，拱横向系梁的加强以及上部结构填料的调整等工作，具体分述如下。

1）黏结钢板加固拱肋法

为加固双曲拱桥桥肋强度，可以在拱肋表面清洁后，用环氧类砂浆黏结钢板的方法提高其承载能力。在拱圈产生裂缝或承载能力不足时，采用该法加固效果明显。黏结钢板的位置主要置于拱肋截面下，可用成条整板（或分块焊接）在拱圈弧形范围内间隔黏结。一般可视具体情况选定尺寸，通常可参照图7-13进行，钢板厚度宜用长4～10 mm，过厚时施工比较困难。

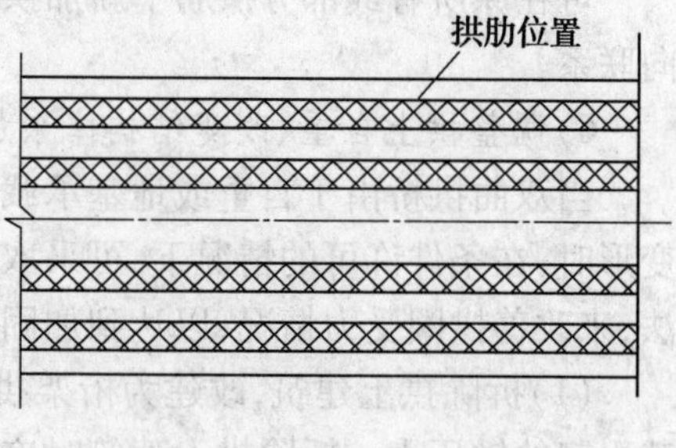

图7-13　粘贴钢板加固拱肋法

2）螺栓钢板接合加固拱肋法

螺栓钢板接合加固拱肋法与前述利用钢板加固拱肋的基本目的相同，但不是单纯依靠黏结，而是除了利用胶粘剂，还按一定间距凿孔并埋入螺栓，然后就钢板预钻孔对准预埋件位置穿入并以螺母紧固。这种做法拱肋凿孔比较费劲，埋设位置不易准确，因此钢板钻孔要留有余量，如采用椭圆形孔或扩大孔径，方可减少对位时的麻烦。

3）粘贴钢筋加固法

粘贴钢筋加固法与前述基本相同但所采用的是钢筋加固件。从实际情况看，此法与钢板黏结法相比，具有与结构物黏附性能好，加固成型容易，补强效果更为显著的特点。

4)扩大拱肋截面加固法

扩大供肋截面加固法是通过采用钢筋和混凝土外包加大原拱肋,从而达到扩大拱肋的截面尺寸,增加拱肋断面的含筋率或变无筋拱肋为有筋拱肋,提高拱肋的抗弯刚度的一种加固方法,如图7-14所示。其作用明确,效果显著,应用也广。

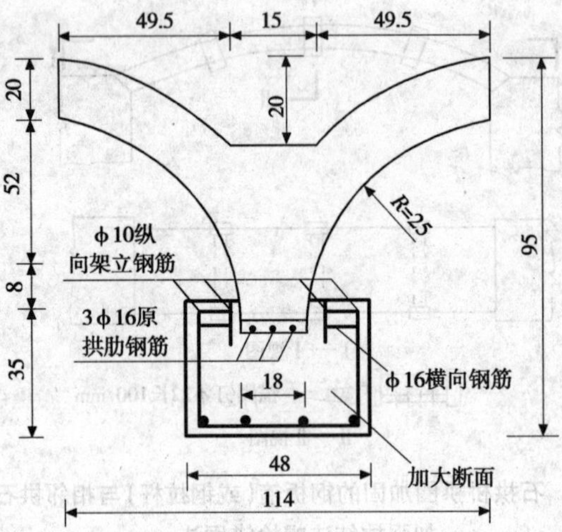

图7-14 扩大拱肋截面加固法 (单位:cm)

5)增设拱肋加固法

可在原所有或部分拱肋下新加拱肋,也可在原桥最外侧两拱肋旁新增拱肋并加强横向联系。

6)调整拱上自重、改变结构体系加固法

当双曲拱桥由于自重或地基承载力不足,致使拱脚发生水平位移或转动,拱轴线发生变形时,在条件许可的情况下,可采取调整拱上自重的布置,改变双曲拱桥结构体系的方法,来改善拱圈受力情况,以达到加固的目的。根据具体情况,常采用的方法有:

(1)拆除拱上建筑,改建为桁架拱,以减轻自重,并使主拱圈主要承受全部活载及活载引起的轴压力。拆除拱上建筑时应保留立柱脚钢筋,以便桁架节点固定在拱圈上。梢架腹杆以采取三角形为宜,它的下节点较少,可减轻构造上的困难,桁架拱的布置如图7-15所示。

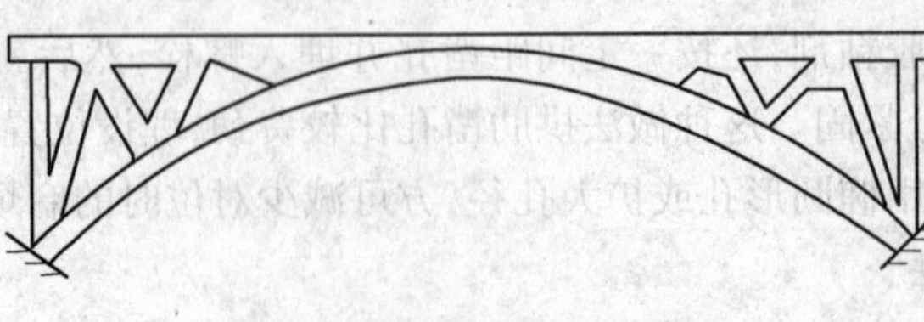

图7-15 桁架拱的布置

（2）清除拱上建筑及实腹段范围内的填料，降低拱顶断面高度，浇筑钢筋混凝土桥面板，并用混凝土填料加强原有拱上建筑与桥面板的联系，从而加强拱上建筑刚度，使整个体系向柔拱刚梁转化，促使主拱圈在活载作用下主要承担轴力，而弯矩转让给加固后的拱上建筑。加固构造措施如图 7-16 所示。

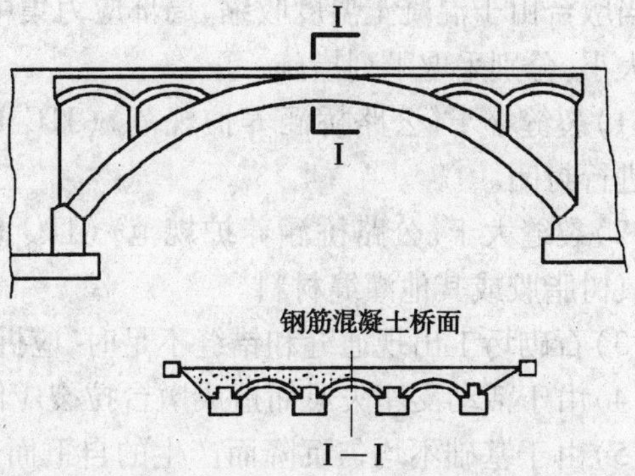

图 7-16　加固构造措施

（3）当立柱无钢筋，改造为桁架有困难时，可将拱上结构改造为刚架拱，如图 7-17 所示。计算结果表明，刚架拱在空腹范围内主拱圈的弯矩要比无铰双曲拱小，而且拱脚弯矩也将减少很多。

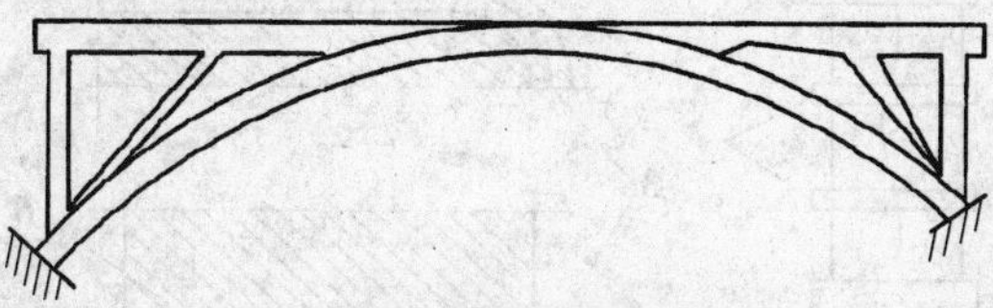

图 7-17　改造为刚架拱方法

7）顶推加固法

顶推的基本做法是在一端桥台的拱脚处安装顶推装置，将拱肋自拱脚向跨中方向顶推，使两脚间已发生的相对位移减小以至完全消除，以减轻或消除因桥台位移对上部结构产生的破坏。

（八）桥梁下部构造的养护

砖石、混凝土和钢筋混凝土桥梁墩台养护是为了使结构物保持完整、牢固、稳定、不发生倾斜，并减少行车振动和基础冲刷。

1. 墩台的修理与加固

圬工砌体墩台如表面风化剥落，深度在 3 cm 以内的，可用水泥砂浆抹面修补，砂浆强度等级一般不小于 M5。如损坏面积较大，深度超过 3 cm 的，不得用砂浆修补，须采用挂网喷浆或浇筑混凝土加固，如图 7-18 所示。

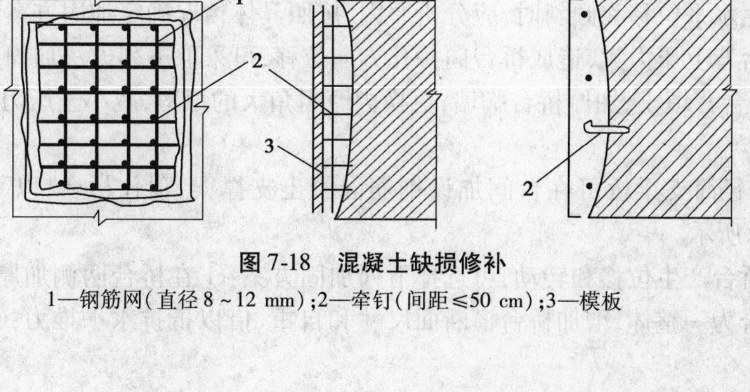

图 7-18　混凝土缺损修补

1—钢筋网（直径 8 ~ 12 mm）；2—牵钉（间距≤50 cm）；3—模板

当墩台由于混凝土温度收缩、局部应力集中及施工质量不良等原因产生裂缝时,应视裂缝大小,分别采取下列措施:

(1)裂缝小于《公路桥涵养护规范》(JTG H11—2004)规定值,应以水泥砂浆或环氧砂浆进行封闭。

(2)裂缝大于《公路桥涵养护规范》(JTG H11—2004)规定值,应采用压力灌浆法灌注环氧树脂胶或其他灌缝材料。

(3)石砌圬工出现通缝和错缝不足时,应拆除部分石料,重新砌筑。

(4)由于活动支座失灵而造成墩台拉裂应修复或更换支座,并处理裂缝。

(5)由于基础不均匀沉降而产生的自下而上的裂缝,应先加固基础,再视裂缝发展程度确定灌缝或加固墩台。对于已贯通墩台的裂缝,可用钢筋混凝土围带或钢箍进行加固,如图 7-19 所示。

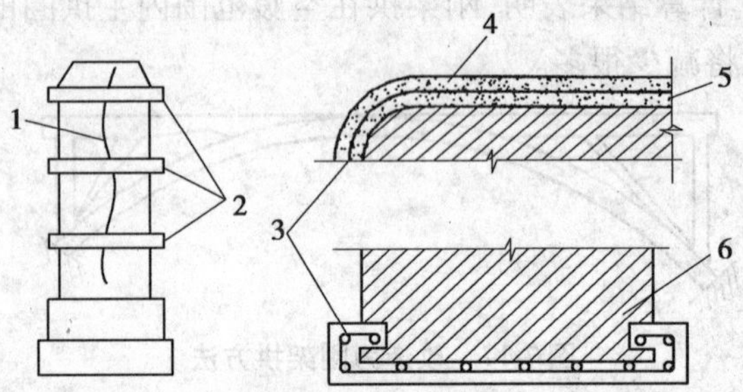

图 7-19　围带加固

1—桥墩裂缝;2—钢筋混凝土围带;3—钢筋;4—桥墩环形围带;5—牵钉;6—桥台 U 形围带

当墩台出现变形,应查明原因,采取下列针对性措施:

(1)由于桥台台背填土遇水膨胀而变形,应挖去膨胀土,检修排水设施,填以砂砾土,修好损坏部位。

(2)由于冻胀原因引起的变形,应挖去冻土,填以矿碴、砂砾等,并封闭表面使其不渗水,修好损坏部位。

(3)属于砌筑不良的,应凿去或拆除变形部分,重新砌筑或浇筑。

(4)由于砌筑填缝不实,墩台有空洞的,可在空洞部位附近,开凿通眼,以压浆机压注水泥砂浆或环氧树脂修补。

墩台发生水平位移和倾斜时,应分析原因,按照具体情况确定加固方案。

梁式桥台背上压力大,造成桥台向桥孔方向位移,可采取下列方法加固:

(1)挖去台背填土,加厚桥台胸墙,更换内摩阻角大的填料,减小土压力,如图 7-20 所示。

(2)小跨径简支梁桥可在台间加设钢筋混凝土支撑梁,顶住桥台,以平衡台后土压力,如图 7-21 所示。

当拱桥桥台产生位移和转动,可选择下列加固方案:①在桥台两侧加厚翼墙,翼墙与桥台牢固接合为一整体,增加桥台横断面尺寸和自重,借以抵抗水平推力;②当桥台的位移转动尚未稳定时，可在台后增设小跨引桥和增设摩阻板，以制止桥台继续沉降位移；③当桥下净空许可时，可在墩台之间设置拉杆承受推力，限制水平位移，对于多孔拱桥，要注意各孔之间的推力平衡。

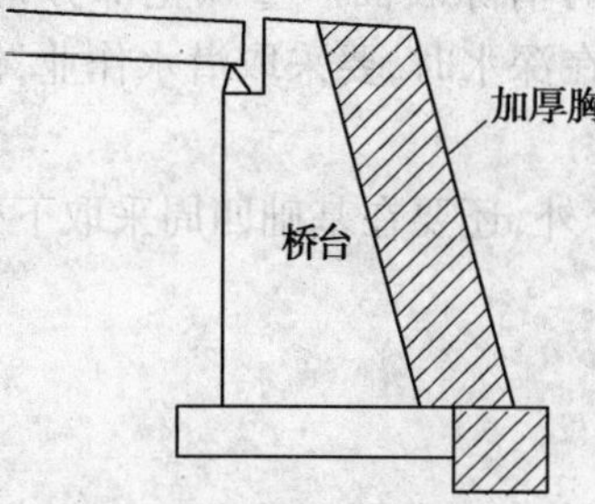

图 7-20 加厚胸墙

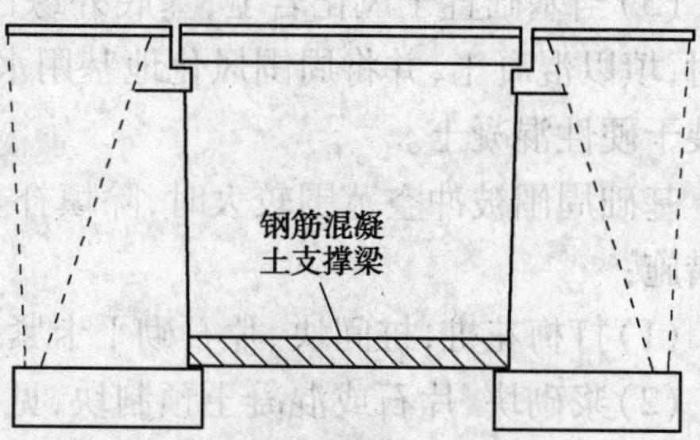

图 7-21 台间设支撑梁

桩式墩台，如结构强度不足或桩柱有被碰撞折断等损坏，在基桩承载力许可条件下，可采用下列方法修理加固：

(1)桩柱式墩台结构的整体稳定性不足时可采用加固整个桩柱式墩台的方法，即在桩或柱间用槽钢或角钢作横撑、斜撑连接，以增强整体性和稳定性，如图 7-22 所示，钢板箍和横夹板(用槽钢或角钢)用螺栓拧紧。斜夹板可用电焊接合，如图 7-22 所示。盖梁如强度不足，也可在盖梁下加横向夹梁，用螺栓拧紧，予以加强。

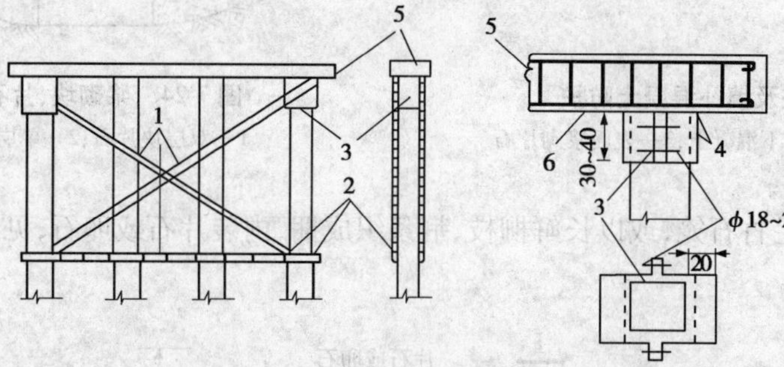

图 7-22 桩柱式墩加固

1—槽钢式角钢；2—螺栓；3—铜板箍；4—联结钢板；5—盖梁；6—主筋

(2)迎水侧桩、柱被船只或流冰等碰撞损伤，以至折断，可视情况采用下列修理方法：①将损伤或折断的桩柱的松动部分的混凝土凿除、添加必要的钢筋，立模浇筑混凝土按原式修复。施工时可在伤柱两侧加设临时支撑。②在桩柱损伤处，将原混凝土凿毛，外面加设钢筋混凝土围带，使损伤部位得以加强。

2. 基础的修理与加固

基础局部被冲空，可视情况采取下列维修加固措施：

(1)水深在 3 m 以下，可筑围堰将水抽干，以砌石或混凝土填补冲空部分，达到顶端与基础顶面平齐或稍高于基础顶面。

(2)水深3 m以上,可在四周打板桩或用其他方法做坝围堰,灌注水下混凝土防护。也可以用编织袋盛装干硬性混凝土,每袋为装袋容积的2/3,通过潜水作业将袋装混凝土分层填塞冲空部分,并注意比基础边缘宽0.4 m以上,见图7-23。

(3)当基础置于风化岩上,基底外缘已被冲空,应及时清除表面严重风化部分,在浅水时,填以混凝土,并将周围风化地基用水泥砂浆封闭。在深水时,要采取潜水作业,铺以袋装干硬性混凝土。

基础周围被冲空范围较大时,除填补基底被冲空部分外,还要在基础四周采取下列防护措施:

(1)打梅花桩,桩间块、片石砌平卡紧。

(2)浆砌块、片石或混凝土预制块,见图7-24。

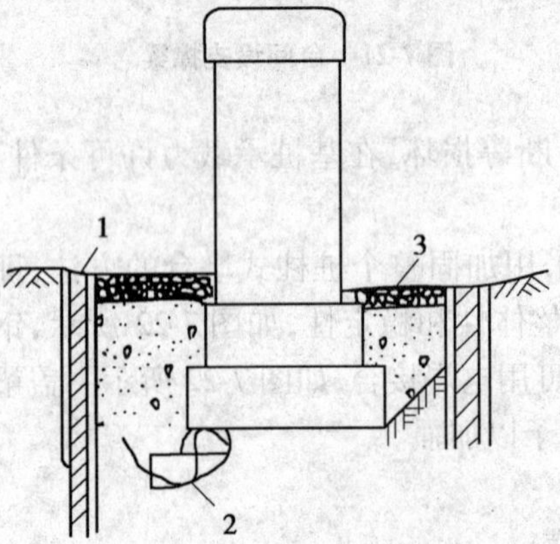

图7-23 板桩及填补混凝土防护

1—板桩;2—抛石或水下混凝土;3—表面浆砌片石

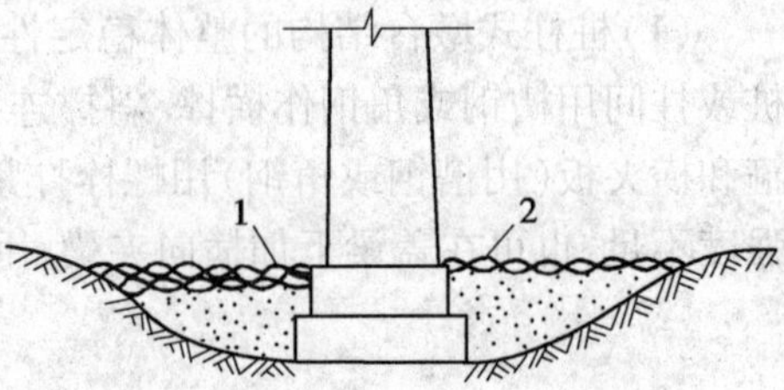

图7-24 浆砌块、片石防护

1—双层块片石;2—单层块片石

(3)用铁丝、毛竹石笼,或以长鲜柳枝、荆条织成捆,内装片石或卵石,见图7-25。

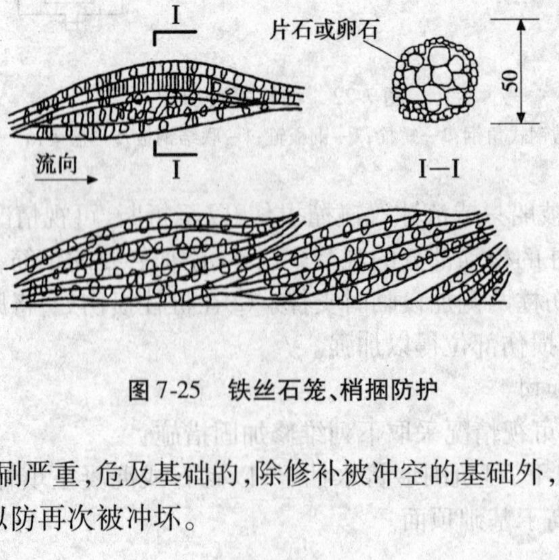

图7-25 铁丝石笼、梢捆防护

墩台周围河床冲刷严重,危及基础的,除修补被冲空的基础外,必须在洪水期过后,采取必要的防护措施,以防再次被冲坏。

严寒地区，冬季冰层厚度变化，容易发生浅桩冻拔，深桩环状冻裂。可采取下列防护方法：

(1)冰冻开始时，在距墩台周围 0.2～0.4 m 处凿冰沟(宽 0.5～1.0 m)，沟内填充雪或干草、麦杆等材料保温。

(2)桩基周围冰层很厚，可打入套管或板桩，中间填以保温材料，见图 7-26。

(3)可将周围之土挖至冰冻线，将基础和桩的表面涂以沥青，填以重油拌和的粗砂和砾石，上面盖黏土；或用矿渣置换冰冻线以上的土，最后宜做水泥混凝土封层以防渗水再次冻胀。

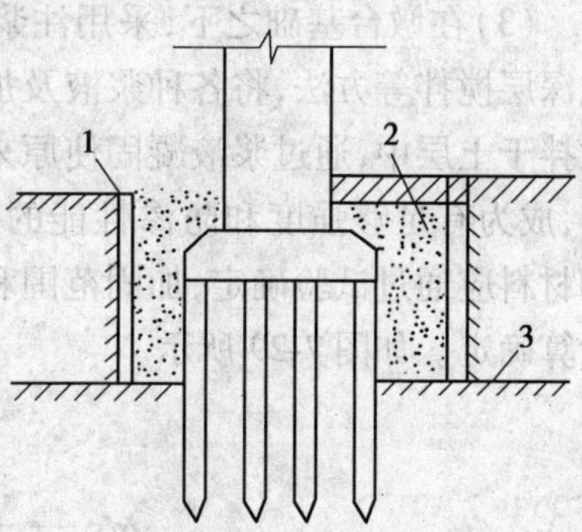

图 7-26　冻拔防护

1—套管；2—水泥混凝土；3—冰冻线

(4)小桥可用培草、培土、填平冲刷坑和临时抬高水位等措施。

为防止桥墩台被流冰和漂浮物撞击，可视河流具体情况，在桥墩上游适当地点，设置菱形破冰体，以保护桥墩。

简支梁桥的墩台基础沉降和位移，超过下列允许限值，通过观察继续发展时，应采取相应措施予以加固：

(1)墩台均匀总沉降值(不包括施工中的沉陷)为 $2.0\sqrt{L}$(cm)。

(2)相邻墩台均匀总沉降差值(不包括施工中的沉陷)为 $1.0\sqrt{L}$(cm)。

(3)墩台顶面水平位移值为 $0.5\sqrt{L}$(cm)。

其中，L 为相邻墩台间最小跨径长度，以 m 计，跨径小于 25 m 仍以 25 m 计算。

另外，桩、柱式柔性墩台的沉降，以及基桩承台上的墩台顶面水平位移值，可视具体情况确定，以保证正常使用为原则。

当地基承载力不足，引起墩台基础沉降，可采取下列措施：

(1)在刚性实体式基础周围加石砌圬工或混凝土，以扩大基础的承压面。新旧基础要注意牢固结合，见图 7-27。

(2)桩式基础周围加钻孔灌注桩或打入钢筋混凝土桩，并扩大原承台，将墩台的压力部分传递到新桩基上，见图 7-28。

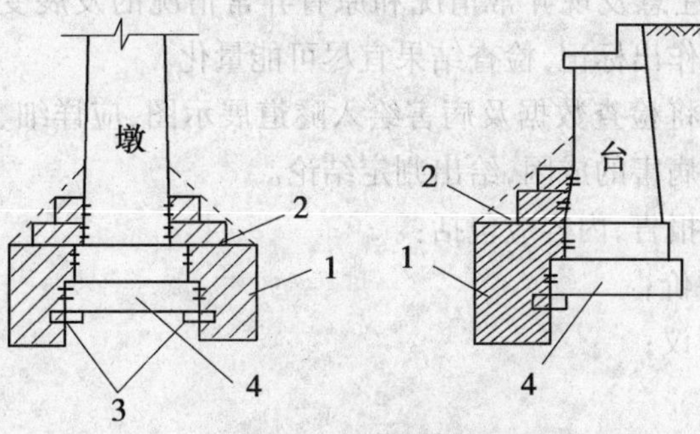

图 7-27　刚性基础加固

1—扩大基础；2—新旧基础结合；3—丁石；4—原基础

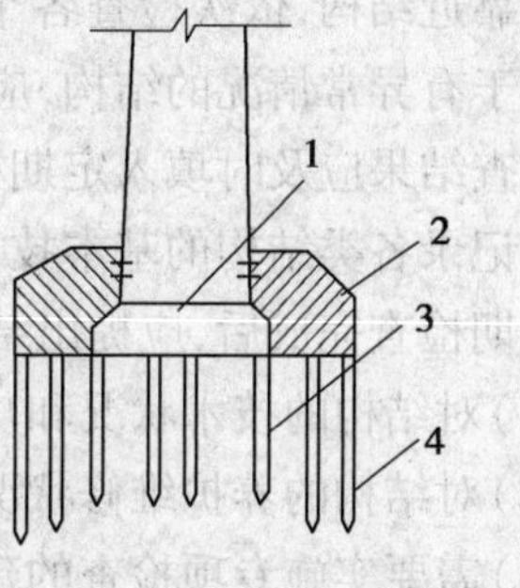

图 7-28　增补地基

1—原承台；2—新承台；3—原桩基；4—新桩基

(3)在墩台基础之下,采用注浆(旋喷注浆)或深层搅拌等方法,将各种浆液及加固剂注入或搅拌于土层中,通过浆液凝固使原来松散的土固结,成为有足够强度和防渗性能的整体,所采用的材料应通过试验确定,加固范围和深度应通过计算确定。如图7-29所示。

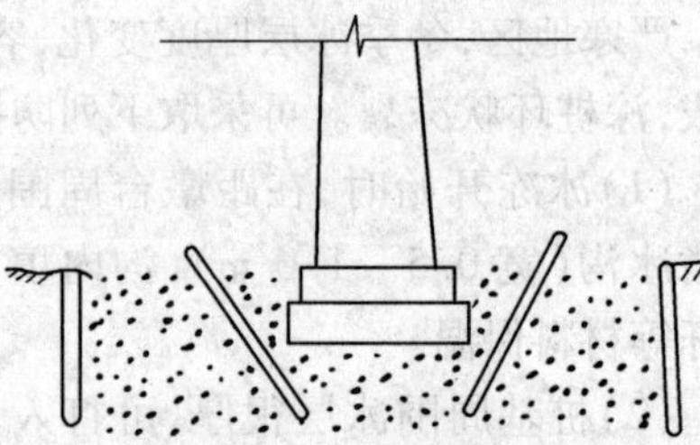

图7-29　加固地基土

第二节　公路隧道养护

一、隧道检查与养护工作内容

公路隧道交付使用后,养护管理部门首先要熟悉其设计、施工资料,掌握隧道的全面技术状况,制订小修保养、大中修、改善工程计划。在使用过程中要进行检查,以便及时发现和处理问题,确保安全畅通。

隧道的检查工作分为日常检查、定期检查、特别检查和专项检查四类。

(一)日常检查

日常检查是指主要对外观状况进行的日常巡视检查。以目测为主,配合以简单的检查工具进行,每月至少一次,高速公路隧道应不少于每周一次。检查以定性判断为主,由隧道养护工区(站)负责。检查结果应及时填入日常检查记录表,翔实记述检查项目的破损类型,估计破损范围和程度以及养护工作量,作出判定分类,并采取相应的对策措施。

(二)定期检查

定期检查是按规定周期对结构的基本技术状况进行全面检查。通过定期检查,应系统掌握结构基本技术状况,评定结构物功能状态,为制订养护工作计划提供依据。

检查的周期宜为1次/年,高速公路隧道应不少于1次/年。检查宜安排在春季或秋季进行。新建隧道应在交付使用1年时进行首次定期检查。

检查宜采用步行方式,配备必要的检查工具或设备,进行目测或量测检查。检查时,应尽量靠近结构,依次检查各个结构部位,注意发现异常情况和原有异常情况的发展变化。对于有异常情况的结构,应在适当位置作出标记,检查结果宜尽可能量化。

检查结果应及时填入定期检查记录表,将检查数据及病害绘入隧道展示图,应详细、准确地记录各类结构的基本技术状况,分析病害的成因,给出判定结论。

定期检查完成后,应提出结构定期检查报告,内容应包括:

(1)对结构的技术状况和功能状态的评价;

(2)对结构的养护维修状况的评价及建议;

(3)需要实施专项检查的建议;

(4)需要采取处治措施的建议。

此外,检查报告还应附上检查记录表、隧道展示图以及其他有关检测记录资料。

（三）特别检查

特别检查是在隧道遭遇自然灾害、发生交通事故或出现其他异常事件后，对遭受影响的结构立即进行的详细检查。通过特别检查，应及时掌握结构受损情况，为采取对策措施提供依据。应根据受异常事件影响的结构，决定采取的检查方法、工具和设备。

特别检查的内容应针对受异常事件影响的结构或结构部位作重点检查，掌握其受损情况。特别检查应按定期检查的标准判定，当难以判明破损的原因、程度等情况时，应作专项检查。检查结果的记录，与定期检查相同。检查完成后，应提交特别检查报告，包括检查记录，评估异常事件的影响，给出判定结论（表），确定合理的对策措施。检查结果的判定见表7-5。

表7-5　日常、定期和特别检查结果的判定

判定分类	检查结论
S	情况正常（无异常情况，或虽有异常情况但很轻微）
B	存在异常情况，但不明确，应作进一步检查或观测以确定对策
A	异常情况显著，危及行人、行车安全，应采取处治措施或特别对策

（四）专项检查

专项检查是根据定期检查和特别检查的结果，或者通过其他途径，判断需要进一步查明实施处治以及病害的详细情况而进行的更深入的专门检测。通过专项检查，应完整掌握破损或病害的详细资料，为其是否采取措施及采取何种处治措施等提供技术依据。

（1）专项检查宜委托具有相应检测资质的专业机构实施。

（2）检查的项目、内容及其要求，应根据定期检查或特别检查的结果有针对性地确定，见表7-6。

表7-6　某些破损或病害专项检查项目

检查项目		检查内容
结构变形检查	道路线形、高程检查	道路中线位置、路面高度、缘石高度以及纵、横坡度等测量
	隧道横断面检查	隧道横断面测量，周壁位移测量（与相邻或完好断面比较）
	净空变化检查	隧道内壁间距测量（自身变化比较）
裂缝检查	裂缝简易检查	裂缝的位置、宽度、长度、开展范围或程度等
	裂缝变形检查	裂缝的发展变化趋势及其速度；裂缝的方向及深度等

续表 7-6

检查项目		检查内容
漏水检查	漏水简易调查	漏水的位置、水量、浑浊、冻结及原有防水、排水系统的状态等
	漏水检测	水温、pH 值检查、电导度检测、水质化学分析
材质检查	衬砌强度检查	强度简易测定,钻孔取心,各种强度试验等
衬砌及围岩状况检查	无损检查	无损检测衬砌厚度、空洞、裂缝和渗漏水等,以及围岩状况
	钻孔检查	钻孔测定衬砌厚度等、内窥镜观测衬砌及围岩内部状况
荷载状况检查	衬砌应力及拱背压力	衬砌不同部位的应力及其变化,拱背压力的分布及其变化

(3)检查人员应对有关的技术资料、档案进行调查,并对隧道周围的地质及地表环境等展开实地调查,以充分掌握相关的技术信息,寻找结构发展变化的原因,探索其规律,确保专项检查结果的准确性。

(4)检查的结果可按外荷载作用、材料劣化和渗漏水三种主要情况分别考虑,进行判定分类,见表 7-7。

表 7-7　判断分类

判定分类	检查结论
B	结构存在轻微破损,现阶段对行人、行车不会有影响,但应进行监视或观测
1A	结构存在破坏,可能会危及行人、行车安全,应准备采取对策措施
2A	结构存在较严重破坏,将会危及行人、行车安全,应尽早采取对策措施
3A	结构存在严重破坏,已危及行人、行车安全,必须立即采取紧急对策措施

检查完成后,应提交专项检查报告。报告的内容应包括:

(1)检查的主要经过,包括检查的组织实施、时间和主要工作过程等;

(2)所检查结构的技术状况,包括检查方法、试验与检测项目及内容、检测数据与结果分析以及对破损结构的技术评价等;

(3)对病害的成因、范围、程度等情况的分析,及其维修处治对策、技术以及所需资金等建议。

二、隧道的养护

隧道养护工作包括:洞身、洞门、路面和两端路堑、防护设施、排水系统、洞口减光设施以及通风、照明、标志、标线、监控、消防、防冻、消声等设施的检查、保养、维修和加固。

隧道常见的病害有:衬砌和围岩上产生裂缝、渗漏水及结冰、挂冰、堆冰;端墙、侧墙、八字墙、翼墙、门洞等结构物倾斜、位移、鼓凸；衬砌表面风化、腐蚀、剥落；拱圈、侧墙变形及拱面松动、脱落；无衬砌隧道出现危石或大量碎落石；土隧道干裂、土块脱落，隧道山体失稳滑动，排水系统淤塞积水以及应有照明、通风设备而未设或效果较差等。

(一)有衬砌隧道养护

有衬砌隧道的常见病害及其养护主要有下列几种：

(1)衬砌变形、开裂、渗漏水(挂冰)，应根据综合分析后查得的主要原因，采取针对性治理措施。

由于衬砌背面存在空隙造成的，可在衬背压注水泥砂浆，使衬砌受力均匀，有效地利用衬砌强度。由于衬砌厚度不足、年久、变质、腐蚀剥落严重或裂缝区域较大而影响到衬砌强度时，可在衬砌外露面喷射水泥混凝土，其厚度一般为 8 ~ 15 cm，必要时可加配锚杆及钢筋网。对已稳定的裂缝可采用压注环氧水泥砂浆或水泥砂浆的方法加固。

(2)衬砌表面腐蚀、剥落及灰缝脱落，可先清除表面已松动部分，分段或全面加喷一层水泥砂浆或水泥混凝土保护层，一般喷厚为 3 ~6 cm。

(3)端墙、侧墙、翼墙位移、开裂，应根据综合分析后查得的主要原因，采取针对性治理措施。

(4)路面拱起、沉陷、错台、开裂，应根据综合分析后查得的主要原因，采取针对性相应措施。

(二)无衬砌隧道养护

无衬砌隧道的围岩在长期使用过程中，由于岩石松动，或受风化、行车振动等影响，围岩发生破碎，产生危石、渗漏水等病害，应及时处治，以保证行车和人身安全。

处治围岩破碎和危石应本着“少清除，多稳固”的原则，可采取下列措施：

(1)发现危石如能清除者应及时清除。对因清除会牵动周围大片岩石时，则可喷浆或压浆稳固。

(2)对于不宜清除的小面积碎裂，可抹水泥砂浆稳固。

(3)碎裂范围较大时，根据病害程度及范围，可采用喷射混凝上、锚喷混凝土或挂网锚喷混凝土稳固。

(4)对既不能清除又无法压浆稳固的个别危石，应及时用混凝土或浆砌块石垛墙作临时支撑，以确保安全；然后根据垛墙侵占隧道净空的具体情况及隧道所在的公路性质和交通量大小，研究永久性治理措施。

隧道内的孔洞、溶洞或裂缝均应封闭。封闭前将松动的岩石清除。对内小外大的孔洞，可在孔洞外石壁上埋设牵钉、挂钢筋网、喷射或浇筑水泥混凝土封闭；对内大外小的孔洞，用素混凝土封闭。有水的孔洞应预埋泄水孔接引水管，将水从边沟排出，冬季应及时清除洞顶挂冰。

(三)水下隧道养护

水下隧道的日常检查工作内容除应符合相应规定外，根据水下隧道的特点，应对下列各部作重点检查：

(1)伸缩缝、施工缝和裂缝的渗水、漏水状况；

(2)洞内铁件有无锈蚀，木件有无腐朽；

(3)机电设备和照明电路的运行状况；

(4)各种排水设备的运行状况。

水下隧道必须定期进行渗漏水检查。一般应每季度检查一次，并作好检查记录。当隧道内的渗漏水明显时，应定期测量渗漏水的数量(m^3/d)。一般每月测量一次，并作好记录。

水下隧道渗漏水的处治可参照有关规定，并根据水下隧道的特点，采取相应措施。

三、隧道的防护与排水

(一)防护

隧道养护中，不但要及时处治主体结构所发生的病害，还应注意隧道所处的山体及其附近的保护、缺陷修理，以防止因山体及附近出现问题而引起隧道较大破坏，防患于未然。如遇山体滑动可能引起隧道破坏时，可采取下列防护措施：

(1)修建挡土墙进行保护性填土，使山体受力平衡；

(2)保护性开挖洞顶部分山体，减轻下滑重力；

(3)在滑动面以上的土体不厚的情况下，可在滑动面下端设置锚固桩抗滑。

采用以上防护措施均应定期检查其工作状态，发现问题及早处理。

隧道处山坡岩石如节理发育、风化严重或有坑穴、溶洞、裂缝现象时，应对地表做下列防护性封闭：

(1)用浆砌片石、石灰土、黏土等填补洞穴，封闭裂缝，整修地表，稳固山坡。

(2)地表岩石松散破碎时，可喷水泥砂浆固结。

(二)排水

1. 洞外排水

有坡度的隧道，其上洞口路基边沟及两侧沉砂井应经常清除泥沙杂物，疏导畅通。路面纵坡方向相反，即向洞外方向倾斜，并在适当地点横向排出路基，使上洞口路基排水不流向隧道，以避免引起隧道内边沟淤塞。隧道上洞口的路堑如出现路面地表水来不及流入侧沟而流入洞内时，可在洞门外1 m左右处设横向截水设施，并将沟水妥善引出。

沿河隧道在洪水季节可能进水时，可临时封闭两洞口，以保隧道安全。洪水过后，立即拆除封闭物。

隧道顶山坡上的表水应使其迅速排走，尽可能不使水渗入洞身。

2. 洞内排水

治理洞内的水，应采取“以防为主，防、排、截、堵相结合”的综合治理原则。对防水层，纵、横、竖向盲沟，明、暗边沟，截水沟，排水横坡，泄水孔等应及时修理，保持完好、畅通。

隧道内渗漏水可采取下列措施处治：

(1)增设衬砌背面排水系统；

(2)对裂缝集中处的漏水，可采用封闭裂缝埋管排漏的方法；

(3)衬砌工作缝处漏水，可加设工作缝环形暗槽，将漏水通过暗槽内的半圆管排入纵向边沟；

(4)对于少量渗水,可抹防水砂浆封闭,也可在衬砌表面铺一层防水层;

(5)在围岩与衬砌间压注防水水泥砂浆或水泥浆,可掺入早强速凝剂,形成密闭层以防渗漏;

(6)设表层导流管。

对于地下涌水,可采取下列方法处治:

(1)设横向盲沟并加深纵向排水沟,当涌水量大,必要时还可加修路中心排水沟;

(2)修建水泥混凝土路面,并在路面下设隔水层,以阻断地下涌水;

(3)在路面与围岩之间压注防水水泥砂浆或水泥浆。

四、隧道附属设施的养护

公路隧道的附属设施包括:通风、照明、监控、消防、防冻、消声等设施。这些设备、设施,应定时保养、检修、更换,以保证正常使用。

(一)通风设施养护

1. 通风设施的要求

通风设施的设备完好率不应低于98%。通风设施经分解性检修后应使其通风能力满足下列要求:

(1)隧道CO允许浓度应按表7-8取值,当为人、车混合通行隧道时应按表7-9取值。

(2)隧道烟雾允许浓度应按表7-10取值。

表7-8　CO允许浓度δ(一)

隧道长度(m)	≤1 000	≥3 000
$\delta(10^{-6})$	250	200

注:隧道长度为1 000～3 000 m时,可按插入法取值。

表7-9　CO允许浓度δ(二)

隧道长度(m)	≤1 000	≥2 000
$\delta(10^{-6})$	150	100

注:隧道长度为1 000～2 000 m时,可按插入法取值。

表7-10　烟雾允许浓度K

计算行车速度(km/h)	100	80	60	40	10
烟雾允许浓度$K(m^{-1})$	0.006 5	0.007	0.007 5	0.009	0.009 5

当实测的隧道内CO浓度和烟雾浓度低于规定的允许浓度时,可不设机械通风设备,采用自然通风。

当实测的隧道内CO浓度和烟雾浓度高于规定的允许浓度时,应从安全、适用、经济等因素综合考虑,加设机械通风设备。机械通风设计按现行《公路隧道设计规范》(JTG D70—2004)有关规定执行。

2. 通风设备的检修

通风设备应按下列要求进行检修：

(1)利用竖井、边窗通风的，应随时检查，清除井内杂物，保护井口及窗下不得灌进雨雪，影响通风。

(2)对各式通风机、管道、机电、动力设备等，应每月进行一次运转情况检修，每年进行一次全面检修。

(二)照明设施养护

隧道各照明区段的路面亮度可按《公路隧道设计规范》(JTG D70—2004)进行设计。

未设照明设施的隧道应在隧道洞门外设置限速标志，降低行车速度，以保证安全。洞外附近地段应尽量保持低亮度，可采取洞口设置遮阳栅或减光格栅，种植常青的大冠树木和铺植草坪，洞外路面采用反射系数低的路面材料等措施。

为提高隧道内亮度并诱导视线，可采取隧道内路面的标线，路缘石和侧墙高 1.2 m 以下部分刷白色反光材料，路面采用反射系数高的路面材料等措施。

为降低隧道内的烟雾浓度、提高照明效果，应加强隧道内路面、侧墙、顶棚和照明器具等的清扫(洁)工作。

隧道中设置的照明器应防震、防水、防尘，并定期检查，及时进行维修和添补。

(三)监控与消防设施养护

监控设施主要包括：量测监视隧道中车辆运行环境的烟尘浓度测定仪、CO 浓度测定仪、交通量测定装置、监视电视以及照明、通风、配电设备等自动控制设施和监视控制这些设备运转情况的监控设施。

高速公路、一级公路的长隧道和特长隧道，可根据需要设置监控设施。一般公路的长隧道和特长隧道，可根据具体情况，适时检测烟尘浓度、CO 浓度及交通量。

所有监控设施的维护修理，应符合《公路隧道养护技术规范》(JTG H12—2003)的规定。

高速公路、一级公路的长隧道和特长隧道，可根据需要设置紧急电话、报警装置、排烟设备、消防给水管网及消防器材库等。长度在 500 m 以上的高速公路、一级公路隧道，宜单独设置存放专用消防器材的洞室，并作出明显标志；对存放的消防器材应定期补充、更换。一般公路的长隧道和特长隧道，可根据具体情况，简化设置，但必须在适宜位置设置消防器材库。消防有关设备，应定期检查，保持完好状态。

隧道内不准存放汽油、煤油、香蕉水等易燃物品。严禁明火作业与取暖。隧道内的紧急停车带、行车(人)横洞、避车洞及错车道不准堆放杂物。

隧道内发生火灾时应用紧急电话、报警装置或其他方法迅速向洞外发出信号，阻止车辆驶入，同时将隧道内的车辆引出洞外，以便使灭火活动顺利开展。

(四)防冻与消声设施养护

高寒冰冻区的隧道，应注意洞口构造物的抗冻保温。防冻层损坏，可用同样的轻质膨胀珍珠岩混凝土或浮石混凝土修补；无防冻层的，可在大修、改善时加筑。

隧道内的渗漏水应顺利排入边沟，不使路面积水冻结。对于局部易冻结路段的路面，应抓住时机适时撒防冻药剂或拌砂药剂。

隧道内的消声设施如有损坏，应及时按原式修复。

第三节 涵洞养护

涵洞是公路上保证运行畅通无阻、数量多、形式多样且分布广泛的小型结构物。因此,必须认真做好涵洞的养护工作。

一、涵洞的养护要求与检查内容

(一)涵洞的养护要求

确保水流在任何情况下都能顺畅地通过涵孔,排到适当地点,保证涵洞洞身、涵底、进出水口、护坡和填土的完好、清洁、不漏水。涵洞经常处于完好的工作状态,延长使用期限。

(二)涵洞的检查内容

涵洞检查分为经常检查和定期检查。

1. 经常检查

经常检查应每月至少进行两次,在洪水、冰雪前后及行洪期间应加强检查。

经常检查的内容包括:进水口是否堵塞、沉砂井有无淤积、洞内有无淤塞及排水不畅;洞口周围是否有杂物堆积,涵洞是否清洁、漏水;周围路基填土是否稳定和完整;涵洞结构是否有损坏。

经常检查中发现有排水堵塞或有较大损坏需要进行维修的,应作好记录并及时报告。

2. 定期检查

定期检查每年至少进行一次,在接到较大损坏情况的报告后应增加检查。

定期检查内容包括:

(1)检查涵洞的过水能力包括涵洞的位置是否适当、孔径是否足够、涵底纵坡是否合适。若过水能力明显不足,经常造成内涝及路基损毁的,应考虑改造。

(2)进水口铺砌、翼墙、护坡、挡水墙、沉砂井等是否完整,洞口连接是否平整顺适。

(3)出水口铺砌、挡水墙、翼墙、护坡等是否完整,排水是否顺畅。

(4)涵体侧墙是否渗漏水、开裂、变形或倾斜,墙身砌体砂浆是否脱落,石块是否松动,基础是否冲刷淘空。

(5)涵身顶部盖板或拱顶是否开裂、漏水、变形下挠,拱顶砌块是否松动脱落。

(6)涵洞有无开裂,填土有无沉陷,涵底是否淤寒阻水,涵底铺砌是否完整。

(7)洞口附近填土是否有渗水、冲刷、空洞,填土是否稳定。

(8)涵洞顶路面是否开裂、下沉,行车是否安全。

定期检查中,检查人员应当场填写涵洞定期检查表,实地查明损坏情况,根据涵洞的技术状况及排水适应状况,参照桥梁技术状况评定标准相关结构类型,对涵洞的技术状况综合作出良好、较好、较差、差、危险等五个级别的评定,提出日常养护、维修、加固、改建等建议。

二、涵洞日常养护

涵洞日常养护的主要任务与要求如下:

(1)及时清除洞口和洞内的淤积杂物和积雪,并将其抛弃到路基边以外的适当地点。经常积雪和雪很深的地区,应在入冬前在洞口外加设栅栏,或用柴排草捆封闭洞口,融雪时及时拆除。

(2)洞口和洞底铺砌发生变形、沉陷、破损和漏水时,均须及时修理,并整理上下游沟槽,使水流的坡度保持顺适。

(3)涵洞出水口的跌水、急流槽,若与洞口结合发生裂缝时,应采用干燥麻絮浸透沥青填实;构件亦应根据损坏程度及时修理或更换。

(4)木涵洞上螺栓铁件如有遗失、损坏、松动、锈蚀,应分别拧紧和补充更新,木涵洞构件有轻微损坏应进行修理,有较大损坏应予以更换,或将其改建为永久性涵洞。

(5)倒虹吸管在长期流水压力作用下容易破裂漏水,造成路基软化,应注意检查;如虹顶路面出现湿斑,应及时修理。

(6)管涵的接头处和四铰涵管铰点的接缝处,若发生填缝料脱落时,应用干燥麻絮浸透沥青后填实,不得采用灰浆抹缝的办法修理。

(7)砖石涵洞的表面如发生局部风化、轻微裂缝时,一般可用水泥浆或环氧树脂封闭灰缝脱落,应及时修补。洞顶漏水应挖开填土,用高标号水泥砂浆修理损失部分,再衬铺胶泥防水层10~15 cm,或用油毡防水层(两层毡三层油),应认真重做,以防止渗漏。

(8)洞底铺砌层、洞口上下游路基护坡,引水沟、泄水槽、窑井和沉砂井发生变形或沉陷时,均须及时修理。

(9)砖石、混凝土及钢筋混凝土端墙和翼墙,如有离开路堤向外倾斜或鼓肚现象,应查明原因,加以处理。如属填土未夯实而沉落挤压,或填土中水分过多土压力增大而形成的,应挖开填土更换,并仔细夯实。如属基础不均匀沉陷而发生倾斜,则需修理或加固基础。

管涵的管节,如因基础被压沉落而发生严重错裂,应挖开填土加固基础并重做砂垫层。

(10)涵洞的日常养护维修,在开挖修理时,必须开设便道或采取半幅施工,设立标志、护栏,保障施工和行车安全。

三、涵洞的加固

圬工拱涵的加固,一般可采用拱圈上加拱的方法。如属高填土而拱涵净空较大时可采用拱下加拱的方法加固。

钢筋混凝土盖板涵的加固,除加固涵台外,可将原盖板面凿毛,洗刷干净,再浇筑混凝土或钢筋混凝土。

石盖板涵或直径1 m以下的混凝土管涵,在3 m以上高填土地点,一般不用加固亦可承受较大的载重。如填土在3 m以内,石箱涵可考虑在行车道部分更换较厚的盖板。混凝土管涵可在管外加筑一层混凝土套壳,予以加固。如石箱涵更换较厚的盖板有困难时,可在涵台上面加一层石料做成悬臂式,以减小跨径,见图7-30。

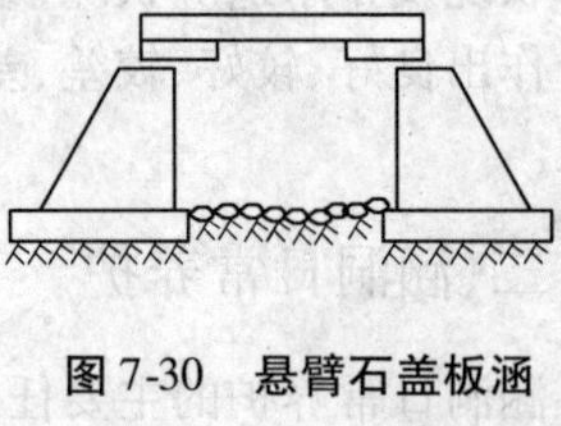

图7-30 悬臂石盖板涵

在加宽路基时，利用原有涵洞接长部分的基础，一般宜与原涵台基础同深，并注意断缝，以免新旧砌体发生不均匀沉陷。

当路基加高不多时，可以用加高涵洞上下游端墙的方法来提高路基，但必须同时增加端墙的长度，以保护路基不致埋设洞口。如洞口为八字翼墙，也应把翼墙加高和接长。新旧砌体的接合处必须交错砌筑。对具有帽石的石砌涵洞，如需加高路堤，亦可采用添加一层帽石或加砌护坡的方法来提高路基。

如涵洞出水口处冲刷严重，可采取以下两种方法予以防治：

(1)浆砌块石铺底，并加水泥砂浆勾缝，铺砌长度视土质和流速而定，铺砌的末端应设置混凝土或浆砌块石抑水墙。

(2)当涵洞流速特别大时，应在出水口加做缓流设施，如消力槛、消力池等。消力槛的末端应设置混凝土或浆砌块石抑水墙，也可做三级跳坎(栏)处理。

对涵洞开挖修理加固时，应采取边施工边维持交通的方式，并应设立标志、护栏以确保安全。

第八章　桥涵检测与评估

第一节　概　述

一、桥涵检测原则与要求

(1)保证检测和收集的资料齐全、完整。实践证明,资料的可靠性和实用性取决于其完整性。桥梁检测是一项非常复杂的工作,要想保证检测资料的完整性,必须在检测工作开展前做好准备工作(具体包括桥涵技术资料的收集、检测方案的制订、仪器设备的准备和检测人员的安排等),以确保检测工作顺利、完整地完成。

(2)检测工作的实施要依据相关的标准、规范或规程,保证检测结果的真实性。不同的检测项目要根据不同的标准、规程或规范进行检测,在检测过程中要及时记录检测结果,并且检测原始记录不允许随意更改,不允许删减,保证检测结果的真实性。检测结果的原始记录应做成一定格式的记录表,原始记录一般不得用铅笔填写,内容应填写清楚、完整,并由检测人员和校核人员签名。

(3)检测中要保证检测人员、仪器设备和交通的安全。检测工作实施的过程中,搭设脚手架和检测支架是必不可少的,脚手架和检测支架应分开搭设且互不影响,并且脚手架和检测支架应具有足够的强度、刚度和稳定性。脚手架要保证检测人员的安全、方便操作。检测支架要满足仪表安装的需要,不因自身变形影响检测的精度,同时应保证检测时不受车辆和行人的干扰。脚手架和检测支架的设置要因地制宜,就地取材,便于搭设和拆卸。

(4)根据检测结果分析病害产生原因时,一定要全面客观和依据充分,病害的根源一定要找准和分析透彻,准确评定桥梁的技术状况,从而确保维修加固措施能够收到实效。

二、桥梁检测的内容

(一)记录桥梁当前的状况

桥涵由于营运使用多年,主要部位出现缺陷如裂缝、露筋、错位、沉降等,通过检测确定桥梁各部损坏的程度及实际承载能力。

(二)了解车辆及其交通量的改变给运营带来的影响

原来按旧标准规定的荷载等级设计建造的桥梁,现在由于交通量的不断增加、车辆载重量的不断加大,对桥梁通过能力和承载能力的要求也愈来愈高,通过检测评估,可确定现有桥梁的荷载等级,从而决定是否需要通过加固来提高其荷载等级。近年来,随着我国现代化工业建设的发展,特大型工业设备、集装箱运输逐渐频繁,超重车辆必须过桥涵的情况时有发生,通过检测评估,可确定超重车辆是否能安全通过,并为临时加固提供技术资料。

（三）跟踪结构与材料的使用性能变化

通过跟踪检测结构与材料的使用性能变化，了解桥梁实际受力状态和材料老化程度，判断结构的安全承载能力和使用条件。

（四）给桥梁状态评估提供相关信息

对于一些重要的大桥或特大桥，在建成之后，通过检测评估，可评定其设计与施工质量，确定工程的可靠度，给桥梁状态评估提供相关信息。

（五）建立桥梁结构性能数据的记录

通过桥梁检测，建立和积累技术资料，为加强科学管理和提高桥涵技术水平提供必要条件；系统地收集桥梁技术数据、建立桥涵数据库，旨在更好地养护、管理桥涵，并能指导今后的桥涵养护、加固与维修工作。

（六）给养护、设计与建设部门提供反馈信息

通过桥梁检测，系统地收集桥梁技术数据、建立桥涵数据库，给养护、设计与建设部门提供反馈信息，旨在更好地养护管理桥涵，并能指导今后的桥涵养护、加固与维修工作。

三、桥梁检测的技术与设备

（一）实用技术和手段

桥梁检测的目的在于随时掌握桥梁的技术状况和安全状况。通过对桥梁的检测，对桥梁的损伤情况和程度进行诊断，对桥梁的可靠性、耐久性和承载能力进行评估，为桥梁的维修、养护与管理决策提供依据。桥梁检测是保证桥梁正常使用、进行维修加固的重要依据。常见的检测技术简述如下。

1. 混凝土强度检测

在工程实践中，我们在很多情况下（如对施工质量有怀疑，对施工过程、构件强度增长的必要的监控或对既有桥梁的资料无法收集完整时）需要利用无损检测方法来推定构件混凝土的强度值。因此，混凝土强度的无损检测技术也成为桥梁检测技术中的重要环节。

当前，混凝土强度测定的无损检测方法主要有回弹法、超声法（应用较少）、超声－回弹综合法、射线吸收与散射法等，其他方法如探针法、拉拔法、拉脱法、钻芯法等均属于半破损、破损法。

2. 钢筋锈蚀检测

正常情况下，混凝土材料呈弱碱性并使得钢筋表面形成钝化膜来保护钢筋防止锈蚀。但是，在复杂的交变荷载作用和材料施工、温度应力等影响下易造成碱性环境消失，往往在桥梁安全评估时需要进行钢筋锈蚀检测。目前，常用的方法分为直接评定法（如线性极化电流测量、半电池电位测量等）和间接评定法（如氯离子含量测量、保护层测量、透气性测量、电阻率测量等），无损检测中以半电池电位测量和混凝土电阻率测量较为常见。

3. 桥梁荷载试验检测

根据试验荷载作用的性质，桥梁试验可分为静荷载试验和动荷载试验。桥梁静荷载试验是将静止的荷载作用在桥梁上的指定位置而测试结构的静力位移、静力应变、裂缝等参量的试验项目,从而推断桥梁结构在荷载作用下的工作性能及使用能力。动荷载试验是利用某种激振方法激起桥梁结构的振动,测定桥梁结构的固有频率、阻尼比、振型、动力冲击系数、行车响应等参量的试验项目,从而判断桥梁结构的整体刚度、行车性能。静荷载试验与动荷载试验虽然在试验目的、测试内容等方面不同,是两种性质的试验,但对于全面分析掌握桥梁结构的工作性能是同等重要的。

总之,结合具体的检测目的及要求,可选用一种或几种检测方法。在选择时应考虑检测成本,一般能用模型代替的,就不搞大规模的原型试验,通过无损检测可以达到试验目的的,就不做破损检测。

(二)检测工具与设备

检测时应携带必要的适当工具及设备,并于检测出发前作必要的整理或调整。为避免遗漏,并应制定携带工具及设备检视表(见表 8-1),供行前逐项检视。

表 8-1　携带工具及设备检视表

携带工具设备	数量	已准备	说明
长柄扫帚、钢刷、刮刀、平头起子、铲子			
混凝土强度测试锤			
铅锤			
红外线望远镜			
手电筒			
染色剂			
钢卷尺			
裂缝观测镜			
裂缝量测尺			
量角器			
温度计			
三角板			
检测报告表、记事本、桥梁简图			
照相机			
标示笔			
其他			

1. 检测工具

检测工具可分为以下 6 类:

(1)清洁工具:长柄扫帚、钢刷、刮刀、平头起子、铲子等。

(2)检测工具:混凝土强度测试锤、铅锤等。

(3)协助目视检测工具:红外线望远镜、手电筒、放大镜、染色剂等。

(4)测量工具:钢卷尺、光标尺、裂缝观测镜、裂缝量测尺、量角器、温度计、位移计等。

(5)记录工具:检测报告表、记事本、照相机、粉笔或标示笔等。

(6)其他设备:润滑油、防昆虫雨衣、医药箱、附工具袋的皮带(装检测工具)等。

2. 特殊检测设备

桥梁检测,一般均不需特殊检测设备,只有某些特殊的桥梁或需进行特殊检测时,需特殊检测设备。特殊检测设备如下:

(1)测量仪器。特殊情况下,需使用经纬仪、水准仪等测量仪器,测量构件间的定位。

(2)非破坏性检测仪器。为了解构件内部坏化情形,提供构件坏化评估,必要时需使用非破坏性检测仪器,如回弹仪、超声检测仪、钢筋锈蚀仪等。非破坏性检测,一般是由专业人员操作及检测后的解读。

(3)水中检测设备。检测过水桥时,为检测桥梁下部结构在水面下的构件或河道状况、淘空冲刷情况,则需水中检测设备。若河道狭浅,可使用简单的探测方法,如钢筋、标杆等。若河道宽深,启用潜水员,携带必要的设备,如水中的照相机、探测水深设备、无线通话机等设备,协助水中检测。

第二节　桥梁结构质量检测

一、桥梁检测概述

桥梁检测是进行桥梁评定、维修加固和改造的前期工作。为了客观地评价桥梁的技术状况,全面了解桥梁使用情况,必须对桥涵结构进行技术资料调查和桥梁现场的外观检查,并利用仪器设备对结构的技术状况及其缺陷进行全面而细致的现场检测,及时进行维修养护,使其经常处于完好的技术状态,延长桥梁的使用年限。桥梁检测的目的在于,对运营中的桥梁进行分类管理,通过对桥梁的技术状况的检测,建立健全桥梁技术档案;对有缺陷和损伤的桥梁进行全面而深入的现场检测,查明缺陷或潜在缺陷和损伤的性质、部位、严重程度及发展趋势,弄清出现缺陷和损伤的主要原因,分析和评价既有缺陷和损伤对桥梁技术状况和承载能力的影响,并为桥梁养护、维修和加固设计提供可靠的技术参数。

桥梁检测按照检测的范围、深度、方式和检查结果的用途等的不同分为经常检查、定期检查和特殊检查 3 大类。

(一)经常检查

经常检查是对桥梁构筑物及附属设施进行日常巡视检查。一般采用目测方法,也可配以简单工具进行测量。经常检查应由专职桥梁养护管理人员或有一定经验的工程技术人员负责。

经常检查周期按桥梁类别、技术状态等级分别确定。一般结构的桥梁,其经常检查一月一次,最长周期每季度至少一次,遇恶劣天气、汛期、冰冻等特殊情况周期宜缩短,并当场填写桥梁经常检查记录表,如表 8-2 所示。

表 8-2　桥梁经常检查记录表

管理单位：

路线编码		路线名称		桥位桩号	
桥梁编码		桥梁名称		养护单位	
部件名称	缺损类型	缺损范围		保养、小修措施	
翼墙					
锥坡、护坡					
桥台与基础					
桥墩与基础					
地基冲刷					
支座					
结构异常变形					
桥面铺装					
桥与路连接					
伸缩缝					
人行道、缘石					
栏杆、护栏					
标志、标线					
排水设施					
照明系统					
调治构造物					
其他					
桥梁清洁状况					
检查负责人		记录人		检查日期	年　月　日

经常检查一般包括下列内容：

(1)桥面铺装是否平整，有无裂缝、局部坑槽、积水、沉陷、碎边；钢筋是否漏筋、锈蚀，缝料是否老化、损坏，桥头有无跳车。

(2)桥面是否清洁，有无杂物堆积、杂草蔓生；构件表面的涂装层是否完好，有无损坏、老化变色、开裂、起皮、剥落和锈迹。

(3)排水设施是否良好，桥面泄水管是否堵塞和破损。

(4)伸缩缝是否堵塞卡死，连接部件有无松动、脱落、局部破损。

(5)支座是否有明显缺陷，活动支座是否灵活，位移量是否正常。

(6)墩(台)是否受到船只或漂浮物撞击而受损。

(7)人行道、缘石、栏杆、扶手、防撞护栏和引道护栏有无撞坏、断裂、松动、错位、缺件、剥落、锈蚀等现象。

(8)基础是否受到冲刷损坏、外露、悬空、下沉，墩(台)及基础是否受到生物腐蚀。

(9)交通信号、标志、标线、照明设施及桥梁其他附属设施是否完好。

(10)其他显而易见的损坏或病害。

(二)定期检查

定期检查是按规定的周期,对桥梁主体结构及其附属构造物跟踪的全面检查。定期检查要求具有丰富的实践经验、受过专门桥梁检查培训并熟悉桥梁设计、施工等方面知识的工程师来负责进行。桥梁定期检查采集的数据作为桥梁养护管理系统中结构技术状况动态参数,为评定桥梁使用性能提供基本数据,并据此来确定结构维修、加固或更换的先后次序。

定期检查以目测为主,辅以必要的测量仪器、探查工具、望远镜、照相机及现场用器材等设备进行。通过对结构物及其材料进行彻底的、系统的检查,建立和完善桥梁管理与养护档案。

定期检查的时间应符合下列规定:

(1)新建桥梁交付使用1年后,进行一次全面检查。

(2)桥梁定期检查周期一般为3年,桥梁检查工程师可视被检查桥梁的技术状况,适当调整定期检查周期。

(3)非永久性桥梁1年检查一次。

(4)根据养护工程师的报告,对于在经常性检查中发现重要部位(构件)有严重病害的桥梁,应立即安排一次定期检查。

由于经常检查和定期检查均是以目测为主的桥梁外观检查,检查结果的评定大多是基于经验,所以这两类检查主要由桥梁管理与养护部门进行。

定期检查的工作主要有:

(1)现场校核桥梁基本数据。

(2)当场填写桥梁定期检查记录表,记录各部件缺损状况并作出技术状况评分。

(3)实地判断缺损原因,确定维修范围及方式。

(4)对难以判断损坏原因和程度的部件,提出特殊检查的要求。

(5)对损坏严重、危及安全运营的危桥,提出限制交通或改建的建议。

(6)根据桥梁的技术状况,确定下次检查的时间。

定期检查主要包括以下内容。

1.桥面系检查

桥面系的外观调查,可以按桥面系组成部分桥面铺装、伸缩缝、桥面排水设施和栏杆、扶手及人行道依次检查。

1)桥面铺装的检查

桥面铺装是最容易产生损坏的部位之一,桥面铺装产生缺陷或损伤后易导致行车打滑,桥面凹凸等会引起车辆对桥梁的冲击效应增大,使桥面行车道板等的耐久性降低。在伸缩缝的附近,桥面铺装与伸缩缝之间的高低差容易引起伸缩缝装置的破坏等。

桥面铺装的检查首先是调查桥面铺装的类型,然后检查铺装层存在的主要缺陷。沥青桥面铺装主要缺陷与损伤现象有:轻微裂缝(发状或条状)、严重裂缝(龟裂,纵、横裂缝)、坑槽、车辙、拥包、磨光和起皮等。混凝土桥面铺装的主要缺陷及损伤现象有裂缝、剥落、坑洞、磨光等。

2)伸缩缝的检查

各种伸缩缝装置的缺陷往往表现在伸缩缝本身的破坏损伤、锚固件损坏、接头周围部位后铺筑料的剥落、凹凸不平等,这些缺陷导致伸缩缝漏水,加速主梁、支座和盖梁的恶化。对伸缩缝的检查主要采用目测,必要时可采用量测仪器测量破坏范围。

3)桥面排水设施的检查

桥面排水设施的损坏以及尘土、淤泥等堵塞泄水孔致使桥面排水不畅,往往导致桥面积水,影响桥梁主要承重结构构件的耐久性能,降雨时引起车辆滑移,导致交通事故。桥面排水是否顺畅、设施有无缺陷,在降雨和化雪时表现得很明显,检查最好在降雨或化雪后进行。

4)栏杆、扶手及人行道的检查

栏杆、扶手及人行道的检查,主要检查部件本身破坏情况,以及相互连接处是否脱落。对于人行道,还要检查路缘石是否有破碎,人行道与桥面板连接的牢固程度等。

2. 支座的检查

桥梁支座是桥梁上、下部结构的连接点,其作用是将上部结构的荷载顺适、安全地传递到桥梁墩(台)上,同时保证上部结构在荷载、温度变化、混凝土收缩等因素作用下的自由变形。支座存在的缺陷往往会造成桥梁上部结构和墩(台)的工作不良,并易造成梁端和墩(台)帽的损伤。支座主要检查功能是否完好,组件是否完整、清洁,有无断裂、错位和脱空现象。各种支座的检查内容如下:

(1)简易支座的油毡是否老化、破裂或失效。

(2)钢板滑动支座和弧形支座是否干涩、锈蚀。

(3)摆柱支座各组件相对位置是否正确,受力是否均匀。

(4)四氟板支座是否脏污、老化。

(5)橡胶支座是否老化、变形。

(6)盆式橡胶支座的固定螺栓是否剪断,螺母是否松动。

(7)辊轴支座的辊轴是否出现不允许的错位。

(8)摇轴支座的辊轴是否倾斜。

(9)活动支座是否灵活,实际位移量是否正常。

(10)支座上、下钢垫块是否有锈蚀,支座垫是有否破碎、腐蚀。

3. 桥梁上部结构的检查

上部结构是桥梁的主要承重构件,由梁、板、拱等基本构件组成。故对桥梁上部结构的检查,就是对这些基本构件工作状况的检查。应首先观察桥梁结构有无异常变形、振动或摆动,如上部结构线形是否平顺,拱轴线是否变形,桥跨有无异常的竖向振动或横向摆动等状况;然后检查各部件的技术状况,查找异常原因。主要针对以下 4 个方面进行检查:

(1)裂缝检查。对于混凝土梁,不论是钢筋混凝土还是预应力混凝土,都是普遍存在裂缝的。如果这些裂缝的宽度和深度都在有关规定允许的范围内,而且裂缝处于相对稳定的状态,这样的裂缝对桥梁的影响不大;如果裂缝的宽度和深度都超出了有关规定允许的范围,而且有进一步发展的趋势,这就会影响到桥梁的耐久性,甚至影响到承载力。因此，在桥梁检查中必须对裂缝的宽度、深度及其发展趋势进行细致的检查。

(2)混凝土状况检查。对混凝土状况的检查主要是观察表层混凝土有无裂缝、剥落、渗水、蜂窝、麻面、风化、碳化、碱－集料反应等病害，量测各种病害的范围，并当场填写桥梁定期检查记录表，对混凝土的状况进行评定。

(3)钢筋锈蚀检查。检查梁体有无锈蚀斑、有无露筋锈蚀，对重点部位可在特殊检查中利用钢筋锈蚀检测仪进行检测。

(4)通风排水状况检查。

检查箱梁内通风是否良好，排水设施是否正常，梁体内有无积水现象。

各类桥型的重点检查部位如表 8-3 所示。

表 8-3　各类桥型的重点检查部位

结构形式	重点部位(加○处)	说明
简支梁	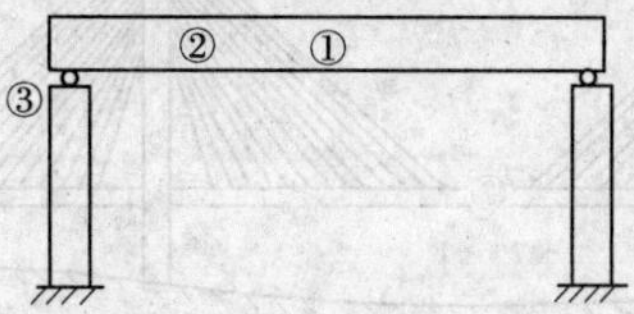	①跨中 ②1/4 跨处 ③支座处
连续梁 悬臂梁	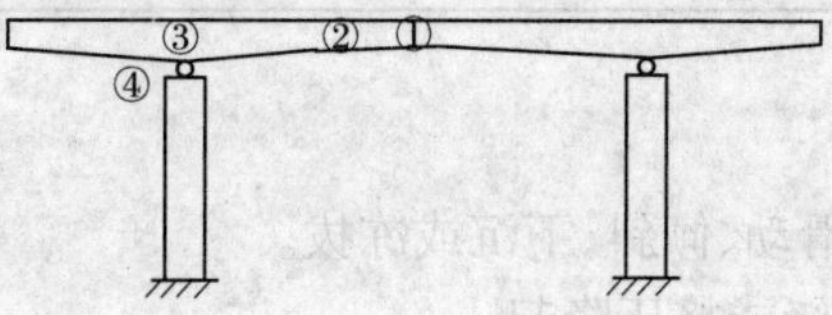	①跨中 ②反弯点(约 1/3 跨处) ③最大负弯矩处 ④支座处
刚架	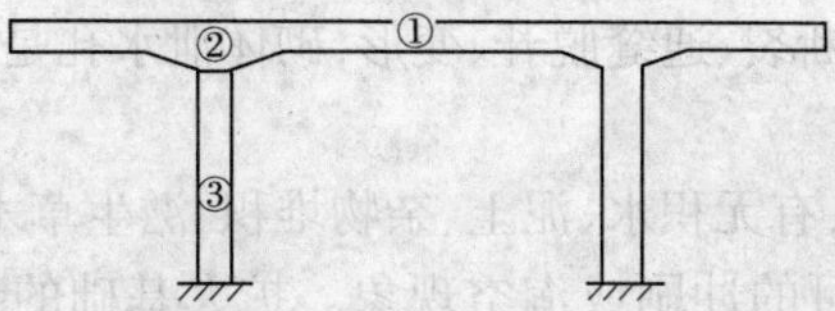	①跨中 ②角隅处 ③立柱或墙身
拱桥	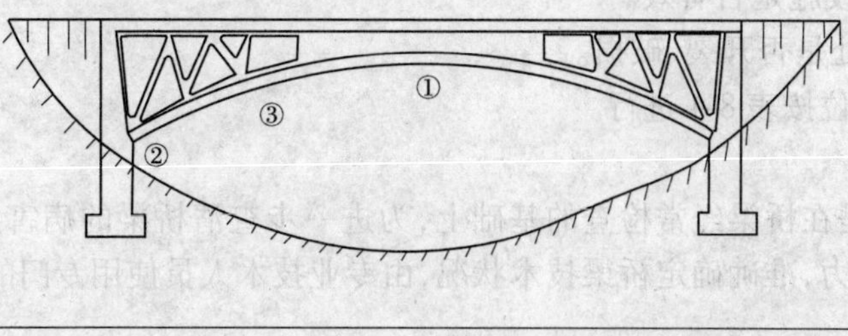	①拱圈顶部下缘 ②拱脚 ③1/4 跨处

续表 8-3

结构形式	重点部位(加○处)	说明
悬索桥	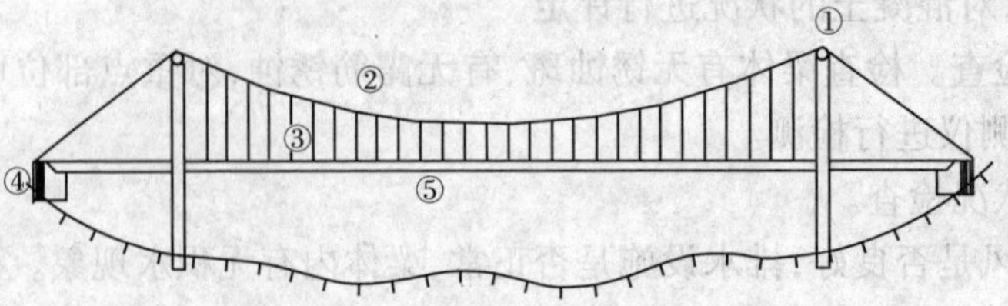	①索塔 ②主缆 ③吊杆 ④锚碇 ⑤主梁
斜拉桥	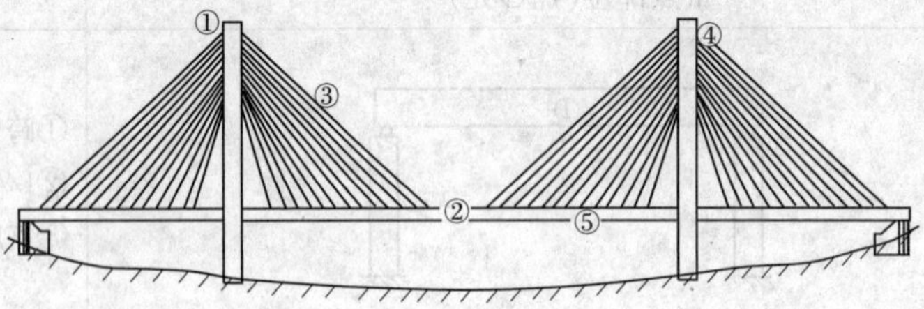	①塔柱 ②主梁 ③斜拉索 ④上锚头 ⑤下锚头

4. 墩(台)与基础的检查

(1)墩(台)与基础是否有滑动、倾斜、下沉或冻拔。

(2)台背填土有无沉降、裂缝或挤压隆起。

(3)混凝土墩(台)及盖梁有无冻胀、风化、腐蚀、开裂、剥落、露筋等,空心墩的水下通水孔是否堵塞。

(4)石砌墩(台)有无砌块断裂、通缝脱开、变形,砌体泄水孔是否堵塞,防水层是否破坏。

(5)墩(台)顶面是否清洁,有无积水、泥土、杂物堆积、滋生草木,伸缩缝处是否漏水。

(6)基础下是否发生不许可的冲刷或淘空现象。扩大基础的地基有无侵蚀;桩柱在水位涨落、干湿交替变化处有无磨损、颈缩、露筋,有无破裂和水的腐蚀现象。

(7)墩(台)防震设施是否有效。

(8)横系梁连接处是否开裂、破损。

桥墩重点检查部位按表 8-4 进行。

(三)特殊检查

桥梁特殊检查,是在桥梁经常检查的基础上,为进一步查清桥梁的病害原因、破损程度、承载能力、抗灾能力,准确确定桥梁技术状况,由专业技术人员使用专门的检测仪器设备进行检测。

桥梁特殊检查根据检查目的可分为应急检查和专门检查。

表 8-4 桥墩重点检查部位

结构形式	重点部位（加○处）	说明
单独桥墩	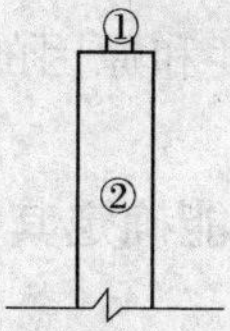	①支座底板 ②墩柱表面
T 形桥墩	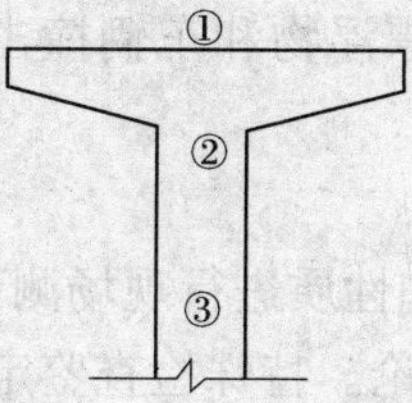	①支座底板 ②悬臂根部 ③墩柱表面
双悬臂框架桥墩	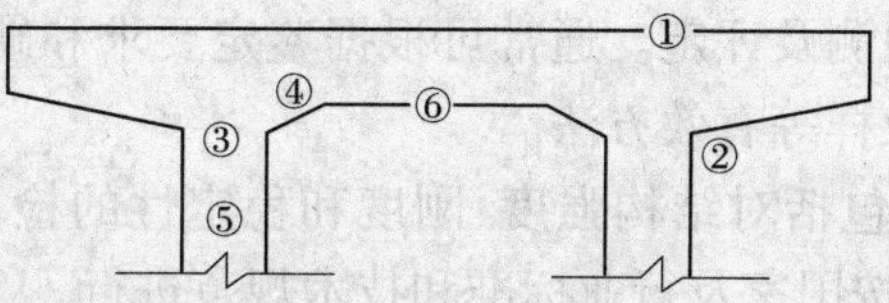	①支座底板 ②悬臂根部 ③梁柱交接处 ④角隅处 ⑤墩柱表面 ⑥跨中处
Y 形桥墩	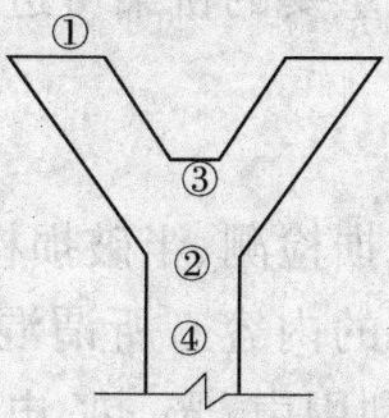	①支座底板 ②悬臂根部 ③Y 形交接处 ④墩柱表面
悬索桥	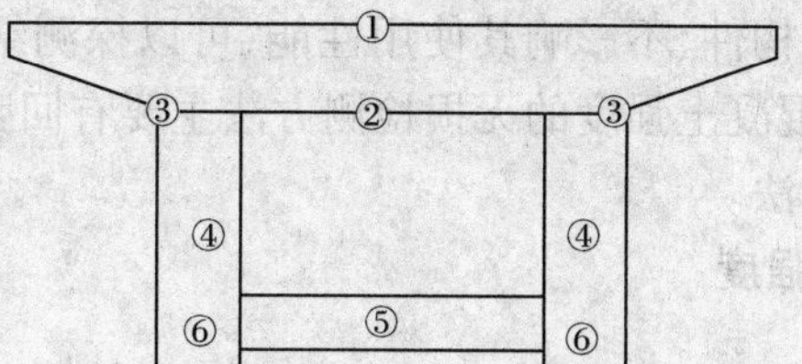	①支座底板 ②盖梁底跨中处 ③悬臂根部 ④墩柱表面 ⑤横系梁跨中 ⑥系梁与墩柱连接处

1. 应急检查

应急检查是指桥梁遭受地震、洪水、风灾、车辆撞击或超重车辆通过等紧急情况或发生突发性严重病害时，为及时得到构筑物状态的信息而进行的检查。应首先进行现场勘察，根据桥梁是否破损，必要时采用专门的仪器设备或试验等特殊手段和科学分析方法，查明桥梁病害原因、破损程度和承载能力，以便采取相应的加固、改造措施。

2. 专门检查

专门检查是对桥梁结构及部件的材料质量和工作性能所存在的缺损状况进行详细检测、试验、判断和评价的过程。桥梁遇下列情况,应进行专门检查:

(1)定期检查中难以判明桥梁损坏程度和原因的,有必要使用特殊设备或专门技术对定期检查作补充。

(2)在进行复杂和昂贵的维修之前,不能确定其承载能力或要求提高载重等级的桥梁。

(3)需要评定桥梁的实际工作状况时。

(4)在桥梁遭受地震、洪水、流冰、漂浮物和车辆撞击事故或重车过桥等特别事件之后。

(5)新建桥梁出现质量问题时。

特殊检查应根据桥梁的破损状况和性质进行现场测试、荷载试验及其他辅助试验,针对桥梁现状进行验算分析,形成鉴定结论。特殊检查鉴定结论主要有以下 3 个方面:

(1)桥梁结构材料缺损状况:包括对材料物理、化学性能退化程度及原因的测试鉴定,结构或构件开裂状态的检测及评定。通常可根据鉴定要求和缺损类型、位置,采用表面量测、无破损检测和局部取样等有效方法。

(2)桥梁结构承载能力:包括对结构强度、刚度和稳定性的检算、试验和鉴定。桥梁结构理论验算和荷载试验应按国家及行业标准和技术规范进行。

(3)桥梁防灾能力:包括桥梁抵抗洪水、流冰、风、地震及其他地质灾害等能力的检测,常采用现场测试与验算的方法,特别重要的桥梁可进行模拟试验。

二、混凝土强度检测

混凝土强度的检测方法可分为无破损检测、半破损检测和破损检测,混凝土结构的无损检测技术是桥梁检测技术中一项重要的内容。所谓混凝土无损检测技术,是在不破坏混凝土内部结构和使用性能的情况下,利用声、光、热、电、磁和射线等方法,测定有关混凝土性能的物理量,推定混凝土的强度、缺陷等的测试技术。混凝土无损检测技术与破坏试验方法相比,具有不破坏结构构件、不影响其使用性能、可以探测结构内部缺陷及可以连续测试和重复测试等特点。混凝土强度的无损检测方法主要有回弹法和超声—回弹综合法,半破损检测通常采用钻芯法。

(一)回弹法检测混凝土强度

1. 基本原理

回弹法是采用回弹仪的弹簧驱动重锤,通过弹击杆弹击混凝土表面,并以重锤被反弹回的距离(称回弹值,指反弹距离与弹簧初始长度之比)作为强度相关指标来推算混凝土强度的一种方法。图 8-1 为回弹法的原理示意图。

回弹法的使用前提是要求被检测结构或构件混凝土的内外质量基本一致。故下列情况不宜使用回弹法检测混凝土的强度:

(1)遭受冻害、化学腐蚀、火灾、高温损坏的混凝土。

(2)被测构件长度小于 10 cm。

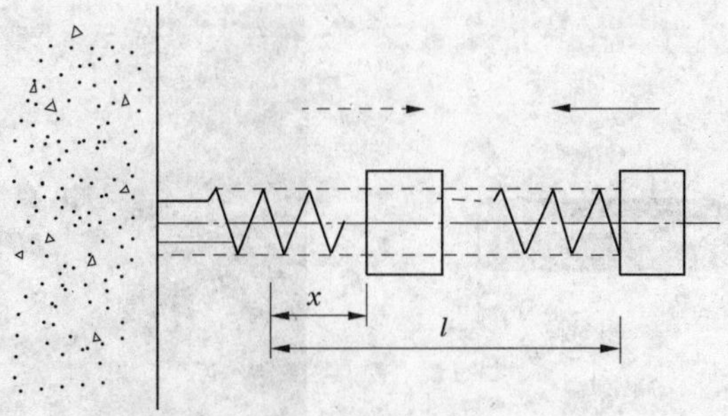

图 8-1　回弹法原理示意图

(3)结构表面温度低于 -4 ℃或高于 60 ℃。

(4)表层与内部质量有明显差异或内部存在缺陷的混凝土。

2. 回弹仪

目前以中型回弹仪应用最为广泛,中型回弹仪是一种指针直读的直射锤击式仪器,其构造如图 8-2 所示。使用时,先对回弹仪缓慢施压,弹击杆 1 缓缓向机壳内推进,弹击拉簧被拉伸,使连接弹击拉簧的弹击锤获得恒定的冲击能量,如图 8-3 所示。当挂钩 12 与调零螺钉 16 相互挤压时,使弹击锤脱钩,弹击锤的冲击面与弹击杆的后端平面相碰撞(见图 8-4),弹击锤所释放出来的能量通过弹击杆传递给混凝土,混凝土弹性反应的能量又通过弹击杆传递给弹击锤,弹击锤获得回弹的能量后回弹,弹击锤回弹的距离 x 与弹击脱钩前距弹击杆后端平面的距离 l 之比即回弹值 R,回弹值由仪器外壳上的刻度尺示出。

3. 回弹法的测强曲线

回弹法测定混凝土的抗压强度的基本依据,就是回弹值与混凝土抗压强度之间的相关性,这种相关性可用“$f_{cu} \sim R$”相关曲线(或公式)来表示,通常称为测强曲线。在我国,回弹法测强曲线分为全国统一测强曲线、地区测强曲线和专用测强曲线 3 种类型,3 种曲线制定的技术条件及使用范围如表 8-5 所示。

测强曲线一般可用回归方程来表示。对于未碳化混凝土,可用下列函数表示

$$f_{cu}^{c} = f(R) \tag{8-1}$$

式中　f_{cu}^{c}——回弹法测区混凝土强度。

对于已经碳化的混凝土或龄期较长的混凝土,可由下列函数表示

$$f_{cu}^{c} = f(R,d) \tag{8-2}$$

$$f_{cu}^{c} = f(R,d,t) \tag{8-3}$$

式中　d——混凝土的碳化深度;

t——混凝土的龄期。

目前,我国应用最广泛的是式(8-2),即采用回弹值和碳化深度两个指标来推定混凝土强度。按全国统一曲线制定的测区混凝土强度换算表见《回弹法检测混凝土抗压强度技术规程》(JGJ/T 23—2011)附录 A。

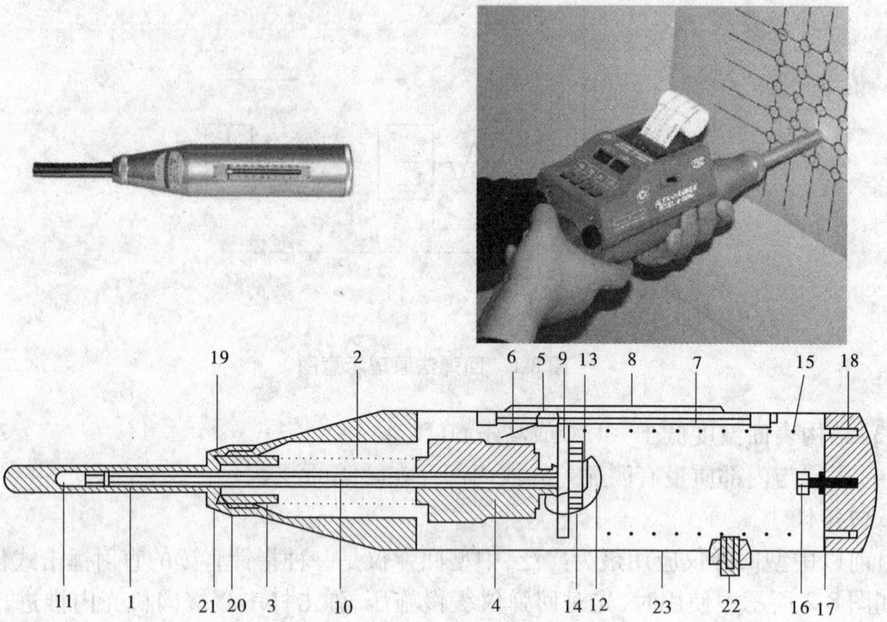

1—弹击杆;2—单击拉簧;3—拉簧座;4—弹击锤;5—指针块;6—指针片;7—指针轴;
8—刻度尺;9—导向法兰;10—中心导杆;11—缓冲压簧;12—挂钩;13—挂钩压簧;
14—挂钩销子;15—压簧;16—调零螺钉;17—紧固螺母;18—尾盖;19—盖帽;
20—卡环;21—密封毡帽;22—按钮;23—外壳

图 8-2　回弹仪及回弹仪的构造

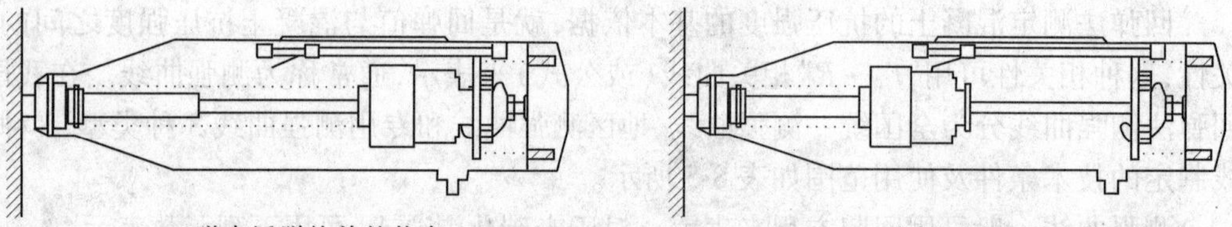

(a)弹击锤脱钩前的状态　　(b)弹击锤脱钩后的状态

图 8-3　弹击状态示意图

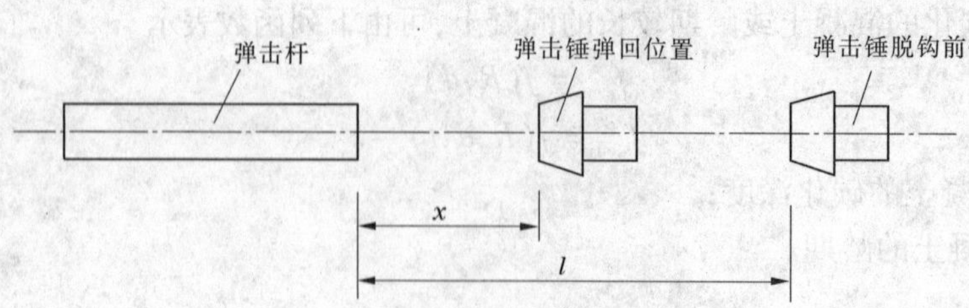

图 8-4　回弹位置示意图

表 8-5　回弹法测强曲线

名称	统一测强曲线	地区测强曲线	专用测强曲线
定义	由全国有代表性的材料、成型、养护工艺配制的混凝土试块，通过大量的破损与非破损试验所建立的曲线	由本地区有代表性的材料、成型、养护工艺配制的混凝土试块，通过较多的破损与非破损试验所建立的曲线	由与构件混凝土相同的材料、成型、养护工艺配制的混凝土试块，通过一定数量的破损与非破损试验所建立的曲线
适用范围	适用于无地区曲线或专用曲线时检测符合规定条件的构件或结构混凝土强度	适用于无专用曲线时检测符合规定条件的构件或结构混凝土强度	适用于检测与该构件相同条件的混凝土强度
误差	测强曲线的平均相对误差不超过 ±15%，相对标准差≤18%	测强曲线的平均相对误差不超过 ±14%，相对标准差≤17%	测强曲线的平均相对误差不超过 ±12%，相对标准差≤14%

4. 一般规定

回弹法检测混凝土强度是对常规检验的一种补充。当对构件有怀疑时，例如，试件与结构中混凝土质量不一致，对试件的检验结果有怀疑或供检验用的试件数量不足时，可采用回弹法检测，并将检测结果作为处理混凝土质量问题的一个主要依据。

另外，施工阶段，如构件拆模、预应力张拉或移梁、吊装，回弹法可作为评估混凝土强度的依据。

回弹法的使用前提是要求被测结构或构件混凝土的内外质量基本一致。因此，当混凝土表层与内部质量有明显差异，例如遭受化学腐蚀或火灾时，不能用回弹法评定混凝土强度。

(1)检测结构或构件混凝土强度可采用下列两种方式，其适用范围及构件数量应符合下列规定：

①单个检测：适用于单独的结构或构件的检测。

②批量检测：适用于在相同的生产工艺条件下，混凝土强度等级相同，原材料、配合比、成形工艺、养护条件基本一致且龄期相近的同类构件。按批进行检测的构件，抽检数量不得少于同批构件总数的 30%，且不宜少于 10 件。抽检构件时，应随机抽取并使所选构件具有一定的代表性。

(2)每一构件的测区，应符合下列要求：

①每一结构或构件测区数不宜少于 10 个，对某一方向尺寸小于 4.5 m 且另一方向尺寸小于 0.3 m 的构件，其测区数量可适当减少，但不应少于 5 个。

②相邻两测区的间距应控制在 2 m 以内，测区离构件端部或施工缝边缘的距离不宜

大于 0.5 m，且不宜小于 0.2 m。

③测区应选在使回弹仪处于水平方向，检测混凝土浇筑侧面（贴模板的一面），当不能满足这一要求时，可选在使回弹仪处于非水平方向检测混凝土浇筑侧面、表面或底面。

④测区宜选在构件的两个对称可测面上，也可选在一个可测面上，且应均匀分布；在构件的受力部位及薄弱部位必须布置测区，并应避开预埋件。

⑤测区的面积宜控制在 0.04 m^2 以内。

⑥检测面应为原状混凝土表面，并应清洁、平整，不应有疏松层、浮浆、油垢、涂层以及蜂窝、麻面，必要时可用砂轮清除疏松层和杂物，且不应有残留的粉末或碎屑。

⑦对于弹击时会产生颤动的薄壁、小型构件应设置支撑固定。

（3）结构或构件的测区应标有清晰的编号，必要时应在记录纸上描述测区布置示意图和外观质量情况。

（4）检测时，回弹仪的轴线应始终垂直于结构或构件混凝土检测面，缓慢施压，准确读数，快速复位。

（5）测点宜在测区范围内均匀分布，相邻两测点的净距一般不小于 20 mm，测点距构件边缘或外露钢筋、预埋件的距离一般不小于 30 mm，测点不应在气孔或外露石子上，同一测点只允许弹击一次。每一测区应记取 16 个回弹值，每一测点的回弹值读数精确至 0.1。

5. 碳化深度的测量

（1）回弹值测量完毕后，应选择不小于构件数的 30% 测区数在有代表性的位置上测量碳化深度值；当碳化深度值大于 2.0 mm 时，应在每一测区测量碳化深度值。

（2）碳化深度值的测量方法：用冲击钻在测区表面形成直径约 15 mm 的孔洞，其深度大于混凝土的碳化深度。然后除净孔洞中的粉末和碎屑后（不得用水冲洗），立即用浓度为 1% 的酚酞酒精溶液滴在孔洞内壁的边缘处，碳化部分的混凝土不变色，未碳化部分的混凝土变成紫红色，再用测深卡尺测量已碳化与未碳化混凝土交界面到混凝土表面的垂直距离，测量不应少于 3 次，取其平均值，该距离即为混凝土的碳化深度值。每次读数精确至 0.25 mm，平均值应精确至 0.5 mm。

6. 测区回弹值和混凝土强度的计算

（1）计算测区平均回弹值时，应从该测区的 16 个回弹值中剔除 3 个最大值和 3 个最小值，然后将余下的 10 个回弹值按下列公式计算

$$R_m = \frac{\sum_{i=1}^{10} R_i}{10} \tag{8-4}$$

式中 R_m——测区平均回弹值，精确至 0.1；

R_i——第 i 个测点的回弹值。

（2）非水平方向检测混凝土浇筑侧面时，应按下式修正

$$R_m = R_{ma} + R_{aa} \tag{8-5}$$

式中 R_{ma}——非水平方向检测时测区的平均回弹值，精确至 0.1；

R_{aa}——非水平方向检测时回弹值的修正值，按表 8-6 采用。

表 8-6　非水平方向检测时回弹值的修正值 R_{aa}

R_{ma}	测试角度							
	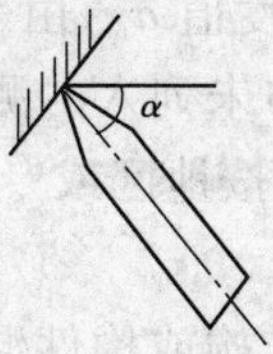				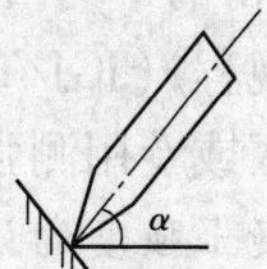			
	+90°	+60°	+45°	+30°	−30°	−45°	−60°	−90°
20	−6.0	−5.0	−4.0	−3.0	+2.5	+3.0	+3.5	+4.0
25	−5.5	−4.5	−3.8	−2.8	+2.3	+2.8	+3.3	+3.8
30	−5.0	−4.0	−3.5	−2.5	+2.0	+2.5	+3.0	+3.5
35	−4.5	−3.8	−3.3	−2.3	+1.8	+2.3	+2.8	+3.3
40	−4.0	−3.5	−3.0	−2.0	+1.5	+2.0	+2.5	+3.0
45	−3.8	−3.3	−2.8	−1.8	+1.3	+1.8	+2.3	+2.8
50	−3.5	−3.0	−2.5	−1.5	+1.0	+1.5	+2.0	+2.5

注：①表中修正值可用内插法求得，精确至 0.1；

②R_{ma} 小于 20 或大于 50 时，可分别按 20 或 50 查表。

(3)水平方向检测混凝土浇筑顶面或底面时，应按下列公式修正

$$R_m = R_m^t + R_a^t \tag{8-6}$$

$$R_m = R_m^b + R_a^b \tag{8-7}$$

式中　R_m^t、R_m^b——水平方向检测混凝土表面、底面时，测区的平均回弹值，精确至 0.1；

R_a^t、R_a^b——混凝土浇筑表面、底面回弹值的修正值，按表 8-7 采用。

表 8-7　混凝土浇筑表面、底面回弹值的修正值

R_m	表面修正值 R_a^t	底面修正值 R_a^b
20	+2.5	−3.0
25	+2.0	−2.5
30	+1.5	−2.0
35	+1.0	−1.5
40	+0.5	−1.0
45	0	−0.5
50	0	0

(4)在检测时，如仪器处于非水平方向，且测试面又非混凝土的浇筑侧面，则应对测

得的回弹值先进行角度修正,再进行浇筑面修正。

(5)结构或构件第 i 个测区混凝土强度换算值,可按式(8-4)、式(8-5)、式(8-6)或式(8-7)求得的平均回弹值 R_m 及求得的平均碳化深度值 d_m,由《回弹法检测混凝土抗压强度技术规程》(JGJ/T 23—2011)附录 A 查得。表中未列入的测区强度值可用内插法求得。有地区或专用测强曲线时,混凝土强度换算值应按地区或专用测强曲线换算得出。

7. 混凝土强度的计算

(1)由各测区的混凝土强度换算值可计算得出结构或构件混凝土的强度平均值。当测区数不少于 10 个时,还应计算强度标准差。平均值及标准差应按下列公式计算

$$m_{f_{cu}^c} = \frac{\sum_{i=1}^{n} f_{cu,i}^c}{n} \tag{8-8}$$

$$S_{f_{cu}^c} = \sqrt{\frac{\sum_{i=1}^{n} (f_{cu,i}^c)^2 - n(m_{f_{cu}^c})^2}{n-1}} \tag{8-9}$$

式中 $m_{f_{cu}^c}$——构件混凝土强度换算值的平均值,MPa,精确至 0.1 MPa;

n——对于单个检测的构件,取一个构件的测区数,对于批量检测的构件,取被抽检构件测区数之和;

$S_{f_{cu}^c}$——构件混凝土强度换算值的标准差,MPa,精确至 0.01 MPa。

(2)构件混凝土强度推定值。

结构或构件的混凝土强度推定值($f_{cu,e}$)应按下列公式确定:

①当该构件测区数少于 10 个时

$$f_{cu,e} = f_{cu,min}^c \tag{8-10}$$

式中 $f_{cu,min}^c$——构件中最小的测区混凝土强度换算值。

②当构件测区混凝土强度值中出现小于 10 MPa 的数值时

$$f_{cu,e} < 10.0 \text{ MPa} \tag{8-11}$$

③当构件测区数不少于 10 个或按批量检测时,应按下列公式计算

$$f_{cu,e} = m_{f_{cu}^c} - 1.645 S_{f_{cu}^c} \tag{8-12}$$

(3)对于按批量检测的构件,当该批构件混凝土强度标准差出现下列情况之一时,则该批构件应全部按单个构件检测:

①当该批构件混凝土强度平均值小于 25 MPa 时,$S_{f_{cu}^c} > 4.5$ MPa;

②当该批构件混凝土强度平均值不小于 25 MPa,且不大于 60 MPa 时,$S_{f_{cu}^c} > 5.5$ MPa。

(二)超声—回弹综合法检测混凝土强度

1. 原理

超声—回弹综合法是以超声波在构件混凝土内部传播的速度和混凝土表面的回弹值两项测试指标,综合推定结构和构件混凝土抗压强度的一种无损检测方法。综合法是根据测取混凝土的超声波速和回弹值,按测试前确定的混凝土强度推定值、超声波速和回弹值关系的测强曲线推定结构和构件混凝土抗压强度的。超声法检测混凝土强度充分反映

了超声波历程上混凝土内部的平均强度，而回弹法的回弹值仅反映了结构和构件混凝土表层的强度。当采用超声—回弹综合法检测结构和构件混凝土强度时，测试结果既反映结构和构件混凝土内部的强度，又反映结构和构件混凝土表面的强度，而且不必考虑混凝土表面碳化层对测试的影响。而且采用综合法的精度和可靠性要高于单一的超声法或回弹法。

2. 仪器设备

（1）对回弹仪的要求同回弹法检测混凝土强度规定。

（2）混凝土超声波检测仪器，如图 8-5 所示。

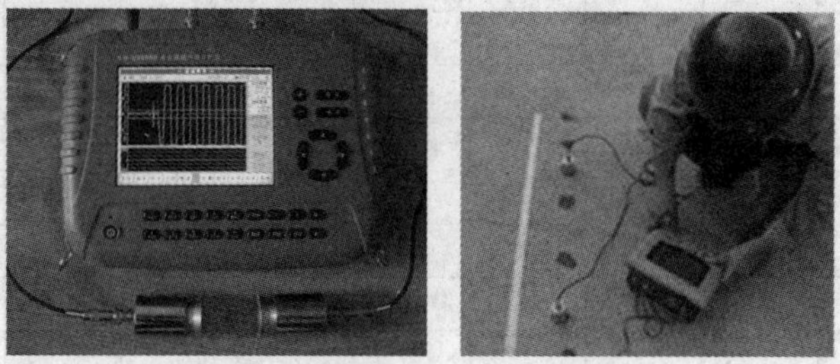

图 8-5　混凝土超声波检测仪

3. 一般规定

超声—回弹综合法和回弹法一样，对桥梁结构混凝土强度检测可采用构件检测和部位检测两种方式。

（1）测区布置规定：

①按单个构件检测时，应在构件上均匀布置测区，每个构件上测区数量不应少于 10 个；

②同批构件按批抽样检测时，构件抽样数不应少于同批构件的 30%，且不应少于 10 件；

③对某一方向尺寸不大于 4.5 m 且另一方向尺寸不大于 0.3 m 的构件，其测区数量可适当减少，但不应少于 5 个。

（2）当按批抽样检测时，符合下列条件的构件才可作为同批构件：

①混凝土强度等级相同；

②混凝土原材料、配合比、成型工艺、养护条件及龄期基本相同；

③构件种类相同；

④在施工阶段所处状态相同。

（3）构件的测区，应满足下列要求：

①在条件允许时，测区宜优先布置在构件混凝土浇筑侧面；

②测区可在构件的两个对应面、相邻面或同一面上布置；

③测区宜均匀布置，相邻两测区的间距不宜大于 2 m；

④测区应避开钢筋密集区和预埋件；

⑤测区尺寸宜为 200 mm×200 mm，采用平测时宜为 400 mm×400 mm；

⑥测试面应清洁、平整、干燥，不应有接缝、饰面层、浮浆和油垢，并避开蜂窝、麻面部

位，必要时可用砂轮片清除杂物和磨平不平整处，并擦净残留粉尘。

(4)结构或构件上的测区应注明编号，并记录测区位置和外观质量情况。

(5)结构或构件的每一测区，宜先进行回弹测试，后进行超声测试，并填写超声—回弹综合法测强原始记录表，如表8-8所示。

(6)在计算混凝土强度换算值时，非同一测区内的回弹值及声速值不得混用。

表8-8 超声—回弹综合法测强原始记录表

项目	测区	1	2	3	4	5	6	7	8	9	10
回弹值	1										
	2										
	3										
	4										
	5										
	6										
	7										
	8										
	9										
	10										
	11										
	12										
	13										
	14										
	15										
	16										
	R_m										
超声声时值(μs)	1										
	2										
	3										
	平均值										
测距(mm)											
声速(km/s)											
换算强度(MPa)											

4. 测量与计算

超声—回弹综合法中回弹值的测试和计算与回弹法相同。以下简要介绍超声声时值的测量与声速值的计算。

1)超声声时值的测量

超声测点应布置在回弹测试的同一测区内。测量超声声时值时，应保证换能器与混凝土耦合良好，测试的声时值应精确至0.1 μs，声速值应精确至0.01 km/s，超声波传播距离的测量误差应不超过±1%。在每个测区内的相对测试面上，应各布置3个超声测点，且发射和接收换能器的轴线应在同一直线上，见图8-6。当不具备对测条件时，可采用斜测或单面平测。

2)声速值的计算

测区声速值应按下式计算

$$v = \frac{1}{3}\sum_{i=1}^{3}\frac{l_i}{t_i - t_0} \quad (8\text{-}13)$$

式中 v——测区声速值,km/s;

l_i——第 i 个测点的超声测距,mm;

t_i——第 i 个测点的声时值读数,μs;

t_0——声时值初读数,μs。

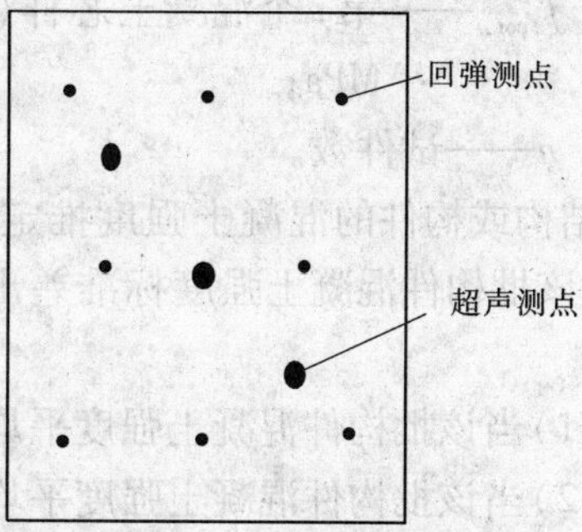

图 8-6 测区测点分布

当在混凝土浇筑的顶面或底面对测或斜测时,测区声速值应按下式进行修正

$$v_a = 1.034v_i \quad (8\text{-}14)$$

式中 v_a——修正后的测区声速值,km/s。

5. 混凝土强度的推定

用综合法检测构件混凝土强度时,构件第 i 个测区的混凝土强度换算值 $f^{c}_{cu,i}$,应根据修正后的测区回弹值 R_{ai} 及声速值 v_{ai},优先采用专用测强曲线或地区测强曲线换算而得。当无专用或地区测强曲线时,可按全国统一测强曲线(见《超声—回弹综合法检测混凝土强度技术规程》(CECS 02:2005)附录 C)换算或按下列公式计算。

当粗集料为卵石时

$$f^{c}_{cu,i} = 0.005\,6v_{ai}^{1.439}R_{ai}^{1.769} \quad (8\text{-}15)$$

当粗集料为碎石时

$$f^{c}_{cu,i} = 0.016\,2v_{ai}^{1.656}R_{ai}^{1.410} \quad (8\text{-}16)$$

式中 $f^{c}_{cu,i}$——第 i 个测区混凝土抗压强度换算值,精确至 0.1 MPa。

当结构或构件中的测区数不少于 10 个时,各测区混凝土抗压强度换算值的平均值和标准差计算同回弹法。

当结构或构件所采用的材料及其龄期与制定测强曲线所采用的材料及其龄期有较大差异时,应采用同条件立方体试件或从结构、构件测区中钻取的混凝土芯样试件的抗压强度进行修正。试件数量不应少于 4 个。修正系数 η 可按下列公式计算。

采用同条件立方体试块修正时

$$\eta = \frac{1}{n}\sum_{i=1}^{n} f^{0}_{cu,i}/f^{c}_{cu,i} \quad (8\text{-}17)$$

采用混凝土芯样试件修正时

$$\eta = \frac{1}{n}\sum_{i=1}^{n} f^{0}_{cor,i}/f^{c}_{cu,i} \quad (8\text{-}18)$$

式中 η——修正系数,精确至小数点后两位;

$f^{0}_{cu,i}$——第 i 个混凝土立方体(边长 150 mm)试块抗压强度值,精确至 0.1 MPa;

$f^{c}_{cu,i}$——对应于第 i 个立方体试块或芯样试件的混凝土强度换算值,精确至 0.1 MPa;

$f^{0}_{cor,i}$——第 i 个混凝土芯样(ϕ100 mm×100 mm)试件抗压强度值,精确至 0.1 MPa;

n——试件数。

结构或构件的混凝土强度推定值($f_{cu,e}$)的计算同回弹法。但对于按批量检测的构件,当该批构件混凝土强度标准差出现下列情况之一时,该批构件应全部按单个构件检测。

(1)当该批构件混凝土强度平均值小于 25.0 MPa 时,$S_{f^{c}_{cu}}$ >4.50 MPa。

(2)当该批构件混凝土强度平均值为 25.0~50.0 MPa 时,$S_{f^{c}_{cu}}$ >5.50 MPa。

(3)当该批构件混凝土强度平均值大于 50.0 MPa 时,$S_{f^{c}_{cu}}$ >6.50 MPa。

6. 注意事项

(1)超声法测点和回弹法测点应布置在同一测区的测试面上,但两种测量方法的测点不宜重叠。

(2)每一测区内宜先进行回弹值的测试,再进行超声测试。

(3)仅同一测区内的回弹值和波速值才能进行该测区混凝土抗压强度推定,不同测区不得混用。

(三)钻芯法半破损检测混凝土强度

1. 概述

结构混凝土强度半破损检测方法是以不影响构件的承载力为前提,在构件上直接进行局部破坏性试验,或直接钻取芯样、拔出混凝土锥体等手段检测混凝土强度或缺陷的方法。这类方法的优点是结果真实、直观。缺点是造成结构局部破坏,需要修补,因此不宜用于大面积的检测。在我国钻芯法应用较为广泛。

钻芯法检测混凝土强度是指从混凝土结构物中钻取芯样,测定混凝土的劈裂抗拉强度和抗压强度,作为评定结构的主要品质指标。但是,由于结构或构件部位的条件、所处位置及受力状态的影响,钻取芯样数量通常较少,在一定程度上可作为抽检混凝土抗压强度、均匀性和内部缺陷的指标。

钻芯法检测混凝土强度主要适用于下列情况:

(1)对测试结果有怀疑时。

(2)因材料、施工或养护不良而发生混凝土质量问题时。

(3)混凝土遭受冻害、火灾、化学侵蚀或其他损害时。

(4)需检测经多年使用的建筑结构或构筑物中混凝土的强度时。

2. 芯样钻取

结构或构件的芯样钻取部位应选在受力较小的部位,混凝土强度质量具有代表性的部位,便于钻芯机(见图 8-7)安放与操作的部位,避开主筋、预埋件和管线的位置,并尽量避开其他钢筋。

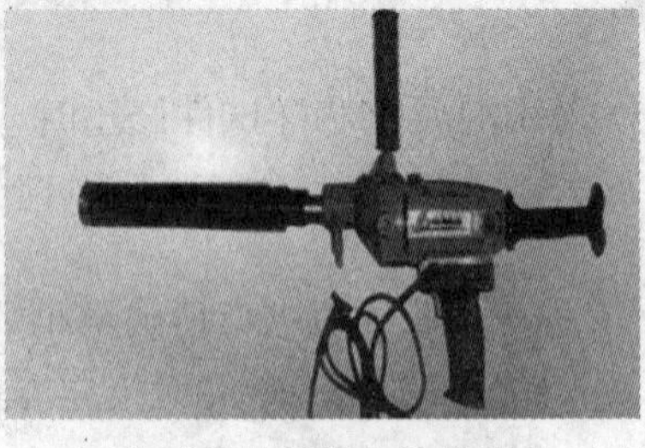

图 8-7　混凝土钻芯机

芯样直径不宜小于混凝土所有集料最大粒径的 3 倍,一般为 150 mm 或 100 mm。任何情况下不小于集料最大粒径的2倍。

钻出后的每个芯样应立即清楚地标上记号，并记录芯样在混凝土结构中钻取的位置。

钻取的芯样数量应满足下列规定：

(1)按单个构件检验时，每个构件钻取芯样不少于3个，对较小构件至少应钻取2个。

(2)对构件局部区域检验时，应由要求检验的单位确定取芯位置及数量。

3. 钻取芯样检查

每个芯样应详细描述有关裂缝、分层、麻面或离析等，并估计集料的最大粒径、形状种类及粗细集料的比例与级配，检查并记录存在的气孔的位置、尺寸与分布情况，必要时应进行拍照。

在芯样的中间及两端1/4处按两个垂直方向测量三对数值，确定芯样的平均直径 d，精确至0.5 mm。

测量钻芯样侧面两个垂直方向的长度，取平均值作为试件平均长度 L，精确至1.0 mm。

如有必要，应测定芯样的表观密度。

4. 试件制作

抗压试验用的试件长度(端部加工后)和直径之比应为1~2。芯样端面必须平整，必要时应磨平或用水泥砂浆补平。

芯样两端平面应与轴线垂直，误差不应大于1°。

5. 芯样抗压强度 f_{cu}^{c} 计算

芯样抗压强度 f_{cu}^{c} 的计算如下

$$f_{cu}^{c} = \alpha \frac{4P}{\pi d^2} \tag{8-19}$$

式中 f_{cu}^{c}——混凝土芯样抗压强度，精确至0.1 MPa；

P——极限荷载，N；

d——芯样截面的平均直径，mm；

α——不同高径比芯样试件混凝土强度换算系数，见表8-9。

表8-9 芯样试件混凝土强度换算系数

高径比(h/d)	1.0	1.1	1.2	1.3	1.4	1.5	1.6	1.7	1.8	1.9	2.0
α	1.00	1.04	1.07	1.10	1.13	1.15	1.17	1.19	1.20	1.22	1.24

三、钢筋锈蚀的无损检测

在正常情况下，由于混凝土材料呈现弱碱性，它可以使混凝土中钢筋表面形成一层薄的钝化膜。这层钝化膜为钢筋提供了良好的保护层而不被腐蚀，所以钢筋混凝土结构和构件的使用寿命很长。但是，钢筋混凝土结构和构件在长期使用的过程中由于复杂交变荷载的作用、温度应力和有害化学物质等的影响，导致钢筋混凝土的保护层开裂或逐渐剥落，这使空气中的二氧化碳、二氧化硫气体和水很容易进入混凝土中，破坏了碱性环境，导致钢筋锈蚀，使钢筋与混凝土之间的握裹力降低，加速混凝土保护层的爆裂，导致钢筋的有效截面面积变小，引起桥梁结构承载能力不足。通过对混凝土内的钢筋锈蚀情况进行检测，确定腐蚀后的钢筋截面面积及桥梁的实际承载能力，以便为桥梁结构的维修加固提供依据。

半电池电位法是目前国内外混凝土中钢筋锈蚀状况的主要检测方法。这种检测方法是利用混凝土中钢筋的电化学反应引起的电位变化来测定钢筋锈蚀状态，通过测定钢筋/混凝土半电池电极和在混凝土表面的铜/硫酸铜参考电极之间的电位差的大小，来预测钢筋可能的锈蚀程度。图 8-8 为半电池电位法钢筋锈蚀仪的测试系统简图，图 8-9 为钢筋锈蚀仪。

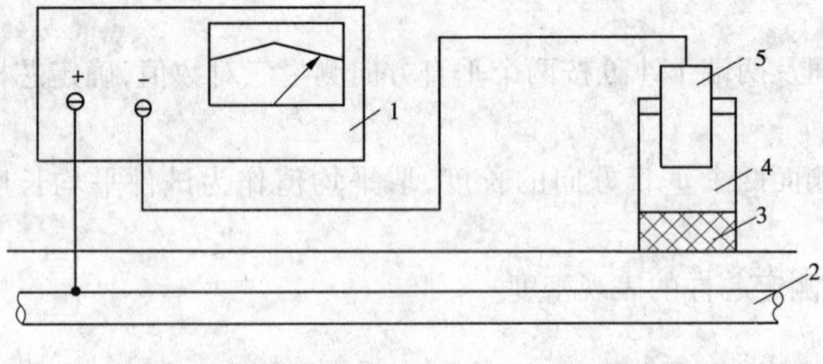

1—毫伏表；2—钢筋混凝土中的钢筋；3—多孔接头；4—硫酸铜饱和液；5—电极铜棒

图 8-8　钢筋锈蚀仪的测试系统简图

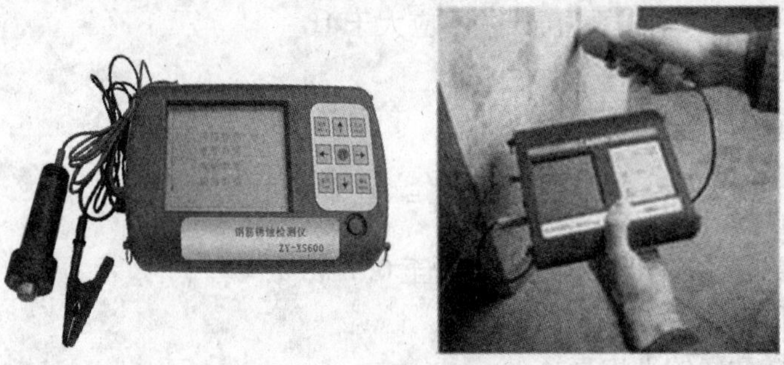

图 8-9　钢筋锈蚀仪

（一）测试方法

1. 测区的选择与测点布置

（1）钢筋锈蚀状况检测范围应为主要承重构件或承重构件的主要受力部位，或根据一般检查结果有迹象表明钢筋可能存在锈蚀的部位，但测区不应有明显的锈蚀胀裂、脱空或层离现象。

（2）在测区上布置测试网格，网格节点即为测点，网格间距可选 20 cm×20 cm、30 cm×30 cm、20 cm×10 cm 等，根据构件尺寸而定，测点位置距构件边缘应大于 5 cm，一般不宜少于 20 个测点。

（3）当一个测区内存在相邻测点的读数超过 150 mV 时，通常应减小测点的间距。

（4）测区应统一编号，注明位置，并描述外观情况。

2. 混凝土表面处理

用钢丝刷、砂纸打磨测区混凝土表面,去除涂料、浮浆、污迹、尘土等,并用接触液将表面润湿。

3. 测量值的采集

测点读数变动不超过 2 mV,可视为稳定。在同一测点,同一个参考电极,重复测读的差异不超过 10 mV;不同的参考电极重复测读的差异不超过 20 mV。若不符合读数稳定要求,应检查测试系统的各个环节。

(二)影响测量值的因素及修正

(1)混凝土含水率对测量值的影响较大,测量时构件应处在自然干燥状态,否则不能使用表 8-10 所给的判定标准。

(2)混凝土保护层电阻会对测量值产生影响,除测区表面处理要符合规定外,仪器的输入阻抗要符合技术要求。

(3)若环境温度在(22 ±5)℃范围之外,应对铜/硫酸铜电极作温度修正。

(4)各种外界因素产生的波动电流对测量值影响较大,特别是靠近地面的测区,应避免各种电、磁场的干扰。

(5)为提高现场评定钢筋状态的可靠度,一般要进行现场比较性试验。现场比较性试验通常按已暴露钢筋的锈蚀程度不同,在它们的周围分别测出相应的锈蚀电位,比较这些钢筋的锈蚀程度和相应测量值的对应关系,提高评判的可靠度,但不能与有明显锈蚀、胀裂、脱空、层离现象的区域比较。

(三)检测结构的判读及分析

(1)在对已处理的数据(已进行温度修正)进行判读之前,按惯例在这些数据前加上负号,绘制等电位图,然后进行判读。

(2)按表 8-10 给出的判定标准判断混凝土中钢筋发生锈蚀的概率。

表 8-10 结构混凝土中钢筋锈蚀电位的判定标准

序号	电位水平(mV)	钢筋状态	评定标度值
1	0 ~ −200	无锈蚀活动性或锈蚀活动性不确定	1
2	−200 ~ −300	有锈蚀活动性,但锈蚀状态不确定,可能坑蚀	2
3	−300 ~ −400	锈蚀活动性较强,发生锈蚀概率大于 90%	3
4	−400 ~ −500	锈蚀活动性强,严重锈蚀可能性较大	4
5	< −500	构件存在锈蚀开裂区域	5

注:①表中电位水平为采用铜/硫酸铜电极时的测量值;

②混凝土湿度对测量值有明显影响,测量时构件为自然状态,否则用此评定标准误差较大。

四、混凝土裂缝的检测

裂缝检测的目的是掌握对结构承载力和耐久性有影响的裂缝的分布、长度、宽度、深度和发展方向等。混凝土结构裂缝的出现不仅会影响到桥梁的外观美观,更重要的是,会减小构件的受力面积和加速钢筋的锈蚀,从而会降低桥梁的承载能力,影响到桥梁的耐久性。

裂缝宽度可借助数字混凝土裂缝宽度检测仪(见图 8-10)进行检测,裂缝长度可用卷尺进行量测,其他项目一般可采用目测进行。

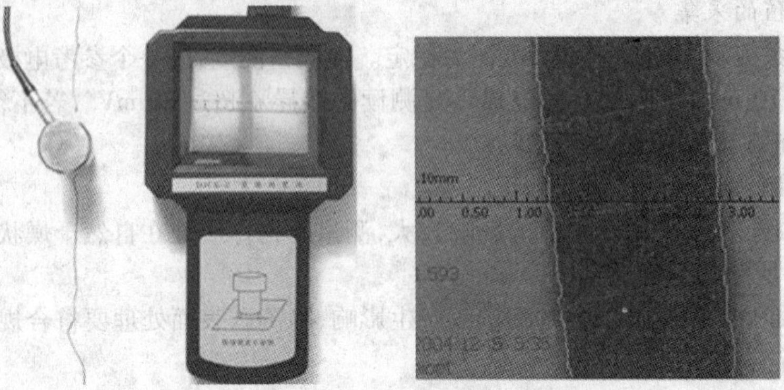

图 8-10　数字混凝土裂缝宽度检测仪

裂缝的检查方法主要有:

(1)在裂缝的起点及终点做标记;在裂缝附近沿裂缝发展方向画细线,以标注裂缝的发展形态和长度。

(2)在标注裂缝上,利用目测方式选择裂缝宽度较大处作为检测裂缝宽度的位置,将裂缝宽度检测仪放置在该处,量出裂缝的宽度。

(3)量出主要裂缝的宽度后,将它与量测的裂缝位置、走向、长度、分布情况及特征,用网格坐标法绘制裂缝展示图,以记录裂缝的形态特征。

五、超声法检测混凝土缺陷

在混凝土结构物的施工及使用过程中,往往会造成一些缺陷或损伤。形成这些缺陷或损伤的原因是多种多样的。一般而言,主要有四方面的原因:①施工原因。例如振捣不足,钢筋网过密而集料最大粒径选择不当、模板漏浆等所造成的内部孔洞、不密实区、蜂窝及保护层不足、钢筋外露等。②由于混凝土非外力作用所形成的裂缝。例如在大体积混凝土中,因水泥水化热积蓄过多,在凝固及散热过程中的不均匀收缩而造成的温度裂缝,混凝土干缩及碳化收缩所造成的裂缝。③长期在腐蚀介质或冻融作用下由表及里的层状疏松。④受外力作用所产生的裂缝。例如因龄期不足即行吊装而产生的吊装裂缝等。

这些缺陷损伤往往会严重影响结构物的承载能力或耐久性,因此是事故处理、施工验收、旧桥安全鉴定及进行维修和补强设计时必须检测的项目。

目前,对混凝土内部缺陷的存在、大小、位置和性质进行无破损检测的手段有超声脉冲法和射线法两大类,其中射线法因穿透能力有限,以及操作中需解决人体防护等问题,在我国使用较少。所以,目前最有效的检测方法是超声脉冲法,又称超声法。

超声法采用带波形显示功能的超声波检测仪,它测量超声脉冲波在混凝土中的传播速度(简称声速)、首波幅度(简称波幅)和接收信号主频率(简称主频)等声学参数,并根据这些参数及其相对变化(有缺陷声速、波幅和主频降低),判定混凝土结构内部缺陷与表层损伤的情况。

该方法适用于公路常见混凝土桥梁混凝土结构内部缺陷与表层损伤的检测。涉及的检测项目主要包括：混凝土内部空洞和不密实区的位置与范围、裂缝深度、表层损伤厚度，以及不同时间浇筑的混凝土结合面的质量和钢管混凝土中的缺陷检测等。

(1)超声法检测混凝土缺陷的基本依据：

①根据低频超声在混凝土中遇到缺陷时的绕射现象，按声时及声程的变化，判别和计算缺陷的大小。

②根据超声波在缺陷界面上产生反射，因而到达接收探头时能量会显著衰减的现象判断缺陷的存在及大小。

③根据超声脉冲各频率成分在遇到缺陷界面被衰减程度的不同，因而接收频率明显降低，或接收波谱产生差异的现象，也可判别内部缺陷。

④根据超声波在缺陷处的波形转换和叠加，造成接收波形畸变的现象判别缺陷。

(2)要求测区混凝土表面应清洁、平整，必要时可用砂轮磨平或用高强度等级快凝砂浆抹平。换能器应通过耦合剂与结构表面接触，耦合层中不得夹杂泥沙或空气。

(3)测点间距宜为200~500 mm(平测法例外)，对出现可疑数据的区域，应加密布点进行细测。

(4)超声法检测混凝土内部缺陷与表层损伤的方法总体可以分为两类。

第一类为用厚度振动式换能器进行平面测试，具体测试方法如下所述。

(1)对测法：一对发射(T)和接收(R)换能器，分别置于被测结构相互平行的两个表面，两个换能器的轴线位于同一直线上。

(2)斜测法：一对发射和接收换能器分别置于被测结构的两个表面，但两个换能器的轴线不在同一直线上。

(3)单面平测法：一对发射和接收换能器置于被测结构物同一个表面上进行测试。

第二类为采用径向振动式换能器进行钻孔测试，具体测试方法如下所述：

(1)孔中对测：一对换能器分别置于两个对应的钻孔中，位于同一高度进行测试。

(2)孔中斜测：一对换能器分别置于两个对应的钻孔中，但不在同一高度，而是在保持一定高差的条件下进行测试。

(3)孔中平测：一对换能器置于同一钻孔中，以一定高差同步移动进行测试。

(一)混凝土内部缺陷和空洞的检测

1.适用情况

在混凝土结构施工过程中，因漏振、漏浆或因石子架空在钢筋骨架上，导致混凝土内部形成蜂窝状不密实或空洞等隐蔽缺陷时。

2.检测要求

(1)被测部位应具有一对(或两对)相互平行的测试面。

(2)测区的范围除应大于有怀疑的区域外，还应有同条件的正常混凝土的对比，且对比测点数不应少于20个。

(3)在测区布置测点时，应避免T、R换能器的连线与附近的主钢筋轴线平行。

3. 检测方法

根据被测结构实际情况，可按下列方法之一布置换能器：

(1)当结构具有两对互相平行的测试面时可采用对测法，其测试方法如图 8-11 所示。在测区的两对相互平行的测试面上，分别画间距为 100 ~ 300 mm 的网格，然后编号，确定对应的测点位置。

(2)当结构中只有一对相互平行的测试面时可采用对测和斜测相结合的方法。即在测区的两个相互平行的测试面上，分别画出交叉测试的两组测点位置，如图 8-12 所示。

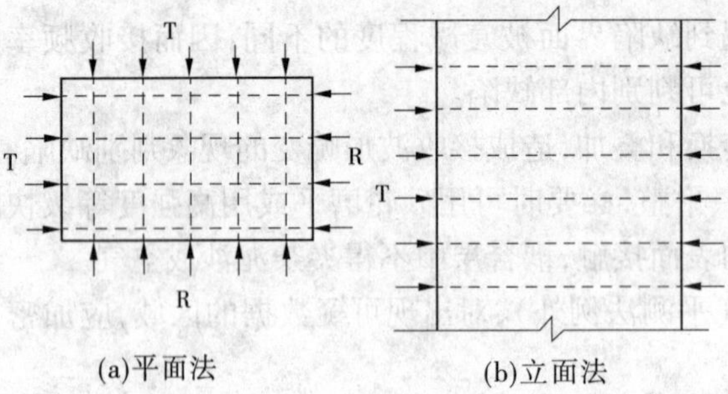

图 8-11 对测法示意图

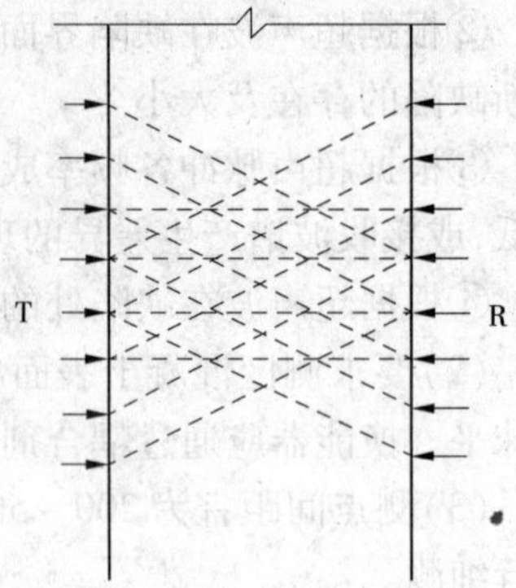

图 8-12 斜测法示意图

(3)当测距较大时，可采用钻孔或预埋管测法，如图 8-13 所示，在测位预埋声测管或钻出竖向测试孔，预埋管内径或钻孔直径宜比换能器直径大 5 ~ 10 mm，预埋管或钻孔间距宜为 2 ~ 3 m，其深度可根据测试需要确定。检测时可用两个径向振动式换能器分别置于两测孔中进行测试，或用一个径向振动式与一个厚度振动式换能器，分别置于测孔中和平行于测孔的侧面进行测试。

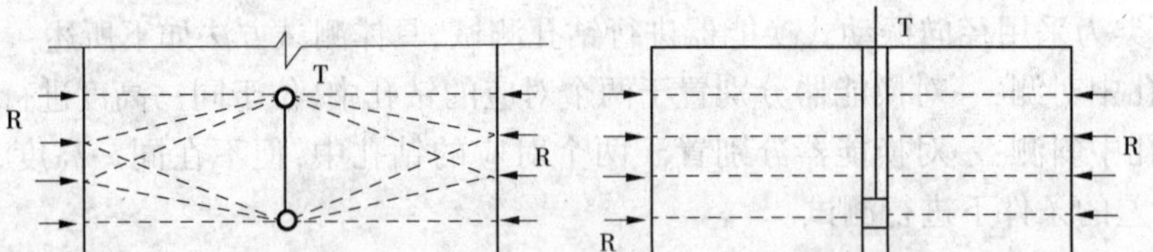

图 8-13 钻孔法示意图

4. 声学参数测量

声学参数测量按规定测量每一测点的声时、波幅、频率和测距。

5. 数据处理及判定

测区混凝土声时(或声速)、波幅、频率测量值的平均值(m_x)和标准差(S_x)应按式(8-20)、式(8-21)计算

$$m_x = \frac{1}{n}\sum_{i=1}^{n} x_i \tag{8-20}$$

$$S_x = \sqrt{(\sum_{i=1}^{n} x_i^2 - nm_x^2)/(n-1)} \tag{8-21}$$

式中　x_i——第 i 点的声时（或声速）、波幅、频率的测量值；

　　n——测区参与统计的测点数。

6. 空洞尺寸的估算

当判定缺陷是空洞时，可采用以下方法估算其空洞尺寸的大小，如图 8-14 所示，设检测距离为 l，空洞中心（在另一对测试面上，声时最长的测点位置）距一个测试面的垂直距离为 l_h，声波在空洞附近无缺陷混凝土中传播的时间平均值为 m_{ta}，绕空洞传播的时间（空洞处的最大声时）为 t_h，空洞半径为 r。

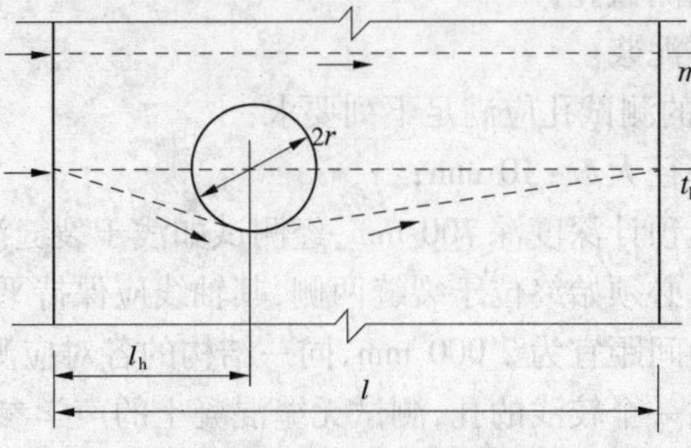

图 8-14　空洞尺寸估算原理

根据 l_h/l 值和 $(t_h - m_{ta})/m_{ta} \times 100\%$ 值，可由表 8-11 查得空洞半径 r 与测距 l 的比值，再计算空洞的大致尺寸 r。

表 8-11　空洞半径 r 与测距 l 的比值

y	不同 z 值时的 x 值												
	0.05	0.08	0.10	0.12	0.14	0.16	0.18	0.20	0.22	0.24	0.26	0.28	0.30
0.10(0.90)	1.42	3.77	6.26										
0.15(0.85)	1.00	2.56	4.06	5.96	8.39								
0.20(0.80)	0.78	2.02	3.17	4.62	6.36	8.44	10.9	13.9					
0.25(0.75)	0.67	1.72	2.69	3.90	5.34	7.03	8.98	11.2	13.8	16.8			
0.30(0.70)	0.60	1.53	2.40	3.46	4.73	6.21	7.91	9.38	12.0	14.4	17.1	20.1	23.6
0.35(0.65)	0.55	1.41	2.21	3.19	4.35	5.70	7.25	9.00	10.9	13.1	15.5	18.1	21.0
0.40(0.60)	0.52	1.34	2.09	3.02	4.12	5.39	6.84	10.3	12.3	14.5	16.9	19.6	19.8
0.45(0.55)	0.50	1.30	2.03	2.92	3.99	5.22	6.62	8.20	9.95	11.9	14.0	16.3	18.8
0.50	0.50	1.28	2.00	2.89	3.94	5.16	6.55	8.11	9.84	11.8	13.8	16.1	18.6

注：表中 $x = (t_h - m_{ta})/m_{ta} \times 100\%$；$y = l_h/l$；$z = r/l$。

如被测部位只有一对可供测试表面，空洞尺寸可用式（8-22）计算

$$r = \frac{l}{2}\sqrt{(\frac{t_h}{m_{ta}})^2 - 1} \tag{8-22}$$

式中　r——空洞半径，mm；

l——T、R 换能器之间的距离，mm；

t_h——缺陷处的最大声时值，μs；

m_{ta}——无缺陷区的平均声时值，μs。

(二)混凝土裂缝深度检测

一般认为，裂缝深度小于或等于 500 mm 的裂缝为浅裂缝，常用检测方法有斜测法和单面平测法等；裂缝深度大于 500 mm 的裂缝为深裂缝，检测方法有孔中对测、孔中斜测和孔中平测等。混凝土桥梁，若出现深裂缝，对结构的受力和耐久性有很大的影响，因此掌握裂缝详细情况是很有必要的。

(1)被检测结构应满足下列要求：

①允许在裂缝两旁钻测试孔；

②裂缝中不得充水或泥浆。

(2)被测结构上钻取的测试孔应满足下列要求：

①孔径应比换能器直径大 5～10 mm；

②孔深应至少比裂缝预计深度深 700 mm，经测试如浅于裂缝深度，则应加深钻孔；

③对应的两个测试孔必须始终位于裂缝两侧，其轴线应保持平行；

④两个对应测试孔的间距宜为 2 000 mm，同一结构的各对应测孔间距相同；

⑤宜在裂缝一侧多钻一个较浅的孔，测试无缝混凝土的声学参数，供对比判别之用。

(3)深裂缝检测选用频率为 20～40 kHz 的径向振动式换能器，并在其接线上做出等距离标志(一般间隔 100～400 mm)。

(4)测试前应先向测试孔中注满清水，然后将 T 和 R 换能器分别置于裂缝两侧的对应孔中，以相同高程等间距从上至下同步移动，逐点读取声时、波幅和换能器所处的深度，如图 8-15 所示。

(5)以换能器所处深度 d 与对应的波幅值 A 绘 $d \sim A$ 坐标图，如图 8-16 所示。随着换能器的下移，波幅逐渐增大，当换能器下移至某一位置后，波幅达到最大值并基本稳定，该位置所对应的深度便是裂缝深度 d_c。

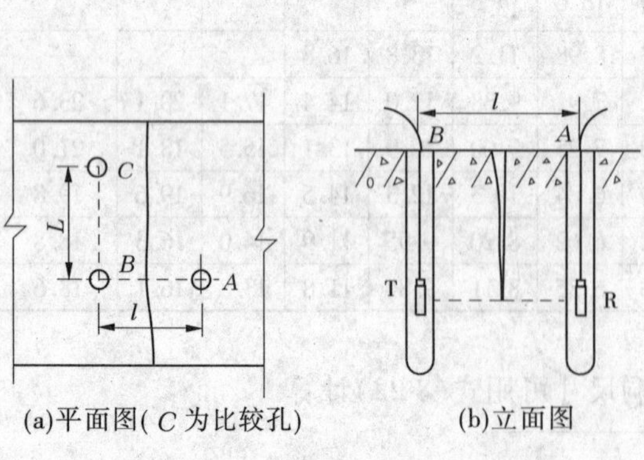

(a)平面图(C 为比较孔)　(b)立面图

图 8-15　钻孔测裂缝深度图

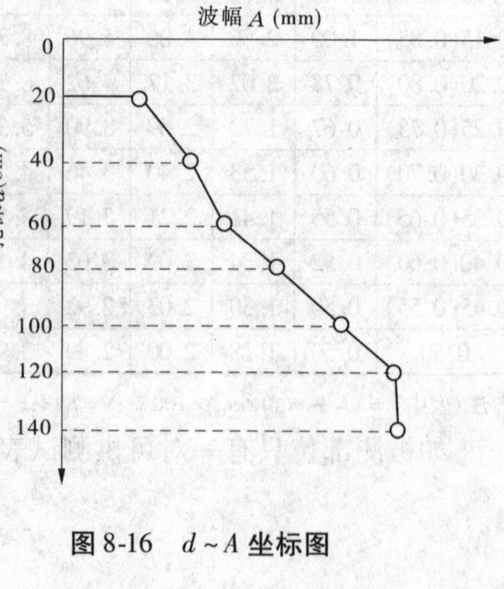

图 8-16　$d \sim A$ 坐标图

第三节　桥梁状态与承载能力的鉴定

一、桥梁状态评定

桥梁评定分为一般评定和适应性评定。桥梁一般评定是依据桥梁定期检查资料，通过对桥梁各部件技术状况的综合评定，确定桥梁的技术状况等级，提出各类桥梁的养护措施。桥梁适应性评定包括以下内容：依据桥梁定期及特殊检查资料，结合试验与结构受力分析，评定桥梁的实际承载能力、通行能力、抗洪能力，提出桥梁养护、改造方案。

在此只简单介绍桥梁一般评定的内容，适应性评定请参照《公路旧桥承载能力检测评定规程》（JTG/T J21—2011）和《公路桥涵养护规范》（JTG H11—2004）等。

全桥总体技术状况等级评定，可采用考虑桥梁各部件权重的综合评定方法，也可按重要部件最差的缺损状况评定，或对照桥梁技术状况评定标准进行评定。

（一）桥梁各部件技术状况评定方法

（1）根据缺损程度（大小、多少或轻重）、缺损对结构使用功能的影响程度（无、小、大）和缺损发展变化状况（趋向稳定、发展缓慢、发展较快）等3个方面，以累加评分方法对各部件缺损状况作出等级评定。评定方法见表8-12。

表8-12　桥梁部件缺损状况评定方法

缺损状况及标度			组合评定标准					
缺损程度及标度		程度	小→大					
			少→多					
			轻度→严重					
		标度				0	1	2
缺损对结构使用功能的影响程度	无，不重要	0				0	1	2
	小，次要	+1				1	2	3
	大，重要	+2				2	3	4
以上两项评定组合标度				0	1	2	3	4
缺损发展变化状况的修正	趋势稳定	−1			0	1	2	3
	发展缓慢	0			1	2	3	4
	发展较快	+1		1	2	3	4	5
最终评定结果			0	1	2	3	4	5
桥梁技术状况及分类			完好	良好	较好	较差	差的	危险
			一类		二类	三类	四类	五类

注：“0”表示完好状态，或表示没有设置的构件部位，当缺损程度标度为“0”时，不再进行叠加；“5”表示不危险状态，或表示原未设置而调查表明需要补设的部件。

(2)重要部件(如墩台与基础、上部承重构件、支座)以其中缺损最严重的构件评分;其他部件,根据多数构件缺损状况评分。

(3)推荐的各部件权重见表8-13。各地区也可根据本地区的环境条件和养护要求,采用专家评估法修订各部件的权重。

表8-13　推荐的桥梁各部件权重及综合评定方法

<table>
<tr><th>部件</th><th>部件名称</th><th>权重</th><th>桥梁技术状况评定方法</th></tr>
<tr><td>1</td><td>翼墙、环墙</td><td>1</td><td rowspan="17">(1)综合评定采用下列计算式:
$$Dr = 100 - \sum_{i=1}^{n} R_i W_i / 5$$
式中 R_i——按表8-12方法对各部件确定的评定标度(0~5);
W_i——各部件权重,$\sum W_i = 100$;
Dr——全桥结构技术状况评分(0~100),评分高表明结构状况好,缺损少。
(2)评定分类采用下列界限:
$Dr \geqslant 88$　一类
$60 \leqslant Dr < 88$　二类
$40 \leqslant Dr < 60$　三类
$Dr < 40$　四类、五类
$Dr \geqslant 60$ 的桥梁,并不排除其中有评定标度 $R_i \geqslant 3$ 的部件,仍有维修的必要</td></tr>
<tr><td>2</td><td>锥坡、护坡</td><td>1</td></tr>
<tr><td>3</td><td>桥台及基础</td><td>23</td></tr>
<tr><td>4</td><td>桥墩及基础</td><td>24</td></tr>
<tr><td>5</td><td>地基冲刷</td><td>8</td></tr>
<tr><td>6</td><td>支座</td><td>3</td></tr>
<tr><td>7</td><td>上部主要承重构件</td><td>20</td></tr>
<tr><td>8</td><td>上部一般承重构件</td><td>5</td></tr>
<tr><td>9</td><td>桥面铺装</td><td>1</td></tr>
<tr><td>10</td><td>桥头与路基连接部</td><td>3</td></tr>
<tr><td>11</td><td>伸缩缝</td><td>3</td></tr>
<tr><td>12</td><td>人行道</td><td>1</td></tr>
<tr><td>13</td><td>栏杆、护栏</td><td>1</td></tr>
<tr><td>14</td><td>灯具、标志</td><td>1</td></tr>
<tr><td>15</td><td>排水设施</td><td>1</td></tr>
<tr><td>16</td><td>调治构造物</td><td>3</td></tr>
<tr><td>17</td><td>其他</td><td>1</td></tr>
</table>

(二)桥梁技术状况评定等级

桥梁技术状况评定等级分为一类、二类、三类、四类、五类(见表8-14)。桥梁总体技术状况评定标准见表8-14。由于篇幅关系,本书只给出部分表格,其余详见《公路桥涵养护规范》(JTG H11—2004)中"桥梁技术状况评定标准"。

二、桥梁承载能力的鉴定方法

对既有桥梁进行承载能力鉴定的方法很多,大致可分为基于实桥调查的经验方法、荷载试验法、设计理论法、基于动力的评估方法和基于结构可靠度理论的评估方法等。

(一)基于实桥调查的经验方法

1.评分系统法

这一方法最早用于建筑结构损伤程度的评估,并逐步发展成为一种量化的评分系统。评分标准及损伤程度分类需根据调查统计和试验分析结果预先制定。在应用时,由有经验的工程师对既有桥梁进行检查评分,并以此对材料质量、损伤程度等进行评价。此法的特点是应用简单,主要用于对桥梁运营状态的评估,其结论的可信程度基于评估者的工程经验和判断能力。根据我国的公路养护技术规范,桥梁技术状况评价等级分为5类,对桥梁整体和部件均适用。根据桥梁部件的缺损程度及标度、缺损对结构使用功能的影响程度以及缺损发展变化状况，对桥梁各部件分别进行评分，值域为 0 ~ 5，“0”表示完好状况，“5”表示危险状况。再根据桥梁部件的评分确定各部件的评价等级。此法的特点是应用简单，主要用于对桥梁运营状态的评估，其结论的可信程度基于评估者的工程经验和判断能力。

表 8-14　桥梁总体技术状况评定标准(部分)

项目	类别				
	一类	二类	三类	四类	五类
	完好、良好状态	较好状态	较差状态	差的状态	危险状态
总体评定	1. 重要部件功能与材料均良好。 2. 次要部件功能良好，材料有少量(3%以内)轻度缺损或污染。 3. 承载能力和桥面行车条件符合设计指标。 4. 只需日常清洁保养	1. 重要部件功能良好，材料有局部(3%以内)轻度缺损或污染，裂缝宽小于限值。 2. 次要部件有较多(10%以内)中等缺损或污染。 3. 承载能力和桥面行车条件达到设计指标。 4. 需进行小修、保养	1. 重要部件材料有较多(10%以内)中等缺损，裂缝宽超限值，或出现轻度功能性病害，但发展缓慢，尚能维持正常使用功能。 2. 次要部件有大量(10% ~ 20%)严重缺损，功能降低，进一步恶化将不利于重要部件和影响正常交通。 3. 承载能力比设计降低 10% 以内，桥面行车不舒适。 4. 需要进行中修	1. 重要部件材料有大量(10% ~ 20%)严重缺损，裂缝宽超限值，裂缝间距小于计算值，风化、剥落、露筋、锈蚀严重，或出现中等功能性病害，且发展较快，结构变形小于或等于规范值，功能明显降低。 2. 承载能力比设计降低 10% ~ 25%，必要时限速或限载通过。 3. 要通过特殊检查，确定大修、加固或更换构件的措施	1. 重要部件出现严重的功能性病害，且有继续扩张现象，关键部位的部分材料强度达到极限，出现部分钢筋断裂、混凝土压杆失稳变形的破损现象，变形大于规范值，结构的强度、刚度、稳定性和动力响应不能达到平时交通安全通行的要求。 2. 承载能力比设计能力降低 25% 以上，必须降低通行荷载与车速，或封闭交通。 3. 要通过特殊检查，确定处置对策

注：分项评定指标包括墩(台)与基础、支座、上部结构、钢结构、人行道栏杆、桥面铺装、伸缩缝及其他附属设施。

2. 经验系数法

经验系数法是根据大量的调查研究，确定结构损伤、材料老化、环境影响等影响承载能力的各种系数及取值范围，折算求出桥梁承载能力的方法。此法应用简便，但各系数由评定者根据现场情况确定，适用性有所限制，计算结果较为粗糙。

3. 经验公式法

这种方法依据广泛的调查研究，确定若干影响承载能力的系数及其取值范围，对桥梁承载能力进行评估。被评估桥梁的承载能力 P 可表示为

$$P = P_0 K_1 K_2 K_3 K_4$$

式中 P_0——原设计承载能力；

K_1——残存承载能力系数，依结构损伤、材料老化程度而定；

K_2——反映桥面条件的系数；

K_3——反映实际交通情况的系数；

K_4——桥梁建造使用年限系数。

此法的优点是应用简便，各系数由评估者根据现场情况确定。但由于系数的确定较困难，其适用性有所限制，只能用于初步估计桥梁的承载能力。此法的缺点是不能考虑桥梁存在的各种缺陷，也就是说，此法对于既有桥梁的实际承载能力较难评定。

(二)荷载试验法

这是通过现场试验对既有桥梁承载能力进行评估的方法，包括静载试验法和动载试验法。静载试验法首先在桥梁结构上选择计算受力最为不利的截面，然后施加与设计荷载或使用荷载基本相当的外载，利用检测仪器，测试桥梁结构的控制部位与控制截面在荷载作用下的应变、挠度变形、裂缝及开展情况、横向分布系数、墩台变形等特性变化，推算出对应的荷载等级和承载能力。动载试验是通过脉动和桥上汽车的跑车、跳车、刹车或其他稳态、瞬态等方式的激振荷载作用，使用检测仪器，测试桥梁结构上各控制部位的频率、振幅、阻尼及冲击系数等动态参数，分析这次测试结果并与相应的计算值或经验值比较，进而评定承载能力。

现在对大桥结构进行承载力评定时采用较多的是荷载试验法，该法对旧桥进行承载力评定，结果较为可靠，能反映实际状态，但容易对桥梁造成损伤，也不够方便。进行一次大型的桥梁荷载试验，周期较长，设计面广，人力和物力耗费较大，且试验时交通要中断，因而对于交通繁忙的城市桥梁和干线上的桥梁很难实现，成本过高。

(三)设计理论法

此法是指基于桥梁设计规范，根据实测材料性能、结构几何尺寸、支承条件、外观缺陷及通行荷载，按照桥梁结构的设计计算理论来评定承载能力。桥梁设计规范是指导桥梁设计的标准，此标准基于工程力学、结构试验和工程经验，且不断充实和完善。因此，利用桥梁设计规范的计算理论来分析既有桥梁承载能力的方法，具有坚实的理论基础并得到广泛的应用。我国交通部试行的《公路旧桥承载能力鉴定方法》，对承载能力检算基本按现行设计规范中的方法进行。

砖、石和混凝土结构

$$S_d(\gamma_{s0}\varphi\sum\gamma_{s1}Q) \leqslant R_d(\frac{R_j}{\gamma_m},\alpha_k)Z_1 \tag{8-23}$$

钢筋混凝土结构和预应力混凝土结构

$$S_d(\gamma_g G,\gamma_q\sum Q) \leqslant \gamma_b R_d(\frac{R_c}{\gamma_c},\frac{R_s}{\gamma_s})Z_1 \tag{8-24}$$

式(8-23)及式(8-24)中旧桥检算系数 Z_1 值根据不同的桥型和桥梁实际状况的优劣确定，拱桥按表 8-15 选用，梁桥按表 8-16 选用。

此法尽量考虑桥梁的实际状态，通过比较简单的方法或简洁的理论公式得到承载能力的定量数值，是目前承载能力评定方法的一个重要方面。不足之处是 Z_1 的取值主观随意性较大，Z_1 仍根据梁桥外观由鉴定人员选定，因各人经验不同，Z_1 的选择会有较大差别，且检算公式的适用范围有限。

表 8-15　拱桥 Z_1 值表

Z_1	桥梁状况
1.1～1.2	墩(台)基础坐落在硬地基上，未发生位移，拱轴线与设计值吻合，主拱圈未产生风化、剥蚀、蜂窝、开裂等现象，无裂缝或裂缝轻微发展
1.0～1.1	墩(台)基础未产生明显位移，拱轴线偏离设计值较少，主拱圈产生轻微的风化、剥蚀、蜂窝、开裂等现象，裂缝数量较少，裂缝宽度未超限值
1.9～1.0	墩(台)基础位移较小，拱轴线偏离设计值较多，主拱圈产生较严重的风化、剥蚀，裂缝数量较多，裂缝宽度超限值
0.9 以下	墩(台)产生较大水平位移、转角或位移，转角仍在继续发展，主拱圈产生明显的不均匀沉陷，主拱圈风化、剥蚀，裂缝发展严重，组合拱圈分部件连接较松散等

表 8-16　梁桥 Z_1 值表

Z_1	桥梁状况
1.0～1.1	梁桥各构件混凝土质量良好，裂缝宽度未超过允许值，梁桥未产生病害，梁桥各部分均能正常工作
1.9～1.0	梁桥各构件混凝土质量较差，少数裂缝宽度超过允许值，桥梁产生一般病害，梁桥各部分基本能正常工作
0.9 以下	梁桥各构件混凝土及钢筋产生严重质量问题，较多裂缝宽度超过允许值或裂缝仍在继续发展，梁桥产生严重病害，带病工作

设计理论法有较好的理论基础，是一种很有吸引力的方法，但主观随意性较大，且不能适用于任何桥型，由于旧桥承载力评定不同于设计新桥，旧桥的边界条件和计算参数的准确值不能根据规范确定，所以应用于既有桥梁有一定的困难。

(四)基于动力的评估方法

桥梁结构内部损伤，将导致结构整体动力学特性(频率、阻尼和振型)的变化，结构模态参数的改变，可以作为损伤识别、承载力评定和结构安全监测的依据。本质上讲，桥梁结构承载力检测的动力学方法，是一种结构整体损伤检测，具有明显的优越性。动态法测定桥梁的承载能力是近十年才提出的新的研究课题，该方法基于对桥梁结构的动力学特性变化的跟踪分析，来实现结构承载力测定。其基本构思为：结构的动态特性和静态特性均为结构工作性能的表现，静态特性是动态特性的一种特例，静态特性包含在动态特性中。由于计算机、高精度测试仪器、分析仪器的普及和应用，人们可以比较精确地测试和分析结构的动态性能。因而期望用比较简单的动态测试方法代替静态试验，进而通过静、动对比关系，找出静、动态之间的内在联系，达到以动代静的目的。

动力评估具有简便、可靠、技术先进、不影响正常交通等特点,能够给出结构安全度的准确预测,但试验模态参数等动力识别仍存在较大误差且计算分析比较复杂。

(五)基于可靠度理论的评估方法

可靠度鉴定法又称为概率法。交通部试行的鉴定方法中提出的检算公式实际上是一种半概率半经验的方法,仍带有很大程度的人为主观性,一方面,桥梁实际的承载能力不应受任何主观因素的影响,考虑到既有桥梁所受荷载其实是随时间变化的一种随机过程:最大可变荷载也是一个大小不断变化的随机变量;另一方面,桥梁本身的承载能力也会因各种损伤或修补不断发生变化,因此既有桥梁是否还有足够的承载能力,应是一个不确定的随机变量,显然,这些都不能靠主观因素或经验去确定,只有以数理统计和概率论为基础,采用可靠度评估理论,才能尽量避免一些人为因素,客观、实际地对既有桥梁承载能力及剩余使用寿命进行科学的评估,并给出可靠性能的定量数值。

可靠性评估的基本方法首先是针对危险构件的主要受力形式列出极限状态方程。然后统计既有桥梁实际荷载和抗力的统计参数,最后计算构件和整个桥梁结构的失效概率并推算剩余使用寿命。

采用可靠度理论评定既有桥梁的承载能力时,要考虑到其结构功能和使用时间的要求等方面与设计初期的不同;应该明确,既有桥梁在荷载、荷载效应、材料性能和几何参数等方面的随机因素的不确定性程度会比设计时有所降低,而且应考虑未来使用期内荷载效应的变化及由于各种因素造成的抗力随时间的衰减。因此,对任何一种失效模式,极限状态方程均可表示为

$$R(t) - S(t) \geqslant 0 \tag{8-25}$$

式中 $R(t)$——随时间变化的结构抗力随机变量;

$S(t)$——随时间变化的荷载效应随机变量。

此法主要应用于重要复杂结构的可靠度分析。基于可靠度理论的评估方法,其理论本身是先进的,能客观地反映桥梁的实际情况,作出科学评估,且能预测桥梁在某种可靠度水平下的剩余使用寿命,是既有桥梁承载力评估方法的一个主要方向。

三、桥梁承载能力荷载试验评定

桥梁荷载试验是对桥梁结构进行直接加载测试的一项科学试验工作,通过荷载试验了解结构在荷载作用下的工作性能和实际工作状态,是评定桥梁结构的安全承载能力和使用条件最直接、最有效的方法。桥梁荷载试验分为静载试验和动载试验两种。

当采用调查、检算的方法尚不足以鉴定桥梁承载能力时,可采用荷载试验,测定桥梁在荷载作用下的实际工作状况,结合调查、检算来评定桥梁承载能力。

(一)试验前的准备工作

通常情况下,桥梁荷载试验应按三个阶段进行,即计划与准备阶段、加载与测试阶段、分析与总结阶段。

荷载试验的复杂与周密性决定了其计划与准备阶段的重要性,这一阶段的工作是大量而细致的,内容包括:收集、研究试验桥梁的有关技术文件,考察试验桥梁的现状和试验的环境条件,拟订试验方案及试验程序,确定试验组织及人员组成,测试系统的构成,仪器

的组配及标定,必要的器材准备等。

1. 试验孔(墩)的选择

选择试验孔(墩)的工作应结合桥梁调查与检算工作一并进行。对于多孔结构可选择1~3个具有代表性的桥孔(墩)进行荷载试验。选择时综合考虑以下条件:

(1)该孔(墩)计算受力最不利。

(2)该孔(墩)施工质量较差,缺陷较多或病害较严重。

(3)该孔(墩)便于搭设脚手架,便于设置测点或便于实施加载。

2. 荷载试验加载位置的放样和卸载位置的安排

试验前应在桥面上对加载位置进行放样,用不同颜色标志区别不同加载程序时的荷载位置,以便于加载试验的顺利进行。

试验荷载卸载的安放位置应预先安排。卸载位置的选择既要考虑加、卸载方便,离加载位置近一些,又要使安放的荷载不影响试验孔(墩)的受力,一般可将荷载安放在桥台后一定距离处。对于多孔桥,如有必要将荷载停放在桥孔上,一般停放在距试验孔较远以不影响试验观测为度。

3. 试验人员的组织与分工

桥梁荷载试验是一项技术性较强的工作,应由有资质的公路桥梁检测机构或专门的桥梁试验队伍来承担。桥梁试验队伍一般由桥梁结构工程师,专业技术测试人员,仪器仪表工程师,熟练技术的不同专业、不同层次的人员组成。试验时根据每个人的特长进行分工,所有参加试验的人员应能熟练掌握所分管的仪器设备。

4. 其他准备工作

观测脚手架搭设、测点附属设施设置、加载试验的安全措施、照明设施、通信设施、交通管制、试验荷载等应根据需要提前准备。

(二)静载试验

静载试验是指将静止的荷载作用于桥梁上的指定位置,测试结构的静应变、静位移以及裂缝等的试验。

1. 桥梁静载试验的目的

(1)检验桥梁设计与施工的质量,检验结构的安全性与可靠性。

(2)检验桥梁结构的设计理论与设计方法,充实与完善桥梁结构的计算理论与施工技术,积累科学技术资料。

(3)掌握桥梁结构的工作性能,判断桥梁结构的实际承载能力。

2. 静载试验的测试内容

(1)结构的竖向挠度、侧向挠度和扭转变形。每个跨度布设3~5个测点,应能取得最大挠度和变形值,同时观测支座下沉值。

(2)结构控制截面的最大应力(或应变)。沿截面高度布设不少于5个测点,包括上、下缘和截面突变处。

(3)支点沉降、墩台位移及转角。

(4)裂缝的出现和扩展,包括初始裂缝的出现,裂缝的宽度、长度、间距、位置、方向及卸载后闭合情况。

(5)卸载后的残余变形。

3. 加载方案设计

选好试验孔(墩)后,要在有限的试验孔(墩)上取得有代表性的测试值,必须精心设计加载方案。在满足鉴定桥梁承载力的前提下,加载工况不宜过多。静载试验一般可选择1~2个主要工况,此外,根据具体情况可设置几个附加工况(如简支梁桥,主要工况为跨中最大正弯矩工况,附加工况为$L/4$最大正弯矩工况、支点最大剪力工况、桥墩最大竖向反力工况)。根据不同结构的受力特点选择检测部位,按设计荷载技术检测部位的理论最大内力和变形值,确定试验荷载(如可行式车辆、重物等)的位置和数量,计算试验荷载作用下检测部位的内力和变形值,并按下式计算静载试验效率η_q

$$\eta_q = \frac{S_t}{S_d(1+\mu)} \tag{8-26}$$

式中 S_t——试验荷载作用下,检测部位变形或内力的计算值;

S_d——设计荷载作用下,检测部位变形或内力的计算值;

μ——设计取用的冲击系数。

一般的静载试验,η_q值可采用0.8~1.05。当桥梁的调查、检算工作比较完善又受加载设备能力所限时,η_q值可采用低限;当桥梁的调查、检算工作不充分,尤其是缺乏桥梁计算资料时,η_q值应采用高限。一般情况下,η_q值不宜小于0.95。

4. 加载分级与控制

1)分级控制原则

(1)当加载分级较为方便时,可按最大控制截面内力荷载工况将荷载均分为4~5级。

(2)当使用载货车加载,车辆称重有困难时也可分为3级加载。

(3)当桥梁的调查和检算工作不充分或桥况较差时,应尽量增多加载分级。

(4)在安排加载分级时,应注意加载过程中其他截面内力亦应逐渐增加,且最大内力不应超过控制荷载作用下的最不利内力。

(5)根据具体条件决定分级加载的方法,最好每级加载后卸载,也可逐级加载,当达到最大荷载后再逐级卸载。

2)车辆荷载加载分级的方法

(1)逐渐增加加载车数量。

(2)先上轻车后上重车。

(3)加载车位于内力影响线的不同部位。

(4)加载车分次装载重物。

3)加载时间的选择

为减小温度变化对试验造成的影响,加载试验时间以22:00~6:00为宜。尤其是采用重物直接加载,加、卸载周期比较长的情况下只能在夜间进行试验。对于采用车辆等加、卸载迅速的试验方式,如夜间试验照明等有困难,也可安排在白天进行试验,但在晴天或多云的天气下进行加载试验时,每个加、卸载周期所花费的时间不应超过20 min。

5. 测点布置

主要测点布置不宜过多，但要保证观测质量。一般情况下，对主要测点的布置应能控制结构的最大应力（或应变）和最大挠度（或位移）。梁的每个截面应力（或应变）测点沿截面高度应不少于5个，挠度测点每跨布设3~5个。

选择与大多数测点较接近的部位设置1~2处气温观测点，此外，可根据需要，在桥梁主要测点部位设置一些构件表面温度观测点。

6. 现场测试

现场测试是最关键的一项工作，在试验的过程中，要按照加载方案严密监视重要测点的数据，如有异常，应立即暂停加载，查明原因。

7. 试验数据整理与分析

1）理论分析与计算

（1）试验桥跨的设计内力验算。设计内力验算是按照试验桥梁的设计图纸与设计荷载，选取合理的计算图式，按照设计规范，运用结构分析方法，采用专门桥梁计算软件或通用分析软件，计算出桥梁结构的设计内力。

（2）试验荷载效应计算。试验荷载效应计算是在设计内力验算结果的基础上，确定加载位置、加载等级以及在试验荷载作用下的结构反应。

2）校验系数

校验系数 η 是确定桥梁承载能力的一个重要指标。一般要求 $\eta \leqslant 1$。η 值越小，桥梁结构的安全储备和承载能力越大。η 按下式计算

$$\eta = S_e / S_s \tag{8-27}$$

式中　S_e——试验荷载作用下实测的变位（或应变）值；

　　S_s——试验荷载作用下的理论计算变位（或应变）值。

8. 静载试验报告的编写

试验报告的内容应该包括下列各项：

（1）试验概况。

（2）试验目的。

（3）试验方案设计。

（4）试验日期及试验过程。

（5）各项试验达到的精度。

（6）试验成果与分析。

（7）试验记录摘要。

（8）技术结论。

（9）经验教训。

（10）有关图表、照片。

（三）动载试验

动载试验是指利用某种激励方法激起桥梁结构的振动，然后用测振仪器测试和记录，通过分析记录的振动信号得到桥梁的动力特性和响应，从而判断桥梁结构的整体刚度和行车性能。

1. 桥梁动载试验的任务

(1)测定动荷载的动力特性。

(2)测定结构的动力特性。

(3)测定结构在动荷载作用下的强迫振动响应。

2. 桥梁动载试验的测试内容

(1)跑车试验(无障碍行车试验)。

(2)跳车试验(有障碍行车试验)。

(3)刹车试验(制动试验)。

(4)脉动试验。

3. 桥梁动载试验结果的评定与分析

桥梁结构动力性能的各参数,如固有频率、阻尼比、振形、动力冲击系数等,及动力响应的大小,是宏观评价桥梁结构的整体刚度、运营性能的重要指标,也是一些规范评价桥梁安全运营性能的主要尺度。目前,虽然国内外规范对桥梁结构的动力响应、动力特性尚无统一的评价尺度,但一般认为:桥梁结构的动力特性反映了结构的整体刚度、桥面平整度及耗散外部振动能量输入的能力,同时,过大的动力响应会影响车辆的安全行驶,会引起乘客的不舒适,应予以避免。在实际测试中,通常通过以下几个方面来评价桥梁结构的动力性能:

(1)比较桥梁结构频率的理论值与实测值,如果实测值大于理论计算值,说明桥梁结构的实际刚度较大;反之,则说明桥梁结构的刚度偏小,可能存在开裂或其他不正常的现象。

(2)根据动力冲击系数的实测值来评价桥梁结构的行车性能,实测冲击系数较大,则说明桥梁结构的行车性能差,桥面平整度不良;反之亦然。

(3)实测阻尼比的大小反应了桥梁结构耗散外部能量输入的能力,阻尼比大,说明桥梁耗散外部能量输入的能力大,振动衰减得快;阻尼比小,说明桥梁耗散外部能量输入的能力差,振动衰减得慢。但是,过大的阻尼比可能是桥梁结构存在开裂或支座工作不正常等现象引起的。

4. 桥梁动载试验试验报告的编写

桥梁动载试验的试验报告应包括以下内容:

(1)试验目的。

(2)试验依据。

(3)试验方案。

(4)试验过程说明。

(5)各项试验达到的精度。

(6)试验成果与分析。

(7)试验记录摘录。

(8)技术结论。

(9)图表信息。

桥梁荷载试验是一项实践性很强的工作,不仅要求工作人员有丰富的现场经验,而且同时需要坚实的理论基础作为指导。只有把理论计算和实桥检测充分地结合起来,才能做好检测工作并取得满意的数据;只有根据检测结果不断地修正理论计算模型,才有可能做出准确的评估。

第四节　涵洞安全鉴定技术

本节结合现场实测资料,讨论探地雷达技术在涵洞衬砌质量及混凝土结构中对钢筋铺设质量进行检测方面的应用效果。实例表明,探地雷达技术对查明衬砌层中的缺陷与隐患的位置,确定混凝土衬砌层中钢筋的分布情况,对涵洞中潜在的地质灾害进行预测,对工程施工质量进行评估等方面具有显著特点。国内的多家科研院所和高校采用高频雷达技术对高速公路路面施工质量的检测与监测取得了良好的效果。与路面铺设质量的检测与监测类似,探地雷达技术可以运用于涵洞衬砌层施工质量的检测与监测。

一、探地雷达原理及其应用前提

探地雷达是一种用于探测地下介质分布的广谱电磁技术。其工作原理是:采用宽频时域天线向地下介质发射高频(1 M ~ 2.5 GHz)短脉冲电磁波,电磁波在传播过程中,遇到不同电性界面产生反射,接收天线接收反射回来的电磁波信号并在控制计算机中保存该信息,通过数据回放,运用地质雷达信号处理技术,分析和识别反射体或界面的介质特征,从而区分出探测目标体的精确位置。涵洞工程中所出现的质量问题主要涉及如下几个方面:

(1)衬砌的厚度是否达到设计要求。

(2)检测衬砌层是否渗水以及衬砌层与围岩之间是否有空洞或者松软介质存在。

(3)衬砌中钢筋密度或者数量是否达到设计要求。

雷达探测的对象是衬砌层与洞壁岩层间存在的积水、空洞(或松软介质)及衬砌层内的钢筋,它们与混凝土介质及洞壁完整岩石之间存在明显的电磁性差异,这就为探地雷达技术解决上述问题提供了地球物理探测的前提条件。

二、探地雷达在过水涵洞质量检测中的应用

钢筋是隧道、涵洞衬砌工程中不可缺少的材料,对其进行探测可以监测工程施工过程中钢筋的铺设数量与质量是否达标。钢筋有良好的导电性与导磁性,与其周围的混凝土有较大的电磁性差异,因此在雷达图像上对钢筋的反映应当是十分明显的。某引水工程的过水涵洞为双层钢筋支护,混凝土衬砌,钢筋直径为 22 mm 与 16 mm,混合排列,净保护层为30 mm,分布钢筋直径为 12 mm。钢筋因为其体积比(钢筋与混凝土的体积比)较小,对其进行检测需要在雷达探测设计中采用不同的探测方案。根据钢筋直径的大小及分布密度,采用 1 200 MHz 天线,1 cm 的空间采样点距,垂直叠加次数为 64 次,采样时窗为 10 ns 进行探测,这样获得的雷达图像可以清晰地反映钢筋在衬砌介质中的分布情况。图 8-17 是在该过水涵洞衬砌中对钢筋检测的雷达图像。钢筋的强导电性会对高频雷达波产生强烈的屏蔽与散射作用。散射的结果会在雷达剖面上与每条钢筋相对应的位置形

成十分醒目的呈弧形的绕射波同相轴，弧形同相轴的顶部在水平位置上与钢筋相对应。为了较为精确地确定钢筋的埋深，雷达波速度的选取是通过钻孔资料的对比获得的，经过标定，选用0.11 m/ns。经过克希霍夫偏移处理和垂直差分处理后的雷达波的图像，能更清晰地分辨出钢筋的位置，可以大致估计出钢筋的直径，给工程的施工质量做出较为客观的评价。

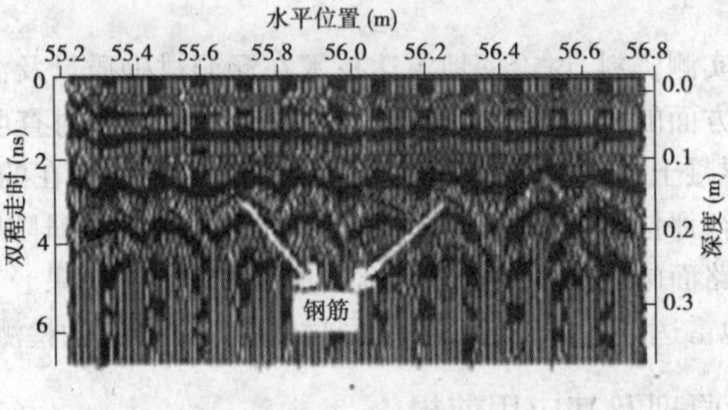

图 8-17　经过偏移处理和垂直差分处理后的雷达图像

通过工程实例可以看出，雷达检测结果与实际钻探验证的结果吻合得很好。此外，高频雷达探测剖面资料具有其他地球物理探测手段不可比拟的高分辨率，雷达探测对被检测对象无破坏性，而且检测效率较高，因此探地雷达技术在涵洞衬砌的施工质量检测与监测方面，是很有潜力的一种技术手段。将中频(200～500 MHz)天线和高频(1 GHz 以上)天线配合使用，可以对隧道衬砌层的不同部位存在的缺陷与隐患进行探测。拱腰部位施工难度较小，衬砌层内存在缺陷的可能性相对较小，只需用中频天线进行探测，以了解对较深处混凝土介质与岩土介质结合部位的结构变化，预测潜在的隐患；在隧道或涵洞的拱顶部位，衬砌施工往往难度大，难以保证衬砌施工的质量，这一部位衬砌层内部存在缺陷的可能性较大，使用高频天线对混凝土浇筑的均匀性进行检测，可以对混凝土浇筑施工的质量进行监测。

高频雷达天线具有较高的分辨率，对混凝土介质中的钢筋反应敏感。因此，高频雷达也是检测混凝土结构体内钢筋铺设质量的一种有效手段。运用探地雷达信号处理技术，可以压制雷达剖面上的干扰信号，提高信噪比，增强分辨率。根据具体情况适当运用不同的雷达信号处理技术可以获得较为理想的处理效果。

第九章　施工安全文明与质量评定

第一节　施工安全文明

我国的路桥工程建设事业迅速发展，任务越来越艰巨，对建设施工中安全的要求也越来越高。特别是加入 WTO 后，路桥工程的施工单位将更多地打入世界市场，路桥工程建设必须与世界接轨，对安全也提出了更高的要求。因此，必须建立以预防为主、持续发展、科学管理的安全体系，健全自我约束机制，有效地保护劳动者的安全与健康，国家经贸委职业安全卫生培训中心依据我国职业安全健康法律法规，结合国家经贸委颁布并实施《职业安全卫生管理体系试行标准》所取得的经验，参考国际劳动组织《职业安全健康管理体系导则》制定了《职业安全健康管理体系指导意见》，这对建立职业安全健康管理体系提出了规范化和标准化的指导要求，为施工单位结合自身实际，开展职业安全健康体系各要素的整合工作并使其成为全面管理的组成部分提供了指导。

贯彻国家有关部门颁布的安全生产文明施工的各项要求，推行现代化管理方法，科学组织施工，创建标准化工地，切实做好施工现场的各项安全生产与文明施工的管理工作是施工安全与文明生产的重要工作。

一、安全的内容与主要控制措施

安全包括人身安全、健康和财产安全。

安全法规、安全技术和工业卫生是安全控制的三大主要措施。职业安全健康方针、组织、计划与实施评价、改进是职业安全健康管理体系的核心要素，要坚持持续改进。该体系是实现安全目标的基本保证。

安全法规又称劳动保护法规，是采用立法的手段制定保护职工安全生产的政策、规程、条例、制度。

安全技术是在施工过程中为防止和消除伤亡事故或减轻繁重劳动所采取的措施。

工业卫生是指在施工过程中为防止高温、严寒、粉尘、噪声、振动、毒气、废液、污染等对劳动者身体健康的危害而采取的防护和医疗措施。

安全法规、安全技术和工业卫生的措施与控制对象、控制内容的关系是安全法规侧重于对劳动者的管理、约束劳动者的不安全行为，因此其控制的主要内容是安全生产责任制、安全教育、安全事故的调查处理。安全技术侧重于对劳动对象和劳动手段的管理，消除、减弱物的不安全状态，其控制的主要内容是安全检查和安全技术管理。工业卫生侧重于环境的管理，以形成良好的劳动条件，其控制的主要内容亦是安全检查和安全技术管理。

安全控制的对象是人、物和环境，它构成了安全施工体系。只有加强对施工中的人、物、环境进行安全组织、场地与设施、行为控制与安全技术等方面的具体管理与控制，才能实现施工安全的目标。为此，必须要正确处理好安全与危险、安全与生产、安全与质量、安全与工期、安全与效益间的关系。

二、安全生产的基本原则与要求

安全生产的基本原则：一是贯彻“安全第一，预防为主”；二是坚持“管生产必须管安全”。

基本要求是在施工中要以安全生产为方针，以“安全第一，预防为主”和“管生产必须管安全”为基本原则，依靠科学管理和技术进步，推动安全生产工作的开展，控制人身伤亡事故的发生及国家财产的安全。以国家颁布的各项政策和安全法规、规程，例如《安全生产法》、《建筑安全生产监督管理规定》、《公路工程施工安全技术规程》、《公路环境保护设计规范》及其他相关的标准、规范等为依据，结合工程的实际情况建立和健全安全健康管理体系，制定各项具有可操作性且行之有效的规章制度，以确保施工顺利进行和生产安全。

三、建立健全各项路桥施工安全管理制度

根据工程项目施工现场的实际情况，建立一系列符合客观实际的、切实可行的路桥施工安全管理制度，并采取全员、全过程的监督手段，认真贯彻执行。

（一）安全组织和管理

(1)建立安全机构。项目经理部设安全小组，具体负责日常安全工作，制定各项安全制度，检查督促各项安全措施的落实，各施工队设立专职安全员，负责本项目的安全工作，项目经理及各工区长为安全负责人。每月对员工进行安全教育，切实做好安全宣传工作。

(2)施工及住宿地要做好防火、防暴雨、防台风工作，指派专人进行轮流值班，发现问题及时报告处理，现场要配备灭火器及其他安全器材。

(3)在施工前对施工员、工人做好详细的安全交底，加强对现场人员的安全教育和督促检查。

(4)施工现场、宿舍区用电及各种电器设备的安装使用，必须按供电部门的安全用电要求及有关规定执行，严禁违章用电。

(5)所有进入路桥施工场地的员工必须戴安全帽，不得穿拖鞋，技术工种要持证上岗，高空作业必须系安全带。

(6)施工现场必须设置施工围栏隔离措施和醒目警告标志，确保行人车辆与施工互不干扰，保证施工和交通畅通。

(7)全体施工人员必须遵守国家法律法规，遵守当地政府各种管理条例，遵守单位规

章制度，做到群防群治，确保安全。

（二）高空、水下、运输、机械操作的安全管理

（1）高空作业设安全防护措施，与地面联系配备通信设施；恶劣天气禁止进行高空作业。

（2）进行水下作业时，下水前应检查装备的完好性，包括通信设施；在钻孔桩内作业时，桩内泥浆面应高于护筒外水位，潜水员严禁在护筒以下部位作业。

（3）施工机械、车辆操作人员必须持上岗证，严禁无证上岗；自卸汽车严禁载人。

（三）民工的安全教育和管理

（1）对全体民工进行经常性的安全教育，开工前进行安全技术交底，加强安全知识的宣传与培训工作，切实提高全体民工的安全意识和素质，定期举办安全学习班，每月固定一天作为安全学习和小结检查日。

（2）使全体民工明确安全工作的重要性，严格遵守施工操作规程，禁止违章操作，杜绝施工生产中安全事故的发生。

四、路桥施工安全设施设置

在边施工边通车的路段施工，为保障施工人员的安全作业，应在道路上设置相应的道路施工安全设施，设置地点和方式可参照图 9-1 ~ 图 9-9 所示。

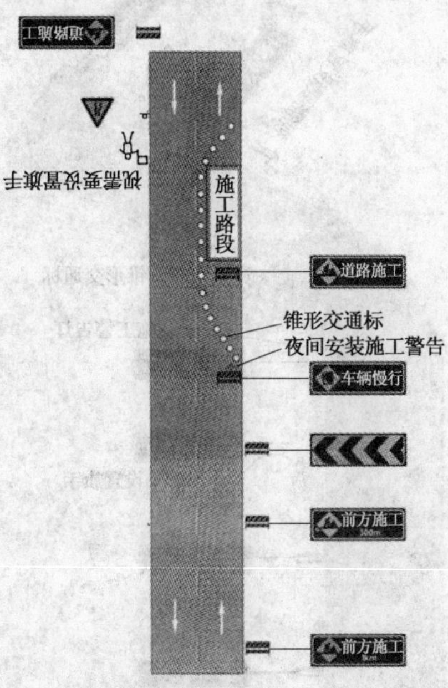

图 9-1　双车道路面局部施工时设施布设

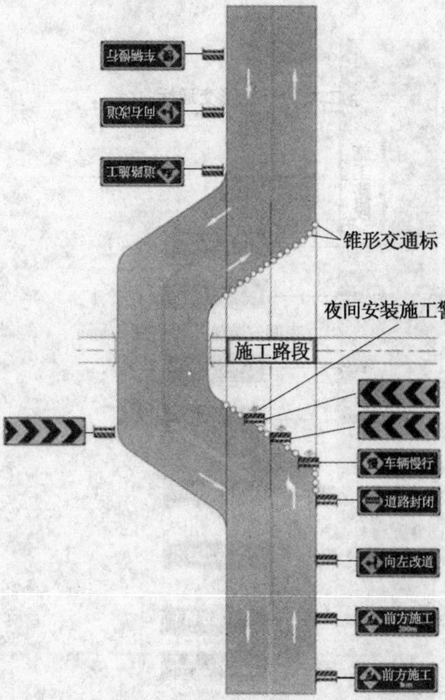

图 9-2　视距不良双车道路面局部施工时设施布设

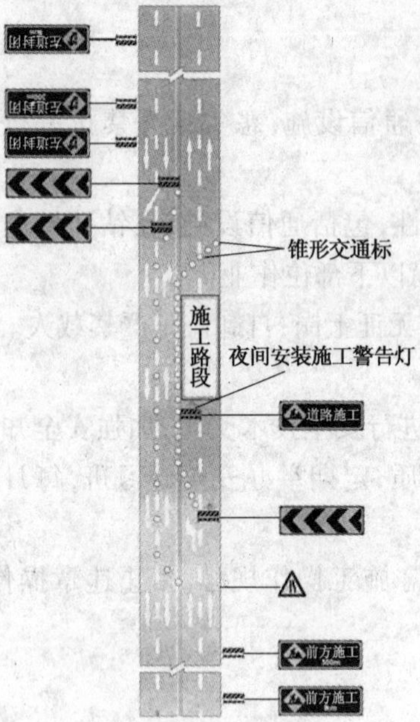

图 9-3　改道施工时设施布设

图 9-4　四车道以上道路一侧路面施工时设施布设

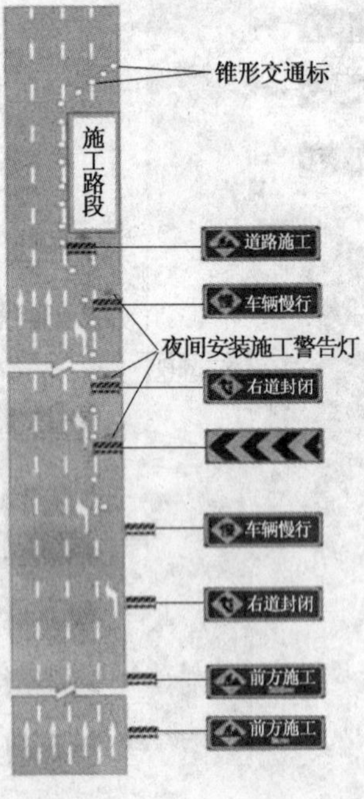

图 9-5　同向车道中有一条车道路面施工时设施布设

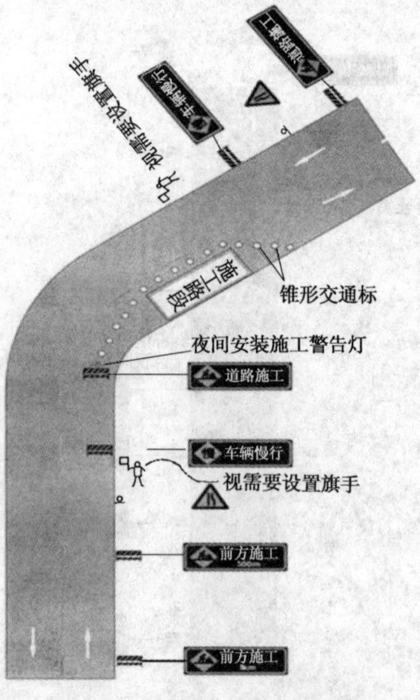

图 9-6　同向车道中有两条车道以上路面施工时设施布设

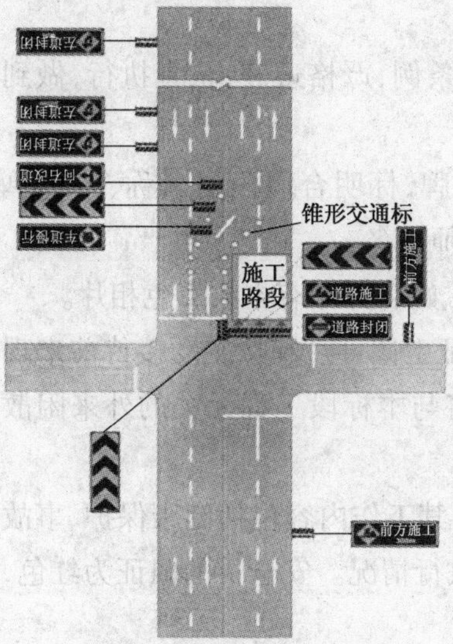

图 9-7　高速公路一侧施工，利用中央分隔带紧急开口绕行时的设施布设

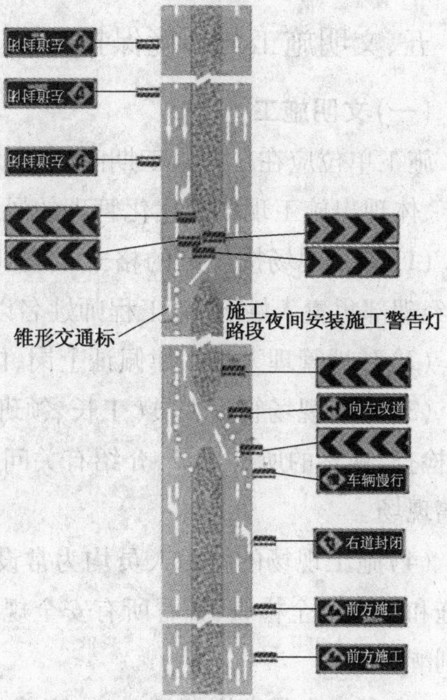

图 9-8　市区道路交叉口有一侧路面施工时的设施布设

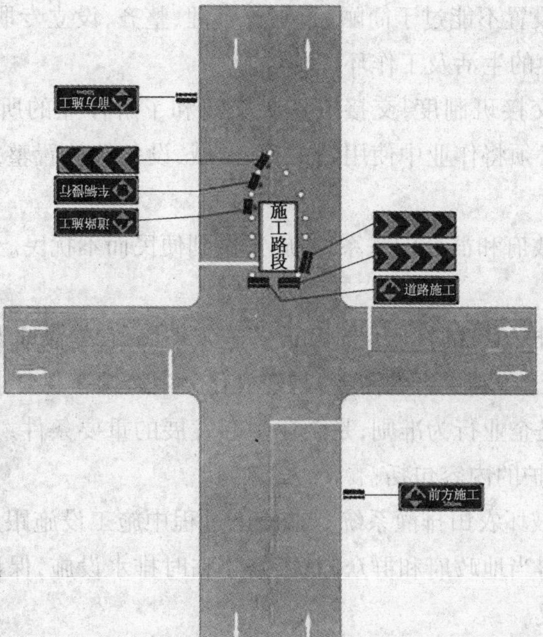

图 9-9　市区道路交叉口中心线附近施工时的设施布设

五、文明施工与环境保护

(一)文明施工

施工单位应在工程施工期间,制定相关的制度、条例,严格遵守,认真执行,做到文明施工,体现出施工现场现代化管理的风貌。

(1)施工现场按规定的格式设置正规施工标志牌,标明合同段的名称、承包单位名称、经理部负责人姓名、总工程师姓名以及监理工程师姓名。

(2)驻地管理人员一律佩证上岗,内容标明职务、姓名并印有本人彩色相片。

(3)施工现场管理人员(工长、领班、旁站)均佩证上岗,应及时、主动接待前来现场了解、检查、视察的所有人员,介绍有关问题和情况。将与本标段工程无关的外来闲散人员劝离现场。

(4)施工现场的技术人员均为常设现场安全员,其工作内容包括健康保护、事故预防措施和个人安全检查,查看所有安全规则与条例的执行情况。安全员的佩证为红色,以示特别醒目。

(5)所有人员上岗期间,一律穿着整齐。

(6)施工现场各种施工机械设备分类划区摆放要整齐,施工材料四周设围堆放,要求合理、整齐,并挂牌明示。对怕雨、怕晒、怕冻、怕污染的材料进行遮盖。

(7)生活设施的设置不能过于简陋,布局要合理、整齐,设立专职人员进行保洁工作,创造一个良好的、卫生的生活及工作环境。

(8)建立明确的交接班制度,交接班者要交清和了解作业的所在情况及注意事项。下班及节假日期间,必须将作业中使用的工具、器械、设备等放置整齐,并清除现场、整理洁净。

(9)加强与当地政府和群众的联系,使施工做到便民而不扰民。

(二)环境保护

施工现场环境保护的目的在于保护和改善施工环境,它是保证人身体健康的需要,是消除外部干扰保证施工顺利进行的需要,是现代化大生产的客观要求的需要;环境保护是国法和政府的要求,是企业行为准则,是企业生存发展的重要条件,是保证施工生产安全的重要条件。环境保护的内容包括:

(1)避免冲刷和破坏农田排灌系统。在施工过程中施工设施跟原有排灌系统产生矛盾时,在施工前应征得当地政府和群众同意,修建临时排水设施,保证排水灌溉系统不间断,竣工及时清理修复。

(2)污水及垃圾处理。污水可定期请农民清理,作为农田菜地肥料等,垃圾集中堆放,定期送到当地指定地点处理。

(3)消除尘土和噪音。①所有的工点驻地,整平后用混凝土表面处治,避免翻浆及尘土飞扬。②配备洒水车,对施工车辆经过的道路经常洒水灭尘。③施工便道的选择尽可能避开村镇和工点驻地。④夜间施工要防噪音，尽量不用发电机发电，而应使用高压电。⑤拌和场地要远离居民区。

(4)严格保持驻地周围的环境卫生，保证每个员工身体的健康。

(5)保护历史文物，在拆迁建筑及基坑开挖时，要注意做好保护文物的工作，如发现文物要及时保护现场，迅速上报有关部门，积极协助业主，妥善处理好各种建筑的拆迁工作，不误工期。

(6)在施工过程中，要特别注意做好便道修筑，维持运料土石方车辆行驶的畅通，对复杂交通的路口应派专人指挥，防止事故的发生。

(7)切实做好文明施工，在深夜尽可能避免影响附近居民的工作、生活和休息，施工现场场地要保持整洁，创造文明的工作环境，以提高工作效率。

(8)施工场地在工程竣工后，必须认真清理，以便当地居民恢复生产，方便交通，美化环境。

(9)桩基施工时，严禁将泥浆直接排放到下水管或沟中去，应用特制的泥浆汽车将钻渣及废泥沙浆运政府环保部门指定地倒掉。

(10)现场电焊接作业，要采取挡板隔离，避免影响居民生活。

第二节　质量评定

一、概述

为了加强公路工程质量管理，统一公路工程质量检验标准和评定标准，保证工程质量，交通部制定了《公路工程质量检验评定标准》(JTG F80—2004)。该标准适用于公路工程施工单位、工程监理单位、建设单位、质量检测机构及质量监督部门对公路工程质量的管理、监控和检验评定。

《公路工程质量检验评定标准》(JTG F80—2004)为交通部行业标准，其适用范围主要针对公路的新建和改建工程。对于公路的大、中修工程，由于交通部已专门制定了大中修工程的质量检验评定标准，故该标准不再要求大中修工程参照执行。对特大桥梁、特长隧道、特殊地区，或采用新材料、新结构、新工艺的工程，在本标准中缺乏适宜的技术规定时，在确保工程质量的前提下，可参照相关标准或按照实际情况制定相应的技术标准，并按规定报主管部门批准。

根据建设任务、施工管理和质量检验评定的需要，应在施工准备阶段将建设项目划分为单位工程、分部工程和分项工程。施工单位、工程监理单位和建设单位应按相同的工程项目划分进行工程质量的监控和管理。路桥工程建设项目有其自身的复杂性，要进行若干项技术的、经济的和物质形态的工作。为了加强对路桥工程建设项目的管理，便于编制设计文件、概预算文件和施工组织设计文件，便于工程招投标工作和施工管理，必须对路桥工程建设项目进行科学的分解和合理的划分。

(一)建设项目

建设项目也称基本建设项目,是指经批准在一个设计任务书范围内按同一总体设计进行建设的全部工程,建成后具有设计要求的生产能力或效益。建设项目由一个或几个单项工程组成,经济上实行统一核算,行政上实行统一管理,一般以一个企业(或联合企业)、事业单位或独立工程作为一个建设项目。道路工程基本建设以单独设计的道路路线、独立桥梁作为建设项目。

(二)单位工程

在建设项目中,根据签订的合同,具有独立施工条件的工程可划分为单位工程。每个合同段范围内的路基工程、路面工程、交通安全设施分别作为一个单位工程;特大桥、大桥、中桥、隧道以每座作为一个单位工程(特大桥、大桥、特长隧道、长隧道分为多个合同段施工时,以每个合同段作为一个单位工程);互通式立体交叉的路基、路面、交通安全设施按合同段纳入相应单位工程,桥梁工程按特大桥、大桥、中桥分别作为一个单位工程。

(三)分部工程

在单位工程中,应按结构部位、路段长度及施工特点或施工任务划分为若干个分部工程。每个合同段的路基土石方、排水、小桥、涵洞、支挡、路面面层、标志、防护栏等分别作为一个分部工程;桥梁上部、下部各作为一个分部工程;隧道衬砌、总体各作为一个分部工程。

(四)分项工程

在分部工程中,应按不同的施工方法、材料、工序及路段长度等划分为若干个分项工程。

道路工程建设项目可以划分成单位工程、分部工程和分项工程,见表9-1。

表9-1 一般建设项目的工程划分

单位工程	分部工程	分项工程
路基工程(每10 km或每标段)	路基土石工程*①(1~3 km路段)②	土方路基*,石方路基*,软土地基*,土工合成材料处治层*等
	排水工程(1~3 km路段)	管节预制,管道基础及管节安装*,检查(雨水)井砌筑*,土沟,浆砌排水沟*,盲沟,跌水,急流槽*,水簸箕,排水泵站等
	小桥及符合小桥标准的通道*,人行天桥,渡槽(每座)	基础及下部构造*,上部构造预制、安装或浇筑*,桥面*,栏杆,人行道等
	涵洞、通道(1~3 km路段)	基础及下部构造*,主要构件预制、安装或浇筑*,填土,总体等
	砌筑防护工程(1~3 km路段)	挡土墙*,墙背填土,抗滑桩*,锚喷防护*,锥、护坡,导流工程,石笼防护等
	大型挡土墙*,组合式挡土墙*(每处)	基础*,墙身*,墙背填土,构件预制*,构件安装*,筋带,锚杆,拉杆,总体*等
路面工程(每10 km或每标段)	路面工程(1~3 km路段)*	底基层,基层*,面层*,垫层,联结层,路缘石,人行道,路肩,路面边缘排水系统等

续表 9-1

单位工程	分部工程	分项工程
桥梁工程③（特大、大中桥）	基础及下部构造*（每桥或每墩、台）	扩大基础，桩基*，地下连续墙*，承台，沉井*，桩的制作*，钢筋加工、制作及安装，墩台身（砌体）浇筑*，墩台身安装，墩台帽*，组合桥台*，台背填土，支座垫石和挡块等
	上部构造预制和安装*	主要构件预制*，其他构件预制，钢筋加工及安装，预应力筋的加工和张拉*，梁板安装，悬臂拼装*，顶推施工梁*，拱圈节段预制，拱的安装，转体施工拱*，劲性骨架拱肋安装*，钢管拱肋制作*，钢管拱肋安装*，吊杆制作和安装*，钢梁制作*，钢梁安装，钢梁防护*等
	上部构造现场浇筑*	钢筋加工及安装，预应力筋的加工和张拉*，主要构件浇筑*，其他构件浇筑，悬臂浇筑*，劲性骨架混凝土*，钢管混凝土拱*等
	总体、桥面系和附属工程	桥梁总体*，桥面防水层施工，桥面铺装*，钢桥面铺装*，支座安装，搭板，伸缩缝安装，大型伸缩缝安装*，栏杆安装，混凝土护栏，人行道铺设，灯柱安装等
	防护工程	护坡，护岸*，导流工程*，石笼防护，砌石工程等
	引道工程	路基*，路面*，挡土墙*，小桥*，涵洞*，护栏等
互通立交工程	桥梁工程*（每座）	桥梁总体，基础及下部构造*，上部构造预制、安装或浇筑*，支座安装，支座垫石，桥面铺装*，护栏，人行道等
	主线路基路面工程*（1～3 km 路段）	见路基、路面等分项工程
	匝道工程（每条）	路基*，路面*，通道*，护坡，挡土墙*，护栏等
隧道工程	总体	隧道总体*等
	明洞	明洞浇筑，明洞防水层，明洞回填*等
	洞口工程	洞口开挖，洞口边、仰坡防护，洞门和翼墙的浇（砌）筑，截水沟、洞口捧水沟等
	洞身开挖	洞身开挖*（分段）等
	洞身衬砌	（钢纤维）喷射混凝土支护，锚杆支护，钢筋网支护，仰拱，混凝土衬砌*，钢支撑，衬砌钢筋等
	防排水	防水层，止水带，捧水沟等
	隧道路面	基层*，面层*等
	装饰	装饰工程
	辅助施工措施	超前锚杆，超前钢管等
环保工程	声屏障（每处）	声屏障
	绿化工程（1～3 km 路段或每处）	中央分隔带绿化，路侧绿化，互通立交绿化，服务区绿化，取弃土场绿化等

续表 9-1

单位工程	分部工程	分项工程
交通安全设施(每 20 km 或每路段标段)	标志*(5~10 km 路段)	标志*
	标线、突起路标(5~10 km 路段)	标线*,突起路标等
	护栏*、轮廓标(5~10 km)	波形梁护栏*,缆索护栏*,混凝土护栏*,轮廓标等
	防眩设施(5~10 km 路段)	防眩板、网等
	隔离栅、防落网(5~10 km 路段)	隔离栅、防落网等
机电工程	监控设施	车辆检测器,气象检测器,闭路电视监视系统,可变标志,光电缆线路,监控(分)中心设备安装及软件调测,大屏幕投影系统,地图板,计算机监控软件与网络等
	通信设施	通信管道与光电缆线路,光纤数字传输系统,数字程控交换系统,紧急电话系统,无线移动通信系统,通信电源等
	收费设施	入口车道设备,出口车道设备,收费站设备及软件,收费中心设备及软件,IC 卡及发卡编码系统,闭路电视监视系统,内部有线对讲及紧急报警系统,收费站内光、电缆及塑料管道,收费系统计算机网络等
	低压配电设施	中心(站)内低压配电设备,外场设备电力电缆线路等
	照明设施	照明设施
	隧道机电设施	车辆检测器,气象检测器,闭路电视监视系统,紧急电话系统,环境检测设备,报警与诱导设施,可变标志,通风设施,照明设施,消防设施,本地控制器,隧道监控中心计算机控制系统,隧道监控中心计算机网络,低压供配电等
房屋建筑工程	按其专业工程质量检验评定标准评定	

注:1. 表内标注 * 号者为主要工程,评分时给以 2 的权值;不带 * 号者为一般工程,权值为 1。

2. 按路段长度划分的分部工程,高速公路、一级公路宜取低值,二级及二级以下公路可取高值。

3. 斜拉桥和悬索桥可参照《公路工程质量检验评定标准》附表 A-2 进行划分。

4. 护岸参照挡土墙。

二、工程质量评分

施工单位应在各分项工程完成后,按本项目工程的基本要求、实测项目和外观鉴定进行自查,按《分项工程质量检验评定表》提交真实、完整的自查资料,对工程质量进行自我评分。监理工程师应按规定要求对工程质量进行检查,对施工自查资料进行签认,对工程质量进行评定。建设单位根据对工程质量的检查及平时掌握的情况,对工程监理单位所做的工程质量评分及等级进行审定。质量监督部门根据抽查资料和确认的施工自查资料以及监理工程师的质量管理资料对工程质量逐级进行检查评定，作为交工、竣工验收评定等级的依据。道路工程质量检验评分以分项工程为评定单元，采用百分制评分方法进行评分。在分项工程评分的基础上，逐级计算各相应分部工程、单位工程评分值和建设项目的评分值。

（一）分项工程评分方法

分项工程质量检验内容包括基本要求、实测项目、外观鉴定和质量保证资料四个部分，只有在其使用的材料、半成品、成品及施工工艺符合基本要求的规定且无严重外观缺陷和质量保证资料真实并基本齐全时，才能对分项工程质量进行检验评定。

涉及结构安全和使用功能的重要实测项目为关键项目（在评定标准中的"△"标识），其合格率不得低于90%（属于工厂加工制造的交通工程安全设施及桥梁金属构件不低于95%，机电工程为100%），且检测值不得超过规定极值，否则必须进行返工处理。

实测项目的规定极值是指任一单点检测值都不能突破的极限值，若检查结果不符合要求时，该实测项目为不合格，应返工重做。

分项工程的评分值满分为100分，按实测项目采用加权平均法计算。存在外观缺陷或资料不全时，须予以减分

$$分项工程得分=\frac{\sum(检查项目得分\times 权值)}{\sum 检查项目权值}$$

$$分项工程评分值=分项工程得分-外观缺陷减分-资料不全减分$$

1. 基本要求检查

各分项工程所列基本要求，包括了有关规范的主要点，对施工质量优劣具有关键作用，应按基本要求对工程进行认真检查。经检查不符合基本要求规定时，不得进行工程质量的检验和评定。

2. 实测项目评分

实测项目是对规定检查项目采用现场抽样的方法，按照规定频率和下列计分方法对分项工程的施工质量直接进行检测评分。

（1）合格率评分方法：检查项目除按数理统计方法评定的项目以外，均应按单点（组）测定值是否符合标准要求进行评定，并按合格率计分。

$$检查项目合格率=\frac{检查合格的点(组)数}{该检查项目的全部检查点(组)数}\times 100\%$$

$$检查项目得分=检查项目合格率\times 100$$

（2）数理统计评分方法：对于路基路面压实度、弯沉值、路面结构层厚度、水泥混凝土抗压和抗弯拉强度、半刚性材料强度等检查项目，则分别采用有关数理统计方法取其代表值进行评定计分。

3. 外观缺陷减分

对工程外表状况进行检查评定时，如发现外观缺陷，应区分档次进行减分。对于较严重的外观缺陷，施工单位须采取合适的措施进行整修处理。

4. 资料不全减分

分项工程的施工资料和图表短缺，缺乏最基本的数据，或有伪造涂改资料的，不予检

验和评定。资料不全者应予减分,减分幅度可按质量保证资料所列各项逐款检查,视资料不全程度,每款酌情扣1~3分。

(二)分部工程和单位工程评分方法

表9-1所列分项工程和分部工程区分为一般工程和主要(主体)工程,分别给以1和2的权值。进行分部工程和单位工程评分时,采用加权平均值计算法确定相应的评分值。

$$分部(单位)工程评分值=\frac{\sum[分项(分部)工程评分值\times 相应权值]}{\sum 分项(分部)工程权值}$$

(三)合同段和建设项目工程质量评分

合同段和建设项目工程质量的评分按《公路工程竣(交)工验收办法》计算。

$$合同段工程质量得分=\frac{\sum(单位工程得分\times 单位工程投资额)}{\sum 单位工程投资额}$$

$$合同段工程质量鉴定得分=合同段工程质量得分-内业资料扣分$$

$$建设项目工程质量评分值=\frac{\sum(合同段工程质量鉴定得分\times 合同段工程投资额)}{\sum 合同段工程投资额}$$

(四)质量保证资料

施工单位应有完整的施工原始记录、试验数据、分项工程自查数据等质量保证资料,并进行整理分析,负责提交齐全、真实、系统的施工资料和图表。监理工程师负责提交齐全、真实、系统的监理资料。质量保证资料包括以下6个方面:

(1)所用原材料、半成品和成品材料质量检验结果。

(2)材料配合比、拌和加工控制检验和试验数据。

(3)地基处理和隐蔽工程施工记录。

(4)各项质量控制指标的试验记录和质量检验汇总图表。

(5)施工过程中遇到的非正常情况记录及其对工程质量影响分析。

(6)施工中如发生质量问题、事故,经处理补救后,达到设计要求的认可证明文件等。

三、工程质量等级评定

公路工程验收分为交工验收和竣工验收两个阶段。

(一)工程交工验收质量等级评定

交工验收是检查施工合同的执行情况,评价工程质量是否符合技术标准及设计要求,是否可以移交下一阶段施工或是否满足通车要求,对各参建单位工作进行初步评价。

交工验收时的质量评定,由项目法人组织监理单位按《公路工程质量检验评定标准》的要求对各合同段的工程质量进行评定。监理单位根据独立抽检资料对工程质量进行评定,当监理按规定完成的独立抽检资料不能满足评定要求时,可以采用经监理确认的施工自检资料。项目法人根据对工程质量的检查及平时掌握的情况,对监理单位所做的工程质量评定进行审定。

1. 交工验收的主要工作内容

(1)检查合同执行情况。

(2)检查施工自检报告、施工总结报告及施工资料。

(3)检查监理单位的独立抽检资料、监理工作报告及质量评定资料。

(4)检查工程实体,审查有关资料,包括主要产品质量的抽(检)测报告。

(5)核查工程完工数量是否与批准的设计文件相符,是否与工程计量数量一致。

(6)对合同是否全面执行、工程质量是否合格做出结论,按交通主管部门规定的格式签署合同段交工验收证书。

(7)按交通部规定的办法对设计单位、监理单位、施工单位的工作进行初步评价。

2. 参加验收单位的主要职责

项目法人负责组织公路工程各合同段的设计、监理、施工等单位参加交工验收。拟交付使用的工程,应邀请运营、养护管理单位参加。负责组织各合同段参建单位完成交工验收工作的各项内容,总结合同执行过程中的经验,对工程质量是否合格做出结论。

设计单位负责检查已完成的工程是否与设计相符,是否满足设计要求。

监理单位负责完成监理资料的汇总、整理,协助项目法人检查施工单位的合同执行情况,核对工程数量,科学公正地对工程质量进行评定。

施工单位负责提交竣工资料,完成交工验收准备工作。

3. 分项工程质量等级评定

分项工程评分值不小于75分者为合格,小于75分者为不合格;机电工程和属于工厂加工制造的桥梁金属构件不小于90分者为合格,小于90分者为不合格。

评定为不合格的分项工程,经加固、补强或返工、调测,满足设计要求后,可以重新评定其质量等级,但计算分部工程评分值时按其复评分值的90%计算。

4. 分部工程质量等级评定

所属各分项工程全部合格,则该分部工程评为合格;所属任一分项工程不合格,则该分部工程为不合格。

5. 单位工程质量等级评定

分项工程合格,则该分部所属各分部工程全部合格,则该单位工程评为合格;所属任一分部工程不合格,则该单位工程为不合格。

6. 合同段和建设项目质量等级评定

合同段和建设项目所含单位工程全部合格,其工程质量等级为合格;所属任一单位工程不合格,则合同段和建设项目为不合格。

公路工程各合同段验收合格后,项目法人应按交通部规定的要求及时完成项目交工验收报告,并向交通主管部门备案。国家、部重点公路工程项目中100 km以上的高速公路、独立特大型桥梁和特长隧道工程向省级人民政府交通主管部门备案,其他公路工程按省级人民政府交通主管部门的规定向相应的交通主管部门备案。公路工程各合同段验收合格后,质量监督机构应向交通主管部门提交项目的检测报告。交通主管部门在15 d内未对备案的项目交工验收报告提出异议,项目法人可开放交通进入试运营期。试运营期不得超过3年。交工验收提出的工程质量缺陷等遗留问题,由施工单位限期完成。

(二)工程竣工验收质量等级评定

公路工程竣工验收由交通主管部门按项目管理权限负责。交通部负责国家、部重点公路工程项目中100 km以上的高速公路、独立特大型桥梁和特长隧道工程的竣工验收工作;其他公路工程建设项目,由省级人民政府交通主管部门确定的相应交通主管部门负责竣工验收工作。竣工验收是综合评价工程建设成果,对工程质量、参建单位和建设项目进行综合评价。

1. 竣工验收的主要工作内容

(1)成立竣工验收委员会。竣工验收委员会由交通主管部门、公路管理机构、质量监督机构、造价管理机构等单位代表组成。大中型项目及技术复杂工程,应邀请有关专家参加。国防公路应邀请军队代表参加。竣工验收委员会负责对工程实体质量及建设情况进行全面检查。按交通部规定的办法对工程质量进行评分,对各参建单位进行综合评价,对建设项目进行综合评价,确定工程质量和建设项目等级,形成工程竣工验收鉴定书。

项目法人、设计单位、监理单位、施工单位、接管养护单位等参加竣工验收工作。

(2)听取项目法人、设计单位、施工单位、监理单位的工作报告。项目法人负责提交项目执行报告及验收所需资料,协助竣工验收委员会开展工作;设计单位负责提交设计工作报告,配合竣工验收检查工作;监理单位负责提交监理工作报告,提供工程监理资料,配合竣工验收检查工作;施工单位负责提交施工总结报告,提供各种资料,配合竣工验收检查工作。

(3)听取质量监督机构的工作报告及工程质量鉴定报告。

(4)检查工程实体质量,审查有关资料。

(5)按交通部规定的办法对工程质量进行评分,确定工程质量等级,并对参建单位进行综合评价。

(6)对建设项目进行综合评价。

(7)形成并通过竣工验收鉴定书。

2. 工程质量等级评定

竣工验收工程质量评分采取加权平均法计算,其中交工验收工程质量得分权值为0.2,质量监督机构工程质量鉴定得分权值为0.6,竣工验收委员会工程质量评定得分权值为0.2。工程质量评定得分大于等于90分的为优良,小于90分且大于等于75分的为合格,小于75分的为不合格。

单位工程、合同段和建设项目所含各分部工程、单位工程全部合格,其工程质量等级为合格;所属任一分部工程、单位工程不合格,则合同段和建设项目为不合格。

合同段(建设项目)所含单位工程(合同段)均合格,且工程质量鉴定得分大于或等于90分,工程质量鉴定等级为优良;所含单位工程均合格,且得分大于或等于75分、小于90分,工程质量鉴定等级为合格;否则为不合格。

不合格分部工程经整修、加固、补强或返工后可重新进行鉴定。但出现过重大质量事故,造成大面积返工或经加固、补强后造成历史性缺陷的工程,其相应的单位工程、合同段工程质量不得评为优良,并视其对建设项目的影响,由竣工验收委员会决定建设项目工程质量是否可评为优良。

3. 工作质量等级评定

竣工验收委员会按交通部规定的办法对参建单位的工作进行综合评价。评定得分大于等于90分且工程质量等级优良的为好,大于等于75分为中,小于75分为差。

4. 建设项目综合质量等级评定

竣工验收建设项目综合评分采取加权平均法计算,其中竣工验收工程质量得分权值为0.7,参建单位工作评价得分权值为0.3(项目法人占0.15,设计、施工、监理各占0.05)。评定得分大于等于90分且工程质量等级优良的为优良,大于等于75分的为合格,小于75分的为不合格。

5. 签发《公路工程竣工验收鉴定书》

负责组织竣工验收的交通主管部门对通过验收的建设项目按交通部规定的要求签发《公路工程竣工验收鉴定书》。

通过竣工验收的工程,由质量监督机构依据竣工验收结论,按照交通部规定的格式对各参建单位签发工程综合评价等级证书。

公路工程建设项目建成后,施工单位、监理单位、项目法人应负责编制工程竣工文件、图表、资料,并装订成册,其编制费用分别由施工单位、监理单位、项目法人承担。

各合同段交工验收工作所需的费用由施工单位承担。整个建设项目竣(交)工验收期间质量监督机构进行工程质量检测所需的费用由项目法人承担。

对通过验收的工程,由项目法人按照国家规定,分别向档案管理部门和公路管理机构、接管养护单位办理有关档案资料和资产移交手续。

对于规模较小、等级较低的小型项目,可将交工验收和竣工验收合并进行。规模较小、等级较低的小型项目的具体标准由省级人民政府交通主管部门结合本地区的具体情况制定。

参考文献

[1] 刘吉士,闫洪河,李文琪. 公路桥涵施工技术规范实施手册[M]. 北京:人民交通出版社,2002.
[2] 王毅才. 隧道工程[M]. 西安:西安公路交通大学出版社,1993.
[3] 吴继峰,谭建领. 路桥工程施工技术[M]. 郑州:黄河水利出版社,2008.
[4] 黄成光. 公路隧道施工[M]. 北京:人民交通出版社,2007.
[5] 邓超,张晓战. 公路工程施工技术[M]. 郑州:黄河水利出版社,2012.
[6] 于辉,申建. 桥涵维护与加固技术[M]. 郑州:黄河水利出版社,2012.
[7] 中华人民共和国交通部. JTJ041 - 2000 公路桥涵施工技术规范[S]. 北京:人民交通出版社,2000.